SU YU
BINGFA
粟裕兵法

古 越 著

团结出版社

© 团结出版社，2016 年

图书在版编目（ＣＩＰ）数据

粟裕兵法 / 古越著 . -- 北京 : 团结出版社，
2016.1（2024.8 重印）
ISBN 978-7-5126-3698-9

Ⅰ . ①粟… Ⅱ . ①古… Ⅲ . ①粟裕（1907 ~ 1984）—军事思想—研究 Ⅳ . ① E20

中国版本图书馆 CIP 数据核字 (2015) 第 156140 号

责任编辑: 张 阳
封面设计: 阳洪燕

出 版: 团结出版社
　　　　（北京市东城区东皇城根南街 84 号 邮编: 100006）
电 话: （010）65228880 65244790
　　　　（010）65238766 85113874 65133603（发行部）
　　　　（010）65133603（邮购）
网 址: http://www.tjpress.com
E-mail: zb65244790@vip.163.com
经 销: 全国新华书店
印 装: 三河市东方印刷有限公司

开 本: 170mm×240mm 16 开
印 张: 29.5　　　　　　　字 数: 354 千字
版 次: 2016 年 1 月 第 1 版　　　印 次: 2024 年 8 月 第 8 次印刷

书 号: 978-7-5126-3698-9
定 价: 69.00 元

前　言

　　粟裕是在中国人民革命战争和反侵略战争烽火硝烟的历程中，在党和人民的英勇奋斗中成长起来的军事奇才，为夺取中国革命和反侵略战争的胜利作出了独特的贡献，同时丰富和发展了毛泽东军事思想。在我军灿若群星的将帅中，粟裕以其高水平的战略眼光、灵活机动的决策运筹、能征善战和长于指挥大兵团作战著称于世，赢得了"常胜将军"的美誉。他不仅战功赫赫，而且有理论建树；不仅业绩辉煌，而且品德高尚。他集立德、立功、立言于一身，在中国乃至世界军事史上占有重要地位。

　　粟裕，一个从士兵成长起来的人民解放军高级将领，一个从红军、抗战到解放战争年代，一直在艰苦环境最前线战斗、几经绝地而后生的我军卓越领导人，在人民战争中，凭借其高超的战略眼光与丰富的实战经验，打出威武雄壮、气吞山河的气势，取得了一场又一场战斗的胜利。

　　在土地革命战争与抗日战争期间，他以积极主动、机动灵活的游击战，开辟了浙南、茅山、苏中、苏南、苏浙皖边等革命根据地。在决定中华民族前途和命运的解放战争中，粟裕超强的军事才华和能量，如火山般喷发，他与陈毅、谭震林一起，指挥第三野战军，南征北战，驰骋华东，逐鹿中原，决胜淮海，挥师渡江，打出一系列令人眼花缭乱、目不暇接的经典战役，几乎每一战都可写入军事教科书。他把蒋介石以及国民党的许多高级将领打疼了、打怕了。可以说到了"打遍天下无敌手"的地步，没有任何敌人可以在粟裕发起的攻势下逃脱被歼灭的命运。他的军事才能令不少中外志士仁人折服与倾倒。毛泽东等中央领导，对其更是赞不绝口。

　　刘少奇在新四军工作时曾说，粟裕领导的新四军第 1 师，在抗战中建立了最大的功劳。作战最多，战果最大。他奉调回延安向毛泽东汇报工作时说，在华中局和新四军工作时发现两个人才，一是新四军第4师政委邓子恢，他是农村工作的专家；二是新四军第1师师长粟裕，是新四军7个师中，打仗打得最多和最好的一个师长。朱德同聂荣臻等领导同志在一起听取粟裕汇报舟山群岛作战准备情况时插话说，粟裕同志决心果断，不轻易改变决心，特别能领会统帅部的战略方针和战略意图，善于捕捉战机。他是灵活运用毛泽东军事思想的全军模范。

粟裕表现了驾驭全局、掌握未来的战略才能，因敌变化、出奇制胜的谋略思想和指挥艺术，顾全大局、勇挑重担的高尚品德，以及不断探索战争规律、善于总结实践经验的理论创造作风。

粟裕胆识兼备，智勇双全，熟谙兵法、精通韬略，尤其精通毛泽东军事思想，熟悉我军作战原则。但他从不拘泥于书本和别人的经验，每战都从当时当地的实际情况出发，哪里好消灭敌人就在哪里打，什么时候好消灭敌人就在什么时候打，哪种战法有效就采取哪种战法。

粟裕对未来战争的真知灼见，来自他正确掌握与运用辩证唯物主义和历史唯物主义的立场、观点、方法，来自他毕生实践经验的结晶和睿智的洞察力，来自他坚持真理、实事求是的探索精神和对敌情、我情、地形、武器装备性能的透彻了解。

粟裕眼观纷繁复杂、瞬息万变的战争风云，以超人的智慧和胆略，具体地、生动地运筹，扬我之长、避我之短，又恰到好处地乘敌之隙，削减敌人之长处，创造转化矛盾的条件；紧紧抓住稍纵即逝的战机，迅速正确选定对象、时间和地域，组织力量，建立我之绝对优势；以灵活机动的战略战术，出敌不意，出奇制胜，达到一举歼灭敌人的目的。

在长期"敌优我劣"的环境中用兵作战，粟裕善于根据不同情况，灵活运用各种作战方式：或分兵避战以创造战机，或集中兵力接连打几仗以打开局面，或夺取关键性胜利，时而"声东击西"，时而"舍南就北"；或"避实击虚"，以打弱敌或骄兵；或"虎口拔牙""猛虎掏心"，以歼强敌或击敌要害；或攻敌于必救，以"诱蛇出洞"，歼敌于运动之中；或"围魏救赵"，以挽危局等。

从 1928 年 4 月上井冈山开始，到参加中央苏区的创建和反"围剿"斗争，再到组织抗日先遣队，离开中央红军，粟裕一直跟着毛泽东、朱德转战，从战争中学习战争。他身在红军最基层和战斗第一线，不仅学习战术，而且认真思考战略问题：如何分析把握军阀混战的全国形势，如何利用敌人之间的矛盾，如何正确选择战略出击方向，在实战中学到了毛泽东、朱德指挥战争的精髓。

他是典型的在战争中学习战争，并最终赢得战争的杰出将领。他没有接受过任何军事培训，他接受最早的军事术语可能就是毛泽东著名的"十六字诀"。

粟裕深通韬略，多谋善断，智计殊绝于人。

"战役指挥交粟裕负责"，哪里局势最为关键，哪里局势最为需要，粟裕便被派往哪里。

粟裕常说："勤勤恳恳打仗，战战兢兢做人。"

他高度重视战争、长期准备战争，有着讲机变、重权谋的制胜智慧。

粟裕认为，随着时间的推移，若干战役的具体经验将失去其参考价值，但是在战争舞台上所体现的军事辩证法却会长期放出光彩。

在苏中七战七捷中，粟裕综合运用军事才能，不断保持胜利和扩大胜利，在运动中捕捉战机并伺机消灭敌军有生力量，其作战不拘成法，有如行云流水，羚羊挂角。套用一句宗泽夸岳飞的话："勇智才艺，古良将不能过。"

粟裕是我军最具天才的军事家之一，他并非科班出身，由士兵起步而至开国十大将之首，是实实在在打出来的将军。其用兵忽奇忽正，大开大合，判断准确，行动果敢，不拘一格，令人赞叹不已！

粟裕又生活在军事思想遗产极为丰富的"兵法之国"。从少年时代起，他就生长在"无湘不成军"、民风尚武的湘西地区。参加革命军队以后，长期战斗在闽、浙、赣、苏、豫、皖、鲁等地，这里是孙武、吴起、孙膑、曹操、诸葛亮、羊祜、杜预等杰出军事家的活动地域，也是城濮之战、鄢陵之战、官渡之战、赤壁之战、淝水之战、桂陵之战、马陵之战等著名战役战例发生地域。耳濡目染，使他得以广泛接触和吸取历代优秀军事思想。粟裕持续活动十余年的苏浙沿海和京沪杭地区，是当时中国经济文化最为发达的地区，他得以不断接受先进社会思潮和科学文化知识的影响，在错综复杂的政治、军事、经济和思想文化斗争中锻炼。所有这些，就使得粟裕的军事谋略不能不具有时代特征和中国特色。

几十年来，他自觉地运用唯物辩证法于战争指导，善于学习和吸取古今中外的优秀军事思想，善于总结战争实践经验并使之上升到理论高度，对战争规律进行坚持不懈、逐步深入的探索，创造了许多巧妙利用战争规律以求克敌制胜的新战法，从而丰富和发展了战争指导的辩证法，形成了粟裕谋略思想和指挥艺术的独特风格。

粟裕敢打大仗、硬仗、恶仗和连续作战。在他看来，战役指挥员要有宏伟的气魄，积极创造战机，在具备胜利的条件下，敢于同强敌、大敌作战。粟裕在战争中，总是以高度的智慧、非凡的胆略和坚韧不拔的精神，指挥部队克服困难，在紧张、剧烈的连续作战中取得胜利。为使部队适应打大仗、硬仗、恶仗和连续作战，粟裕在实践和训练中十分重视培养部队的顽强战斗作风，同时又注意充分利用战役间隙休整和补充部队。

一切带原则性的军事规律，或军事理论，都是前人或今人所作的关于过去战争经验的总结。但是，还必须从自己的经验中考证这些结论，并根据实际情况灵活运用，否则就不能指导战争，就不能打胜仗。而且战争过程的发展变化极其复杂和迅速，特殊情况层出不穷，指挥员应注意用发展的眼光进行分析，善于识别特殊矛盾，并据此变通使用作战原则，使主观指导更加符合实际，夺取战争的胜利。

粟裕在华东战场上经历的战事，是最复杂的，也是信息量最大的。

粟裕用兵作战，深思熟虑，机断专行，在谋略上用奇谋，出奇兵，建奇功，被誉为"指挥大兵团作战的奇才"。粟裕在指挥天目山三次反顽作战中勇于创新，因时而变，因地而变，因敌而变，因情措法。

粟裕特别善于组织大兵团作战，大处如掌风云，起伏跌宕，气势磅礴；小处如刺苏绣，穿针引线，丝丝入扣。粟裕最大的特点是准确掌握敌我情况，全面分析战场形势，巨细兼顾，既"微"且"宏"。

粟裕每战都有独特的贡献，这使其跻身于古今中外最杰出的军事家、战略家的行列！

就连一向自视清高的林彪，也极佩服这位军事指挥天才，每逢华东打了胜仗，打了大的战役，他总是要给粟裕发电，探问那一仗是怎么打的，用的是什么战术，是不是围点打援等。

粟裕一生身经百战，他打过各式各样的仗，包括游击战、运动战、攻坚战；他用过各种各样的战术手段，并最擅长打险仗，并屡屡创造以少胜多的战例。如脍炙人口的黄桥决战，如粟裕三次上书改变了中央重大战略部署的淮海战役等。他指挥过参与人数最多的战争，光淮海战争双方就投入了140万兵力。可以说，粟裕一生经历的凶险是最多的。

粟裕形势转折时处变不惊，面对厄运坚韧不拔。

粟裕认为，战争是要冒一定风险的，作为军事指挥员，战前一方面要做好充分的准备，不打无把握之仗；另一方面，又不能过于谨慎，不敢用奇兵，是打不了胜仗的。

粟裕可能是我军对运动战理解最深、把握最好的指挥员。从弃强打弱的七战七捷到百万军中取上将首级、吃掉蒋军精锐74师的孟良崮战役，以及其后的各个战役，他总能根据战场实际准确把握战役重点，奇招迭出，其用兵静如处子，动若脱兔，判断之准确，行动之大胆令人叹为观止！

粟裕在战争年代紧张繁忙的日子里，戎马倥偬，总是抓紧一切可以利用的时间，争分夺秒，博览古今中外兵书，兼收并蓄，取其精华，扬弃糟粕。他把自己的经验和知识融为一体，应用于战争实践。

作为人民解放军"第一大将"的粟裕，参军前只是个师范学生，并没有上过正规的军事院校。不过，在同时代战士中他有较高的文化水准，又经历过大革命时代疾风暴雨的锻炼，有着善于思索的特点。因此，他具有超出一般指挥员的敏锐见识。在战争年代，他总是抓紧时间刻苦学习。身为基层指挥员，他却注意研究思考战略问题，这就使他能很好地领会毛泽东的军事思想，在具体问题上经常比别人看得远。按现在的语言讲，便是具备"超前意识"。

天才来源于实践，粟裕个人的经历也充分表现出这一点。他从军中职位的最低台阶士兵起步，在二十多年不停息的战火中，步步踏入高级领导岗位。每打一仗，他都从理论的高度思考总结，再到实践中进一步探索。由士兵到大将的道路，就是这样一步步走过来的。

粟裕作为文武兼备、理论与实际兼优的军事家和军事理论家，认真总结战争实践经验，探讨战争规律，著书立说，为毛泽东军事思想的形成和发展，为繁荣我国的军事科学作出了重大贡献。

目 录

CONTENTS

敌人, 就在什么时候打。"

第一章
痴迷于军事的"第一大将"

1949年9月金秋，随着解放战争大决战的隆隆炮声，辽沈、淮海、平津三大战役胜利结束，新生的中华人民共和国就要成立了！

9月21日，中国人民政治协商会议第一届全体会议在北平召开，来自中国共产党和各民主党派、各人民团体、人民解放军、各地区、各民族、华侨及其他爱国民主人士的代表，济济一堂，商讨建国大计。

解放军代表团的到来格外引人注目。代表们以热烈的掌声欢迎这些为共和国的建立立下了不朽功勋的军人们。他们中有朱德、彭德怀、陈毅等共和国将帅。有一位将军是和刘伯承一起步入会场的，他个子不太高，清瘦而精神抖擞，面带微笑却又稍显拘谨，步履自信却又透出几缕书生的文弱。这是谁呢？

宽厚的朱德总司令看出了代表们的疑惑，他回身向刘伯承示意。刘伯承点点头，用浓重的四川乡音朗朗笑道：

"这位是粟裕将军。粟裕将军百战百胜，是解放军最优秀的将领之一。诸位想必早有耳闻吧？"

一、粟裕："不拿起枪杆子，打倒新老军阀就是一句空话。"

　　湖南省西南部有一个会同县，那便是粟裕大将的故乡所在。

　　会同南倚云贵高原，东枕雪峰山脉，历来是侗、苗、瑶等民族聚居的地方。这一带不仅有秀丽的山川和丰富的物产，而且有悠久的历史、尚武奋进的精神和绚丽多彩的文化传统。仅从宋代到清代，会同地区就多次爆发各族人民反抗封建王朝的武装起义，并且与全国性的农民起义互相呼应。与粟裕邻村的塘口人粟朝仪，在塘口创办广德书院，开会同书院建设之先河。清朝末年到民国初年，洒口人杨勉之、团河人马耀湘先后参加孙中山领导的同盟会，在会同等地从事革命活动，成为辛亥革命的骨干分子。

　　1907 年 8 月 10 日，清光绪三十三年七月初二，粟裕出生于湖南省会同县偏僻山区的伏龙乡（今坪村镇）枫木树脚村，普通侗家子弟，幼名继业，学名多珍，字裕。17 岁离家外出读书以后，即称字而不称名。

　　粟裕的少年时代，正值中国社会急剧变动，内忧外患，战乱频繁，社会动荡，革命风起云涌：孙中山先生领导的辛亥革命，蔡锷发动的讨袁护国战争，标志着新民主主义革命开端的五四运动，1921 年中国共产党成立，1924 年中国共产党与中国国民党实行第一次合作，展开了席卷全国的大革命……粟裕就是在这样的社会大背景下不断成长。

　　粟裕自幼聪明伶俐，勤学好问，心灵手巧，深得家人喜爱。童年的粟裕爱动爱淘气，喜欢游泳、爬树，常同家里的长工一起玩。其中有个叫阿陀的青年长工，经常给粟裕讲剑侠杀富济贫、除恶行善的故事，并教他练功习武，用布袋装满砂子，捆在腿上，蹦呀跳呀，练习"飞檐走壁"功夫。他们把竹竿的节隔打通，灌上砂子，做成棍棒，在晒谷场上挥舞跳跃。他们在收割后的稻田里练习骑马射箭。他们逐渐养成扶困济贫的侠义心肠。阿陀对粟裕的影响很深，以致几十年后当粟裕步入晚年时还念念不忘，十分动情地说："阿陀是我童年的启蒙老师。"

　　粟裕从 6 岁开始上学，学习的文化包括《三字经》《百家姓》《幼学琼林》

《论语》《孟子》《诗经》。他不久来到会同县城，先后进入粟氏私立初级国民学校和会同县立第一高等小学读书。高等小学按照中华民国临时政府的规定，"废止读经"，提倡新学，设置修身、国文、算术、中华历史、中华地理、博物、理化、国画、手工、体操、唱歌等课程。这些课程，使粟裕耳目一新，他学习刻苦，成绩总是名列前茅。学习兴趣也很广泛，音乐、体育样样喜欢，学会了唱歌、吹笛、吹箫、吹口琴、弹月琴。

粟裕不仅学到了新的科学文化知识，而且接受了崭新的民族民主革命思想。在国文课里，他第一次知道了孙中山的三民主义，初步懂得了要使中国独立强盛起来，必须摆脱被帝国主义列强宰割瓜分的命运，打倒列强，铲除军阀。

会同县城里驻扎着湖南省第五守备区一个连的军阀部队。连长姓卢，横行霸道，成了会同县的"太上皇"，县太爷都得听他的话。卢连长的部队进出会同城，不顾街上人多路窄，总是排成四路纵队横冲直撞，肆意践踏粮担、菜篮、油罐。老百姓恨透了他们，管他们叫"痞子兵"。

粟裕和同学们看到"痞子兵"这样欺侮百姓，心中很气愤，就一起商量怎样惩治这些"痞子兵"。有一天，高等小学的学生放学回家，正好与卢连长的"痞子兵"相遇。粟裕一声口哨，几十名同学排成队，手挽手地朝前走，故意撞在"痞子兵"身上。"痞子兵"骂："狗崽子，瞎了眼！"粟裕和同学们针锋相对："我们操练，你们为什么挡路？"几十张小嘴一齐开火，把"痞子兵"痛骂一顿。一次又一次交锋，双方积仇越来越深。

有一次，县城里的城隍庙唱戏，高等小学的师生和卢连长的官兵都站在广场上看戏。不知道为什么双方发生了冲突，粟裕和同学们乘机返回学校，把校门紧紧关上。"痞子兵"排长带着一排人追到学校，要闯进去抓人。湘西民风尚武，学校里有军事操练课，学生们常常打着绑腿训练。学生们听说"痞子兵"闹事来了，立即集合起来，手拿木枪、匕首，守在校门内。"痞子兵"们就在校外欺负学生，同学们决定罢课抗议。学生们用木枪木棒装备起来操练，准备对付"痞子兵"的袭击。学潮越闹越大，会同县县长不得不出面调停，一场风波才平息下来。

经过这场斗争，粟裕产生了搞武装的念头，想到外面去闯一闯，组一支保护老百姓的好队伍。这是少年粟裕思想上的一次飞跃，为他后来参加革命武装斗争做了必要的思想准备。

1924年，粟裕为了逃婚，离家出走，来到常德，进入第二师范附小高年级和常德"平民中学"，经过"如饥似渴""如痴如呆"的学习，于1925年春天考入湖南省立第二师范。这是一所具有悠久历史和革命传统的学校，前身是洋务派著名人物熊希龄创办的西路师范讲习所，辛亥革命以后改名为湖南省立第二师范。这所学校以培养具有新思想新知识的人才为己任，教师多为海内外著名学者，教学内容突出现代科学文化知识。许多有志青年在这里学习成材，踏上成功之路，成为著名的革命家、政治家、科学家、实业家等。学校因而名播四方，被誉为湘西"达德成材"的最高学府，与长沙的第一师范、衡阳的第三师范并列为湖南三大著名学校。

粟裕中等身材，面目清秀，长得结实有力，好学多才，品学兼优，在同学中颇孚众望，老师们也很喜欢他，是全校有名的模范生。他喜欢唱歌、演戏，善于演讲。在"二师"期间，粟裕参加了共产党领导的"学生会"组织，秘密阅读进步书刊，开始接受共产主义学说，并积极参加了反对开除共产党滕代远同学的斗争。他懂得了"只有共产主义才能救中国"的道理，懂得了改造旧社会必须反帝反封建的道理，并且从亲身经历中看到了工农群众的伟大力量，思想上产生了新的飞跃。1926年11月，他加入了中国共产主义青年团。

1927年5月，许克祥在长沙发动"马日事变"，两营反动军队突然包围学校，逮捕进步学生。长沙骤然腥风血雨。"马日事变"中，众多共产党的优秀儿女血洒江城。常德地区同样未能幸免。在湖南省立第二师范，反动当局秘密诱杀了校长胡佐武，并下令通缉"二师"所有共产党员和共青团员。

粟裕和几位同学经市里的水下管道，逃出常德来到武昌，毅然投笔从戎，参加了共产党领导、叶挺任师长的国民革命军第24师教导队。粟裕认识到："不拿起枪杆子，打倒新老军阀就是一句空话。"他决心拿起枪杆子，用武装的革命反对武装的反革命，打倒新老军阀。

1927 年 6 月，他在教导队由共青团员正式转为共产党员。这年，他 20 岁。从立志做为民除害的剑侠，到决心为共产主义事业献身，从想组一支保护老百姓的好队伍到毅然参加中国共产党领导的革命军队，这是粟裕青少年时代思想发展的根本性转变。从这时起直到生命的最后一刻，他一直恪守自己的信念，不论遇到什么艰难险阻，不管受到什么打击迫害，一刻也没有动摇过共产主义的坚定信念，一天也没有离开过中国共产党领导的人民军队。

二、从南昌起义到井冈山：青年战术家

粟裕参加的第 24 师教导大队共有一千多人，由清一色的共产党和共青团的年轻骨干组成。由于上海"四一二"血的惨痛教训，中共高层领导认为必须要有自己的武装，所以很重视这支部队的建设。除了特别严格的训练以外，周恩来、叶挺等中共领导人也经常来教导大队做报告和思想工作，年轻的粟裕受益匪浅。

粟裕在教导队接受了严格的军事训练和政治教育。每天不是当时一般军队的三操两讲，而是四操三讲，早晨一次跑步，上下午各一次军事操练，黄昏一次军事体操课，上下午各一次政治课或军事课，晚上一小时点名训话。为了培养学员的吃苦精神，适应将来战争环境的要求，炎夏酷暑照常出操。军事训练非常严格，一个动作不合要求就要重做十几次。连吃饭都紧张，一个个都是狼吞虎咽。生活也很艰苦，平常吃的饭，经常有意掺杂谷粒和砂子，限定在五分钟内吃完，学员们谁也顾不上细嚼慢咽，更没法挑拣。粟裕把艰苦的生活和紧张的操课，当作是磨炼自己的最好机会，咬着牙坚持了下来，为他日后的军旅生活打下了良好的基础。

1927 年的初夏，中共中央已经准备在南昌发动革命的武装起义，虽然共产国际代表表示强烈的反对，但是中共的高层坚持自己的意见。7 月中旬，粟裕的教导大队被从武汉调到南昌，参加战前的准备。粟裕所在中队，奉命执行南昌起义总指挥部警卫队任务，负责保卫江西大旅社。当时周恩来、贺

龙、刘伯承等所有起义领导人和将领都住在这个旅社。警卫部队归前敌委员会委员、政治保卫处处长李立三直接领导。粟裕任警卫班班长。

1927 年 8 月 1 日凌晨 2 时，南昌起义的枪声打响了。粟裕所在的警卫队担负策应由朱德任团长的国民革命军第三军官教育团起义的任务。

南昌起义爆发后，警卫队随起义军南下，担任革命委员会和参谋团警卫，并负责押运缴获的大批武器弹药。粟裕背着 30 多公斤重的装备，随部队长途徒步行军。第一天就有十多个士兵中暑死去，随军的民夫也大量逃亡。部队被迫丢弃一部分武器弹药，让粟裕深感心痛。

更不幸的是，粟裕他们听说，9 月底，起义军主力在潮汕受挫。后来，粟裕所在的部队与朱德率领的第 25 师会合。四周都是敌人，起义军余部处境极其险恶，朱德率领部队艰苦转战，许多人离开了队伍。面对起义严重失败后的重重困难，粟裕没有动摇，没有退缩。

10 月 16 日，起义部队在闽赣交界的武平与围追的敌人发生激战，粟裕所在的排奉命掩护部队转移。激战中，粟裕突然负伤，一颗子弹从右耳上侧头部颞骨穿了过去。排长只说了一句："粟裕呀，我不能管你啦！"就卸下他的驳壳枪，赶队伍去了。过了不多久，粟裕睁开眼睛，发现身边已空无一人，自己却站不起来，但他想：无论如何要站起来，赶上部队，绝对不能离开革命。他艰难地爬行到路上，却又滑到了路边的水田里。这时，正好有几个战友沿着山边走来，发现了粟裕，连忙把他扶起来，包扎好伤口，搀着赶上了部队。

转战赣南的几个月，是极其艰难的岁月，也是粟裕迅速成长的岁月。他跟随朱德、陈毅探索和寻找把中国革命引向胜利的道路，在以后的革命战争历程中，粟裕经历过许多艰难困苦，都能坚强挺立，最终夺取胜利，堪称经得起失败考验的真英雄。在大庚整编中，粟裕从班长被直接提升为步兵第 5 连指导员。

1927 年 11 月上旬，部队到湘粤赣交界的崇义县以西的上堡、文英、古亭地区，开展游击战争，进行了把武装斗争同农民运动结合起来的初步尝试。

1928 年 1 月，朱德领导这支起义军，在湖南宜章地区发动了湘南起义，并正式打出了"工农革命军第一师"的旗帜。同年 4 月下旬，朱德、陈毅率领的工农革命军与毛泽东领导的秋收起义部队，在井冈山胜利会师。从此，粟裕加入了建立和坚持井冈山革命根据地斗争的行列。

井冈山斗争初期，粟裕的工作多次调整，时而任连长，时而任党代表，都是为了加强政治工作的需要。粟裕所在的红 28 团，是参加南昌起义的老部队，行军作战，朱德总是和第 28 团在一起，对粟裕很器重。

上井冈山不久，毛泽东、朱德就总结提出了游击战争的"十六字诀"："敌进我退，敌驻我扰，敌疲我打，敌退我追。"这十六个字听得明，记得牢，包含的道理弄得清，粟裕把它作为学习军事指挥的好教材，熟记在心，结合战例细细体会，举一反三运用。他还学会了打游击战、游击性运动战、歼灭战等战术，在战争实践中迅速成长为一名智勇双全的红军优秀基层指挥员。他经历了井冈山斗争的历次重大事件，努力学习毛泽东建军思想，在朱毛红军的"青山大学"中，这个没进过军事院校的师范学生之所以成长为杰出的指挥员，重要一点在于他有"超前意识"。

1929 年 1 月，粟裕随毛泽东、朱德率领的红四军主力进军赣南、闽西，经历了三个月艰苦的战略转移。对好学勤思的粟裕来说，这次战略行动是绝好的"走读"。他十分注意学习毛泽东、朱德是如何实行战略转移和选择战略发展方向的，从而为他日后能够从战略上思考问题，善于把握全局，奠定了坚实的实践基础。

不久，中共红四军第七次党代表大会在龙岩召开，粟裕参加了这次会议。会后毛泽东离开红四军主要领导岗位，住在永定附近一座叫天子洞的大山半山坡上养病。粟裕带领三连担负保卫毛泽东的重任。他深为毛泽东提出的支部建在连上、三大纪律六项注意、实行革命的民主主义等建军原则折服。

1930 年 8 月，时任红 12 军第 5 支队支队长的粟裕，在罗炳辉军长的指挥下，先后参加了文家市歼灭战、第二次攻打长沙和攻克吉安的战斗。同年 12 月，23 岁的粟裕调任红 64 师师长。在第一次反"围剿"作战中，他率部和兄弟部队一起，先打张辉瓒，后打谭道源；第二次反"围剿"，在"十五日驱七百里"的战场上，率部参加打了几个歼灭战；第三次反"围剿"时，他率部参加了莲塘和良村两次作战；第四次反"围剿"作战，粟裕作为红11军参谋长，奉命伪装主力东出迷惑敌人，创造战机，使红军主力取得了黄陂、东陂两个战役的重大胜利；第五次反"围剿"，在浒湾、八角亭作战中，时任红7军团参谋长兼红20师师长的粟裕，率部在10余公里的正面上，担任阻击任务，艰苦奋战两昼夜，最后被迫撤出战斗。

粟裕平时话不多，但爱思索、想问题、善总结，一次次的成功和失败，都给他提供了学习的丰富材料。特别是他参加第一、第二、第三次反"围剿"，在毛泽东、朱德直接指挥下作战，以少胜多，以弱胜强，对毛泽东、朱德用兵之灵活，创造和捕捉战机之巧妙，深为钦佩。他细细体会毛泽东和朱德的军事思想，感到两军对阵，不仅是兵力、火力、士气的较量，也是指挥员指挥艺术的较量，战争指挥艺术是一门永无止境的学问。从此，随着职务的变化，粟裕处处注意学习和研究指挥艺术，特别是在敌强我弱情况下的军事运筹，逐步达到了很高境界。

三、浙南三年：坚持就是胜利

1934年底到1937年初，是粟裕一生最为艰难的时期，可以称得上是九死一生。

1934年秋，由于王明"左"倾冒险主义中央的错误领导，中央革命根据地第五次反"围剿"遭到失败，中央红军被迫开始长征。在这次战略转移之前三个月，中共中央领导人决定派出由红7军组成的红军北上抗日先遣队，举起北上抗日的大旗，向闽、浙、赣、皖诸省的国民党后方挺进，要求一个半月内赶到皖南。担任红7军参谋长的粟裕被任命为先遣队的参谋长，从此走上一条更为艰险的北上抗日的道路。

这年7月6日，抗日先遣队告别瑞金，克大田，渡闽江，攻福州，在敌人前堵后追的困境中，转战闽东闽北，挺进浙西，进军皖赣边，又折返回闽浙赣苏区，于 11 月初与红 10 军会合，编为红 10 军团，粟裕任参谋长。整个行动历时半年，进行了 30 余次战斗，一度震动了福州、杭州、徽州、芜湖和南京的国民党政府当局。

粟裕是在很多年之后，才知道这次中央派先遣队的战略意图——是企图以这一行动威胁国民党的腹心地区，吸引和调动"围剿"中央苏区的国民党军队，配合中央红军主力即将实行的"大搬家"。这显然是主观主义、冒险主义的战略指导，根本不可能实现。

在艰苦转战中，粟裕和军团长寻淮洲针对中革军委不切实际的指导，曾多次提出异议，但大多遭到拒绝。加上军团政委乐少华和中央代表曾洪易积极推行"左"倾错误政策，给红 7 军北上造成很大困难，6000 余人的部队仅三个月就损失过半。

1935 年 1 月，红 10 军团在刘畴西的率领下，于江西怀玉山遭遇敌重兵包围，粟裕率领的先头部队刚刚突破封锁线半个小时，后路就被国民党军一个团切断。粟裕率领包括伤员在内的五六百人先头部队，在前方心急如焚地苦等四天以后，始终没有见到方志敏的大部队跟上。粟裕预感到其凶多吉少，只得挥泪继续前行。

方志敏率领的 2000 人的北上抗日先遣队主力部队，由于行动稍慢全部被敌人包围在山区，切成数段，经过数天的激战还是全军覆没，方志敏等领导人被捕并押送南昌枪决。

1 月底，粟裕和刘英率领突围部队到达赣东北。2 月，召开遵义会议后的中共中央指示，以粟裕率领的先遣队突围部队为基础，组成红军挺进师，粟裕任师长，刘英任政治委员，执行挺进浙江、开展游击战争，创建苏维埃根据地，并从战略上配合红一方面军长征的任务。

粟裕认为：浙江是国民党统治的腹心地区，是蒋介石的老巢和发迹地。蒋、宋、孔、陈四大家族，浙江就占了蒋、陈两家。国民党统治集团中的许多重要成员，如陈诚、胡宗南和特务头子戴笠等都是浙江人。"卧榻之旁岂容他人鼾睡！"红军挺进师进入浙江，就像一把钢刀对着蒋介石集团胸膛，蒋介石怎能睡得安稳，岂能听之任之！而且，这一带也没有革命根据地和游击区作依托。面对这一形势，粟裕深刻总结北上抗日先遣队失败的教训，决心把正规军变为游击队，不打正规战而打游击战，实行决定性的战略转变。

粟裕、刘英率挺进师三个支队和师直属队共 500 余人，选定以仙霞岭为中心的浙西南地区作为创建游击根据地的第一个目标，决心在浙江立脚生根。可惜的是，挺进师仅有的一部电台，在通过封锁线时被打坏，从此与中共中央和上级党组织失去联系，开始独立进行艰苦卓绝的浙南三年游击战争。

3 月下旬，红军挺进师在粟裕和刘英的率领下，翻越闽浙边界的仙霞岭，进入浙江江山，揭开了创建浙南游击根据地的序幕。

4 月下旬，粟裕和刘英率挺进师转战到浙闽边的斋郎，以 500 余人的兵力，打退浙江、福建保安团和地主武装 3000 余人的进攻，击伤敌团长李秀。这是挺进师取得的一个关键性的胜利，完成了进军的第一步作战任务，打开了进入浙西南开辟游击根据地的战略通道。

挺进师挺进浙西南，胜利完成第一个作战任务，充分显示了粟裕从实际出发、灵活用兵的军事指挥才能。一支只有 500 多人、装备简陋的部队，远离根据地，孤军深入国民党统治的腹心地区，每一步都有万分艰险，每一步都可能陷入覆没境地，其艰难险阻绝不亚于当年的抗日先遣队。然而，粟裕精心运筹和实施战略指挥，无论行军还是作战，每一步都出乎敌人意料，叫敌人摸不透，抓不住，打不着，不但处处被动，还时时挨打。

5 月上旬，粟裕指挥挺进师进入龙泉、遂昌、松阳三县边界地区。他把武装斗争与根据地建设紧密结合，自觉地运用井冈山时期毛泽东的领导方法，分兵以发动群众，集中以打击敌人，要求每个干部战士都学会两套本领：打游击，做群众工作。很快就开创了纵横百余公里的浙西南游击根据地。

1935 年 9 月下旬，在蒋介石的直接部署和其嫡系第 18 军军长罗卓英统一指挥下，敌人集中了 32 个正规团，近 7 万人的重兵，连同地主武装号称 40 个团，对挺进师发动了第一次"围剿"。粟裕和刘英没有照搬井冈山的经验，而是决定以游击战的战略战术来粉碎敌人的"围剿"，实行"敌进我进"的方针，留下少数部队就地坚持斗争，主力部队跳出敌人的包围圈，以积极的作战行动吸引、调动敌人，同敌人周旋于浙闽边界，使浙西南游击根据地扩大到江山、浦城、龙泉、遂昌、松阳五个县，纵横百余里。挺进师已发展到近千人，扩编为五个纵队和两个独立支队，另有地方武装千余人，还建立了后方基地。

10 月 5 日，粟裕、刘英率领的挺进师，在寿宁县境与闽东特委胜利会师，成立中共闽浙边临时省委和闽浙边临时军区，粟裕任省军区司令员、省委组织部部长。

此后，粟裕率部机动作战，以掩护省委开展工作，支援浙西南地区的斗争。到 1936 年 6 月，终于粉碎了敌人的第一次"围剿"，迎来了第二个发展时期。

这个时期，粟裕率领挺进师创建了多类型多层次的适合游击战争特点的小块游击根据地和游击基点。粟裕还适时调整了政策，以抗日、反蒋为前提，扩大团结对象，缩小打击目标。由于社会条件的改善，粟裕率部队频繁向浙赣线南侧出击，有时甚至打到武义汤恩伯家乡，打到青田高市村陈诚的老家，而且还逼近了蒋介石的老家奉化溪口。

1936 年冬，震动中外的"西安事变"发生，迫使蒋介石接受了停止反共内战的条件。但浙江国民党军又调集六个主力师、两个独立旅及地方保安团，共 43 个团，对挺进师进行第二次"围剿"。

针对敌人的"大拉网"战术，粟裕决定采取与敌人相向对进、易地而战的战法。这个时期，是三年游击战争中作战最为频繁的时期，也是粟裕运用游击战术比较成熟的时期。他以毛泽东、朱德在井冈山时期总结的"十六字诀"为指导，结合当地革命斗争实际，总结了一整套游击战术的原则和方法。经过半年的艰苦、频繁的战斗，粟裕和刘英指挥挺进师再次粉碎了敌人的"围剿"。

1937 年 7 月，全面抗战爆发，国共第二次合作形成。9 月，中共闽浙边临时省委同国民党浙江当局达成合作抗日协议，挺进师分散于浙南各地的游击队先后集中到浙江平阳北港山门街，共 500 余人，正式结束了艰难曲折的浙南三年游击战争。

浙南三年游击战争，是粟裕逐步成长为中国共产党军事家过程中的一个重要阶段。

粟裕等领导指挥的浙南三年游击战争，道路是艰难曲折的。失去中共中央和上级党组织的领导，面对国民党军几十个团的一次次"进剿""围剿"，以及挺进师内部领导人之间后来产生的严重分歧，在这样复杂和严峻的情况下，粟裕把在井冈山和中央苏区时期学到的经验，以及在抗日先遣队时期总结的教训，运用到了新的斗争环境，坚持从实际出发，自觉地实现由正规军到游击队和由国内革命战争到抗日战争的两次转变，所采取的重大举措完全符合中共中央的意图。他在艰苦的环境中保存了浙南这个支点，在一定程度上策应了中共中央和主力红军的战略行动，配合和掩护了邻近游击区的斗争，并为以后组建新四军培养、锻炼和储备了一批战斗骨干。

自从粟裕1934年7月离开中央苏区以后，毛泽东一直挂念着这位井冈山时期智勇双全的青年将领，苦于通讯联络中断，三年得不到粟裕一点儿消息。闽浙边临时省委和中共中央一接上关系，党中央、毛泽东很快来电询问粟裕情况。这时粟裕和刘英也失去了联系，临时省委几次派人寻访都没有音信，便报告中央："粟裕同志可能已经牺牲。"1937年5月，陕北召开苏区代表会议，洛甫（张闻天）致开幕词，首先悼念"在各个战线上无数英勇牺牲的战士、我们的最忠诚的同志、中华民族的最优秀儿女"，接着宣布烈士名单，其中就有粟裕。1938年初，闽浙边临时省委派人到南昌新四军军部向项英汇报工作，请示今后行动，专门介绍了粟裕在浙西南坚持斗争的情况，并说："粟裕现在已经回到省委，正同刘英在一起加紧培养干部，训练部队。"刚从延安过来的新四军副参谋长周子昆立刻把这个喜讯报告延安："粟裕还在。"毛泽东闻听非常高兴。

四、苏中抗日：作战最多、战果最大

抗日战争爆发，国共第二次合作后，南方各省红色游击队统一改编为新四军，粟裕被任命为新四军第 2 支队副司令员。

1938 年 2 月，毛泽东提出新四军应派先遣支队，向苏南进行战略侦察，强调先遣支队要由一位军事上过硬的将领（有军事知识之人）指挥。新四军政委项英征求陈毅的意见。陈毅极力举荐粟裕，说："此人精华内敛，深藏不露，可以让他牛刀小试。"

于是，粟裕担任先遣队司令员兼政委，再次受命抗日先遣。

粟裕率先遣支队刚一出动，便发挥游击战的特长，一再痛歼日军，连战告捷，打出了新四军的威风。

这年 4 月 28 日，粟裕率新四军先遣支队，从安徽岩寺出发，向苏南敌后挺进。6 月 17 日，在镇江西南的韦岗伏击日军，毙伤日军土井少佐以下官兵数十名，击毁汽车五辆，缴获一批弹药和军需物资。这是新四军对日军的首次作战，一举取得完全胜利，打破了日军不可战胜的神话，揭开了新四军在江南敌后开展游击战争的序幕，极大地鼓舞了江南人民的抗日热情。新四军军部盛赞："先遣队的确起了先锋作用，奠定了我们在江南发展和胜利基础"，并在新四军表扬，号召全军学习。国民政府军事委员会也向新四军军部发了嘉奖电："叶军长：所属粟部，袭击韦岗，斩获颇多，殊堪嘉尚。"

7 月，新四军第 2 支队抵达江南，在小丹阳与粟裕会合。粟裕指挥第 2 支队连打 10 余仗，多次粉碎日伪军的"扫荡"，并袭击了南京的麒麟门和雨花台的日伪军，威震江南。

粟裕率领新四军先遣支队深入江南敌后进行战略侦察，出色地完成了各项任务，对新四军大部队深入江南敌后抗战和动员大江南北人民群众起来抗日，起到了非常重大的作用，奠定了新四军在江南发展和胜利的基础。

粟裕带领先遣支队在新四军波澜壮阔的抗日战争历史的开篇，写下了浓墨重彩的光辉一章！

1939 年 11 月，新四军第 1、第 2 支队领导机关合并，成立新四军江南指挥部，陈毅、粟裕分任正、副指挥。

1940 年 7 月，为执行中共中央 5 月 4 日发布的《放手发展抗日力量，抵抗反共顽固派的进攻》的指示，粟裕奉命率新四军江南指挥部及其所属主力北渡长江，挺进苏北，执行开辟苏北、发展华中抗日战争的战略任务。

7月下旬，进入江北的江南指挥部改为苏北指挥部，所属部队为三个纵队九个团，共7000余人。陈毅任指挥兼政委，粟裕任副指挥兼参谋长。粟裕时年33岁。

在陈毅的领导下，粟裕把同顽固派争夺中间派的策略思想运用于军事，把政治仗与军事仗结合起来打，迅速取得了一系列战斗胜利，积极推进了以黄桥为中心的根据地建设。其中，黄桥决战，就是新四军在苏北进行的一场前所未有的大战。

这年10月，国民党顽固派江苏省主席兼苏鲁战区副总指挥韩德勤，调集26个团共3万余兵力南下，妄图一举歼灭新四军苏北部队于黄桥地区。敌重兵压境，新四军苏北部队仅7000人，其中战斗人员不过五千人。粟裕勇敢迎敌，指挥部队仅用三个小时，就全歼了翁达旅，翁达旅灭，韩德勤顽军主力第89军完全暴露，粟裕指挥部队发起总攻，一夜激战，第89军军部被彻底歼灭。军长李守维妄图渡河逃窜，失足落水，戴着蒋介石授予他的中将军衔淹没于八尺沟河中。亲临前线督战的韩德勤见大势已去，率残部千余人狼狈逃窜。我军最终取得了歼灭了顽军11000余人的重大胜利，从而开辟了苏中根据地，实现了新四军与八路军南下部队的会师，胜利完成了开辟苏北根据地的战略任务。

"皖南事变"发生后，1941年1月20日，中共中央军委立即决定成立新四军军部，陈毅任新四军军长，并将华中部队统一整编为7个师，新四军苏北指挥部所属部队被编为第1师，粟裕受命担任第1师师长（随后兼政委）兼苏中军区司令员（后兼政委）。

这是粟裕第一次独立担负一个战略区的领导和指挥重任，时年34岁。

为迅速建成新四军新的领导机关，原苏北指挥部即作为新四军军部的部分基础，留给第1师师部的人员，连同粟裕在内，全部官兵只有24人。1月17日，粟裕从盐城出发到东台，着手组建新四军第1师。

临别时，陈毅问粟裕："怎么样，人太少了吧？"

粟裕此次单独赴苏中，深感肩上担子的分量很重，但是有决心和信心完成任务。他爽朗地回答："好男不吃分家饭嘛！请军长放心，哪里有群众，哪里有敌人，哪里就有我们的发展。"

陈毅听了很高兴，连说："好！好！"

苏中位于长江以北、京杭大运河以东，北起斗龙港，东临黄海，面积约23000多平方公里，人口800多万。它以其重要的地理位置、经济状况、战略地位，成为日本侵略军、国民党顽军和中共领导的新四军三方必争之地。粟裕认为，苏中是华中抗日民主根据地的重要组成部分，是华中战略区东南部的一个前哨阵地，又是将来向江南发展的一个重要基地，在抗日战争以至整个新民主主义革命进程中具有特殊的战略地位。中共中央曾指示，苏鲁战区是华中的一个基本根据地，应把这个地方看作是向西、向南，出鄂豫陕边和向闽浙赣边发展的策源地，"好像汉高祖的关中"。

粟裕在认真研究中央关于苏中战略任务的一系列指示和抗日战争战略方针的基础上，明确提出了领导发展苏中抗日斗争全过程的指导思想：苏中的抗日斗争，不仅应求得军事斗争的胜利，而且应把苏中建成基本根据地，而不是游击根据地或游击区。军事斗争应成为根据地建设的支柱，并且应为下一步夺取整个民主革命的胜利做好必要的准备。

面对极其复杂的苏中形势和艰巨的战略任务，粟裕认为，首先要以积极的作战行动打击、顿挫敌伪的进攻，从而坚定干部、群众的抗日信心，尔后不失时机地将工作重心由城镇转向农村，作战对象由顽军转向日军，作战方法由运动战转向游击战，并以游击战为中心，实行组织形式、领导方法、工作作风等各方面的转变。

根据斗争形势的变化，粟裕带动部队由游击战向运动战转变，把部队锤炼成正规兵团。新四军第1师主力在1940年进行的黄桥战役和1945年春进行的第三次天目山（孝丰）战役，算是两次大兵团作战的雏形。

苏北地处长江下游及宁、沪侧面，地域辽阔、物产丰富、交通发达。黄桥镇位于江苏南通以西、泰兴以东的长江北岸，是向北、向东发展苏北抗日根据地的军事要地。苏北战场的成败与华中抗战前途关系极大，面对国民党韩德勤等部对华中新四军步步进逼的严重形势，中共中央中原局决定集中兵力首先解决苏北地区的问题。

黄桥地区东临串场河，北濒运盐河，南靠长江，西南有一条从泰州到口岸的通江运河。要进攻黄桥，只有东面偏北是一条旱路。黄"桥"黄"桥"，就是说这个地区河多、桥多、路窄；对于顽军的重武器如各种山炮、野炮之类，实是天然障碍，窜犯固然不易，逃跑更为困难。而且，黄桥周围起伏的旱地，蜿蜒的干沟，又时值高粱半割半留、玉米旺盛茂密的季节，既便于我军伏兵隐蔽、藏匿，又利于我军奇兵迂回、突击，真乃英雄用武之地。

为了抢夺黄桥地区和消灭新四军，国民党韩德勤以其主力第89军（下辖第33师、第117师）和独立第6旅等11个团15000余人为中央纵队，以李明扬、陈泰运等为右翼纵队，地方保安队为左翼纵队，总兵力约3万人，9月30日由淮安、宝应地区南下，向黄桥大举进犯。

粟裕以5000人的战斗部队，精心运筹，巧妙应对，共歼敌11000余人，其中生俘第33师师长孙启人、第99旅旅长苗端林等军官600余人，士兵3000余人，缴获步枪3800余支、机枪189挺、弹药和军需物品不计其数。韩德勤见大势已去，带上仅剩千余人的残部逃往兴化。此后一蹶不振，从苏北政治舞台上消失了。

黄桥决战，是新四军在苏北进行的一场前所未有的战役决战。战役的胜利，使新四军的发展出现了根本性的转机，给国民党集团以极大的震惊，对进一步打开华中敌后抗战局面、打破国民党的限制、从根本上改变华中敌我力量对比和坚持长期抗战，都具有十分重要的作用和意义。

1941年2月上旬，国民党苏鲁皖游击副总指挥李长江，在泰州公开投敌。新四军军部于2月18日下令发起讨逆战役。粟裕指挥部队分三路出击，三天作战，歼伪军3000余人，并使两个团的伪军反正。

为掩护苏中根据地的建设，策应北线新四军第3师收复被顽军韩德勤侵占的蒋营的作战行动，4月中旬，粟裕发动了对日军的攻势作战。在姚家岱战斗中，击毙日军泰兴城防司令以下20余人，生俘日军两名。在兴化水田地梓辛河战斗中，击沉日军汽艇一艘，歼敌一个小队，生俘日军两名。

7月下旬，日军南浦旅团倾巢出动，加上李长江部伪军，集中1.7万人的兵力，四路合击盐城，再次围攻新四军首脑机关。华中局和新四军军部发出了"保卫盐城"的号召。粟裕率领苏中主力部队全力以赴，除抽调第2旅专门负责保卫军部、直接协助第3师作战以外，其余部队则以凌厉的攻势，在苏中南部的泰兴、如皋、南通、靖江地区广泛出击，袭击日伪据点和交通干线，有力地打击和钳制了敌人，陷敌于顾此失彼的被动地位。又乘日军后方空虚之机，以"围魏救赵"的战法，突然回师进攻南浦旅团部驻地泰州。

粟裕指挥苏中军民奋力迎敌，在南线攻克古溪，收复黄桥，围攻泰州、泰兴，迫使日军南浦旅团南撤；在北线攻克裕华镇、大中集等日伪军重要据点，歼灭日伪军2100多人，再次粉碎了日伪军摧毁新四军首脑机关的阴谋，完成了守卫华中局和新四军军部南大门的任务。

从此，苏中区成为华中日军进攻的重点。在敌情严重的形势下，为把苏中区建成基本根据地，粟裕对苏中全区作了有纵深、有层次的战略布局，确定了根据地的基本区域和重要基点，采取各种有效战法，坚决与敌人争夺，使其久占企图不能得逞。

8月13日，日伪军集中上万兵力，对苏中区进行全面"扫荡"。粟裕指挥全区军民与敌军连续作战42昼夜，战斗130余次，毙伤伪军1300余人，粉碎了敌人的"扫荡"。

自1941年8月至1942年春，粟裕指挥部队以三仓镇为中心，同日军展开了激烈的争夺战，七次争夺三仓镇，五次争夺丰利。

经过反复激烈的争夺，只有20多户人家的三仓镇被夷为平地，但是日伪军始终未能在那里安下据点，也未能修通三仓至潘家礅的公路。三仓地区仍然作为苏中根据地的基本区而巍然屹立。

这一系列战斗，为长期坚持苏中抗日根据地奠定了基础，并由此开始了苏中抗日根据地的全面建设时期。

1942年6月，日伪军开始对苏中地区进行了长达半年之久的分区"清剿"，企图寻歼新四军地方和主力部队。粟裕针对敌人分进合击、多路合围的新特点，以地方武装配合民兵就地坚持，主力部队实行外线作战，积极打击敌人，粉碎了日军的阴谋。

1943年是苏中抗日根据地敌情最严重、斗争最艰苦的一年。

这一年，日本侵略军为了实现它"以华制华""以战养战"的战略目标，进一步加紧对华中占领区的控制和掠夺。鉴于对苏中"清剿"的失利，日军决定把"清乡"的重点由苏南转向苏中，并将易于分割封锁、对其威胁最大的第四分区，作为"苏北第一期清乡实验区"。对此，粟裕制定了苏中反"清乡"斗争方针："以公开的武装斗争为主，达到坚持原地斗争的目的。"

为了打乱敌人的部署，鼓舞群众的斗志，粟裕决定采取先发制人的策略，抓住敌人"清乡"尚未准备就绪、日伪军调防和某些据点空虚的有利战机，对日伪军发起军事政治攻势。2月23日，粟裕亲自指挥第1师教导团主力发起曹家埠战斗，并把轻易不用的山炮派上用场。结果，几炮就把敌人的大碉堡轰开了，全歼曹家埠据点伪军一个营200多人，并乘胜拔除孙家窑等伪军据点。

就这样，粟裕指挥第四分区党政军民和新四军第1师，打了一场总体的人民战争，粉碎了敌人长达六个月的"清乡"，作战2100余次，毙伤日伪军2700余人，争取伪军1700余人投诚反正。

苏中抗日斗争形势的真正转折，是从著名的车桥战役开始的。1944年3月，粟裕经过较长时间的酝酿和精心准备，指挥苏中新四军集中五个团的兵力，以游击战和运动战相结合，在车桥地区对日军进行了一场攻势作战，集中数千人的部队攻坚打援，一举攻克车桥据点，歼灭日军山泽大佐以下460余人，其中生俘24人，歼伪军500余人。还率部乘胜拔掉了日寇在我根据地内的据点，使淮安、宝应以东纵横百里地区全部解放。

当捷报传到延安窑洞，慧眼识将才的毛泽东当场说了一句极有预言性的话："这个从士兵成长起来的人，将来可以指挥四五十万军队。"新华社向全国播发了"车桥大捷"消息，赞扬苏北新四军"以雄厚兵力"打了一个"大歼灭战"。

为了粉碎日伪军的"扩展清乡"计划，粟裕随后以第四分区敌封锁线东北边缘的南坎据点为主要攻占目标，从 6 月 26 日起，发起南坎战役，掀起了波澜壮阔的夏、秋季攻势，高潮一直持续到 10 月。据不完全统计，夏、秋季攻势仅地方兵团作战就达 192 次，区队和民兵作战 131 次，共攻克据点 25 处，逼使日、伪军撤走据点 44 处。

从车桥战役到南坎战役，构成了苏中地区新四军对日作战的连续局部反攻，成为 1944 年苏中军事斗争的主线。这一年，粟裕领导和指挥的新四军第 1 师主力部队和地方部队与日伪军作战 825 次，共歼日伪军 1.6 万人。

为迎接即将到来的抗日战争的战略反攻，1944 年 12 月，中共中央重申发展东南的方针，决定由粟裕率新四军第 1 师主力一部，南渡长江，执行南进任务。1945 年 1 月中旬，粟裕率南下部队在长兴地区与第 16 旅会合。根据中央军委指示，成立苏浙军区，粟裕任司令员兼政委。所属部队整编为四个纵队，12 个支队（团）。

为实现中共中央关于发展东南的指示，粟裕于 1945 年初，奉命第三次率部先遣，跨江南下，发展东南。先率三个团及党政干部 300 余人南进，首先进占苏浙皖边敌后地区，进而依据天目山打通浦东、浙东联系，协同浙东部队向浙江全省首先是浙江沿海发展，并相机进入福建。

中共中央军委电令成立苏浙军区，统一指挥江南、浙东部队，任命粟裕为军区司令员，谭震林为政委（到职），刘先胜为参谋长。华中局委托粟裕以华中局代表名义全面领导江南、浙东两个地区的党委工作，建立全面统一的指挥。

粟裕准备向东南敌后发展的新区，处于国民党第三战区的东北侧，扼长江三角洲西南门户。长期以来，国民党第三战区执行"消极抗日、积极反共"的政策，在制造"皖南事变"后仍把主要矛头对准新四军，专同新四军在东南争夺。所以，粟裕首先遇到的主要对手将是国民党正规军。

2月中旬，正当粟裕指挥苏浙新四军部队向敌后挺进展开进攻时，国民党第三战区第62师、"忠义救国军"等五个团，向新四军部队发起攻击。粟裕指挥苏浙军区新四军部队自卫还击，激战五天，歼灭顽军1700余人。第一次缴获了美制新式武器汤姆式枪、卡宾枪，解放了孝丰县城，史称天目山第一次反顽作战。

国民党顽军不甘失败，于3月3日，出动12个团的兵力，进攻苏浙新四军。以第28军军长陶柳为前线总指挥，兵分四路，呈马蹄形向孝丰分进合击，包围过来。粟裕指挥部队，利用山地有利地形，以各个击破的战法对付顽军的分进合击，歼灭顽军1700余人，完全占领天目山并解放了临安，控制浙西纵横100余公里的广大地区，取得了天目山第二次反顽作战的胜利。

国民党的将领们仍不服输，于5月底至6月初，调集精锐部队15个师，45个团，共75000余人，向天目山地区新四军发动第三次大举进攻。

在敌我兵力悬殊的情况下，粟裕灵活用兵，巧设疑阵，诱敌冒进，集中兵力、各个击破，首战击溃顽军一个师，歼灭顽军2200余人。接着，他再集中兵力，痛歼"皖南事变"的刽子手、顽军第52师主力和第33旅一部。紧接着，又调转兵力围歼顽军右路兵团大部，歼顽军6800余人，取得了天目山第三次反顽战役胜利。

天目山战役，大煞国民党中央军之骄横气焰，极大地鼓舞了新四军士气。战斗中缴获的大量美式装备，不仅使新四军各个班、排普遍加强了近战火力，有的还配备了火焰喷射器；各团、营都增建了配有重型武器的机炮连，通讯联络手段也相应改善了，这些都为解放战争初期作战奠定了物质基础。更重要的是经过天目山三次反顽作战，部队得到了锻炼，苏浙军区的部队在全军率先实现了由分散游击战争向大兵团运动战的战略转变，为以后遂行解放战争的战略、战役任务在军事上作了重要的准备。

天目山战役胜利是给正在陕西延安召开的中国共产党的"七大"极好的献礼。作为天目山战役的指挥者粟裕，在党的"七大"上首次当选为中央候补委员。出席"七大"的华中局组织部长曾山返回新四军军部传达"七大"精神，谈到华中地区和新四军中哪些同志被选上中共中央委员、候补委员时，特别对粟裕作了介绍。他说："粟裕同志在天目山地区连续打了几个漂亮仗，中共中央首长非常高兴。毛主席、周恩来等中央首长在酝酿选举中共中央委员人选时，给予粟裕同志高度评价，并说'粟裕同志将来可以指挥四五十万军队'。"

这一历史细节，生动了表明了粟裕当时在中国共产党高级将领中的地位。

烽火八年，特别是 1942 年以后，粟裕作为战区军事指挥员，为创建苏中根据地，为江南抗日战争的胜利，作出了巨大贡献。刘少奇在新四军工作时曾赞誉说："粟裕领导的新四军第一师，在抗战中建立了最大的功劳。在我军中以第一师部队作战最多，战果最大。"他奉命调回延安向毛泽东汇报工作时说："在华中局和新四军工作时发现两个人才，一是新四军第4师政委邓子恢，他是农村工作的专家；二是新四军第1师师长粟裕，他是新四军七个师中打仗打得最多和最好的一个师长。"

1945 年 10 月，中共中央和中央军委指示留华中的新四军成立华中军区。中央原定粟裕为司令员，粟裕电请中央任命张鼎丞任司令员，自己任副司令员，中央批准了他的请求。11 月，成立了华中野战军，粟裕任司令员，下辖四个纵队。

五、七战七捷：苏皖军民胜利的旗帜

三年全国解放战争，是粟裕军事生涯的辉煌时期，他组织指挥了一系列彪炳中国革命战争史的大仗、恶仗、巧仗，经略中原，驰骋华东，运筹大兵团作战得心应手。一个战役几万、十几万、几十万地消灭敌人，令人叹为观止。而最初的亮相，就是震动中外的苏中七战七捷。

1946 年 7 月，苏中大地战云密布。就在这严峻关头，华中野战军司令粟裕来到苏中前线。尽管进犯苏中解放区的国民党军队有 12 万之众，而华野只有 3 万多人，国共双方兵力对比是 4∶1，但粟裕信心百倍。他深知，对手至少有两大致命弱点——丧失人心和骄傲狂妄。他不相信仅靠美国的飞机大炮，国民党军就会成为胜利者。

粟裕把初战的战场选择在苏中解放区的南部地区，这是个异乎寻常的决策。迎击进犯之敌，我军传统的战法是"诱敌深入"。但粟裕经过周密研究，从"时机、地点、部队"这三个因素考虑，认为在苏中南部地区作战要比纵深地区有利。

战幕未拉开，便显示出粟裕运筹帷幄的能力。

宣（家堡）泰（兴）之战，是苏中战役的第一仗。战斗于7月13日打响。

我军获悉，敌整编第83师、第49师和第99旅、第25师分三路向华中野战军大本营海安而来，拉开架势和我军拼消耗。对此，粟裕在野战军指挥部作战图前把手一挥："恕不奉陪，我们专打他的一路！"

战报传到延安，毛泽东起初并没在意，但听说打击的对象番号后，惊奇地站了起来。敌整编第83师原来的番号是第100军，是蒋介石的嫡系部队，全部美式装备，由美军教官负责训练，抗战时期作为远征军挺进缅甸作战，战斗力极强。毛泽东亲自起草电文询问粟裕："你们打的是否整编第83师？该师被歼灭了多少？尚存多少？"在得知敌第83师经宣泰之役基本丧失战斗力后，毛泽东赞誉说："陈老总说得准，这个粟裕还真不简单！"

华中本是一个局部的战场，但粟裕硬是用旋风般的胜利吸引住毛泽东的目光。

再战如（皋）南（通），粟裕利用敌人的判断失误，派主力强行军100多里，长途奔袭敌第49师，结果又一次出其不意，万余敌人被歼。歼敌如此之众，解放战争开始以来还是第一次。战斗结束当天，中央军委和毛泽东就发来电报："庆祝你们打了大胜仗！"

敌人两战两败，自不甘心。蒋介石的参谋总长陈诚由南京赶到南通督战，汤恩伯坐镇南通指挥，白崇禧也赶到徐州督战，并调集第二梯队共六个旅，分路合击我苏中重镇海安。而粟裕仅用一个纵队3000多兵力，就英勇抗击了5万多敌人的轮番猛攻，并歼敌3000余人，而我伤亡仅200余人。创造了敌我双方伤亡 15 ∶ 1 的新纪录。

四战李堡，彻底打破了敌人迅速解决苏中的美梦；五战丁堰、林梓，一大收获是粉碎了号称国民党的一支"袖珍王牌军"——敌交通警察中队；到六战邵伯、七战如（皋）黄（桥），国民党损兵折将共达六个旅和五个交警大队，计 5.3 万人。

整个苏中战役只用了一个半月，威震全国。粟裕率兵 3 万，临 12 万大敌，在靠近敌人心脏的战略前沿地区与敌周旋一个半月，七战七捷，歼敌 5 万多人，这在战争史上是罕见的。

苏中七战七捷，作为解放战争爆发后在主要战场上进行的一次较大规模的初战，带有战略试探和战略侦察的性质。它为中央军委、毛泽东进一步明确和完善战争初期的战略方针提供了宝贵经验。在苏中战役过程中，粟裕和谭震林等人向中央军委提出了继续在苏中作战的战略建议，得到中央军委和新四军军长陈毅的批准。到 1947 年 3 月，中央军委就明确将先在内线打几个胜仗，然后转到外线的计划，发展成为实行内线的持久的防御作战的战略方针了。

苏中七战七捷的喜讯传到延安，毛泽东极为兴奋，亲自为中央军委起草电报发给战略区首长，介绍造成这一"辉煌成果"的经验，并推广到全军学习。毛泽东从苏中七捷中惊讶地发现昔日很不起眼的警卫员竟然长成了参天大树，他无比兴奋地向全军推荐粟裕和他的战法，称："苏中战役每战集中绝对优势兵力打敌一部，故战无不胜，士气甚高；缴获甚多，故装备优良；凭借解放区作战，故补充便利；加上指挥正确，既灵活又勇敢，故能取得伟大的胜利。这一经验是很好的经验，希望各区仿照，并望转知所属一体注意。"延安发言人称赞说："粟裕将军的历史，就是一部为民族为人民解放艰苦奋斗的历史。今天，粟裕将军成了苏皖军民胜利的旗帜。"朱德总司令后来回忆说："粟裕是学习毛泽东军事思想的楷模。他在苏中战役中消灭的敌人，比他自己的兵力还要多。"

面对数倍强敌进攻，粟裕以超人的智慧和胆量，创造出惊人的战场奇迹。

苏中战役，开创了我军在解放战争中，内线作战歼灭敌人的范例；开创了我军在解放战争中，一次战役使用多种战术的范例；开创了我军在解放战争中，集中优势兵力，各个击破敌人的范例；开创了我军在解放战争中，以少胜多的范例；创造了解放战争中，一个战役歼敌数量的新纪录（5.37 万人）。

粟裕的美名威震苏中，受到了军民的热烈拥护和颂扬："毛主席当家家家旺，粟司令打仗仗仗胜。"这首民谣被改编为歌曲、故事，在苏中地区和华东野战军中流传很久，直到今天，苏中地区的老年人和参加过战斗的老战士，仍能熟练地说唱。七战七捷，使中央军委和毛泽东对粟裕过人的指挥才能有了更全面、更深刻的了解。同年 9 月，山东野战军和华中野战军两个指挥部合一，陈毅为司令员兼政委，粟裕为副司令员，谭震林为副政委。这就是后来的华东野战军，即人们亲切称呼的"陈粟大军"。10 月 15 日，中央军委主席毛泽东电示：两军会合后，在陈毅领导下，大政方针共同决定（陈毅、张鼎丞、邓子恢、曾山、粟裕、谭震林），战役指挥交粟裕负责。于是，出现了"司令员在位的情况下赋予副司令员军事指挥权"的例外，这在中外军事史上都是少见的。

六、中原逐鹿：从大战豫东到决战淮海

解放战争之初，国民党向解放区疯狂进攻时，将三分之一的国民党军作战部队投入粟裕所在的华东战场，而粟裕指挥的作战一再创下辉煌纪录。第一年，解放军在各战场歼敌两万以上的战役共 11 次，其中粟裕指挥的就有 6 次。

苏中战役后，我军主动撤出两淮，国民党继续增加进攻华中的兵力，对我军形成半包围态势。粟裕和华中局的领导联名向中央军委和新四军军部建议：集中华中、山东两个野战军，攻下宿迁，得手后再向西扩张战果。这一建议受到陈毅的赞同，并主张将两个野战军指挥部合并。中央军委电示同意。

1946 年 11 月底到 12 月初，蒋介石为配合其所谓国大的召开，制订了一个迅速结束苏北战事的计划，调集二十五个半旅和一个快速纵队，分四路向

华中解放区发起进攻。

12 月上旬，陈毅提出发起宿北战役，集中兵力歼灭由宿迁进攻沭阳之敌，重点打击戴之奇指挥的第 69 师。战场在宿迁以北展开。这一带地形开阔，多为平原旷野，村庄小而密集，没有水壕城垣，只有峰山、嶂山几个小高地。由于戴之奇贪功冒进，与并进的敌第 11 师拉开距离，贸然冲进了我军几个纵队的中间。

这一仗是山东野战军和华中野战军会合后第一次协同作战，也是华东战场上化被动为主动的关键一仗。中央军委更是早有要求："两军会合第一仗必须打胜。"粟裕遵照中央军委的指示，赶赴宿北战场和陈毅司令员一起指挥作战。他抓住一路孤立突出之敌，集中 24 个团的优势兵力，激战四昼夜，全歼敌一个整编师 2.1 万人，中将师长戴之奇自杀。

粟裕打出了华中、山东两大野战军会合后第一个大胜仗。这场战役，开创了解放战争以来一次作战歼敌人数最多的纪录，开创了解放战争以来我军一次作战歼敌一个整师的先例，也是华东战场上歼灭战规模越来越大的良好开端，是华东战局第一个转折的标志。

随后，粟裕在陈毅的领导下，具体部署和指挥了鲁南战役，集中山东和华中两大野战军 27 个团的兵力，经过两个阶段 18 天连续作战，歼灭美械装备的国民党军整编第 26 师、第 51 师及第 1 快速纵队共 5.3 万余人，以缴获的美械装备组建了人民解放军第一个特种兵纵队。这次战役，开创了解放战争以来，我军一个战役歼敌数量的新纪录（5.353 万人）；开创了解放战争以来，我军一次作战歼敌最多的纪录（3 万人）；开创了解放战争以来，我军一次作战歼敌两个整师的纪录。

为了便于大兵团作战，1947 年 1 月下旬，华中野战军与山东野战军合并组成华东野战军，陈毅任司令员兼政委，粟裕任副司令员，仍负责战役指挥，谭震林任副政委。

2 月，蒋介石纠集 11 个整编师（军）共 29 个整编旅（师），组成两个突击集团，企图在临沂附近与华东野战军决战。同时，又从冀南、豫北抽调四个师（军），集结在鲁西南地区，阻止华东我军西撤和晋冀鲁豫野战军东援，参谋总长陈诚坐镇徐州督战。

粟裕根据陈毅提出的北上求歼李仙洲集团的设想，发起莱芜战役，并巧妙而周密地组织了这一"南阻大敌、北歼孤军、示形于鲁南、决胜于鲁中"的战役。这一仗打得干净利落，仅用 63 个小时，以伤亡 6000 多人的代价，消灭国民党一个绥靖区的敌指挥所、两个军部、七个师，连同南线及胶济路东段的作战，共歼敌 6 万余人。其中，俘国民党"第二绥靖区"中将副司令李仙洲等将官 19 名，再创解放战争一个战役歼敌兵力的新纪录，解放县城 13 座和重镇几十个，使鲁中、渤海、胶东、滨海四个解放区连成一片，大大改善了华东野战军的战略态势，华东战场的形势从此转入一个新阶段。

莱芜战役，奏捷之速，歼敌之多，代价之少，创造了解放战争以来华东战场的空前纪录，也是中国战争史上少见的奇迹，震惊全国。开创了人民解放军在敌人重兵集团包围下，大兵团机动作战，围歼敌人的范例；开创了解放战争以来，我军一个战役歼敌数量的新纪录（7 万人）；开创了解放战争以来，我军一次作战歼敌数量最多的纪录（5.86 万人）。粟裕在战后召开的华野高级干部会议上作《莱芜战役初步总结》时指出："在一次战役中，仅以 63 个小时就俘虏 4 万多敌人，加上被我毙伤的，共歼敌 6 万人左右，我仅伤亡 6000 余人，这在中国战史上是少有的。"陈毅对记者发表谈话，认为莱芜战役的空前大胜，"证明了我军副司令粟裕将军的战役指挥一贯保持其常胜纪录，越出越奇，越打越妙"。（《陈毅年谱》上卷，人民出版社，1995 年 12 月，第 1 版，第 489 页）蒋介石和他的手下将领无可奈何地承认，华东野战军的决策和指挥令他们"寒心"。蒋介石说："可以说是（国军）最可耻的失败。"

就这样，在莫大的信任和巨大的压力之下，粟裕只用了两个月的时间就完成了军委要求的"4 到 8 个月歼敌 5 个、6 个到 11 个、12 个旅（约 10 万人）"的重任。

粟裕真乃神将军也！

1947 年 3 月，国民党集中兵力对山东实施重点进攻，其在山东战场上的总兵力达 24 个整编师、60 个旅 45 万人，其中以 17 个师（军）、43 个旅 25 万大军，组成三个兵团，成弧形向鲁中推进，企图迫使华东野战军与其决战或北渡黄河。

为粉碎敌人的战略企图，粟裕拟订了泰（安）蒙（阴）战役计划。在粟裕的指挥下，华东野战军首先在泰安全歼敌整编第 72 师师部及两个旅。

随后，粟裕根据战场情况的变化，提出改变以往选择歼弱敌或歼翼侧、孤立之敌的传统打法，采用"虎口拔牙"的办法，实施反突破，把蒋介石的"御林军"、五大主力之一的整编第 74 师，从敌重兵集团中央割裂出来予以歼灭的作战方案，得到陈毅的完全赞同。粟裕与陈毅密切配合，处变不惊，临危不乱，以"百万军中取上将首级"的英雄气概，抓住稍纵即逝的战机，激战三日，在孟良崮全歼敌"王牌"军整编第 74 师 3.2 万余人，击毙中将师长张灵甫，创造了中外战争史上的伟大奇迹。蒋介石痛心疾首，哀叹整编第 74 师全军覆没是"空前的大损失"，是"'剿匪'以来最可痛心最可惋惜的一件大事"。

此战，消灭了国民党军最精锐部队，开创了人民解放军在敌人重兵集团中割歼强敌的范例，是战役指挥艺术上的重大突破。5 月 22 日，毛泽东为延安新华社发表时评说："华东人民解放军和华东解放区的人民，在全中国人民的爱国自卫战争中，担负的任务最严重，得到的成就也最荣耀""蒋介石以近一百个旅使用于华东战场，欲以此决定两军胜负。这个主观幻想业已接近于最后破灭"。

孟良崮战役是粟裕军事生涯中的得意之笔。这次战役的决策和指挥，鲜明地表现了他谋略思想和指挥艺术的独特风格，反映了他反常用兵、出奇制胜的创造精神，是神来之笔，惊破敌胆。他自觉地运用唯物辩证法于作战指导，在尊重客观规律的基础上，高度发挥主观能动性，敢于和善于适时把战局推向新水平，开创了人民解放军在敌人重兵集团中割歼强敌的范例，是战役指挥艺术上的重大突破。后来有个电影《南征北战》，"南征"即指代这个著名战役。

从 1946 年 7 月的苏中战役开始，到 1947 年 5 月孟良崮战役胜利结束，粟裕在不到一年的时间内，指挥华中、华东野战军采取内线歼敌方针，大量歼灭敌人有生力量，中央军委和毛泽东褒奖华东野战军："在第一年作战中，已表现自己为全国各区战绩最大的军队。"

孟良崮一战，华东野战军军威大振。毛泽东兴奋之余，任命粟裕为中原野战军司令。当时华东、中原战场上，我军有两大主力，即刘伯承、邓小平之晋冀鲁豫野战军，及陈毅之华东野战军。刘邓野战军强渡黄河，挺进中原之后，遭优势国民党军的重重包围，损失惨重，被迫转战大别山区。但毛泽东逐鹿中原之心不变。孟良崮捷报传来，毛泽东发现粟裕是个将才，便再组中原野战军，以其为司令，统一指挥刘邓及华东两大主力。其中华东部队由粟裕直接指挥。

此时乃粟裕军事生涯之巅峰，麾下两大主力，名将如云，精兵数十万。不久陈毅在发给中央军委和华东局的电报中赞誉说："我认为我党二十多年来创造杰出军事家并不多。最近粟裕、陈赓等先后脱颖而出，前程远大，将与彭（德怀）、刘（伯承）、林（彪）并肩前进，这是我党与人民的伟大收获。"并在赴陕北途中对晋绥解放区干部作报告时，热情赞扬粟裕的指挥才能。他说："粟裕同志可算为理论与实际兼优的人，战役指挥很高明，他长期在实际战争中锻炼，华东军事指挥主要靠他。"

1947 年 8 月，陈毅、粟裕率华东野战军主力组成的西线兵团，执行挺进中原的外线作战任务。

9 月上旬，粟裕部署和指挥了沙土集战役，全歼国民党整编第 57 师，俘其中将师长段霖茂。沙土集之战，在粟裕的诸多战绩里并不算突出，但意义重大，并且是他在承受巨大压力和委屈的前提下取得的，是一场久违的胜利，所以也被粟裕称为"三次最紧张的战斗"之一。郭化若将军说过，解放战争时期粟裕同志的工作环境是全国各大战区指挥员中最差的。好在粟裕迅速从南（麻）、临（朐）战役失利的阴影中走了出来，一举完胜沙土集战役，扭转我军在鲁西南的被动局面，迫使蒋从大别山和山东抽调四个整编师驰援，刘邓也获喘息之机，华东战局得以转折。

这期间，毛泽东曾在一封复电中特别指出："我华东军在第一年作战中，已表现自己为全国各区战绩最大的军队（据延安总部公布的战绩统计，1946年7月至1947年7月，人民解放军全军歼敌正规军46个完整师，其中华东歼灭29个，占63%；全军毙俘敌将军121名，华东毙俘65名，占53.7%；其中中将以上军官10名，华东占7名，不包括俘后潜逃的王铁汉；全军歼敌2万以上的大战役8个，华东占6个），七月减员较多，无损大局。希望你们尽速赶至鲁西南，统一指挥西兵团各纵队，配合当地地方兵团，完成中央付给我华东军的伟大任务。我相信你们必能完成此种任务。"（《毛泽东军事文集》第四卷，军事科学出版社、中央文献出版社，1993年12月，第1版，第207—208页）

11月上旬，陈毅赴陕北向中央和毛泽东报告工作，粟裕担负起独立指挥华东野战军作战的任务。他以华东野战军外线兵团，于11月7日发起陇海路战役。

为发展战略进攻推进战局，中央军委、毛泽东于1948年1月提出由粟裕率三个纵队渡江南进，在江南数省执行宽大机动作战任务，迫使敌人改变战略部署，调动敌人20—30个旅回防江南，并要粟裕"熟筹见复"。

粟裕经过长时间的慎重思考之后，于4月18日致电中央军委，5月5日又奔赴阜平城南庄向毛泽东、刘少奇、周恩来、朱德、任弼时当面汇报，提出华东野战军三个纵队暂不向江南出动，集中主力在黄淮打大仗的建议。中央完全同意并采纳了他的建议。就在这次会议上，中央决定陈毅到中共中央中原局、中原军区工作，粟裕任华东野战军司令员兼政委。经粟裕再三恳求，中央同意陈毅仍留任华东野战军司令员兼政委，由粟裕任代司令员兼代政委。粟裕以代司令、代政委、代党委书记的名义，全面主持华东野战军工作。

粟裕不负中央的厚望，从中央回来后，就在6月至7月组织指挥了豫东大战。集中华东野战军西线兵团和冀鲁豫军区部队，在中原野战军的密切协同下，巧妙布局，迷惑敌人，采取攻城打援、各个歼灭敌重兵集团的方针，以阵地进攻、运动进攻、运动防御、阵地防御等作战形式相结合，先克河南省会开封，后围歼援敌于睢杞地区，共歼敌 9 万余人，俘敌中将兵团司令区寿年、整编第 75 师少将师长沈澄年。

这场战役，是粟裕经历的最复杂、最剧烈、最艰苦的战役之一，是敌我双方主力在中原地区第一次大会战，是我军首次在关内攻克省会，是华东野战军两年来作战中一次最大的歼灭战。它使全国战局由战略进攻向战略决战转折，创造了解放战争史上一个战役歼敌 9 万余人的空前战绩；开创了解放战争以来，我军一个战役歼敌数量的新纪录（9.397 万人）；开创了人民解放军在敌强我弱的情况下，于敌人腹地进行大兵团机动作战、围城打援的范例。连林彪都说："取胜把握至多五成，在这么困难的条件下，打了这么大的胜仗，不简单。" 刘伯承评论说："打这样的大仗，我是做不到的，没有这样的胆识，没有这样的气魄。"

世界各国的军事家，特别是专门研究粟裕军事思想的人们始终对这一战例抱有浓厚的兴趣。他们普遍认为，这是 20 世纪战争史上不可多得的军事艺术杰作。它以阵地守备与野战围歼互相协同配合为主线，集突袭、奔袭、伏击、遭遇、运动防御与钳制阻援等多种打法于一役，包括了游击战、运动战、运动防御战等各种样式，战术上或长途奔袭，或声东击西，或以逸待劳，或围点打援，或猛虎掏心，或"围魏救赵"，或"釜底抽薪"，淋漓尽致地表现了粟裕一兵多用、连续作战的特长，表现了他灵活多变、不拘一格的指挥艺术，堪称深思熟虑、机断专行的典范。

豫东之战可以说是整个解放战争中的转折点，沉重打击了华东战场上国民党军队以兵团规模作战的信心，从此改变了中原和华东战场的战略态势，为解放军进一步歼敌重兵集团，攻克敌坚固设防的城市创造了经验。

豫东战役以后，毛泽东在西柏坡接见华东野战军特种兵纵队司令员陈锐霆和晋察冀军区炮兵旅长高存信时，兴奋地说："我们过山坳了！"他左手握拳，右手食指沿拳头顶端滑过。"解放战争好像爬山，现在我们已经过了山的坳子，最吃力的爬坡阶段已经过去了。"

豫东大战后，粟裕遵照中央军委的作战意图，统一指挥了济南战役，实行了"攻济打援"的作战方针，将参战兵力的44%组成攻城兵团，将参战兵力的56%组成打援兵团，指挥华东野战军经八昼夜连续突击，攻克山东省会济南，共歼敌10万余人，俘国民党"第二绥靖区"中将司令官王耀武以下中将、少将高级军官23名。济南战役，拉开人民解放军同国民党军战略决战的序幕。此战，开创了解放战争以来，我军一个战役歼敌数量的新纪录（10.429万人）；开创了解放战争以来，我军夺取敌坚固设防和10万重兵据守的大城市的先例；开创了解放战争以来，我军城市攻坚歼敌数量最多的纪录（10.429万人）；开创了解放战争以来，我军接管大城市的成功经验。

粟裕作为济南战役的主要指挥者，不仅参与了济南战役的战略决策，主持制定了"攻济打援"的作战部署，并且指挥了济南战役的全过程。

淮海战役中，粟裕胸怀全局，深谋远虑，在中原战场这副巨大的棋盘上，屡屡出手不凡，高招险着让他的对手防不胜防，淮海战役的胜利，倾注了他的满腔热血。他直接指挥华东野战军16个纵队，参加淮海战役歼灭黄百韬兵团和杜聿明集团的三个兵团的作战，并以六个纵队南下参加围歼黄维兵团和阻止李延年、刘汝明两兵团的战斗。整个淮海战役歼敌55万人，粟裕领导的华野（三野）就消灭敌军44万人。

其中，碾庄战役开创了解放战争以来，我军一次作战歼敌人数最多的纪录（12万人）；开创了解放战争以来，我军大规模村落攻坚战的先例。

陈官庄战役歼灭战，是我军最大的歼灭战（合围）。战果之辉煌，在世界战争史上都是罕见的。开创了解放战争以来，我军一次作战歼敌数量最多的纪录（30万人）；开创了解放战争以来，我军大规模追歼战的纪录（30万）；开创了解放战争以来，我军大规模村落攻坚战歼敌数量最多的纪录（30万人）。

淮海战役创造了古今中外战争史上的奇迹。在创造这个奇迹过程中，在战略决策和战役指挥两方面，粟裕都作出了独特的贡献。这场大战堪称世界军事史上有数的大规模围歼战。60万对80万这样的大兵团作战，在我军少于敌军的情况下，一般会打成击溃战，很难打成歼灭战，甚至当时国民党都疑惑共产党是否能赢。然而粟裕交出了一份漂亮的答卷。毛泽东在1949年的一次谈话中还说："淮海战役，粟裕同志立了第一功。"（李银桥：《在毛泽东身边十五年》，河北人民出版社，1991年6月，第1版，第117页）淮海战役后，刘伯承、邓小平到西柏坡向毛泽东汇报工作。毛泽东与他们交谈，又一次提到粟裕，称粟裕有杰出的战略预见才能，预测杜聿明逃窜方向是战史上精彩的一页。

可悲的是，蒋介石的统帅部无论在当时还是事后都没有搞清楚，在淮海之战中，谁是他们主要的直接对手，谁是造成"蒋介石的滑铁卢"的关键人物。

这个人就是粟裕。

1949年1月，华东野战军整编为第三野战军，陈毅为司令员兼政委，粟裕为副司令员兼第二副政委。4月，粟裕参与指挥了渡江战役。以第三野战军组成的中、东两个集团，分别于20日、21日，突破国民党军江防，23日解放南京，并将南撤的国民党军8万余人围歼于郎溪、广德山区。

5月中下旬，粟裕指挥了投鼠忌器的攻城战——上海战役。有谁见过这样的攻城：在市区不能用重武器，全城不间断供水供电，电话照常畅通。30万军队驻防的大城市，国民党的军舰可以直接参战。经半个月激战，歼灭国民党守军8个军15万余人，上海攻下来后完好无损。这无疑是又一大奇迹。这是我军最大的城市攻坚战，开创了解放战争以来，我军城市攻坚歼敌数量最多的纪录（15万人），开创了大城市攻坚战中，不使用重武器的先例，创造了战争史上的奇迹。周恩来说："解放上海，是毛泽东主席亲自交给粟裕同志的任务。明确要求既要解放上海，又必须保全城市。这好比瓷器店里抓老鼠，既要抓住老鼠，又不准损坏瓷器。谈何容易啊！然而，我们的粟裕同志，是个追求完美的人，硬是解放了上海，保全了上海，了不起啊！"

纵观整个解放战争，我军共进行了较为重要的战役134次，每役歼敌3万以上者38次，其中粟裕指挥华东部队打的有12次；每役歼敌5万人以上的共23次，其中华东部队打的有8次；解放战争中第一年共歼敌112万人，其中 43.4 万余人，是华东部队打的。毛泽东主席称赞华东部队为"全国各区战绩最大的军队"。三年解放战争中，共歼敌 807 万，其中 245 万是华东部队歼灭的，占总数的 30.6%，是全军最多的。粟裕指挥的历次重大战役，上下衔接，环环相扣，高潮迭起，气贯长虹，灵活机动，妙趣横生。

在三年的解放战争中诞生了我军最天才的指挥员和最好的部队，从粟裕的运筹帷幄，到张震的精心安排；从七战七捷到孟良崮，从莱芜大捷到豫东，从济南到淮海，一个又一个战争奇迹不断出现，一个又一个胜利出乎毛泽东的意料，许多战绩平平的八路军和新四军部队，经过粟裕的整合，都成为一支又一支我军的主力部队。

通过解放战争的伟大实践，粟裕成为纵横捭阖的大军统帅。他指挥的部队占解放军参战兵力的 70%，歼灭国民党军占解放军歼敌总数的 80%，在战略决策和战役指挥两方面，都作出了独特的贡献。照毛泽东的话说就是："解放战争，谁不识华东粟裕啊。"这场"决定国共两党生死存亡"的战争在华东战场打得最为激烈恢宏，虽然也杀得个"几进几出"，但我军始终稳操胜算，这其中粟裕居功至伟不容置疑。1961 年，毛泽东在武汉会见英国名将蒙哥马利元帅，谈及解放军的军事统帅时，认为粟裕最会打仗。认为从近代至今，只有粟裕在华东打的一些仗可以与"二战"中的某些仗相提并论，其他的仗怕是都不算数了。毛泽东说："这个仗是粟裕指挥的，本来不成熟呢，他们硬要吃下去。我的这些战友中，属这个粟裕最会打仗，他也是我们湖南的。"

七、探索现代战争制胜之道：杰出的军事理论家

中华人民共和国成立以后，粟裕身居中国人民解放军副总参谋长和总参谋长领导要职，更是从战略全局出发，对建设现代化、正规化的革命军队和巩固的国防，发展我军的战略战术，提出了许多富有创见的观点，做了许多扎实有效的开拓性工作：如提出建设强大的空军，加强坦克机械化部队建设，组建战略预备队，组织制定作战预案，加强后备力量建设等。他的建议和思想，大大丰富了毛泽东战略战术思想。

从解放战争末期到中华人民共和国成立初期，随着国内形势和国际形势的发展，人民解放军的主要战略方向由东南沿海转向东北边疆，主要作战任务由"解放台湾"、统一祖国转变为抗美援朝、保家卫国。在这个战略转变过程中，中共中央和中央军委主席毛泽东两次点将，第一次点将，要粟裕担任"解放台湾"的指挥重任，负责筹划预定的解放全中国最后一役——台湾战役。

1950年6月6日至9日，中共中央在北京召开了七届三中全会。会上，华东军区副司令员粟裕汇报了"解放台湾"的各项准备工作。粟裕请求由中央军委直接组织指挥台湾战役，毛泽东则决定这一战役仍由粟裕指挥。

粟裕以求实、求精的姿态，投入到这场"中国战争史上从来没有的一个最大的近代化作战的战役"的准备中去。他认为，打台湾时，海空军一定有、特种兵全部参加，这是一个海陆空大会战。各方面要部署周密，要写下"包"字后才打。

1950年6月下旬，因美国出兵朝鲜，导致这一计划未能实现。同年7月，毛泽东再次点将，首先考虑要粟裕指挥入朝部队，任命他为东北边防军司令员兼政委，萧劲光为副司令，准备指挥军队入朝。因粟裕正在患病，边防军又由原来四野的部队组成，毛泽东才转而考虑派他人挂帅。

20世纪50年代，毛泽东亲自点将，粟裕担任副总参谋长，周恩来、朱德登门传达中共中央命令。

粟裕是在朝鲜战场战火弥漫的时刻，来到总参谋部工作的。为了防备敌人的突然袭击，他向中央军委建议，除志愿军在朝鲜作战外，人民解放军急需制定在各种可能情况下的作战预案，要准备敌人从陆上、海上或空中来，在大陆解放取得全国政权后，就开始进行设防。他认为，全国设防要有重点和纵深，不能分兵把口，搞一线式防御，摆出一副"教师爷挨打"的架势。在敌人拥有海空优势的情况下，首先要保存自己，才能消灭敌人。

1954年10月31日，中共中央正式通知：粟裕任中国人民解放军总参谋长。这是毛泽东主席亲自提名任命的。通知下达前，毛泽东主席找粟裕谈话，向他传达中共中央这个决定。粟裕听了感到很吃惊，马上向毛泽东表示："主席！我不能胜任！"毛泽东肯定地说："根据我的了解，你可以胜任！"鼓励他大胆工作。接着毛泽东又说："不过牡丹虽好，还需绿叶扶持。你努力干吧！"粟裕时年 47 岁。朱德在和聂荣臻等一起听取粟裕汇报舟山群岛作战准备情况时，插话说："粟裕决心果断，不轻易改变决心，特别能领会统帅部的战备方针和战略意图，善于捕捉战机。他是全军灵活运用毛泽东军事思想的模范。"

1958 年，在反"教条主义"中他受到不公正对待。在军委扩大会议期间，毛泽东曾问萧劲光对粟裕的看法，萧劲光说："粟裕同志为人正派，没有二心，是好人。"毛泽东点了点头，表示赞同。但是 1958 年 10 月，粟裕被免去总参谋长职务，调任军事科学院副院长，后任第一政委、院党委第一书记。他积极协助院长兼政委叶剑英元帅创建军事科学院，为发展中国无产阶级军事科学作出了重要贡献。

粟裕到军事科学院任职后，心系军队建设和国家安全，协助叶剑英元帅领导军事科学院工作，总结中国革命战争的历史经验，积极探索现代条件下人民战争的指导规律，将注意力放在未来反侵略战争准备和战争指导上，阐述了许多新的思想。

1958 年 10 月，粟裕调军事科学院任副院长后，作为军事科学研究战线上的一位优秀领导人，身体力行地积极探索现代军事科学。他既注重书本学习，又注重深入实际；既注重研究我军，又注重对外国现代作战经验、教训和外军动向的研究，为探索现代军事科学打下了坚实基础。他在 20 多年的时间里，对国防建设、军队建设以及现代战争，进行了创造性的富有成果的研究，写出不少具有重大价值的报告、建议、学术文章和战争回忆录。

"文革"初期，周恩来认为粟裕有战功打不倒，周总理当即告诉他，我不管你干什么，你粟裕要离开北京必须经过我亲自批准，以便我随时找到你。然后周总理把粟裕有效地保护起来，也不允许任何人冲击他，并让他协助自己管经济。

这一时期，粟裕仍始终胸怀国防建设事业，提出了许多设想。1967年春，粟裕处境困难，由于周总理的关怀和保护，他参加了国务院的领导工作，任国务院业务组成员，分管铁路、交通、邮电和港口建设。在十分艰难复杂的情况下，他坚决抵制林彪、江青两个反革命集团的干扰破坏，完成了周总理交给的工作。

十年内乱，粟裕的处境更加困难。1970年初他被周恩来总理留下继续在国务院业务组工作，粟裕表示服从总理的决定，同时请求总理向毛主席报告，一旦打起仗来，还要上前线。不久，周总理就给他作出了安排，总理说，你关心国防，我给你创造个条件，去西北华北边疆走走，一方面学习地方工作，一方面了解边防情况。粟裕被调离总参后，领导曾告诫他不要接触部队。听到总理这样交代工作，粟裕喜出望外，立即抱病出发，乘吉普车到西北、华北五省考察，持续50天，行程7000公里。他深入边防第一线和基层单位调查研究，主要研究、探索的课题仍然是未来反侵略战争的作战问题。在这次考察中，粟裕亲眼看到极左思潮和唯心论、形而上学对军事思想和国防建设的破坏。返京后马上向周恩来总理作了口头汇报。

1973年2月，粟裕向毛泽东、周恩来、叶剑英写报告，建议某些城市必须坚守，有的要死守；要重视平原作战，把将坦克集群摆在与地面敌人作战的首要位置；在山地作战中，要改变过去主要控制山头的战法，山头要有必要兵力，但主力应控制在山麓、要道和临边重要城镇，防敌装甲部队向我侧后迂回；要加紧生产歼击机和其他防空武器，并在平时大量储备飞行员，以便战时增加飞机出动架次，夺取局部或关键作战时刻的制空权。他的正确建议，受到中央军委的重视，从而对我军军事战略的调整作出了重要贡献。

党的十一届三中全会前，军事领域受"两个凡是"的影响，敢讲真话的空气不浓。1978年4月，粟裕对军事科学院研究人员的谈话，率先冲破禁区，论述了他对未来战争的观点和我军应采取的战略战术。同年12月，党的十一届三中全会重新确立了解放思想、实事求是的思想路线，军事思想研究领域也开始出现破除迷信、解放思想，进一步拨乱反正的好形势。特别是粉碎"四人帮"后，在军事理论领域提出拨乱反正，正本清源。

　　1979 年 1 月，党的十一届三中全会刚开完，粟裕在为军事学院高级系学员所作的题为《未来反侵略战争初期作战方法几个问题的探讨》的报告中，继续与军事领域中的唯心主义、形而上学作斗争，对"文革"后冲破军事思想上长期形成的禁锢起到了拨乱反正的作用。对未来反侵略战争初期的问题，作了前所未有的精辟论述，提出了许多独到见解，在全军引起了强烈反响。学员中有不少军长、军政委，听了他的报告以后异口同声地说，这样的报告，20 多年来还是第一次听到。他强调，要依据科学技术的发展和现代战争的具体情况，发展毛泽东军事思想，并对怎样打现代条件下的人民战争，如战争初期贯彻积极防御战略方针、三种作战形式的结合、集中优势兵力、战场建设等问题，提出了许多令人振聋发聩、耳目一新的见解。真可谓老骥伏枥，志在千里；烈士暮年，壮心不已！

　　粟裕的这个报告，被认为是新时期毛泽东军事思想研究的一篇开山之作，在全军引起了强烈反响。澳大利亚国防部情报组织副主任保罗·迪布在关于20 世纪 80 年代中国战略形势的研究报告中，称粟裕是"中国主要的战略发言人"。

第二章
军事战略大师

作为军事指挥员应该懂得中国革命战争的战略问题。一个指挥员对战略问题有了较深刻的理解，有了清醒的头脑，才能运筹自如地指挥作战。在我以后的作战生涯中长期远离中央，所以我对于尽可能地去了解和学习战略性问题格外重视。

——粟裕

一、大势为本，战略运筹

在共和国的将帅中，粟裕是少有的具有战略才干的名将之一。不少论者赞誉他是战略家、军事战略家。他具有深邃的战略眼光，具有洞察和驾驭战略全局的能力，高屋建瓴。善于从战略全局出发运筹、谋划、组织和指挥战役，把战区作战和战役作战同战略全局的利益联系起来，在战局发展的各个关键时刻，主动提出全局战略构想。

战略眼光是军事指挥员必须具备的素质之一。指挥员，尤其是战区指挥员要有统揽全局的战略眼光，这一点说来容易，真正做到并不容易。

兵法曰："自古不谋万事者，不足谋一时，不谋全局者，不足谋一域。"古今中外的优秀军事家都十分重视和强调军事决策上的全局观念和战略远见。

战略是远远超过了战争之外的智慧和思想的聚合。《孙子兵法》中曰："凡用兵之法，全国为上，破国次之。故上兵伐谋，其次伐交，其次伐兵，其下攻城。"已经非常经典地将战略思想上升为全局的高度。

在中国古人看来，战略是将帅之道，谁掌握了战略，谁就能够干出一番轰轰烈烈的伟大事业，谁就能够成为彪炳千古的伟大人物。中国战略的另一种意境是登高远望、叱咤风云的"王者"意境。

粟裕不仅深得此中精髓，而且善于把它变成活生生的实践，立足战争全局筹划战区行动，创造性地实现中央军委的战略意图，从"谋全局"而"谋一域"，从"谋万世"而"谋一时"。

粟裕指挥作战，得心应手，用兵自如，越战越奇，越打越妙，不愧为"常胜将军"。而这个"自如"，这个"奇""妙"，往往来源于他对战略问题的透彻了解，来源于深邃的战略眼光。他认为，作为战区的指挥员，必须正确估量战略形势，把握时机，积极主动地推进形势的发展。利全局大势为上，谋全局大势为本，这是粟裕兵法最突出的特点之一。

粟裕一生，戎马倥偬，指挥过一系列重大的战役、战斗，尤其善于组织大兵团作战，大处如掌风云，起伏跌宕，气势磅礴，打了许多带有传奇色彩的胜仗，并多次提出过影响战争全局的战略性建议。究其思想方法上的原因，最重要的是他在历次作战中，特别是在组织大兵团作战时，都能从战略高度和全局观点思考问题，筹划和指挥作战，把战役战斗与战略全局很好地结合起来。因而在贯彻中央军委、毛泽东主席战略意图的作战实践上，就表现出高度的自觉性、坚定性和灵活性。

《孙子》曰："善战者，求之于势。"势，形势也。粟裕指挥作战，善于谋势，而且他所谋求的，不是局部的和战术上的形势，而是全局性的和战略上的形势。

粟裕对战争战略性问题的重视由来已久。

从井冈山到中央苏区，粟裕在毛泽东、朱德的领导和指挥下转战，在血与火的斗争中学习、成长。他一开始就注重从战略的高度认识战争，在作战中学习战略决策和指挥。

当时，领导层中正确与错误不同意见的争论，胜利与失败正反两个方面的经验，给粟裕学习中国革命的道路和中国革命战争的规律，提供了极其丰富的生动教材。他在实战中逐步加深了对积极防御和诱敌深入战略方针的理解。粟裕从亲身的经历中深深体会到："作为军事指挥员应该懂得中国革命战争的战略问题。一个指挥员对战略问题有了深刻的理解，有了清醒的头脑，才能运筹自如地指挥作战。在我以后的作战生涯中长期远离中央，所以我对于尽可能地去了解和学习战略性问题格外重视。"（《粟裕战争回忆录》，解放军出版社，1988 年 11 月，第 1 版，第 100 页）

从此以后，粟裕更加自觉地刻苦学习和研究中国革命战争的战略问题，站在战略的高度思考作战，从全局出发驾驭局部，即使是在以后长期远离中共中央乃至与上级党组织失去联系的情况下，他也尽可能地去了解和重视学习战略性问题，所以能对各种错综复杂的形势作出正确判断，采取适应新情况的方针政策，把革命推向前进。

分析敌我形势，分析具体地域的综合条件，分析敌人的弱点及其矛盾，是粟裕进行战略思考时所运用的基本方法。正因为这样，从红军北上抗日先遣队在怀玉山的失败和坚持浙西南游击战争开始，到抗日战争特别是解放战争的漫长岁月中，粟裕作为一个战区的主要指挥员，一直远离党中央，担任一个战区的主要指挥员，不但独立地、妥善地处理了许多重大的问题，而且几乎每一个问题的处理，都符合中央的政策和要求，对战争的全局起到重要的促进作用，既培养了自己领导战区、战役作战的高超的指挥艺术，又练就了自己领导驾驭战略全局的能力，成为一位有胆略、善思考，集军事理论和作战实践于一身的军事战略家。

粟裕充分表现了一个军事战略家统筹和驾驭战争全局的超凡才能。从他向中央提出的一些重大建议和所组织指挥的很多战役中，可以看出他善于站在全局的高度思考问题，正确理解与处理局部与全局的关系，着眼全局进行决策。

在红军时期，粟裕已经以敏锐的战略眼光独立地处理问题。1934 年 7 月，他参加领导红军北上抗日先遣队，挺进闽、浙、赣、皖诸省，在前进的战略方向、作战指导思想和在哪里建立根据地的问题上，曾经从各方面进行全面调查研究，分析其利弊，提出正确的意见和建议，但不为当时"左"倾的中央军委所采纳，最后导致北上抗日先遣队的失败。

1935 年 1 月，粟裕、刘英奉命率领先遣队余部 500 余人组成挺进师，进入国民党统治的腹心地区浙江，在中央苏区已经丧失，并与中央、中央局失去联系的情况下，他领导挺进师实行了从运动战到游击战的战略转变，创建了浙西南和浙南游击根据地，保存了自己的力量，挫败了国民党军两次大规模的"围剿"。敌人"围剿"部队中包括国民党精锐主力以罗卓英为军长，黄维、胡琏等为团长的第十八军在内，每次兵力多达四十几个团。浙南根据地钳制了国民党军的大量兵力，胜利地坚持了三年游击战争。

粟裕作为苏浙军区的最高指挥员，总是把自己指挥的战区同全国战局结合起来，从抗战全局出发考虑，向苏浙皖如何挺进，根据中央的意图确定苏浙军区部队的作战行动，使南下作战行动能对全国战局的胜利发展，发挥更大作用。

同时，他又十分注重苏浙战区当面的全局，从当时当地的实际出发，正确处理本战区各方面的关系，力求取得最大战绩。

挺进浙西后，他非常注意分析敌、顽、我之间的复杂斗争态势，反复考虑我有限的优势，并使其相互配合，协调一致，以达成总的战略意图。

1941 年 1 月"皖南事变"后，为了重建江南新四军，党中央、毛泽东明确提出："目前华中指导中心应着重三个基本战略地区"，即鄂豫陕边、江南根据地和苏鲁地区，特别强调苏鲁战区是"目前华中的基本根据地"和"向西向南发展的策源地"，"在总任务上的作战是出干部、派军队向西边南边去的地方，好像汉高祖的关中"。（《毛泽东军事文集》第二卷，军事科学出版社、中央文献出版社，1993 年 12 月，第 1 版，第 621—623 页）

这里所说的苏鲁战区，包括山东省大部和江苏省长江以北地区。当时作为新四军第 1 师师长、苏中军区司令的粟裕所领导的苏中区，位于苏鲁战区南部，是它的重要组织部分。为了完成好中央关于开辟苏中抗日根据地的战略任务，粟裕把中央关于发展苏鲁战区的任务，与中央关于抗日战争的战略方针结合起来思考，把苏中放到苏鲁战区，放到中央夺取抗战胜利的大棋盘上，并进而联系民主革命总任务进行思考。

粟裕认为，中央制定的"独立自主的游击战"的战略方针，既是从日军强大及占地甚广但兵力不足和我军的弱小这一实际情况出发，又关照到抗战胜利后的斗争，把现阶段的抗战任务与将来实现民主革命的总任务联系了起来。作为华中抗日民主根据地的重要组成部分，苏中战略区在经济上、政治上、军事上具有极其重要的地位，是日本侵略军、国民党顽固派与中国共产党三方必争之地，是华中南部一个前哨阵地，又是将来向苏浙皖边、闽浙赣边发展以及反攻阶段收复南京、上海的一个重要基地和出发地。因此，苏中的抗日斗争不仅应求得军事斗争的胜利，而且应把苏中建成基本根据地。这是抗战的需要，同时也是为下一步夺取整个民主革命的胜利作必要的准备。

在这一指导思想下，不论在任何艰难、复杂的情况下，他总是坚持党的政策，依靠和发动人民群众，坚持原地武装斗争，要求县区地方武装，"县不离县，区不离区"，主力则转至"清剿"和"清乡"圈外歼灭敌人，先后粉碎了日寇的"扫荡""清剿"和"清乡"。1944 年春，粟裕审时度势，把握时机，积极主动地组织发起车桥战役，歼灭日军 460 余人（内俘 24 人）、伪军 500 余人，成为苏中解放区反攻的起点。同年 9 月，党中央为迎接战略反攻形势的到来，作出我军向东南敌后发展的战略决策，粟裕对发展东南怀有特殊的革命责任感，主动请缨，于年底率苏中主力部队渡江南进，向苏浙敌后发展，在浙西天目山粉碎了国民党顽固派军队规模一次比一次大的三次进攻，使苏浙军区主力提前实现了由游击战向运动战的战略转变。

粟裕从战略全局上考虑利弊得失，勇挑重担，知难而进，把苏中当面斗争与看守好华中局和新四军军部南大门紧密结合起来，以积极的作战行动打击敌人和调动敌人，敢于刺激敌人，敢于威胁敌人，以求最大限度地把敌人吸引到苏中地区，保障华中局和新四军军部的相对安全，保证中共中央战略意图的实现。

抗日战争爆发后，粟裕总结了浙南三年游击战争的经验，认为游击战争是制胜日本侵略军的法宝。1938 年 1 月，早在浙闽我军开赴皖南集中以前，他在浙闽边抗日救亡干部学校讲授游击战术时，就提出了游击战争的战略意义，充分显示了他的远见卓识。

在抗日战争中，粟裕长期独立地领导苏中解放区的抗日斗争。他认真领会中央的战略意图，深入研究苏中地区各方面的情况，确定自己的指导思想。他认为：苏中有人口 900 余万，物产丰富，财源充足，临近南京、上海，扼制着长江下游的航运通道，是华中抗日根据地南部的一个前哨阵地，又是向苏浙皖边、闽浙赣边以及反攻阶段收复南京、上海的一个重要基地和出发地，战略地位十分重要。应把苏中建成基本根据地（不是游击根据地和游击区），并为下一阶段夺取整个民主革命的胜利作好必要的准备。

抗日战争胜利后，中央作出"向北发展、向南防御"的战略决策，苏浙军区部队奉命撤回江北。粟裕根据当时苏中的实际情况，要求改变以华中三个主力纵队破击津浦线的计划，建议集中兵力扫除苏中的高邮等敌占城镇，占领徐州至海州铁路中段，将山东与华中打成一片。经中央批准，粟裕于1945年底至1946年初，先后发起了高邮战役和陇海路东段战役，取得了胜利，使这一战略部署得以实现，为以后内战的全面爆发准备了大有回旋余地的战场。

国共停战协定达成后，粟裕借去徐州与国民党谈判之机，亲自观察国民党将领的思想动态，深知蒋介石发动内战的阴谋，所以他从来没有放松应付内战的准备。他对敌我双方情况进行全面调查研究，分析敌我双方互相对立着的许多特点，反复思索，从中探寻战争的客观规律，首先是战争初期的规律。

粟裕详细分析敌我情况认为：经过抗日战争，蒋介石和我们都有了重要变化。主要特点是：蒋介石接收了日军的武器、装备和仓库物资，美国又将第二次世界大战的大批飞机、大炮、坦克和各种武器交给了他，他的兵力发展到他统治中国时期的最高峰——430万人。同时，蒋介石与地方军阀的战争已经不复存在，他将用全力进攻我们。与此同时，我方的情况也发生了重大变化。在停战协定生效时，解放区城市已有506个，超过过去中央苏区的24倍；解放区人口达1.3亿，超过过去苏区人口的52倍，并且建立了东北、热河、察哈尔根据地，除新四军第5师地区外，各解放区已连成一片，从此打破了敌人对我根据地长期四面包围的态势，我们在战争初期就有一个历史上空前广阔的内线作战战场。我军已发展到127万人，经过抗日战争的锻炼，有坚强的战斗力。10年内战中，苏区是四面受白色地区包围的几小块根据地，那时战争的主要形式是"围剿"与反"围剿"长期反复，这个规律已经不复存在了。

二、深邃的战略眼光，创造性地实现战略意图

长期独当一面的作战生涯，使粟裕长于思考，并使他深深懂得：作为军事指挥员，应该懂得中国革命战争的战略问题。一个指挥员对战略问题有

了较深刻的了解，有了清醒的头脑，才能运筹自如地指挥作战。因此，粟裕对探寻战争规律和特点问题格外重视，分析作战形势、作出作战决策，都是从战区乃至全国的军事、政治形势出发的。从不把眼光局限于战役范围，而是深谋远虑和洞察战局，认真研究和领会中央军委的战略意图，从实际出发，着眼于战争全局的得失利弊，善于从战略的高度和战略全局思考问题，把全局与局部很好地联系起来进行思考，思考时不仅考虑到军事因素，而且考虑到政治、经济、自然等因素，然后据以提出具有真知灼见的、能最好地贯彻中央军委战略意图的建议。粟裕时刻关注着整个战区战场以至全国战局的发展，及时调整华野的作战部署，并对全局战略决策提出建议。

粟裕进行宿北战役的决策时，就是在充分研究了苏北战役前的敌军企图与军事形势，和不打好此一仗，在华东可能造成的军事和政治形势的新变化而决定的，既关注到此后军事战略形势的可能演变，也考虑到了政治形势的影响。

粟裕在谈到陇海路东段战役的战略意义时，指出："这一仗打通了华中与山东的交通线，非常重要。如果敌人六举进攻陇海线，我军就可以一部正面守备，主力摆在两侧。"他两手环抱，然后作出一个斩杀动作，坚定地说："那时，我军从两侧出击，消灭他！"

显然，粟裕建议发起陇海路东段战役，是从整个华东战场（而不是只从华中战场）的全局利益和长远的战略需要出发的，是从日后进行大兵团运动战的战略要求出发的，表现了他驾驭全局、掌握未来的战略远见和战略才能。

解放战争初期，当敌人开始对我解放区实施大举进犯时，党中央和毛泽东曾酝酿了一个南线作战的战略计划，其意图是以山东、太行两区主力实行外线出击，分别以徐州地区和豫东地区为主要作战方向，在野战中大量歼敌，并相机占领徐州、开封。与此同时，指示粟、谭（震林）率主力兵出淮南，占领蚌埠、浦口间铁路，歼灭该地区之敌。

粟裕把中央的战略意图与苏中的实际情况结合起来，从全局着眼，权衡外线出击和内线歼敌的利弊，认为先在苏中打几仗，再西进淮南配合山东野战军作战更为有利，便向中央提出了建议。因为他了解和懂得全局，知道什么对于战争全局最有决定意义，中央军委与陈（毅）、粟反复磋商后，采纳了粟裕的建议，对原定战略计划进行了调整，确定先在内线打几个胜仗，再转至外线。于是，粟裕率领华中野战军主力，在一个半月内连续作战七次，大获全胜。

孟良崮战役后，蒋介石以"重叠合进"的战法，继续对山东实行重点进攻。中央军委、毛泽东于6月29日指示华东野战军实施"七月分兵"。粟裕感到这个指示改变了过去要求华野不分兵、坚持内线歼敌的方针。中央总的意图是，不等敌人的重点进攻被完全粉碎，也不等我军在数量上超过敌人，就由战略防御转入战略进攻，把战争引向国民党统治区域，使我内线获得喘息的机会，以利持久。

军委的电报虽只提到山东当面的敌情，尽管山东局部范围还存在内线歼敌的有利条件，但粟裕却从战略全局的角度，考虑到刘邓大军即将出击，战局必有重大发展，遂决定立即执行军委的方针，指挥华野主力分兵向鲁南和鲁西南出击。

"七月分兵"，是在没有充分准备的情况下开始的，分兵之后几仗没打好，有几仗打成了消耗战。有些人对"七月分兵"的决策发生怀疑，提出"七月分兵"是否太仓促了？如果在内线再坚持两个月，避开七八月的雨季，经过充分准备再出击，是不是要好一些？或者应当向军委提出继续集中兵力于内线作战的建议。

针对这一问题，粟裕回答说：如果我们将眼光局限于山东，在内线坚持几个月当然是可以的。因为当时山东还有50多个县城在我手中，而且连成一片，胶东、渤海、滨海三个地区还可以回旋，在内线歼敌的条件还是存在的。但是，刘邓大军在6月底将南渡黄河，军委已经告知我们，我们必须以战斗行动来策应刘邓大军的战略行动。当然，策应刘邓大军南渡可以有另一种方式，如果我们在 7 月初能集中兵力打一个像孟良崮那样的大仗，将敌人牵制在鲁中，对刘邓大军的配合将是有力的。无奈当时难以肯定数日内必有战机出现，而刘邓大军按军委规定日期出动，我们不能以作战行动作有力的配合，这对全局是不利的。

粟裕及时教育部队，正确对待局部的暂时困难，一切为了全局，要坚决完成在战略上牵制敌人的任务。

正是从战略全局的利益出发，陈毅、粟裕等当机立断，牺牲局部利益，立即着手华野全军分兵三路转入外线，有力地策应了刘邓大军的战略行动。陶勇感慨地说："到了鲁西南，我们更清楚地看到了全局。"

1947 年 8 月初，蒋介石调集 8 个整编师（军）18 个旅约 14 万人的兵力，企图分进合击正在鲁西南休整的刘邓大军主力，同时阴谋策划乘连日大雨破坏黄河大堤，水淹刘邓大军。刘伯承、邓小平得知这一情况，当即决定提前结束休整，于 8 月 7 日突然隐蔽南进，执行挺进大别山的战略任务。

8 月 8 日，陈毅、粟裕率领华野指挥机关和第 6 纵队、特种兵纵队向鲁西南进军。他们选择的路线是：从胶济路北的桓台、广饶地区出发，北渡黄河至山东惠民地区，再从禹城附近越过津浦线，到达阳谷、寿张地区，由此南渡黄河至鲁西南前线。这一路都是老解放区，是我军的后方，没有敌人阻拦，既可以大大减少行军中的兵力消耗，又可以隐蔽我军行动意图。

8 月 16 日，粟裕于行军途中收到中央军委来电，询问陈、粟对西线兵团今后行动的打算。这时陈毅已离开华野前指前往渤海军区处理后方工作。

粟裕分析敌我态势，思考最佳行动方案。他知道，对于华野西兵团的行动，中央军委有过明确指示，要求华野各纵队从刘邓大军的相反方向钳制敌人，"陈唐不可轻出陇海以南"，"陈粟六纵全部必须从内线，即从你们（指刘邓大军）的反方向钳制敌人，才是最有力的钳制"。但是，当前的形势已经发生变化，刘邓大军越过陇海路以后，受到大批敌军前堵后追，处境紧迫。他认为，为了更有力地策应刘邓大军作战，华野西兵团作战区域必须扩展到陇海路以南。这样，不仅可以适应当前拖住敌人、策应刘邓的作战需要，而且可以为将来三军配合经略中原创造条件。8 月 18 日，他把自己的想法和建议报告中央军委和华东局。他在电报中说明，由于陈毅去渤海军区未回，此电是他个人的意见。

粟裕在电报中说："依近日情况判断，敌有大部随刘邓南去可能。果如是，则刘邓很吃力，我们应尽一切努力多拖住一些敌人。因此，西兵团目前应位鲁西南及陇海线上行动，必要时以一部挺入路南，破袭津浦，威胁徐州，才能有效拖住敌人，并寻机歼灭薄弱之敌。此计划如能有效实施，不仅可拖住一部敌人不能南去，且可迫使鲁中、胶济线抽一部敌西来。如是，则又会减轻我鲁中及胶济线负担，并使敌人进犯胶东腹地及烟台之可能性更减少。"（《粟裕军事文集》，解放军出版社，1989 年 7 月，第 1 版，第 318—319 页）这就是著名的"巧酉电"。它从战略全局利益出发为本战区任务主动加码，也为未来战局发展创造有利条件。

毛泽东于 8 月 24 日复电，指出："粟裕同志巧酉电意见极为正确。西兵团作战范围规定为黄河以南，淮河以北，运河以西，平汉以东，望转示（陈士）榘唐（亮）、叶（飞）陶（勇）及六、十两纵及炮纵坚决执行。"这样，就改变了"陈唐不可轻出陇海以南"和"陈粟六纵必须从内线"钳制敌人的决定，进一步明确了陈粟与刘邓、陈谢三军共同经略中原的战略任务，完善了"三军配合，两翼牵制"的战略布局。

解放战争后期，粟裕认为，无论是正在酝酿的济南方向的作战，还是未来的徐州方向的作战，都要同南线决战的战略构想联系起来考虑。

他认为，豫东战役的胜利，实现了由战略进攻向战略决战的转折。当前的问题，是如何推动战局向战略决战的方向发展。1948 年 7 月，豫东战役结束以后，粟裕率领华野指挥机关和参战部队，转移到鲁西南、豫皖苏地区，组织部队休整，筹划下一步作战。这时，他反复考虑的是，从战争全局的发展趋势来看，华东野战军的未来出击方向问题。

豫东战役以前，他在 4 月 18 日的电报中向中央军委建议，华野三个纵队暂不渡江南进，而集中兵力在中原黄淮地区打大歼灭战。当时就提出，在打完第一个歼灭战以后，"除以一部相机攻占济南外，主力则可进逼徐州，与刘邓会师，寻求第二个歼灭战"。（《粟裕军事文集》，解放军出版社，1993 年 12 月，第 1 版，第 356 页）

经过豫东战役的实践，粟裕对战争规律的探索又前进一步，逐步形成了南线决战的战略构想。他回忆这一探索过程说："解放战争以来，随着敌我力量的消长和战略战术的变化，我军歼灭战不断向更大规模发展是个客观规律。这种大歼灭战发展下去，势将成为同敌人的战略决战。而要进行这种大规模的决战，必须考虑时机，还要考虑战场条件和后勤供应条件。对于战场和后勤供应条件，我考虑在长江以北决战比在长江以南决战有利得多；而在长江以北决战，又以在徐蚌地区为最有利。因为徐蚌地区不仅地形开阔，通道多，适宜于大兵团运动，而且大部分地区是老解放区和半老解放区，群众条件好，背靠山东和冀鲁豫老根据地，地处华东、中原接合部，距华北也不远，能得到各方面的人力、物力支援。还可以利用蒋桂之间的矛盾，集中兵力打蒋系的徐州集团。如兵出中原，我军将处于白崇禧的武汉集团与刘峙的徐州集团之间，桂系可能参战。"（《粟裕谈淮海战役》，《党的文献》1989 年第 6 期）

这个过程表明，粟裕对战争规律的探索在实践中不断前进，他不仅预见到随着歼灭战规模的不断发展势必形成同敌人的战略决战，而且通过对江南和江北、中原和徐蚌的比较分析，得出了徐蚌地区是进行这一决战最佳战场的科学结论。

中央军委在不同战略阶段对不同战区的战略意图，是根据战争发展的总趋势，针对当时当地的具体情况，围绕解决某个基本问题而确定的。粟裕深知，作为一个战区指挥员，在贯彻执行中央军委的战略意图时，应当结合战争的全局，思考这一战略阶段与下一战略阶段、这一次作战与下一次作战、战区作战与全国战局的关系，从全局上考虑得失利弊。

粟裕作为战区主要指挥员，非常注重战略问题的研究，总是孜孜以求地探索、了解中央的战略意图和战略方针，用以指导自己的行动，并用自己的行动去促进中央战略意图、战略方针的实现。

所谓从战略全局出发，就是从战略方针、战略任务、全国和战区形势等方面，通过综合分析对比作出正确的决断。着眼战略全局，主要包括：有利于战略形势的发展，有利于支援友邻作战，有利于长远的战略利益。

粟裕善于进行巧妙的战略布局，在不同方向和地区上以不同的行动方式钳制敌人，从全局上左右战局的发展，进而为在主要方向上歼灭敌人，争取时间与空间。

粟裕富有战略眼光。他作为战役、战略区指挥员，无论是领导一块根据地的斗争，还是指挥一个战区、一个战役的作战，总是从实际出发，从战略全局的高度来思考，深刻理解上级总的战略意图，把具体的部署与党中央制定的总的战略方针联系起来考虑，把局部放到全局的天平上衡量，把执行上级战略意图与本地区的实际很好地结合起来，把自己领导的局部同整个战争全局结合起来，在执行上级赋予的作战任务时，结合战争的全局进行思考，从全局上考虑得失利弊，使自己在更高的层次上，看得更远，想得更深，从而提高执行战略任务的自觉性。同时，又十分重视局部对全局的作用，从当时当地的战场实际出发，积极提出有利于全局的建议，力求以局部的最佳成绩，来促进全局，为全局作出较大的贡献。

粟裕有一段名言："作为一个战役指挥员，在即将执行上级赋予的作战任务时，应当结合战争的全局进行思考，从全局上考虑得失利弊，把局部和全局很好地联系起来。全局是由许多局部组成的，从局部看到的问题，也许会对中央观察全局、作出决策有参考价值。"（《粟裕战争回忆录》第 541 页）又说："作为下级指挥员，在领受任务时，必须正确理解上级总的意图，明确自己所担负的任务及其意义。这样才能树立全局观念，发挥主动性、积极性。"（《粟裕军事文集》第 34 页）

在多年的战争实践中，粟裕每采取一项重大决策和行动，总是从战争全局考虑，以全局为重，把局部和全局很好地结合起来，以局部促进全局，有效地影响整个战争的进程。

粟裕是一位在战局发展的各个关键时刻，主动提出全局战略构想的当之无愧的军事战略家，仗仗都有独到的战略构想。特别是立足战区局部，通观战争全局，以战略上的远见卓识，"斗胆直陈"。粟裕几次重大的战略建议，都体现出他的强烈的战略意识和战略头脑。

1948 年豫东战役之前，粟裕根据中央军委指示，率领华东野战军第 1、第 4、第 6 纵队在河南濮阳地区整训，准备执行渡长江南进，在南方数省实行宽大机动作战的任务。在此期间，粟裕反复研究了中央军委的战略意图，认为中央军委采取这一重大战略决策，显然是为了进一步把战争引向敌人的深远后方，以配合正面战场，主要是配合中原战场我军作战，发展战略进攻。他根据当时敌我双方的情况反复思考，对如何贯彻中央军委战略意图逐步形成了自己的看法。

他把中原地区敌我双方的情况联系起来思考，把华东野战军与中原野战军联系起来思考，把中原战区的天时（正处于战略转折阶段）、地利（地域广阔、地势平坦、便于我大兵团机动作战）、人和（背靠山东和晋冀鲁豫解放区、中原新解放区已初具规模）综合起来考察，并比较了在中原作战与渡江作战的利弊，得出集中兵力在中原作战，较之渡江作战更为有利，迅速打开中原局面必须打大规模歼灭战，在中原打大规模歼灭战的条件基本成熟的结论。由此，形成了集中兵力大战中原的基本作战构想。

在此基础上，粟裕进一步作了定性、定量分析，并依据中央的指令性要求，明确了近期在黄淮地区寻歼敌五六个至十一二个旅的基本作战目标。

他认为，从全局来看，为了改变中原战局，进而协同全国其他战场彻底打败蒋介石，中原和华东我军还需要打几个大歼灭战，尽可能多地把敌人主力消灭在长江以北。要打大歼灭战，三个纵队南进是做不到的。山东战场，由于敌人坚固设防地域较多，我作战地区比较狭窄，暂时也难以打大的歼灭战。而在中原黄淮地区，我军打大歼灭战的条件却正在成熟。这些条件是：

一、敌人虽然在这一地区集结重兵，但由于有三条铁路线和一些大中城市都需要派兵防守，机动兵力相对减少，我军在此积极行动，必能调动敌人，为歼敌于运动中创造战机。

二、这一地区的地形和交通固然便于敌人互相支援，但也有利于我军实施广泛的机动作战，迅速集中兵力，分进合击敌人，实现战役上的速战速决。

三、这一地区背靠老解放区，可以及时得到大批人力和物力的支援，较好地保障伤病员的安置和治疗。

四、我军已逐渐适应和掌握外线作战的规律，新解放区的党和政权工作已有初步基础，军民关系逐渐密切。

同时，他认为，三个纵队渡江南进，虽然会给敌人以相当的震惊、威胁和牵制，但也存在一些难以克服的不利因素。10万大军在无后方依托的条件下，在敌占区转战数省，连续作战，兵员的补充，粮弹和其他物资的供应，伤病员的安置和治疗，都将遇到很大困难，加之需沿途依次留下部队建立小的游击区，估计到达目的地时，减员不会少于二分之一，剩下的部队就难以打大仗，难以对敌形成较大的威胁。同时，三个纵队渡江南进，也调动不了敌人在中原战场上的主力部队回防江南。因蒋介石嫡系主力是半机械化部队，是敌在中原战场的骨干，不会调到江南跟我们打游击，而桂系主力，因蒋介石害怕放虎归山，也不会把它们调往江南。部队渡江南进，还需要做大量的思想转弯工作，这也需要一个过程。由于存在这些不利因素，估计三个纵队南进，难以实现预定的战略意图。

再从兵力运用上来看，要在中原战场打大歼灭战，我必须组成强大的野战兵团。当时，我军在中原战场的兵力是有力量打大歼灭战的。如我三个纵队渡江南进，又调不走敌人在中原的主力部队，则反将分散我军兵力，增加在中原战场打大歼灭战的困难。这就难以在短期内改变敌我兵力对比，进一步改善中原战局。而我进入江南的部队，由于作战环境的限制，也发挥不了他们善打野战的长处。三个纵队渡江后转战过程中，预计会有约五万人的减员；如果留在中原地区作战，以同样的代价可以歼敌三个至五个整编师。

基于以上考虑，粟裕认为，三个纵队暂不过江，集中中原野战军和华东野战军主力，争取在中原黄淮地区打几个大规模歼灭战更为有利。他将自己的看法和具体建议报告了中央军委。中央军委非常重视粟裕的建议，即召陈毅和粟裕去中央当面汇报，研究后同意了粟裕的建议。

上述战例生动而具体地显示了，粟裕是如何着眼于战争全局来考虑战役问题，从战略全局上观察分析形势，作出正确判断的。

大兵团作战总会有伤亡，只要全局需要，即使作出重大牺牲，也要敢于去夺取胜利。

三、从战略全局的高度筹划战区和战役作战

粟裕认为，战略对于战区、战役，处于主导、支配地位，战役要服从战略意图，作战方案要依据总的战略来确定。指挥战役战斗，运筹帷幄，看起来是作战中的问题，但实际上往往需要从战略高度加以认识。战区、战役指挥员只有全局在胸，把战区、战役局部放到战略全局中去考虑，才能真正了解战区、战役局部在全局中的价值，从而切实把握战役要旨，投下一着好的棋子。他每筹划一次作战行动，都是从总的战略意图来考虑，确定本战役在战争全局的地位和作用，力争使每个战役都有利于改变战局，有利于总的战略意图的实现。

粟裕善于从战略的高度，全面理解战役任务，深刻领会战略意图，并紧密联系战争全局，客观分析战场形势，根据战略的需要，设想战役目的、时机、地点和规模，确定战役目标、作战方向和基本战法等。

他十分注意研究统帅部的作战命令、指示，并紧密联系战略方针、当前形势和战场态势，把统帅部若干次具体指示联系起来连贯思考；同时全面、客观地分析情况，得出准确的情况判断结论，据以提出战役基本设想。

1944 年初，第二次世界大战反法西斯阵营胜利的形势更加明朗。粟裕敏锐地意识到，敌人正在作垂死挣扎，战争进行到了转折关头。而积蓄力量，准备反攻，一直是粟裕领导苏中抗日的一个重要指导思想。在全面分析苏中抗日形势后，他果断地开始把领导重心由以坚持为主，转变为以发展为主，

并选择淮宝车桥作为抗日根据地对日伪进行反攻的起点。

为什么要选择车桥呢？粟裕分析指出：淮安、阜宁、宝应三县边界的淮宝地区，是新四军四个师的接合部，也是敌人两支部队的接合部。这里原是国民党江苏省政府所在地，是韩德勤在苏北苦心经营的反共基地。敌人以车桥为中心，建有十余处据点。新四军也在这里打下了政权工作和群众工作的基础。如果集中兵力拔除车桥等重要据点，在这里打开局面，敌两支部队都会因为是自己的边沿地区而互相推诿、观望，而新四军得手后即可获得一个相对稳定的地区，把领导机关移驻此处，集中主力进行整训。特别是占领车桥地区后，可以打通苏北、苏中、淮北、淮南四个地区之间的战略联系。

发动车桥战役，会不会引起日军对新四军大规模报复行动？粟裕在全面分析形势后认为，日军已经穷途末路，难以进行大规模报复"扫荡"，即便有些小动作，影响也不会大。战争的发展，完全证明粟裕的判断是正确的，车桥战役以游击战与运动战相结合的作战方式，取得了重大胜利。

多年以后粟裕回忆起车桥战役时指出："进行一个战役，首先要从战略上考虑，战役要同战略相结合，当前要与长远相结合。车桥战役首先是从战略大局考虑的，不然就变成了近视眼。另外从战机上考虑，当时敌人的情况同 1942 年不同了，士气低落，所以打车桥能够打下来，可以打。"

1945 年 2 月至 6 月，粟裕率部在执行向苏浙敌后发展任务的过程中，在浙西天目山地区接连进行了三次大规模的自卫反击战，给顽军以沉重打击。第三次作战胜利后，是否重占天目山看起来是一个战区范围内的问题。粟裕的高明之处就在于，他没有将占不占天目山仅仅作为一般的问题来考虑，没有局限在战区范围内，而是看得更远，放在抗战后期全国战略形势的发展变化上、放在全国抗战的大棋盘上，来权衡的。

从当时天目山一隅的敌我态势看，我军挟胜仗之威，唾手可得天目山，如让顽军获得喘息休整，构成深沟高垒之后我军再占天目山，就不那么容易了。是占还是不占？从当时局部看，固然以速占天目山为有利，但粟裕从当时整个国际国内形势分析，则主张不占为宜，应避免陷于单纯的与顽军决战。

他分析，从战略上说，我党在浙江工作方针是巩固苏南，开辟敌后之敌后，休整主力，掌握敌顽矛盾，避免陷入单纯的顽我决战，休整主力以迎接新的变化。

基于上述考虑，粟裕决定不再重占天目山。除以一部分坚持浙西地区外，各纵队分向苏南、杭嘉湖、皖南敌后地区，边休整、边展开工作。

这虽然是一个不大的事例，却充分反映了粟裕善于从战略高度用兵的特点。

粟裕认为："正确的战略意图，必须通过战役的胜利来实现。"

苏中战役，突出表现了粟裕善于着眼战略全局组织战役，战役作战积极服务于战略全局的战略思维品格。

粟裕从战略全局及其发展趋势考虑，认为必须在华中地区南北两线各组织一个战役：在南线，组织高邮邵伯战役，攻克并控制高邮、邵伯、泰州一线，打破蒋军沿运河北进分割华中解放区的企图，解除南线蒋军对两淮的威胁，改善苏中与淮南的战略态势，创造未来自卫反击作战的战场；在北线，组织陇海路东段战役，破坏并控制徐州至海州段铁路线，使华中与山东两大战略区连成一片，创造华中野战军与山东野战军在战略上互相配合作战的广阔战场。

1945 年 12 月 3 日，粟裕与张鼎丞、邓小平、谭震林、曾山联名发电报给中共中央并陈毅、黎玉、张云逸、饶漱石，建议举行高邮邵伯战役，提出："我为打破顽军分割华中根据地企图，以便以后之坚持及主力之机动，建议即集中野战军三个纵队，攻占高邮与歼灭可能来援之顽 25 军。"（《新四军——文献（5）》，解放军出版社，1995 年 3 月，第 1 版，第 178 页）

高邮，南临扬州，北靠两淮，是京杭大运河上的重镇。日伪军在这里盘踞七年之久，修筑了坚固的防御工事，城内驻有日军一个大队和一个炮兵中队共 1100 多人，伪军第二方面军孙良诚部两个师六个团，以及伪保安大队、伪警察大队等武装共 5000 多人。日本宣布投降后，蒋介石要他们"维持治安"、"收复失地"，拒绝向共军缴械投降，并要已到达扬州的国民党军第 25 军准备北上"接收"邵伯、高邮。国民党军队认为，"运河是道门，高邮是把锁"，是进攻华中解放区的重要通道，扬言要"开锁进门，长驱直入，直捣两淮，置共军于死地"。

因此，高邮就成为南线作战的首要目标。

粟裕等人的建议很快得到批准。粟裕立即制定作战计划，决定集中华中野战军第6、第7、第8这三个纵队和苏中军区各地方部队，首先攻克高邮、邵伯、泰州以及扬（州）泰（州）线各据点，歼灭由扬州北上增援的蒋军，然后向扬州发展胜利。

不料，五天以后，中共中央军委改变了原来的决定。12月10日，中共中央军委给陈毅、张云逸、饶漱石的电报指示："据各方情报，蒋顽将集中力量打通津浦路。""对你们的战略要求，是消灭北上顽军主力，阻止顽军北上，如不能完全阻止顽军北上，亦须大量消灭顽军。望你们本此要求，根据当前情况准备一切。"同时指示："粟裕部队，前电同意他们去打高邮，争取孙良诚反正，打击北进之25军，但也请你们考虑是否适宜，是否须要粟裕部队到津浦南段行动，配合你们，请你们决定，电告粟裕。"

12月11日午时，陈毅和新四军军部兼山东军区其他领导人，根据中共中央军委指示作出津浦路作战部署，指令粟裕、谭震林率第6、8、9纵迅集津浦南段，进行大的战略破击，力求一举即能控制百里至两百里的铁道，并相机求得能歼灭北上顽一至两个师；"华中应以张藩纵、管（文蔚）胡（炳云）纵之力量包围高邮。应一面包围，一面争取孙良诚迅速反正，并部署打击25军之出援。6、8两纵不宜用在高邮方向而应专力应付津浦"。

中央军委于12月12日复电同意这一部署。

此时陶勇的第8纵队已经开进宝应以南，王必成的第6纵队到达淮阴，张鼎丞和粟裕到达临近高邮的兴化，一切准备就绪，预定于12月18日发起高邮邵伯战役。同时，敌情也发生了新变化。国民党军队正向徐州及津浦路徐蚌段集结重兵。占据扬州的国民党第25军有在日伪军掩护下进占高邮的动向，国民党第49军也有从江阴渡江北进企图。

南线之战一触即发，战机稍纵即逝。

粟裕手捧电令，心急如焚。他认为，高邮之战，势在必打，迟早要打，迟打不如早打。速战而胜，既利当前，又利长远。若失战机，后患无穷。当务之急，乃是火速实现战役决策。想到这里，下定决心，亲自起草长达千言的电报，再次建议举行高邮邵伯战役和陇海路东段战役。

在这份电报里，粟裕首先分析了敌我双方的战略态势，指出：

"根据目前顽集重兵于徐州、宿县、蚌埠及设立徐州行营的情况，判断该顽将全力对付我山东及华中，其今后第一步行动之最大可能，除加强徐（州）海（州）间铁道之封锁外，将利用淮北平原发挥其优势兵器，以重兵由徐州东南沿睢宁、宿迁向两淮前进，海州、淮南、运河线均为其辅助方向。如此，不仅华中将被分割与孤立，即华中对山东之配合亦将大减其效能"。同时，根据国民党第 25 军将由扬州北进接替日伪军占据高邮的动向判断，"顽军对高邮之控制，势在必行，尔后沿运河线北上，对我华中分割之威胁甚大。果如此，苏中部队将受其牵制，张藩纵队（按：即华中野战军第 7 纵队）亦将长期留置运河线上，无法机动"。

粟裕认为，进行津浦路南段战役，"如达目的，有调动徐宿蚌沿线顽军对我之可能，对错乱顽方部署及对山东我军之配合均有利。但欲与顽军决战，以确保暂占之铁道线，恐非我华中野战军三个纵队所能胜任"。

因此，粟裕建议首先举行高邮邵伯战役和陇海路东段战役。他说："为解除顽军自高邮沿运河向北分割华中之威胁，建议仍按原计划夺取高邮、邵伯（此刻我各部已接近该线，当尽量争取政治上解决）。如此举成功，则今后张藩纵队亦可离开苏中，先去淮北作战；更可使苏中区的经济财政保证对华中之主要供给，否则今后之作战供应，亦将受极大影响。"

粟裕同时还"建议山东与华中部队于 1946 年 1 月组织一次大战役，将徐海段铁路彻底破坏并完全控制之。此举有如下好处：使华中、山东连成一片，两个野战军能有效配合；战场扩大，尤其是控制了淮北平原，便于我大兵团机动，迫使顽军在我山东与华中两个根据地之间的起伏地及半河川地区作战，便于我在运动中大量歼灭其主力。如果如此又能获得成功，则顽军受挫后，势将暂时退守徐州，以待重整旗鼓。斯时，我再以一部破袭徐蚌段及徐郑段铁道，使徐州孤立，于我更利"。（《粟裕军事文集》，解放军出版社，1989 年 7 月，第 1 版，第 235—236 页）

显然，这是一个符合当时战略全局利益、符合华东战场实际的战略构想。

新四军军部同意第 7、第 8 两个纵队先打高邮、邵伯，而将第 6 纵队留在淮海地区，待机协同山东野战军在津浦路作战。

这样一来，用于高邮邵伯之战的主力部队三缺其一，在兵力对比上失去绝对优势，而且对手是战斗力相当强的据有坚固防御工事的日伪军。此战有无必胜把握？有的同志感到担心，提请粟裕考虑：如果没有十分把握，这一仗是不是缓一缓，等第 6 纵队归建后再打。

粟裕权衡利弊得失，认为这是一个有把握打胜之仗。首先，我军在政治上处于优势地位，而日伪军已是穷途末路，只要揭露日本已战败投降的真相，就可动摇其拒降顽抗的意志。其次，我军在兵力对比上占据一比一略多的优势，主力部队具有大兵团作战经验。因此决定举行高邮邵伯战役的计划不变。

粟裕不但注重关照战略全局，而且强调把握战役全局，集中力量解决关系战役全局的症结问题，把兵用到要害之处和关键时节。战役就其本身而言，也有一个全局问题，凡是关系战役各个方面和各个阶段性质的问题，都是战役全局。战役的全局关照得好还是不好，不但会影响战役成败，而且会进而影响战略全局。所以，粟裕反复强调，战役指挥员必须善于在上级总的战略企图指导下，通盘考虑，统筹安排好战役的各个方面和各个阶段，全力以赴解决好对自己指挥的那个全局来说最有决定意义的问题，特别是要抓好战役转折。

鲁南战役时，鉴于各敌相隔不远，便于相互策应，我军则被几路敌人逼得很紧，粟裕考虑，能否迅速达成战役第一阶段目的，全歼敌整编第 26 师和第 1 快速纵队，乃是事关战役转折的关键所在。只有速决全歼，才能腾出手来进行第二阶段作战，使战役向好的方向转化。于是，粟裕集中 4.5 倍于敌的兵力，隐蔽接敌，利用元旦刚过敌人疏于戒备的弱点，突然提前发起攻击，在进行战役合围的同时进行战术分割，不到两天就全歼了该敌。

战役第二阶段，为了彻底打开鲁南局面，创造好的战场条件，能否迅速夺取枣庄，便成为能否取战役全胜的关键。粟裕当机立断，从已攻占峄县的部队和阻援的部队中抽出部分兵力，加强了攻枣力量，并进行了必要的准备，因而仅用 20 个小时，即攻克枣庄，终于夺取了战役的全胜。

粟裕善于从战争的发展趋势出发，科学预见和筹划，把握战区战役，勇于随机进行战略决战。

指导战争和战役，不仅要统筹全局，而且还须预测和总观战争、战役全过程，科学预见和把握战争和战役的发展趋势与进程，不是走一步看一步，而是在还未走出这一步之前，就要预见和筹划好下一步或下两步。毛泽东说过："战争胜败的主要和首先的问题，是对于全局和各阶段的关照得好或关照得不好"，"指挥全局的人，最要紧的是把自己的注意力摆在照顾战争的全局上面"。又说："初战的计划必须是全战役计划的有机的序幕"，"在打第一仗之先，必须想到第二、第三、第四以至最后一仗大体上如何打法，我挨次的一仗胜了，敌军全局将起如何变化，假若败了，又将起如何变化。……没有全局在胸，是不会真的投下一着好棋子的"。（《毛泽东选集》第一卷，第 221 页）

粟裕对毛泽东的这些述论，深领其意。他不仅从战争的全局考虑战役，而且从战役的全局考虑战役的初战，以及初战和第二仗以至第三仗的关系。粟裕说："打仗像下棋一样，作为一个高级指挥员来说，不能看一步走一步，至少要看两步走一步。"

粟裕具有科学预见战争发展趋势的能力，对战争形势的认识和把握具有超前性。他对战争形势的预测是建立在对党的方针、战略意图的深刻领会和对形势的深邃洞察力基础之上的。1944 年春苏中地区的车桥战役，粟裕最先提出它是苏中地区对日局部反攻的起点，这就说明：第一他重视苏中的战略地位；第二他牢记中央赋予苏中的战略任务；第三他从纷繁复杂的现象中抓住了日寇面临四面楚歌、接近失败的实质。在此之前，有些领导干部并未意识到这点，听了粟裕对敌我力量的精辟分析，一致同意发起车桥战役。车桥战役的胜利，从思想上、组织上、战术上和指挥上以及勤务保障上都为以后苏中主力南下苏浙皖边和提前实现战略转变准备了条件。

苏中战役首战宣（家堡）泰（兴），粟裕就考虑到当时分进合击之敌的四路人马，彼此间隔还比较大，我主动出击，可打乱其部署，寻歼其一路，造成有利于我机动之局面，为后来的作战开拓战场。同时，攻歼宣家堡、泰兴之敌，泰州之敌和南通之敌的间隔就扩大了，我军可以转用兵力，连续作战，打开局面。

果然，我军打下宣泰后，敌军向如皋疾进，造成了我在如南歼敌的有利战机。粟裕指挥主力来了一个长途奔袭，再胜如南。其后，敌人集中优势兵力，在狭小正面向海安进攻，企图寻我决战，造成了在如南歼敌的有利战机。

粟裕从全局利益出发，避不与敌决战，决定以小部队实施运动防御，杀伤和消耗敌人并赢得时间，保证主力部队休整，然后主动撤离海安，造成敌人错觉，创造新的战机。

不出所料，敌侵占海安后，骄傲轻敌，调动频繁，我经过休整的主力部队乘机突然发起进攻，取得了奇袭李堡的胜利。

可以说，整个战斗进程，基本上和预期一致，正因为首战宣泰，关照下一战，才有了苏中战役的七战七捷。

1947 年 1 月，鲁南战役预定第一阶段打敌整编第 26 师及第 1 快速纵队，第二阶段乘胜寻歼敌整编第 33 军，并相机收复台儿庄、峄县，也是考虑到整编第 26 师是敌鲁南主力，歼灭该敌，全局好转，如先打其他敌人，则敌主力仍在，一时不能解决鲁南问题。

豫东战役先打开封，则不仅考虑到开封守敌战斗力不强，处境孤立，可能来援之敌主力集团距离较远，我有把握攻克开封，而且考虑开封是中原重镇，我如攻克，对中原和全国都将产生重大影响，蒋介石势必调兵增援，为我军在运动中歼灭援敌创造战机。战局的发展完全证实了粟裕的预计。

有的时候，孤立地看某个战役、战斗，可能感到没打好，但从全局上看，却是为打第二仗、第三仗创造了战机。

1946 年 10 月中旬至 12 月初，我山东野战军和华中野战军连续进行了东台防御战、涟水保卫战、傅山口之战、台枣反击战、淮沭路反击战、盐南反击战等一系列战役，从效果看似乎并不很理想，其中涟水保卫战从表面上看基本上是一个消耗战。有人便认为，既然中央军委已经决定山东、华中两个野战军在淮海地区打一个歼灭战，这几仗就不应该打。

粟裕却不这么看。他解释说，通过上述诸役，达到了挫败敌人长驱直入的企图，使我军得以保持一定的回旋余地，为后来宿北战役和鲁南战役的胜利创造了条件。他因此深刻地总结说："在作战指导中要注意处理好第一仗与第二仗、第三仗的关系，打第一仗要为第二仗、第三仗创造条件。"（《粟裕战争回忆录》，第 413 页）

淮海战役第一阶段，粟裕就开始为下一步作战创造条件。

1948 年 11 月 7 日晚上，华野指挥机关转移到临沂以西的码头。粟裕和张震进行了彻夜长谈，粟裕兴奋地说："现在东北全境已经解放，解放战争到了一个新的转折点。要从这个角度来考虑仗怎么打，怎样能更快地给蒋介石以决定性的打击。"他们根据当前敌情和全国战争的形势，分析蒋介石可能采取的方针，我未来应采取几步作战方案和利弊得失。他们认为淮海战役发展为南线决战的条件已经成熟，必须当机立断抓住战机。不论战局如何发展，孤立徐州，截断徐州之敌陆上退路甚为必要。

于是连发三电给中共中央军委、华东局、中原局和陈毅、邓小平、谭震林、王建安，判断淮海战役发起后"有提前夺取徐州，使敌不能南撤可能"，认为"目前主要关键为能否全歼黄（百韬）兵团，同时作下一步准备"，要求谭震林、王建安率领的华野部队按预定计划迅即出陇海线，建议陈毅、邓小平率领的中野部队直出津浦路徐蚌段，截断徐州之敌退路，下一步或继续歼灭黄维兵团，或歼灭蚌埠之孙元良兵团。中共中央军委于 11 月 8 日复电指出："估计及部署均很好。"11 月 10 日，中共中央军委又连发三电，指令中野集中四个纵队攻取宿县，控制徐蚌段铁路，切断徐州之敌南撤通路；指令华野部队以勇猛神速手段歼灭李弥兵团，切断黄百韬兵团西撤通路。

如果没有战略远见，没有全局在胸，就无法认识和驾驭战役与战斗、战斗与战斗之间的这种内在联系。

后来张震谈到"齐辰电"时说："在起草这份电报的过程中，我深为粟裕同志的深谋远虑所折服。此电中心问题是分析：将敌人主力抑留在江北逐次歼灭有利，还是将其赶过江南留待将来歼灭有利？如果歼灭黄百韬兵团后挥军南下淮阴、淮安、宝应、高邮地区，则可能把敌人赶过江去；如果西攻徐州，不仅抑留了徐蚌间现有敌军，且调动黄维之12兵团拼命北上，以解徐州之围。粟司令不仅想到了下一仗、下两仗该怎么打，而且想到了我大军渡江后在江南的仗该怎么打，而且想到了全国解放后江南各省的恢复问题。"

中央军委于9日深夜复电肯定了他们的想法，把原来以歼灭徐州右翼集团敌军为主的目标，扩大到求歼徐州国民党军主力，把原来仅限于两淮、海州地区的作战，扩大到了徐州、蚌埠地区，也就是史学界所称的"小淮海"变成了"大淮海"。

后来的实践证明，这是一个能动地驾驭战局、力争主动、迫使敌就范的战略方针。

粟裕的战争实践表明，作为一名战区指挥员，一个地区领导者，应当自觉地从战略上、全局上思考问题，否则在错综复杂的形势面前，就会丧失主动而陷入被动的境地。

四、通览全局，选择出击方向：哪里好消灭敌人，就在哪里打

选择作战地区，也就是用兵方向，是对战争空间因素利用的一种形式。粟裕认为，战区、战役作战的胜利往往取决于作战地区的正确选择，作战地区的选择是战略问题，它受制于战略和作战意图。对此，他曾讲过一段非常精辟的话，指出："出击方向的选择是战略问题。要对敌我形势作正确的分

析，要对具体地域的自然、地理、政治、经济、军事等诸种条件综合分析，尤其要注意选择敌人统治比较薄弱的环节和注意利用敌人的矛盾。"

一般情况下，无论战区有多少个方向，在同一时间内，主要的作战方向只应有的一个。我军在这方向上的行动，将直接决定作战实现军委战略意图的成败。粟裕认为，战区作战方向的选择，必须对敌我形势作正确的判断，对具体地域的自然、地理、政治、经济、军事等诸条件作综合分析，尤其要注意选择敌人力量比较薄弱的环节和充分利用敌人的矛盾；必须选择对敌实施主要打击并能不断发展胜利的作战地区，也即选择和开辟最有利于歼灭敌人有生力量的作战地区。

早年在井冈山和中央苏区跟随朱德、毛泽东转战，粟裕对这一问题就有着深刻的认识。当时，他已经随部队经历了三次大的战略转移：南昌起义后，部队向广东进军；潮汕失败后转战粤闽湘赣上井冈山；向赣南、闽西进军。每次行动都同战略出击方向的选择相关，而几次试图在广东、湖南打开局面，均遭挫折，关键就是战略出击方向错了。朱德在总结向赣南、闽西进军失败教训时指出："此次行动失败，原因又是方向错了。当时上海党中央命令红四军入东江打蒋光鼐、蔡廷锴，打梅县，配合张发奎入广东的反蒋战争。这个主观主义的命令，我们执行了，所以又遭失败。但错误不很久就纠正了。"（《朱德军事文选》第487页，解放军出版社1997年版）粟裕也深切地总结到，出击方向的选择，是十分重要的战略问题。

粟裕从毛泽东、朱德那里学会了选择战略发展方向的基本方法，并根据自己的战争实践，形成了独具特色的思想。这一思想，在解放战争的作战实践中，得到了淋漓尽致的运用和发挥。

1946年7月，国民党军以58个整编旅、近50万的兵力对华东之淮北、苏中、淮南地区发动了大规模进攻。

为了在敌军发动全面内战初期，即将战火引向敌占区，以部分主力兵团力求在外线大量歼灭敌人有生力量，打破敌人的进攻，迫使敌军停止内战，毛泽东提出了一个南线出击的作战计划，征询各战略区领导人意见。这一计划的基本精神，是在国民党军向我大举进攻时，我山东、太行两区主力实行外线出击，分别以徐州地区和豫东地区为主要作战方向，在野战中大量歼敌，并相机占领徐州、开封。与此同时，指示粟裕、谭震林率领不少于 15 个团的华中野战军主力，兵出淮南，与山东野战军主力配合，一举占领蚌浦间铁路线，彻底破坏铁路，歼灭该地区之敌，恢复淮南（三、四分区）失地，并准备打大仗，歼灭由浦口北进之敌。并限粟裕率华中野战军主力于 7 月 10 日前完成所有准备，待命到淮南作战。

正在苏中前线的粟裕接到毛泽东和陈毅的电报指示时，认真分析研究战争的实际情况，认为：淮南地区人口仅 130 余万，如华中野战军主力去淮南作战，粮草军需甚至支前民工均需由苏中补给，将给初期作战带来很大困难；我华中主力西进，苏中可能被敌迅速占领，而苏中有人口九百万，粮食产量占华中总产量的五分之二，税收占一半，是支援战争的巨大力量，沦入敌手，将为敌所用，且政治影响对我不利；与淮南之敌比，苏中之敌相对较弱。据此，他们建议华中野战军先在苏中打几仗，然后再西进淮南。

据此，粟裕于 6 月 27 日、29 日，向中央军委发电建议，华中野战军主力不能立即西移淮南，向外线出击，兵出淮南不如先在苏中内线歼敌有利。应留在苏中根据地内打一仗，首先解决当面之敌，改善苏中敌我形势，尔后出击淮南。

粟裕的战略建议被毛泽东采纳，改变了外线出击的战略决策。7 月 4 日，毛泽东获悉敌人可能同时从胶济、徐州、豫北、豫东、苏北向我进攻后，明确指出："先在内线打几个胜仗再转至外线，在政治上更为有利。"7 月 13 日再电示粟谭："待敌向我苏中、苏北展开进攻，我苏中、苏北各部先在内线打起来，最好先打几个胜仗，看出敌人弱点，然后我鲁南、豫北主力加入战斗，最为有利。" 粟裕的这一建议被中央军委采纳后，对解放战争的胜利发展起了重要的作用。

在苏中战役连续取得宣家堡、泰兴战斗和如（皋）南战斗胜利后，中央军委又提出两个作战方案征求粟裕的意见，即：一、由粟裕同志率主力与陈毅会合，打开淮北局面，或出淮南，直接配合陈（毅）、宋（时轮）、刘（伯承）、邓（小平）之作战；二、在苏中再打一仗，然后西移。

粟裕经过反复考虑，认为当时蒋介石在力量对比上暂时具有很大优势，战争势必是长期的，根本的问题在于消灭敌人的有生力量。我党已建立了大块的巩固的根据地，在内线同敌人作战有很大回旋余地。根据中央军委"总以打胜仗为原则"的指示，我军在战略防御阶段，以充分利用内线作战的有利条件，多打胜仗，大量歼灭敌人，推迟外线出击时间为有利。战争初期，各主要作战方向，应是哪里好消灭敌人就在哪里打仗，各战区之间有战略性的配合，不宜过早作战役性的配合。如果急于作战役性的配合，我军兵力作更大的集中，则敌之兵力也将随之作更大的集中，不利于我各个歼敌。在兵力对比敌优我劣的情况下，过早地进行大会战，我难以有胜利的把握。战争初期，我军兵力应随着敌我力量的消长，我军指挥艺术的提高和战局向我解放区纵深发展而逐步集中，由小到大逐步扩大歼敌规模，这样比较有利。从当时的实际情况看，苏中之敌已遭我几次打击，与淮南之敌比较是弱军，而淮南解放区已被敌人突破，如华中主力西进，需付出一定代价开辟战场。如直趋铁路线，则战场狭小，不利于我军机动，后方也不安全，且淮南正值雨季，平地积水甚深，部队运动及粮弹运输供应都比苏中困难。因此，在苏中打歼灭战的条件较淮南为有利。

根据这些考虑，粟裕在与其他负责人商讨后，呈报中央军委，主张再在苏中打几仗。中央军委迅即回示说："所见很对"，"如今后一个月内再打两三个胜仗，继续歼敌两三个旅，则对整个战局助益极大"。

可以说，有较大的回旋余地，便于发挥我军优势，削弱敌人的优势，是粟裕选择作战地区的基本着眼点。

苏中战役的作战地区，粟裕也是精心选择苏中解放区的前部地区江都至如皋一线作为初战的作战地域。

选择在根据地前部地区作战，似乎不符合我军在敌强我弱的形势下通常实行的诱敌深入的传统战法。其实，诱敌深入并不是目的，而是消灭敌人的一种手段。诱敌深入也不是贯彻执行积极防御战略方针的唯一打法。传统战法的运用，须在总的战略方针指导下，从当面的实际情况出发，着眼于特点，着眼于发展。选择解放区前部地区作战，是从战争初期的作战任务出发的，又是分析了敌我双方的条件的。粟裕在苏中战役中选择解放区前部作战，是基于下列的考虑。

第一，华中解放区是抗日战争中广大军民浴血奋战的结晶。经过日寇无数次的"扫荡""清乡"，我们都坚持下来了。面对蒋介石的进攻，如果不打几个胜仗就放弃大块土地，这对党政军民都是不好交代的，对士气民心将产生十分严重的影响。这是战争的指导者所必须充分考虑到的。

第二，总的说来，华中对于迎击蒋军的全面进攻是有准备的。但是不能不注意到，停战协定签订后，华中出现了为时半年的相对和平局面，和平麻痹思想在某些地区有所滋长，战争的准备工作并不平衡，需要一段时间来完成各项转变。而且在战争还没有大打时，我们的准备只能是战略性的和部分的。当时土地改革开始不久，为了保证这项具有重大战略意义的工作的进行，也需要在苏中根据地前部地区作战来掩护。

第三，苏中战役对于战争全局应起战略侦察的作用。国民党军气势汹汹地向我们打来了，它的战略意图和部署，作战行动和手段，以及战斗实力等究竟怎么样，都需要摸一摸。在前部打仗，可以迫使蒋军提早实行战略展开，从而便于我进行战略侦察。

当然，战争不是一厢情愿的事，问题的关键还在于有没有条件。粟裕认为，战争初期在苏中解放区的前部作战是完全有取胜的条件的。

第一，苏中解放区前部是抗日战争时期我军同日、伪、顽长期争夺的主要地域，日寇投降后，又遭到蒋军的不断进攻和蚕食。这一地区的广大群众经过长期战争环境的锻炼，具有顽强战斗的传统和丰富的作战经验。同时，这个地区物产丰富，粮棉丰足，人力众多，水运便捷，支前工作也很健全。这些都是初期作战良好的战场条件。反之，苏中纵深地区狭小，海安以北就是水网，海安东北人口稀少，土地贫瘠，地形条件，支前力量，中部不如前部地区。

第二，华中主力部队第 1、第 6 师在这一带打仗时间较长，对民情风俗、地形道路十分熟悉，第 7 纵队更是这个地区的地方武装上升而来的，对在河港交错、村落密布的平原（水网、半水网）地区打仗，积累了丰富的经验，在长期坚持抗日战争的艰苦环境中建立了十分密切的军政、军民关系，同地方武装、民兵在作战、侦察、保密以及战勤保障等方面的配合更是非常协调。

第三，从战役上来说，强和弱是辩证的，强敌而未展开，虽强犹弱。战争初期，我以大块解放区为依托，乘敌人正在实施战略展开之际，在前部地区予以打击，可以打乱其部署，暴露其弱点。何况战争初期，敌人恃强，以大军向我进攻，以为我必不敢撄其锋，我军恰恰在此时此地主动向其反击，必可收到出其不意的效果。

粟裕指出，毛泽东有这样一段精辟、正确的论述："这里有时机、地点、部队三个关节。不得其时，不得其地，不得于部队之情况，都将不能取胜。"现在天时、地利、人和都对我有利，先在苏中解放区前部地区打几个胜仗，是必要的，也是具备了条件的。于是，粟裕迅速定下决心，在苏中前部地区作战。

通盘考虑出击目标和作战方向，确定主要战场，形成有利的战场布局，是粟裕选择作战地区的主要原则。战场的布局，是一个带有全局性的问题。粟裕所设计的战场布局，能使各个战场、各个战役方向相互呼应，协调配合，便于分散、牵制敌人和保障我军主力的集中使用；同时，经过一段时间的作战，又能够使各战场连成一片，形成一个更大的整体。

粟裕强调，战场布局必须有重点，要用主要精力关照好主战场的作战。他认为，主战场通常是敌必争我必夺的、能够引起战局变化的战场枢纽。确定主战场，要便于我军主力行动，便于打开作战的局面，便于尔后向多个方向发展。

我军打运动战、歼灭战离不开较大的战场，只在与敌在广大地区内灵活周旋，才有可能分散敌人，暴露敌人的薄弱部位，创造歼敌的良好战机。主动放弃某些重要地区、拔除碍我机动的"钉子"、在敌后建立战略支点，是粟裕开辟与创造战场的基本方式。

创造战场，是战区作战行动的一项战略任务，通常是为了改善战略态势，形成有利的战场布局，以适应我军军力不断增强、运动战和歼灭战规模逐步扩大的需要。

粟裕开辟与创造战场的基本方式，一是当战场被敌压缩而不便于我军行动时，有计划地放弃某些重要地区，以扩大回旋空间。他在莱芜战役前，即根据中央军委指示精神，做好了必要时撤出临沂的准备，使我军作战的回旋余地大大增加，不仅粉碎了敌逼我在临沂及其周围地区与其决战的企图，而且为我军挥师北上，夺取莱芜战役的胜利，提供了更加广阔的机动空间。二是当敌所盘踞的要点有碍我军作较大范围机动时，坚决予以拔除。1945 年12 月的高邮之战和翌年 1 月的陇海路东段战役，扫除了我华中首府的心腹之患，控制了陇海路徐海段，第一次使华中与山东两大战略区连成一片，为苏中战役准备了歼敌条件。而济南战役的胜利，则使山东几乎全部解放，将陇海路以北统一为大块解放区，为淮海决战创造了前所未有的广阔战场。

1948 年 1 月 26 日，陈毅和粟裕得知敌人准备"集结更大优势兵力与我在鲁南决战"，决定集中 50 个团的兵力，粉碎敌人的新攻势。

2 月 1 日，华东野战军前委制订了一个先打南线之敌，诱敌北进到临沂外围，予以各个歼灭的作战方案。决定由第 3 纵队正面抗击中路之敌，诱使左右两路敌军急进突出，相机歼灭其中易于歼灭的一路，然后各个击破其余两路。但是敌人不中我计，坚持其稳打稳扎、齐头并进的战法，左右两路不仅没有突出冒进，反而就地构筑工事，且有向中路靠拢之势。

此时，南线敌军重兵密集，难以分割歼灭；而北线敌军乘势南下，2 月4 日进占莱芜，威胁华东野战军后方。

就在这时，中央军委于 2 月 4 日来电指示："不管邱（清泉）军到鲁与否，敌越深进越好，我越打得迟越好；只要你们不求急效，并准备于必要时放弃临沂，则此次我必能胜利。"（《毛泽东军事文集》第三卷，军事科学出版社，

中央文献出版社，1993 年 12 月，第 1 版，第 655 页）

粟裕认为，中央军委作出必要时放弃临沂的指示，不仅给华野作战战以更大的回旋余地，而且对如何击败敌人逼我在临沂地区决战的企图以很大启示。

他仔细分析战场态势，认为南线之敌在兵力、装备和物力等条件上占有优势，而且行动谨慎，不易各个击破。我军在不能给敌军以大量消耗和实施分割包围的情况下，不宜过早地与敌人决战。而北线之敌兵力比较少，战斗力相对不强，蒋介石嫡系和桂系军队之间矛盾较多，而且孤军深入，已形成对我后方的威胁。敌人在战略指导上拘泥于"攻其必争之地"的教条，认为临沂为我山东解放区首府，我军非在临沂决战不可。如果我军放弃临沂，主力隐蔽北上，歼击北线之敌，既可置南线敌人强大兵团于无用之地，避免不利条件下的决战，又可出其不意地歼灭北线的李仙洲集团，粉碎敌人南北夹击的企图。然后，我军还可乘势进击胶济线，打通鲁中、胶东、渤海地区联系，创造集中更大兵力打更大规模歼灭战的条件。

这时，陈毅提出了"舍南取北"的方案。他告诉粟裕：与其在南线待机过久，不如置南线之敌不顾，而以主力转兵北上，以绝对优势兵力歼灭李仙洲集团。

这与粟裕的想法不谋而合。

粟裕分析华东战场敌我态势和战争发展趋势，考虑改变部署后可能遇到的各种问题，设计了应付战局发展变化的对策。随后，华东野战军前委讨论研究，提出了三个可供选择的方案，而倾向于第三方案，着重说明了执行第三方案的好处：

"如南线敌仍不北进，或北进时不便消灭，则除以一个纵队留临沂地区与敌纠缠外，其余主力急行北上，彻底解决北线敌人，平毁胶济线，威胁济南，以吸引南线敌人进入临沂以北山地或增援胶济线，尔后我再举全力反攻，各个歼灭之。如执行此第三方案，至少可以彻底解决北线敌人，利于我今后全力向南；如临沂敌人继续北进，更便于对敌歼灭。"

毛泽东在为中央军委起草的复电中明示，完全同意第三方案，认为"这可使我完全立于主动地位，使蒋介石完全陷于被动"，并强调"先打弱敌，后打强敌，力争主动，避免被动"。为此，南线华东野战军部队"在原地整训，对外装作打南面模样，待北线之敌占领莱芜、新泰、博山之线以后再秘密北移；北线渤海区部队停止攻击，以使李仙洲集团放手南进"。(《毛泽东军事文集》第三卷，军事科学出版社、中央文献出版社，1993 年 12 月，第 1 版，第 658 页）

准备必要时放弃临沂，又不能放得太早，要恰到好处，以便我军主力有可能在北线抓住李仙洲集团。

沂蒙山区只有几条主要通路，而且山高路窄，崎岖难行，几十万大军同时北上，要解决许多难以预料的问题，协调各支部队的行动。

60 多万支前民工掉头北进，已经运到临沂地区的多达数亿万斤的粮草、弹药和其他作战物资也要及时转运北线，为此要进行深入的政治动员和细致的组织工作。

这时，王耀武觉察出了陈粟的作战意图，立即电告李仙洲："南线兵团未经激战即取临沂，其中必然有诈。陈毅聪明透顶，粟裕更是狡诈，他们舍南必然图北，你的兵团不仅不能进，而且还要后缩。"

这下陈、粟的计划被打乱了。有的纵队司令员建议，趁李仙洲撤退不远时将其咬住，吃个尾巴也是好的。

粟裕认为，我军主力尚未到达合围地点，仓促发起战役，无取胜把握，不如隐忍再说。

这一意见得到陈毅的支持，他说："粟裕的意见就是我的决定，听他的。"

就在这关键时刻，敌军阵营发生了问题。陈诚见王耀武没有动静，到蒋介石面前告状，说王耀武贻误战机。蒋介石给王耀武送去亲笔信，严令："务希遵照指示派部队进驻新泰，新泰、莱芜两城各有一军之兵力，敌人无力攻下。敌如来攻，正适合我们的希望。"

王耀武不敢违抗蒋介石，只好睁着眼睛往火坑里跳。2 月 20 日，李仙洲及所辖第 73、46 军被合围于莱芜城中，成为瓮中之鳖。

淮海战役第二阶段作战方向的选择，也显示出粟裕高超的谋划艺术。

从淮海战役发起之时开始，粟裕就一直关注第二阶段作战对象的选择。在"齐辰电"中，他向中央军委建议，华野歼灭黄百韬兵团之后，下一步作战"或歼孙（元良）兵团，或歼黄（维）兵团"。中央军委判断，在歼灭黄百韬兵团以后，徐州之敌有南撤或不撤两种可能。指出："如果敌人不撤，我们即可打第二仗，歼灭黄维、孙元良，使徐州之敌完全孤立起来。"

在第二阶段作战中，徐州杜聿明集团的动向，一直是粟裕最为关注的问题。黄维被围后，他分析杜聿明集团下一步行动有两种可能：一是固守徐州，一是突围。蒋介石后方已无机动兵力，固守待援可能性不大。突围的方向有三：一是沿陇海铁路向东，经连云港海运南逃。二是直奔东南走两淮，经苏中转向京（南京）沪。三是沿津浦铁路西侧绕过山区南下。粟裕分析，第三种可能性最大。这一带地形开阔，道路平坦，便于大兵团行动，同时可与尚在蚌埠的李延年、刘汝明兵团相呼应，南北对进。粟裕后来说，虽然要遭到我两大野战军的强大打击，但是，敌人总是过高估计自己的力量，走这一条路的可能性最大。因此，在兵力部署上，粟裕把重点放在敌人向西南逃窜这一方向上。

开始，中央军委是同意粟裕的判断和部署的。但不久又来电，指出徐州蒋军"逃跑的方向以两淮或连云港方向为最大"，指令华野"必须马上有所准备"，"务使敌人不能向这两个方向逃跑"。

这个电报使粟裕左右为难。他再次对敌人突围的方向进行分析：走两淮，优点是可以避开我主力，但这一路河川纵横，要经过水网地带，不利于大兵团、重装备行动，而且都是我老根据地，将陷入我地方军和民兵包围之中。向东走连云港，优点是可以迅速摆脱被歼命运，但要迅速解决三个兵团的船只和码头是非常困难的，如遭我尾击则会陷入背海作战的境地，有被全歼危险。

粟裕虽然认为敌人不会由这两个方向逃窜，但中央军委明确指示，万一敌人真的从这两个方向逃跑，自己部署失当，个人贻误战机且不说，势必将影响同敌人进行战略决战。相信这个判断吧，但如果杜聿明向西南走，与李、刘兵团相呼应，南北对进，既解黄维兵团之围，又可集中兵力防守淮河，一举两得，那就成问题了。经过再三分析比较，粟裕确认徐州之敌走两淮和连云港可能性很小。于是，他下定决心，把在北线七个纵队部署在徐州以南津浦路东西两侧，重点对付徐州之敌向西南逃跑。同时防备其向两淮、连云港逃窜。

11月28日，蒋介石果然急令刘峙、杜聿明到南京密商，决定于11月30日撤出徐州，走粟裕判断的第三条道路，经永城到蒙城、阜阳地区，解黄维之围。

11月30日晚上，各条渠道的情报向粟裕飞来：敌人已撤出徐州，向西南方向逃窜。粟裕立即作出歼敌的部署，一边向中央军委和刘、陈、邓报告，一边下令华野11个纵队采取多路多层尾追、平行追击、迂回截击、超越拦击相结合的战法，于12月4日，全面兜住杜聿明集团30万人马于陈官庄地区。两天之后，全部歼灭向西南方向突围的孙元良兵团。

解放战争后期，第三野战军各部还在强渡长江作战过程中，粟裕就把指挥重心及时转移到追歼逃敌上来。

粟裕分析，渡江成功之后，立即向纵深发展，实行东西对进，切断敌人退路，包围歼灭南京、芜湖、镇江之敌，是争取战役全胜的至关重要的一着。在指挥作战过程中，他密切注视敌人动向，捕捉追歼逃敌的战机。

1949年4月20日夜，中集团一举渡江成功，到21日拂晓已有10个师28个团到达南岸，控制了东西120多公里、纵深20多公里的滩头阵地，将蒋介石的千里江防拦腰斩断。

这时，三野值班参谋报告："中集团突破江防时，守敌抵抗甚微。"

粟裕判断，东、西两集团全面渡江以后，势将造成敌人全线溃乱的局面，出现原来设想的第三种情况。我军应当乘登陆胜利之威，迅速展开并插向敌之纵深，实行东西对进，切断敌军退路。这样，不仅可使敌人无暇调整部署，而且会促成敌人的更大混乱，造成我军分割包围各个歼敌的有利态势。

4月21日午时，总前委电示渡江以后作战部署，指令三野7、9两兵团于 25 日以前消灭沿江当面之敌，从 26 日开始第二步作战，准备继续向东挺进支援东集团作战，并要求"在战术上仍应稳扎稳打，有组织有准备进行战斗，防止轻敌乱碰"。

这一方案与粟裕的设想大不相同。粟裕认为，如果动作迟缓，将会失去歼敌良机。21 日 19 时 40 分，他与张震联名发电报给总前委并报中央军委及刘伯承、李达，对渡江以后的作战部署提出建议。他们认为，"我全线渡江后，定将造成敌之紊乱，尤以南京上游机动兵力既少又弱，我应乘登陆胜利之威，迅速展开插向敌之纵深，如此不仅使敌无暇调整部署，且将促成敌之更大混乱，达成分割包围"。为此建议：

——第 9 兵团除以第 30 军监视芜湖之敌待交二野第 4 兵团外，主力应排除障碍，不为小敌所阻，向东北挺进，截断南京之敌向杭州的退路，孤立和分割敌人，有效地协同东集团作战，该兵团先头部队力求于 26 日前进至郎溪及其东北地区。

——第 7 兵团攻歼当面之敌后，尾第 9 兵团之后，力求于 27 日前后进至广德地区待命；第 10 兵团渡江成功以后，立即向宜兴、金坛、溧阳挺进，切断太湖南北走廊，会同第 9 兵团部队围歼南逃之敌；第 8 兵团待命攻占南京，然后主力参加太湖会战。

4 月 22 日，三野收到总前委和谭震林于 11 时同时发出的电报。谭震林提出第 7、第 9 兵团渡江后作战部署，指令第 25、第 27 两军占领南陵、青弋江、湾沚镇并包围宣城后，继续东进，进至郎溪附近；第 33 军随后东进；第 24 军进至宣城以南地区，继续东进，进至广德附近。总前委复电表示同意，并决定即日起"谭震林率第 7、第 9 两兵团直归粟裕指挥"。

这时传来情报，国民党统帅部正在部署撤退，南京、镇江、芜湖的国民党军队开始向南逃跑。

粟裕判断，敌人可能集中一部分力量与我军争夺京沪铁路常州东西地段，其余主力则可能沿京杭公路向杭州撤退，当务之急是迅速切断京杭公路，追歼南京、镇江、芜湖逃窜之敌。于是立即电令第 9 兵团率第 25、第 27 两军以急行军向郎溪、溧阳之线挺进，不为小敌所阻惑；令第 7 兵团迅速将攻击箭头转向宣城方向，在第 9 兵团右侧后成梯次队形前进。

果如粟裕所料，从 4 月 22 日夜开始，南京、镇江、芜湖之敌纷纷逃窜，除四个军分别撤向上海、浙赣线外，其余七个军则沿京杭公路及其两侧向杭州撤退。

粟裕立即下令东集团第 28 军兼程急进，抢占宜兴，第 31 军向太湖西岸挺进，第 23 军向金坛、溧阳挺进，截断沿京杭公路南逃之敌通路；同时命令中集团第 25 军、第 27 军全力兼程向郎溪、溧阳之线挺进，与东集团部队打通联系，完全切断敌人南逃退路。

粟裕预计围歼逃敌的战场将在郎溪、广德、长兴地区。敌我到达这个地区的距离和行程，他已反复测算过，认为双方的时间和空间条件相差不多，谁能在时间上抢在前面，提前到达郎溪、广德、长兴地区，谁就赢得了主动权。

为抢在敌人的前面，使东、中两集团部队迅速会师合围，粟裕和张震于 23 日至 24 日晨连发几道电令，严令各部"迅速猛进，阻击、截击与尾追"，务须追上敌人主力，完全封锁敌人退路，围歼南逃之敌于太湖西岸长兴、广德、郎溪地区。命令的中心就是一个"快"字：快追，快堵，快截，快歼。

三野东西两线部队发扬"跑得，打得，饿得"的传统作风，冒着连绵不断的春雨，踏着泥泞的道路，昼夜兼程，猛追猛打，将战役纵深扩展到百余公里，即将到达长兴、广德、郎溪地区，实现东西对进围歼逃敌的战役企图。

粟裕认为，确定战区行动的主要方向，还应与转换方向的时机一并考虑。他特别强调，主要方向的选择和方向的转换时机的确定，必须服从战略全局的需要；即使牺牲局部利益，也要坚决保障全局。

五、从战略高度确定作战目标

中国革命战争，大部分时期处于敌强我弱的战略态势中，一次战役，由于总兵力对比是敌多我少，我方在某一局部所造成的相对优势是暂时的，所以必须选准首歼对象，速战速决。这样才能使敌人来不及调兵增援，我军则能在歼敌一部之后，迅速转移兵力，用于下一步作战。

就具体的战役而言，运动战，大踏步进退，转来转去，就是要寻找战机。这时候，不是先有集中兵力，后有作战目标，而是先有作战目标，而后再调动集中兵力进攻的战役布势。

1948 年 10 月 4 日，华东野战军在山东曲阜召开师以上高干会议。会议期间，有位纵队副司令员向粟裕提问道：请首长谈谈指挥大兵团作战的经验。粟裕回答说："主要是选准歼敌对象，选好歼敌时机，选好歼敌战场。也就是说什么敌人好歼灭，就歼灭什么敌人；什么时机比较合适，就在什么时间打；什么地方有利，就在什么地方歼灭敌人。"

粟裕指挥战役战斗、指挥大兵团作战时，首要的和第一位的问题，就是从战略全局的角度出发，选择好作战目标。

选择作战目标，是改变敌我态势、转换战局的关键，也是定下作战决心的最重要内容。它需要随着战场形势的变化，在计划具体战役时加以明确。粟裕说："毛泽东同志说集中兵力说起来容易做起来难，我的体会，如何判断和选择重点是关键。"（《粟裕谈到淮海战役》，转《党的文献》1989 年第 6 期）

所谓选择重点，就是选择作战目标，确定打哪路敌人的问题。我军作战与国民党军不同。蒋介石及其高级将领也讲集中兵力，但他们往往是从防止被歼、相互壮胆的角度出发，先把兵力集中起来，再寻找作战目标。我军则相反，一般是先有作战目标，然后再调动、集中兵力进行战役、战斗布势。因此，审慎地判断和选择作战对象，关系到我军作战的全局。

粟裕选择作战目标的基本思想是，总以打胜仗为原则，从战略和战役全局出发进行选择，力求打敌要害，起到牵一发动全身的作用。

粟裕指挥作战，着眼于打击对改善、转换战局最有利的目标。能对改善或转换战局产生影响的作战目标一般有两种：一种是位于要害地区，对我威胁最大但战斗力较弱的敌人；另一种是既位于要害地区，威胁也大，又有较强或很强战斗力的敌人。

在不同战略阶段打击目标的选择也有所不同。粟裕选择作战目标，也有明显的阶段性。战略防御阶段，主要着眼于歼灭敌人的有生力量，打破敌人进攻部署中的"链条"，为尔后取得行动自由创造良好条件。战略进攻阶段，初期主要着眼于打开外线作战的局面，扩大战场；中、后期主要着眼于连续歼灭敌人，扩大歼灭战和解放区的规模，适时进行战区决战，把歼灭敌人重兵集团与夺占城市、地方结合起来。

粟裕认为，选弱敌打是我军常用的一条原则，选战斗力较弱，又位于侧翼的敌人，便于分割包围，迅速歼灭。但有时为了迅速改变态势，扭转战局，也要在有把握或有较大把握的情况下，敢于在有把握或既有一定把握又有一定风险的情况下，先打强敌。他以为指挥员的高明之处就在于，能从反动军队的政治本质、内部矛盾、所处态势、全局指导与战区指挥的协调程度，以及地理环境的影响等方面，发现敌人尤其是强敌的致命弱点，创造条件促其由强向弱转化，并果断地选定作战目标。

黄桥决战，粟裕决定首战歼灭当时诸路敌军中战斗力最强的部队之一翁达独立第6旅，正是采取上述方法。

当时，敌顽江苏省主席兼苏鲁战区副总指挥韩德勤，亲自指挥26个团3万余兵力，分三路进犯黄桥。其中，中路为韩德勤嫡系主力李守维第89军，翁达旅位于中路右翼；右路为地方实力派李明扬、李长江部和陈泰运部；左路为五个保安旅。"二李"和陈泰运因与韩德勤有矛盾，经我军做工作，表示可以中立。

因此，粟裕认为，如首战歼灭翁达旅，对战役的转变会起决定性影响。一是先打韩德勤的主力对于瓦解韩德勤的反共联盟，稳定李、陈的中间立场将起重要作用；二是第6旅是韩德勤的中路右翼，把它消灭了，就把韩军的中路部队打开了缺口，可以实现对韩军主力的包围与迂回；三是第6旅为韩德勤的嫡系主力，如首战被歼，必给韩军士气以沉重的打击，并使杂牌军不敢轻举妄动，对战役的转变起决定性的影响；四是第6旅一贯骄横，无视其他部队，不服从李守维指挥，首战第6旅，李守维可能坐山观虎斗，而位于第 6 旅右侧的李明扬、陈泰运部更不会救援。

选择翁达旅为首战对象，确实是一着奇兵。该旅军官大多是军校生，一色的"中正式"七九步枪，每个步兵连有崭新的捷克式机枪 9 挺，号称"梅兰芳"式部队（指装备漂亮）。战斗人员只有 5000 余人的苏北新四军打这个强敌能不能办到呢？粟裕分析说：如果我军利用"青纱帐"的掩护，隐蔽接敌，对行进中的翁旅实施突袭，把它截成几段，使其首尾不能相顾，就能发挥我军优势，达到速战速决。至于彐寇，他会采取坐山观虎斗的态度，而韩德勤即使吃了亏，也不敢公开要求彐寇直接参与向我军进攻。只要速战速决，日、顽联合攻我的局面不会出现。

苏中战役首战宣家堡、泰兴，打敌整编第 83 师也是强敌。为什么能够打这一路敌人？粟裕认为，有以下四个条件：

一是从政治上看，这两个地方是停战协议即将签署或生效后才被敌人占领的，反击这两点，在政治上对我更为有理。

二是从人和上看，敌人占据宣泰不久，民心不顺，情况不熟，虽然临时赶修了一些工事，但远非南通、泰州可比。

三是该敌骄傲轻狂，整编第 83 师原番号是第 100 军，是蒋介石嫡系部队、"第二绥靖区"司令王耀武的基本部队之一，美械装备，美国教官训练，抗日战争后期曾作为远征军到达缅甸作战，战斗力较强。但这个部队有一个很大的弱点就是骄狂，他们做梦也不会想到我军敢于主动向他们攻击，并且到他们的进攻出发地去打。打他，可收出其不意、攻其不备之奇效。

四是从具体敌情看，这部分敌人是整编第 83 师的前出部队，只有两个团，比较孤立、分散，利于我同时分割歼灭。我集中两个师（4 个旅 12 个团）打两个团，形成 6 ：1 的优势。

选择作战目标，离不开具体的时间、空间条件。三者中每一个因素的变化，都可能迅速引起另外两者的变化。而其中作战目标是最活跃的因素，在同一战场、同一战机中，可能出现多个目标，既有预定的目标，又有新出现的目标。因此，粟裕在选择作战目标时，总是把这一最活跃的因素，与选择作战地区、作战时机统筹考虑，强调为了适时作出新的选择，应当设想多种情况，预选数个目标，以免在情况发生突变时贻误战机，陷入被动。

鲁南战役中，作战目标的选择，也是着眼于战略全局上的考虑。

1946 年 12 月下旬，向鲁南解放区进犯的一路国民党军，一直停留于临沂西南地区。其中马励武指挥的整编第 26 师及第 1 快速纵队是蒋介石的嫡系部队，全部美械装备，是这一路的主力，位于峄县以东的马家庄、太子堂地区；周毓英指挥的整编第 51 师，原是东北军部队，位于枣庄地区；冯治安指挥的整编第 33 军（后改称第 3 绥靖区），原为西北军部队，位于台儿庄、四户镇地区。后两支部队，装备较差，与蒋介石的嫡系部队有矛盾，保存实力的思想浓厚。

针对上述敌情，粟裕和陈毅决定改变原来先打弱敌、首先歼灭冯治安部整编第 59 师的计划，改为先打强敌，首先歼灭马励武的整编第 26 师和第 1 快速纵队。

粟裕分析，整编第 26 师是鲁南一路蒋军主力，消灭了它，华东战局即可好转；若先打整编第 59 师，即使全胜，恐也一时不能从根本上解决鲁南问题。整编第 26 师和第 1 快速纵队虽是强敌，但它孤军突出，态势对它不利，又与冯治安部有矛盾，冯部不会积极增援，存在着强中有弱的因素。先打强敌，我军虽有不利因素，但有利条件更多，特别是战役一开始就可以集中 27 个主力团打蒋军 6 个团，兵力四倍半于敌，占有绝对优势。这样才能更好地实现中央军委的意图，也更加切合当时鲁南战场的实际。

战争的实践表明，这种反常用兵并非违反战争的客观规律，恰恰是适应战争的特殊规律。出奇制胜，常常被视为险着，也确实具有风险性。要做到似险而非险，必须使自己的行动建立在对敌我双方情况科学分析的基础上。历代军事名家都是反常行险的行家。"善用兵者，无不正，无不奇，使敌莫测。故正亦胜，奇亦胜"。粟裕就是这种善于反常用兵、出奇制胜的行家里手。

在孟良崮战役中，粟裕和陈毅一起，选择了处于中间的、战斗力最强的敌第 74 师作为攻击目标。

1947 年 5 月 10 日，在敌 1 兵团司令汤恩伯的指挥下，为了抢占沂水，挤压华野，配合敌 1 兵团主攻部队 74 师、25 师和 83 师扫荡蒙阴、沂水地区的华野部队，敌第 7 军军长钟纪和第 48 师师长张光玮，为抢等功，不等汤恩伯下令全线进攻，便率先行动，贸然北犯，将进攻矛头直指沂水城。并且推进速度极快，5 月 10 日下午，其先头部队已进至河阳、苗家曲、界湖一带，沂水城近在咫尺。所以，显得孤立暴露。为此，粟裕决定首歼这两股敌人。

国民党军第 1 兵团各部也于 5 月 11 日纷纷行动，开始北进。当天，第 74 师进占了孟良崮之西的盘龙山庄、新兴、葛墟、圈里，其左翼第 25 师占领了黄斗顶山、杨家寨，其右翼第 83 师一部进至孤山以南地区，敌第 7 军一部继续向沂水城进犯。

就在这时，突然从情报得知，汤恩伯于 5 月 11 日下发了一道紧急命令，要求所辖各部开始先行攻略华野指挥部所在地坦埠。其中以 25 师协助 74 师主攻，除以一部控制孟良崮、北桃圩要点外，主力迅速攻略三角山、水塘崮、杨家寨、黄鹿寨、黄斗顶山、芦家山坡、凤凰山各高地，12 日攻略坦埠。

粟裕意识到，国民党军的部署，显然是以整编 74 师为主要突击力量，在两翼和后续强大兵团掩护下，实施中央突破。他们把中央突破的矛头直指坦埠，因为敌人已经侦知坦埠是华野指挥部所在地，并已几次派飞机进行过轰炸。

根据所掌握的各方面的情报，粟裕从地图上发现：部署于敌第 1 兵团最中间位置的敌第 74 师，实际上已经脱离左右，突出地露出了它的锋芒和犄角。

张灵甫自己走出来了！

粟裕在苦思疾想。一个新的大胆的作战思路，在他的脑海中已经形成：敌变我变，放弃求歼敌第 7 军和第 48 师的作战计划，改为攻打南路敌"王牌军"第 74 师，来他个猛虎掏心！

5 月 11 日夜，华野作战室里的气氛从来没有这样凝重过，陈毅、谭震林、陈士榘、刘先胜、唐亮、钟期光、刘瑞龙等华野主要领导汇聚在作战室里，听取粟裕新的作战思路。

由于敌情严重，各位将领都紧锁眉头，不停地抽烟、喝水。

粟裕站在军事地图前，指着敌第 74 师的位置，神情坚定地说："根据最新敌情分析，我建议，立即撤销对沂水之敌的作战计划，同时调集我全部部队，迅速集结，然后，围歼敌第 74 师！"

粟裕解释说："敌第 74 师已经形成孤军深入之势，我想以猛虎掏心的办法，从敌战斗队形中央楔入，切断第 74 师与其友邻的联系，将其干净、全部地消灭掉！"

他进一步分析道："现在敌人已经开始了全线进攻，他们采取的是中央突破的战法，一是企图一举击中我指挥中心，陷我军于混乱之中，便于其聚而歼之；二是敌人估计也许我不敢迎战，那就将我逼压到胶东或赶过黄河。我认为这一形势恰恰为我们带来了有利的战机，因为在这之前，敌人密集靠拢，行动谨慎，一打就缩，战机很难捕捉。现在，他们既然已经开始全线进攻，并实施中央突破，我们就应立即改变先打他们第 7 军和第 48 师的计划，以反突破来对付敌人的突破，也就是迅速就近调集几个强有力的纵队，以'猛虎掏心'的办法，从敌人的战斗队形的中央楔进去，切断对我威协最大的敌第 1 兵团中路先锋——第 74 师与其友邻的联系，并坚决地消灭这个国民党军的'王牌军'。"

紧接着，他精辟分析了先打第 74 师的三个理由：

其一，歼灭敌第 74 师，可以当即挫败敌人的作战行动，迅速改变战场态势，获得最有利的战役效果；若仍打敌第 7 军和第 48 师，敌人很可能置该部于不顾，继续对我实施中央突破，反使我陷于两面作战的困境。整编第 74 师是蒋介石手中的"王牌"，全部美械装备，经过美国军官训练，具有相当高的指挥、战术、技术水平，是蒋介石嫡系中的精锐之师，曾被誉为"荣誉军""御林军"，把它歼灭了，将给敌实力上、精神上以最沉重的打击，将宣示我既能歼灭第 74 师，还有什么敌人不能消灭呢？而且敌第 74 师是我军的死敌，解放战争以来，敌军对我华东的数次进攻，常常以第 74 师打头阵，我军亦多次寻歼该敌，均因未遇有利战机而未能得手，此次如能将该师歼灭，对我军指战员必是一个极大的鼓舞。

其二，先打较为薄弱之敌或翼侧、孤立之敌，是我军的传统战法，华野作战多采用这种战法。宿北战役可算是一次我对敌军的中央突破，但当时四路敌人相隔甚远。这一次要在敌重兵集结又有充分准备的条件下，以中央突破对付敌人的中央突破，的确是无先例的。但是，又不应局限于以往的经验，而应从战场实际情况出发。我军经过八个月作战，特别是转入内线纵深作战后，连续打了宿北、鲁南、莱芜等战役，战术、技术水平有很大提高；各级指挥员特别是高级指挥员，积累了大兵团运动战的作战经验；武器装备有了很大改善，特种兵纵队已有相当基础，火力已大大加强，已经具备了围歼强敌的基本条件。而且，敌挟重兵采取中央突破的战法，估计我不是主动后撤就是被突破。我军针锋相对以中央突破反中央突破打最强之敌 74 师，必出其不意，攻其不备，大奏其效。敌第 74 师，气焰嚣张，在进攻中，贸然前出，脱离了友邻，两侧出现了空隙。我华野的主力正集结在他的正面，便于将其分割包围。

其三，从兵力对比上看，敌军在进攻山东解放区的总兵力 24 个整编师（军）中，集中 17 个整编师（军）进攻鲁中山区。第一线从莱芜到河阳，只有 120 多公里，密密麻麻，一字长蛇摆了八个整编师（军）。位于敌军左翼的五个军（师），多数与第 74 师相距仅一至两日行程，另两个师则相距更近。我军只有九个主力纵队和一个特种兵纵队，敌军兵力占有很大优势。但是，敌 74 师担负中央突破任务，已进入我主力集结位置的正面，我军部署不需作大的调整，即可在局部对该军形成 5∶1 之绝对优势。同时，该师骄横异常，与友邻各军矛盾较深，打起仗来，友邻不会积极援救。所以，从第 74 师本身看，是强敌，但在上述条件之下，其强的一面相对削弱。我们可以利用山区地形，采取正面反击、分割两翼、断敌退路、坚决阻击各路援敌的战法，对该师加以围歼，只要缜密部署，在战役指挥上没有失误，实现这个意图是完全可能的。

粟裕和陈毅当机立断，使用五个纵队主攻，一举将第 74 师彻底歼灭。

豫东之战，也是粟裕从战略全局的高度，根据战场情况的变化，对作战目标的选择进行深思熟虑后的决策。

当时，粟裕受命指挥华野七个纵队外加中原野战军的第 11 纵队，在陇海路开封至徐州段及其南北地区，以寻歼敌整编第 5 军等部为作战的主要目标，力争在四个至八个月内歼敌五六个至十一二个旅。

粟裕密切注视着中原战场敌军动向，筹谋即将开始的战略行动。在他面前，展开的是一幅敌强我弱的态势图：

在中原战场上，国民党军集结有 25 个整编师（军）57 个旅（师）。其中 13 个整编师 30 个旅担任重要点线的守备，控制着郑州、开封、徐州、蚌埠、信阳、商丘等城市，以及陇海路东段、津浦路和平汉路南段交通线。另外 12 个整编师 27 个旅和 4 个快速纵队编成 4 个兵团，执行机动作战任务，邱清泉兵团在鲁西南，胡琏兵团在驻马店，孙元良兵团在郑州，张轸兵团在南阳。

人民解放军在中原战场上共有 13 个野战纵队以及各个军区的地方部队。其中，刘邓指挥的中野 4 个纵队和暂归刘邓指挥的华野第 10 纵队，分布在大别山、桐柏山地区；粟裕指挥的 8 个纵队，第 1、4、6 纵队和两广、特种兵纵队在濮阳地区，第 3、8 纵队在许昌、襄城地区，中野第 11 纵队在豫皖苏地区，兵力尚未集中。

华东野战军所在的鲁西南，位于中原战场东北部，是一个由黄河、运河及陇海路徐（州）开（封）段构成的正三角形地区。邱清泉的第 5 军集结在这个三角形地区的中心定陶、成武一带，企图截击渡河南下的华野部队，与华野主力兵团决战。

邱清泉是蒋介石的嫡系将领，以骄横跋扈、惯打滑头仗著称。到中原战场后，气势汹汹，不可一世，声言要"活捉粟裕"。

粟裕审时度势，权衡利害，筹划大量歼敌的最佳方案。他坚持他的一贯做法，把中央军委的指示同当面实际情况结合起来，提出两个以上的预案，权衡利弊得失，从中选择最佳方案。

他首先认真地考虑在鲁西南地区歼灭第 5 军的作战方案，认为歼灭第 5 军虽然具有一定有利条件，但不利因素较多，主要是我军兵力尚未集中，打援兵力不足，又是背水作战，地形对我不利，不能稳操胜券。

粟裕分析，整编第 5 军，是蒋介石在关内剩下的两大主力之一，装备好，数量多，炮兵火力的运用和步炮协同动作较好，又经常猬集一团，不贸然行动。我如打它，蒋介石必极力援救。而华野主力短时间内难以完全集中，手中能掌握的全部兵力不足六个纵队，用四个至五个纵队组成突击集团，担任阻援的就剩下一至两个纵队，在平原地区无险可守的情况下，用这些兵力是难以阻止敌人大规模增援有。而且鲁西南地区的主要点线在敌人控制之下，我作战地域比较狭窄，不便于大兵团作战，战场距黄河较近，我军处于背水作战的不利态势。

所以，粟裕认为，钓第 5 军这条大鱼，并不一定是理想的作战方案。这时，又得到开封守军兵力空虚的情报。因此，粟裕又设计了一个"先打开封，后歼援敌"的作战方案。

此时的开封，守敌处境孤立，敌可用于增援开封的主力集团都在百公里之外；守敌虽说有 3 万人，但战斗部队只有一个被歼后重建的正规旅，而我可以使用两个纵队近 6 万人攻城，解放战争两年来的进攻作战，使华中野战军积累了较丰富的中小城市攻坚战经验，拿下经过日伪军和蒋军长期设防的开封是有把握的。特别是开封是国民党的河南省会，中原重镇，攻克开封，对中原和全国都将产生重大影响。蒋介石势必调兵增援，这就打乱了敌人企图在鲁西南与我决战的部署。

考虑到中央军委已经明确规定以歼灭第 5 军为夏季作战的中心目标，朱德总司令亲自来到华东野战军作了动员，粟裕感到不宜再强调打第 5 军的不利，便将"先打开封，后歼援敌"作为腹案，没有上报下达。有人问他为什么这样做，他如实解释说："我已经提过三个纵队暂不过江的意见，不能总是不同意中央的决定吧。"

"先打开封，后歼援敌"的方案昌然没有上报下达，但是在作战部署上是预有准备的，力求能适用于打整编第5军和打开封两个作战方案，并侧重于后一个方案。

粟裕首先命令第3、第8两个纵队自许昌地区向淮阳方向开进，吸引国民党第5军南下；然后率第1、第4、第6纵队和两广、特种兵纵队南渡黄河，力求歼灭鲁西南守敌一部，吸引第5军回头北上，我第3、第8、第11纵队尾敌北进。他设想，如果歼灭第5军的条件成熟，即南北夹击其于鲁西南地区；如果歼灭第5军的条件不成熟，也可造成敌人错觉，使敌人误以为我军要在鲁西南与其决战，我军即可对开封之敌实行出其不意的攻击。

粟裕的考虑是，如果打整编第5军的条件成熟了，这样不会丧失战机。如果条件不成熟，这样既可以激励士气，用打强敌的精神和物质准备去打较弱的敌人更有把握。有人提出疑问：既然不准备打第5军，为什么动员打第5军？粟裕说：我们当时的考虑，就是用打第5军的物质和精神准备来打比第5军更弱的敌人，造成力量对比上的优势，这样把握更大，并且用这样的部署调动敌人，造成敌人的失误，创造有利的战机。

果如粟裕所料，敌人跟着粟裕的指挥棒频繁调动：华野第3、第8两个纵队向淮阳开进，邱清泉的第5军即南下截击；华野第1、第4、第6和两广、特种兵纵队渡河南下，国民党军统帅部急令第5军主力和整编第75师北返，并且增调三个整编师加一个旅到鲁西南地区，企图与华野渡河南下部队决战。此时鲁西南地区蒋军兵力集中，队形密集，不易分割；华野兵力不足，地形不利，前有重兵，左有运河，右有黄河，形势严峻。但是，华野第3、第8两纵队已经进至离开封只有一日行程的通许、睢县、杞县地区。战场情况变化表明，打第5军的条件尚未具备，打开封的时机却已到来。

已成竹在胸的粟裕当机立断，把战场由鲁西南转向豫东，实行"先打开封，后打援敌"的作战方案，一边上报中央军委和中原军区，一边下令部队执行。时间是1948年6月16日午时。中央军委很快复电表示赞同，并强调："情况紧张时，独立处置，不要请示。"（《毛泽东年谱》下卷，人民出版社、中央文献出版社，1993年12月，第1版，第316页）刘伯承、陈毅、邓小平也复电表示同意，并决定调五个纵队全力阻击胡琏兵团北援，要攻打开封的部队对南面敌人"可勿顾虑"。

放弃敌第5军而先打开封，许多人心怀疑虑。一位纵队领导对粟裕说：

"502啊，难怪人家说你打仗跟别人不一样，拗着来。还说……"

粟裕一听，很有兴趣，追问道："说什么？别吞吞吐吐嘛！"

"人家说，你从来不打别人想打的那个敌人，从来不打别人想到的那个地方。"

"这没有什么不好嘛！"粟裕笑了，"出其不意，攻其无备，兵家所贵嘛。连自己都想不到，敌人就更想不到了。"

攻打开封这着棋，果然出乎敌人意料。国民党的国防部和徐州"剿总"判断华野在鲁西南与第5军决战，开封守敌也认为"开封无真正战斗"。华野部队突然兵临城下，国民党军仓促应战。蒋介石一边组织多路增援，一边亲临开封上空督战，严令空军不分昼夜轰炸，但仍挽救不了开封残敌的厄运。华野只用五个昼夜，就攻克了蒋介石吹嘘"绝可确保无虞"的开封，全歼守敌3万人，并在阻援方向歼敌1万人，共歼敌4万余人。

随后，粟裕指挥部队主动撤离开封，先是引诱敌邱清泉兵团与区寿年兵团拉开距离，然后集中主力分割围歼区兵团，取得豫东战役的全胜。

粟裕对首歼对象选得准确，这是他一贯重视敌情研究，熟知华东战区敌军的历史和现状，熟知敌军师以上主官的个性和作战指挥特点的必然成果。而粟裕的高明之处在于，善于从敌人的政治本质、内部矛盾、战场态势、指挥官素质、部队战斗力状况、战场民众和地形条件等方面，发现敌人尤其是强敌的致命弱点，创造条件促其由强向弱转化，并果断地选定作战目标，最终予以消灭。

总之，从战略全局的高度出发，谋全局大势为本，利全局大势为上，根据战场情况慎重而又灵活地选择作战地区、作战时机、作战目标，是粟裕作战指挥艺术的最显著特色，是他指挥大兵团作战的重要"法宝"。

六、精心谋划，从战略高度选择作战样式

在上海战役中，粟裕精心设计解放上海的两全之策，说："对上海采取完整接收，宁可让敌逃窜。"

淮海战役一结束，粟裕就考虑解放上海的工作，渡江以前考虑就更多了。他对渡江和解放上海是通盘考虑的。渡江不紧张，国民党的江防算不了什么，那时解放军的火力已经超过并压倒敌人了。粟裕在战术设计和具体部署上是很重视很周密的。他考虑的主要是怎样截住上海的汤恩伯集团。那是一大坨，而且还包不死，他有海上的路可走。这同打济南是不同的。

粟裕说：上海战役是我军在战略追击阶段最大的一次城市攻坚战。它是京沪杭战役的一部分，又是相对独立的一个战役。打上海有几种打法，打烂了是一种打法，不打烂又是一种打法。不能打烂。有人说，上海战役不要那样硬攻，把敌人围困起来就行了，这样可以减少伤亡。这不对。那样大的城市，围起来，人民怎么办？还是要争取尽早解决。当时解决剩余的一百万国民党军队的方式有三种：天津方式，北平方式，绥远方式。解放上海，基本上是天津方式，但又不完全相同，主要在不能把上海打烂了。如果把上海打烂了，对全国经济建设的影响就太大了。

这是一个既要消灭敌人又要保全城市的指导思想。

在筹划和部署京沪杭战役过程中，粟裕反复阐述上述指导思想。在1949年4月6日的白马庙作战会议上他明确提出："对上海采取完整接收，宁可让敌逃窜。"

4月29日，他和张震发出致各兵团各军首长并报总前委、中央军委的电报，作出肃清残敌、攻占杭州和准备夺取上海的部署，指令第9、第10两兵团担负攻占上海的作战任务。根据中央军委指示，为使汤恩伯在上海稳住一时期，然后有准备地夺取上海，要求第9、第10两兵团各部在对上海的接收工作尚未准备充分之前，分别在吴兴以南、苏州以西地区集结，进行城市政策和外交政策教育，部署接收城市的各项准备工作。

这一方案得到中央军委的赞同。

上海是中国第一大城市和经济中心，也是近代历史上帝国主义侵略中国的重要基地。此时集结在上海的国民党军队，有京沪杭警备总司令汤恩伯指挥下的 8 个军 25 个师、30 余艘军舰、120 余架飞机共 20 余万人，拥有纵深数十里由 4000 余个碉堡组成的永久和半永久性工事，以及由外围阵地、主阵地、核心阵地组成的防御体系。

4 月 27 日，已经宣布"引退"的蒋介石再次披挂上阵，乘军舰到黄浦江亲自部署上海防务，要求汤恩伯坚守上海六个月。企图利用这段时间，抢运上海的大量黄金、白银和其他重要物资到台湾，同时等待国际形势变化，利用上海的特殊地位挑起国际争端，促使帝国主义武装干涉，借机卷土重来。汤恩伯疯狂叫嚣："要让上海成为一次大战中的凡尔登、二次大战中的斯大林格勒！如果上海守不住，就要把它搬空、打烂、炸完！"

粟裕分析敌我态势和全国战局，认为解放上海之战有三种可供选择的打法。

一是围困战法。解放战争后期，我军对内地的若干城市采用了此种战法。但是上海情况特殊，有 600 万居民，生活用品依靠外地运入，尤其是粮食和煤炭，所需数量很大。如果长期围困，不仅群众没有吃的，工厂机器不能运转，连自来水都没得喝，人民的生活将陷入绝境。而敌军则有海上通道，我们围不死。从战略上考虑，我军渡江以后，应当力争迅速解放全国。所以，长期围困的战法是不可取的。

二是选择敌人防御薄弱的苏州河以南实施突击。这一战法，虽然避开了敌人设防的重点吴淞，伤亡也可能减少，但主战场将在市区，城市会被打烂。所以，这一战法也不可取。

三是把攻击的重点放在吴淞，钳击吴淞，暂不攻击市区。这样可以封锁敌人海上退路，并迅速切断敌人抢运上海物资的通道。如果敌人要坚守下去，必将为保护其惟一的海上退路而集中兵力在吴淞周围与我军决战。如果出现这一情况，就可避免在市区进行大规模的战斗，使城市少受破坏，达到完整接管的目的。吴淞周围是敌人防御的重点。因此，这种战法，将是一场硬碰硬的艰巨的攻坚战，一场激烈的反复争夺战，我军要付出较大的代价。但是，人民的军队一切为了人民。为了保存城市的完整，保护上海人民的生命财产，付出一定的代价是必要的、值得的。

粟裕权衡利弊得失，认为第三种方案是最佳方案。

5月5日，毛泽东为中央军委起草致陈毅、饶漱石、粟裕并告刘伯承、邓小平的电报，征询对上海战役发起时机和步骤的意见。电报说："据上海吴文义（即吴克坚，当时任中共上海市委委员）几次报告，敌人正在搬走上海物资。我们判断，搬运物资是确定的，在短期内似难搬走很多物资，但如时间拖长则搬走的物资可能较多。在此种情况下，请你们考虑是否可以在5月10号以后数天内先行占领吴淞、嘉兴两点，切断敌从吴淞及乍浦两处逃路，然后从容布置，待你们准备好了的时候，再去占领上海。这样做是否有利，望考虑见告。"

陈毅和饶漱石复电，认为这样做是有利的，并不妨碍接收准备工作，反可争取和平接收并使破坏者不敢放肆。

中央军委电示：请粟张即行部署于5月10日以后、5月15日以前数日内，先行占领吴淞嘉兴两点，封锁吴淞江口及乍浦海口，断绝上海敌人逃路，使上海物资不致大批从海上运走，并迫使用和平方法解决上海问题成为可能。同时强调指出，"占领吴淞、嘉兴并不放弃推迟占领上海的计划。何时占领上海，仍须依照我方准备工作完成的程度来作决定，最好再有一个月左右的时间，充分完成准备工作，但是你们仍须准备在不可避免的情况下，早日去占领上海"。（《毛泽东军事文集》第五卷，军事科学出版社、中央文献出版社，1993年12月，第1版，第575—576页）

中央军委关于先行占领吴淞、嘉兴两点的指示，与粟裕设想的第三种打法不谋而合。

粟裕说："这次战役，在上海外围特别是吴淞口地区，打得十分激烈，用的时间也较长。但在市区打得并不激烈，用的时间也较短。这样，既歼灭了大量的敌人，而市区也没有遭受大的破坏。这正是战前我们期望的最佳结

局。"（《粟裕战争回忆录》，解放军出版社，1988 年 11 月，第 1 版，第 628 页）

粟裕曾在《战时参谋工作》的报告中指出："我们要依据环境，依据我们的技术、物质条件和有生力量，区别不同作战对象，确定我们的作战方针。对日寇，因为它装备技术比我们强，还是同它打游击战。其规模大小，因地制宜。""在苏北，目前敌人的据点少、间隔、空隙大，可以采取游击兵团形式，打大一点的游击战。对于正在准备向我们进攻的顽固派军队，因为他们除了数量多，装备好之外，其他方面都不如我们，完全可以而且必须采取主力战、歼灭战、运动战的自卫作战方针，集中几万人进行会战，在会战中歼灭他。"（《粟裕军事文集》，解放军出版社，1989 年 7 月，第 1 版，第 43 页）

七、审时度势，选择出击时机："什么时候好消灭敌人，就在什么时候打。"

战机未至，不可以先；战机已至，不可以后。一个优秀的军事指挥员的能力，主要体现在对作战时机的理解、把握、创造方面。

选择作战时机，是对战争时间因素利用的一种形式。它的实质，是选择有利于我而不利于敌的具有时间性的条件和机会。正如粟裕所说："所谓制造战机，就是制造敌人的混乱，制造敌人的疑虑和错觉，制造敌人的缺点、弱点，使敌人犯错误。"（《对未来反侵略战争初期作战方法几个问题的探讨》）

粟裕认为，出击和作战时机的选择，也是战略问题。只有从战略全局的高度看问题，才能正确地选择和把握时机，科学地预见和控制战争的发展进程，从而夺取战争的胜利。他在晚年撰写战争回忆录时说："出击方向的选择是战略问题。要对敌我形势作正确的分析，要对具体地域的自然、地理、政治、经济、军事等诸种条件作综合分析，尤其要注意选择敌人统治比较薄弱的环节和注意利用敌人之间的矛盾，同时出击时机的选择也十分重要。"（《粟裕战争回忆录》，解放军出版社，1988 年 11 月，第 1 版，第 89 页）

在粟裕的军事指挥实践中，一直贯穿着一条避免过早决战和寻机进行决战的思维主线。当条件不具备时，就改变和放弃原定计划，绝不轻躁作战；当条件成熟时，则坚定地把决战推向胜利。

在挺进苏北的战略进军中，粟裕冷静地看待我军在军事仗与政治仗上取得的初步胜利，指出要在苏北站稳脚跟，"只有同韩德勤的主力作了决定性的较量，其他的问题才能迎刃而解"。事态的发展表明，正是由于黄桥决战的胜利，才一举解决了苏北问题。

莱芜战役，敌人主要突击集团和我军主力，都集中于南线，亦有决战临沂的部署。但经过对敌我兵力、装备、物力诸条件的综合比较，粟裕认为：敌占优势，在不能给敌人以大量消耗和实施分割包围的情况下，不宜过早地与其决战，把决战时机，牢牢地控制在对我军有利的态势上。

济南战役时，粟裕按照军委的战略意图，摆出了"攻济打援"的战役布势，慑于我打援集团兵力强大，敌人南线三个兵团在我前沿徘徊，不敢北上交手。这时，他没有简单地看待这种战场情势，而是敏锐地觉察到，敌人是在避免不利条件下与我打大规模之仗，也说明我对敌进行决战有利条件已逐渐成熟。于是，他适时地向中央提出了举行"淮海战役"的建议。

粟裕认为，战机问题，要作全面分析，既要看到不利因素，又要看到有利条件，还要创造有利条件。

选择作战时机，离不开对敌我形势、具体地域的综合条件、敌人弱点这三个因素的分析。不过，粟裕侧重强调从时间的、动态的角度，从变化和发展的观点，来看待这些要素。因此，他就要求动态地而不是静止地认识和把握战略全局，跟踪战略全局的变化，预测它的未来。

宿北战役结束后，由峄县向临沂进攻的国民党军，停滞峄东，踌躇不前，粟裕看准了这一形势，抓住了这一有利战机，同陈毅研究决定，集中山东、华中27个团的兵力，求歼峄东之敌。

此时，由苏北盐城地区北上的第1师陶勇部队兼程北上，白天越过陇海路，国民党徐州绥署主任薛岳，从空中侦察发现我军白天行动，认为共军一贯是夜间行军，而今白天越过陇海路，便误认为我军在苏北"不堪再战"，是向山东"溃退"。粟裕将计就计，迷惑敌人，仍命令该部继续白天行军。

1947年1月2日夜，我军突然发起攻击，敌整编第26师和从印缅归来的远征军第1快速纵队，毫无准备、仓促应战，顿陷一片混乱，经一昼夜战斗，第26师大部分就歼，第1快速纵队陷入重围。

4日上午，敌军慌忙突围，此时正值雪天道路泥泞，坦克、大炮和400多辆汽车，拼命向峄县方向溃退，粟裕指挥部队迅速出击，侧击、割歼敌人，到下午3时，全歼敌第1快速纵队。

孟良崮战役中，粟裕也是这样选择和创造作战时机的。

1947年5月初，当华野稍向东移后，国民党军乘机前进，侵占了莱芜、蒙阴寨、河阳等地。

5月10日，汤恩伯兵团第7军和整编第48师，从河阳出动，先头占了苗家区、界湖，准备继续进犯沂水。由于该部位于右翼，比较暴露，粟裕打算首歼该部并视机打援。但该部是桂系部队，打仗很聪明，又较顽强，和他们作战要拼消耗，很难有俘获。

因此，作战命令下达后，粟裕一面派专人给部队调配充足的弹药，打算以强大的火力保障攻击部队将该部歼灭；一面继续密切注视着敌情的细微变化，寻找更合适的战机。

5月11日，第74师由垛庄经孟良崮西麓向坦埠南之杨家寨、孤山华野第9纵队进攻。这一行动引起粟裕的高度重视，敌军究竟是局部行动，还是新的全线进攻？

于是，粟裕特别通知各有关情报单位，日夜密切注意搜集研究敌人的行动部署。11日晚，华野从密电材料中获得了汤恩伯兵团的具体作战部署：命令以第74师为中心，第25师、第83师分别为其左右翼。又以第65师保障第25师翼侧；第7军和第48师保障第83师翼侧，限于12日（后又改为14日）攻占坦埠。同时，华野又查明王敬久兵团之第5军、欧震兵团之第11师等部，亦已由莱芜、新泰出动东进。

面对战场形势的这一急剧变化，粟裕经过冷静的思索分析，认为尽管敌军行动尚未完全明朗，但据现掌握的情况，已可判断敌军决定向华野发动全线进攻。其部署显然是以第74师为主要突击力量，在两翼和后续强大兵团掩护下，对华野实施中央突破。敌军把中央突破的矛头直指坦埠，显然国民党军已经侦知坦埠是华野指挥部所在地，并已于数日前以飞机对该地实施过轰炸；国民党军对华野取中央突破的战法，一是企图一举击中华野指挥中心，陷华野于混乱与四面包围之中，便于其聚而歼之；二是国民党军估计如华野不敢迎战，那就可将华野逼压至胶东一隅或赶过黄河。

这无疑是一个狠招。一旦敌军战略目的达成，华野后果不堪设想。

然而，越是凶狠的进攻，往往越留下较大的空门。

此时的粟裕，已敏锐地发现敌军的空门所在，即第74师。因为在此以前，敌军密集靠拢，行动谨慎，一打就缩，很难抓住。现在，敌军既已开始全线进攻，并实施中央突破，担任中路主攻的第74师自然会位置凸前。

粟裕决定，立即改变先打第7军和第48师的计划，以反突破来对付国民党军的突破，即迅速就近调集几个强有力的纵队，以"猛虎掏心"的办法，从敌军战斗队形的中央楔入，切断对华野威胁最大的第74师与其友邻的联系，并将其干净、彻底消灭掉。

百万军中取上将首级，这似乎是一个疯狂的想法。或许除了粟裕，没有人会把这个想法当作是战机。然而，想他人之不敢想，想他人之不能想，正是粟裕的特别之处、过人之处。

何时发起济南战役，粟裕也是经过深思熟虑的。

1948年7月13日，华东野战军许谭兵团一举攻克济南、徐州之间的兖州。济南周围300公里的广大地区被华野控制，国民党第二绥靖区司令官王耀武据守的济南成了一座孤城。这样，就把实施济南战役问题提上了日程。

7月14日，中央军委来电提出："拟令许谭于攻克兖济后，休息两星期，即向济南攻击，迫使邱黄两兵团分兵北援（敌非北援不可）。此时，你们则寻敌一部攻击，使敌既被迫分散，又首尾不能相顾，利于我之各个击破及尔后之大休整。"

中央军委的电报指出，采取这一行动的主要目的，是为了分散敌人，保证华野主力安心休整。认为"此种分散敌人的行动，似以许谭攻击济南为最有效"。同时指出，"目前许谭不宜和你们集中行动，若许谭加入鲁西南，将迫使邱、黄集中，不易求得歼击机会"。（《毛泽东军事文集》第四卷，军事科学出版社、中央文献出版社，1993 年 12 月，第 1 版，第 514 页）

这一作战部署，当时还是征询意见，要他们考虑电复。但是，从 14 日到 16 日，中央军委连续发出 7 份电报，一次比一次明确地提出，要许谭兵团在 10 天内外迅速夺取济南，然后"于十月间南下配合粟陈、韦吉打几个大仗，争取于冬春夺取徐州"。（《毛泽东年谱》下卷，人民出版社，中央文献出版社，1993 年 12 月，第 1 版，第 322 页）

这个部署与粟裕的战略构想显然有所不同。粟裕反复思考如何执行中央军委的指示？在什么时机、用什么样的办法和手段攻占济南更为有利？他分析敌我态势和部队现状，权衡各种方案的利弊得失，并且征询陈士榘、唐亮、张震的意见。经过三天深思熟虑，终于得出了自己的结论。

他认为，即将进行的济南战役，是继豫东战役以后又一次高度集中统一的大兵团攻坚战歼灭战，战役的规模可能更大，对华东以至全国战局将产生深远的影响。此战胜利，不仅可以解除我军南进的后顾之忧，而且可以为在徐蚌地区进行战略决战造成有利战略态势。在战略决战即将到来的关键时刻，攻济是否成功，与战略决战关系很大，必须谨慎从事，经过充分准备，集中兵力来打。同时，无论是从当前敌我态势还是从战争发展趋势来看，有必要也有可能集中华野全军打更大规模的歼灭战。

从地理上看，济南北靠黄河，南倚群山，地势险要，易守难攻。城内守敌 10 余万人，且拥有在日伪工事基础上扩建的坚固完备的防御体系。攻打这样坚固设防的省会城市，华野还是头一次。同时，敌人在徐州地区集结有邱清泉、李弥、黄百韬三个兵团，其机动兵力约有 17 万人，随时可以北援，攻济与打援势必同时进行。能否取胜，关键在于集中更多的兵力。只有集中华野主力全力以赴，才能确有把握地争取攻济打援的胜利。只有集中更多的兵力打更大规模的歼灭战，才能从根本上改变战略态势，推动战局向南线战略决战发展。

他还认为，从部队的部署上看，华野几个兵团虽已互相靠拢，但尚未完全集中，部队连续作战后急需休整补充。许、谭兵团兵力不足 10 万，攻济与打援势难兼顾。如果攻济主要是为了分散敌人，以保证华野主力休整，则不必采取这一行动，因为已经采取互为犄角的兵力部署，达到了保证休整的目的。同时，在豫东战役以后，我军已经掌握了战争主动权，济南战役的筹划和准备不像以往的战役那样紧迫，可以在做好充分准备以后再动手。

根据这样的分析判断，粟裕和陈士榘、唐亮、张震于 7 月 16 日联名发电报给中央军委，提出华野全军首先休整一个月，然后协力攻济打援的建议，准备在打援中选择有利阵地，求歼邱兵团之大部或全部。为求迅速攻占济南，必要时此间可抽出几个长于攻坚的部队参战。（《粟裕军事文集》，解放军出版社，1989 年 7 月，第 1 版，第 371 页）

中央军委充分考虑了粟裕的意见。当时华东进入雨季，部队运动、作战将会遇到许多困难，于是改变要许谭兵团立即攻占济南的决定，指令华野各部立即转入休整。根据中央军委的指示，华野各部先后转入休整。

1948 年 9 月 24 日晨，我军已突入济南城内，敌人极度混乱。粟裕估计济南战役日内即可结束，当即向中央军委发电，提出举行淮海战役的战略建议。历史证明，这一建议，在发起淮海战役的过程中起到了关键性的作用，进一步显示出粟裕在把握作战时机上的战略眼光和指挥艺术。

早在豫东战役之前，粟裕经过对我军作战方针的反复研究，已经形成这样的认识：为了改变中原敌我拉锯的战略态势，发展战略进攻，必须把歼灭战发展到更大规模，集中更大兵力，打更大规模的歼灭战，否则战机很难寻找。

1948 年 4 月，粟裕向中央军委提出华野三个纵队暂不过江、集中于黄淮地区打大歼灭战的建议，也是从这一考虑出发的。粟裕后来在谈到淮海战役时这样说：豫东战役证明打大歼灭战的想法符合实际，这种大歼灭战发展下去，势必成为同敌人的战略决战，"而要进行这种大规模的决战，必须考虑

时机"。（《粟裕谈淮海战役》，《党的文献》1989 年第 6 期）

那么，何时为进行决战的适当时机呢？粟裕认为，济南战役的胜利结束预示着这一时机开始出现了。

济南战役本来是想"攻济打援"，调动位于徐州附近的邱清泉、李弥、黄伯韬三个兵团北上援济，以便在运动中首先歼灭邱兵团，继而扩大战果，歼击其他兵团。可是，济南战役过程中，蒋介石的援军一直没敢来，70 万大军龟缩在徐州附近。下一步怎么打？

在济南战役以前，粟裕就已经确立了不回师中原而兵出徐蚌线以东的战略性意向。济南战役敌人援兵没有来，粟裕站在战略全局的高度，敏锐地意识到，我军与敌人进行决战的时机已到来。他在与华野前委分析战局时指出："我们攻济，敌人南线三个兵团在我前沿徘徊，不敢北上交手，说明敌是在不利条件下与我打大规模之战，也说明我对敌进行决战的有利条件已逐渐成熟。"（《论粟裕的军事理论与实践》，第 24 页）

据此，他在 9 月 24 日向中央军委及华东局、中原局的发电中提出如下建议："为了更好地改善中原战局，暴露津浦线，并迫使敌人退守（至少要加强）江边及津浦沿线，以减少其机动兵力，与便于我恢复江边工作，为将来渡江创造有利条件，以及便于尔后华野全军进入陇海路以南作战，能得到交通运输供应的方便，和争取华中人力、物力对战争的支持，建议即进行淮海战役。"

电报进一步提出："该战役可分为两阶段：第一阶段以苏北兵团（须加强一个纵队）攻占两淮，并乘胜收复宝应、高邮，而以全军主力位于宿迁至运河车站沿线两岸，以歼灭可能来援之敌。如敌不援或被阻，而改经浦口、长江，自扬州北援，则我于两淮作战结束前后，即进行战役第二步，以三个纵队攻占海州、连云港，结束淮海战役，尔后全军转入休整。"

1948 年 10 月下旬，淮海战役的各项准备基本就绪。10 月 23 日，粟裕与谭震林、陈士榘、张震一起，发出淮海战役预备命令，决定集中华野全军兵力，与中原野战军主力密切配合，首先歼灭黄百韬兵团，并求歼冯治安一部分或大部分，尔后视情况发展进击淮阴、淮安、高邮、宝应及新安镇、海州，或再歼由徐州东援之邱清泉兵团、李弥兵团一部分或大部分，乘胜扩张战果，西进津浦，南逼长江，打烂蒋介石的防御体系，迫使敌人完全转入防御。

预备命令发出以后，华野全军立即进入紧张的战前准备，粟裕和华野指挥机关整装待发。

当时军情紧急，刻不容缓。各种迹象表明，国民党军队有南撤企图，发起淮海战役刻不我待。军委于10月23日、24日两次来电，指令"粟谭速赴南线指挥"，要"粟谭专心指挥作战"。（《毛泽东军事文集》第五卷，军事科学出版社、中央文献出版社，1993年12月，第1版，第121页、第153页）

粟裕密切注视战场态势的变化，及时调整自己的作战部署。

10月28日，粟裕与饶漱石、谭震林联名向中央军委、刘伯承、陈毅、邓小平报告调整后的作战计划：采取声西击东的策略，"运（河）东作战以歼灭黄百韬兵团为主"，同时在运河以西"造成我南北聚歼李（弥）兵团、攻略徐州之态势"。战役发起时间，运河以西各部为11月7日晚，运河以东各部为11月8日晚。（《粟裕军事文集》，解放军出版社，1989年7月，第1版，第405—406页）

10月30日，中央军委复电指示："计划与部署甚好，望即照此执行。只有一点，分为虞齐两晚发起作战，是否有使黄兵团闻声警觉，于齐日白天你们尚未接近该敌时迅即收缩集结之虞，似不如同时于虞晚或齐晚各处一起动作，使各处之敌同时受攻，同时认为自己处于危险境地，互相不能照顾，要在两三天后才能查明我之主攻方向。"（《毛泽东军事文集》第五卷，军事科学出版社、中央文献出版社，1993年12月，第1版，第153页）

粟裕于10月31日发出给军委并陈毅、邓小平、华东局、中原局的电报，报告他已经到达前线，"淮海战役当遵命于十一月八日晚同时发起战斗"。（《粟裕军事文集》，解放军出版社，1999年7月，第1版，第416页）

此时，蒋介石集团也加紧策划"徐蚌会战"。11月3日，蒋介石派国防部第三厅副厅长许朗轩携带"徐蚌会战"计划到葫芦岛见杜聿明，督促杜聿明到徐州上任。11 月 4 日，又派他的参谋总长顾祝同到徐州，具体部署"徐蚌会战"。在顾祝同主持的军事会议上，黄百韬、邱清泉、李弥、孙元良、冯治安都说在自己防区当面发现解放军重兵集结。他们估计，解放军主力将由鲁西南南下，而不会由徐州以东发动攻势。最后，顾祝同拍板定案，放弃海州、连云港，固守徐州，集结兵力于津浦路徐蚌段，作攻势防御。

华野指挥机关很快就侦察得知蒋军动向，判断蒋军有"集中兵力固守徐州及徐海段、徐蚌段，以阻我南下攻势，掩护其加强江防及江南后方部署"。11 月 6 日又发现驻守海州的第 44 军有西撤新安镇并归黄兵团指挥的动向，在冯治安部的共产党员何基沣、张克侠在发动起义上"行动要求更趋积极"。形势的发展表明，淮海战役的发起时间宜早不宜迟。

粟裕当机立断，决定把淮海战役的发起时间提前两天，即由 11 月 8 日晚改为 11 月 6 日夜间发起攻击。当天戌时（19—21 时），就把作战部署上报中央军委和陈毅、邓小平并饶漱石、康生、张云逸、舒同、刘伯承、邓子恢、李达，同时下令部队执行。

作出这样一个决定，不仅需要智慧，而且需要胆略。粟裕心里明白，他刚刚受到毛泽东的严厉批评，这次机断专行虽然为争取战争胜利所必需，但也可能被视为无纪律行为而再次受到批评指责。可是，为了党和人民的利益，为了争取战争的胜利，他置个人得失于度外，毅然决定提前两天发起战役。

第二天，中央军委复电指示："完全同意鱼（6 日）戌电所述攻击部署，望你们坚决执行。非有特别重大变化，不要改变计划，愈坚决愈能胜利。在此方针下，由你们机断专行，不要事事请示，但将战况及意见每日或每两日或每三日报告一次。"（《毛泽东军事文集》第五卷，军事科学出版社，中央文献出版社，1993 年 12 月，第 1 版，第 177 页）

时间就是军队，时间就是胜利。后来的实践证明，粟裕争取到的两天时间，是多么宝贵的两天啊！

形势的发展表明，淮海战役的发起时间宜早不宜迟。这两天时间，打乱了敌人的作战部署，创造了分割包围黄百韬兵团的有利战机，夺取了战场主动权，打了敌人一个措手不及。华野主力部队迅速通过起义部队防区，切断了黄百韬兵团西撤徐州的通路。同时，以神速的动作完成了对黄百韬兵团的分割包围。

国民党统帅部和徐州"剿总"惊叹："未料共军行动这样迅速！"11 月 5 日顾祝同主持的徐州军事会议，决定撤出海州、连云港和徐海线驻军，向徐州集结兵力。同日，刘峙指令驻守海州的第 44 军西撤，同时电令黄百韬兵团掩护，待第 44 军到达新安镇以后再开始行动。为此，黄百韬在新安镇等了两天，到 7 日凌晨 3 时才开始西撤，白白送给华野两天时间。粟裕后来谈起提前发起战役的决策，特别强调"兵贵神速"对争取淮海战役第一阶段作战胜利的意义。他说："如果再晚四个小时，让黄百韬窜入徐州，那仗就不好打了。"

11 月 7 日，即淮海战役发起一天之后，粟裕一面紧张地组织指挥部队对黄百韬兵团及其援军实行分割包围，一面冷静地观察分析当前敌情和全国战局，预测敌人可能采取的对策，筹划下一步以及未来几步的作战方案。

此时辽沈战役已于 11 月 2 日胜利结束，战争双方力量对比发生了根本变化，解放军在全国范围内取得了优势。中央军委决定淮海战役由陈毅、邓小平统一指挥，使两大野战军在一个战场上协同作战得到了组织领导上的保证。当面敌情也发生了重要变化，海州、连云港蒋军已经撤退，原定打海州的计划不再需要执行；驻守台儿庄、贾汪地区的何基沣、张克侠即将率部起义，华野部队可以通过其防区迅速南下徐东，切断黄百韬兵团退路。

粟裕认为，这些情况表明，淮海战役发展为南线决战的条件已经成熟。

11 月 7 日早晨，粟裕率领华野指挥机关到达临沂，得知徐州蒋军有南撤企图。他和陈士榘、张震一起议论，认为不论战局如何发展，孤立徐州，截断徐州之敌陆上退路甚为必要。从 9 时到 13 时，他们先后发电报给陈毅、邓小平、谭震林、王建安和中央军委、华东局、中原局，报告徐州之敌有南撤企图，何基沣、张克侠有起义可能，判断淮海战役发起后"有提前夺取徐州或孤立徐州，使敌不能南撤可能"，"目前主要关键为能否全歼黄（百韬）

兵团,同时作下一步准备",建议中原野战军主力直出津浦路徐蚌段,谭震林、王建安所部依预定计划迅即出陇海线,截断徐州之敌退路,下一步或继续歼灭黄维兵团,或歼灭蚌埠之孙元良兵团。11月8日,中央军委复电指出:"估计及部署均很好。"(《粟裕军事文集》,解放军出版社,1989年7月,第1版,第417—419页)

11月7日晚上,华野指挥机关转移到临沂以西的码头。陈士榘随前指行动。粟裕与张震接着白天的话题彻夜长谈。粟裕兴奋地说:"现在东北全境已经解放,解放战争到了一个新的转折点。要从这个角度来考虑仗怎么打,怎样能更快地给蒋介石以决定性的打击。"(《一代名将》,上海人民出版社,1986年8月,第1版,第38页)他们分析全国战略态势,估计敌人可能采取的方针,权衡各种方案的利弊得失,认为必须当机立断,不失时机地使淮海战役发展为南线战略决战。

粟、张谈话结束,已是深夜。机不可失,时不再来。他们认为,必须把他们的判断和建议立即报告中央军委、陈(毅)邓(小平)和华东局、中原局。于是,粟裕冒着严寒,奋笔疾书,起草电报,字斟句酌,反复修改,完稿时已是旭日东升。他和张震郑重签名,注明发报时间:"齐辰。"按照传统的韵目代日、地支代时方法计算,齐辰即8日7时到9时。

这一建议,完全符合军委总的战略意图。毛泽东称赞说:"估计及部署均很好。"并指示:"应极力争取在徐州附近歼灭敌人主力,勿使南窜。华北、华东、中原三方面应用全力保证我军的供给。"

这个重大决策,是淮海战役作战方针的重大发展,它表明中央军委已下定决心,将徐州之敌就地歼灭,将淮海战役从最初设想攻两淮取得海州的"小淮海",发展为南线战略决战的"大淮海"。

在第二阶段作战中,徐州之敌的动向一直是粟裕最为关注的问题。他分析敌我态势,认为国民党军后方已无兵可调,放弃徐州的可能性较大。徐州之敌有固守和突围两种可能。如果敌人固守,以坚固设防的大城市为依托,将加大我军歼灭该敌的难度。相反,敌人突围对我并非不利,让他离开乌龟壳再消灭他是最好不过的。因此决定不把敌人堵死在徐州，而准备对付敌人突围。

11月28日，中央军委来电指出："黄维解决后，须估计到徐州之敌有向两淮或向武汉逃跑可能。"

接到中央军委来电，粟裕进一步分析敌我态势，认为敌人有不待黄维被消灭就放弃徐州的可能，并且判断徐敌逃跑的方向有三个：一是沿陇海路向东，经连云港南逃；二是直奔东南走两淮，经苏中转向京沪；三是沿津浦路西侧绕过山区南下，解黄维之围，集中兵力防守淮河。敌人走这一路，将要遇到我两大野战军的强力打击。但是敌人总是对自己估计过高，走这一路的可能性最大。如果敌人的阴谋得逞，战场形势将发生不利于我的重大变化，所以也是对我军威胁最大的一招。可是，军委发来的军情通报得悉敌人将从两淮方向撤退。

粟裕经过再三分析，认为敌人走两淮的可能性不大。因此，在兵力部署上，他将北线七个纵队部署在徐州以南津浦路东西两侧，重点对付徐州之敌向西南逃跑，但不将徐州围死，诱敌出徐州，离开坚固工事，以便在野战中歼灭之。同时防备其向两淮、连云港逃窜。

11月28日，蒋介石果然急令刘峙、杜聿明到南京密商，决定于11月30日撤出徐州，走粟裕判断的第三条道路，经永城到蒙城、阜阳地区，解黄维之围。11月30日晚上，徐州之敌刚刚撤出徐州，华野就从各种渠道侦察得知，敌人已经撤出徐州，向西南方向逃窜。粟裕立即作出追歼逃敌部署，除北线的七个纵队以外，另从南线抽调三个纵队，加上从山东调来的渤海纵队，共11个纵队，追击、截击、围歼逃敌。到12月4日，就将杜聿明率领的30万人马包围在河南省永城县陈官庄地区，并于12月6日全部歼灭企图突围的孙元良兵团。

随后，淮海战场态势发生重大变化：李延年、刘汝明两兵团被华野五个纵队阻止于蚌埠以南，杜聿明集团被华野11个纵队围困在陈官庄地区，黄维兵团处于孤立无援境地。粟裕得到情报：杜聿明向蒋介石建议，从山西、台湾、甘肃抽调几个军到蚌埠，与李延年、刘汝明合股北援；宋希濂兵团已由武汉向浦口开进；蒋介石派他的儿子蒋纬国率领战车部队到蚌埠参战。

粟裕分析战场态势，认为南线阻援兵力不足，万一出乱子，势将影响全歼黄维兵团的作战。他估计，华野对杜聿明集团作战还需十天到半月时间，可以再抽出部分兵力到歼黄战场，首先集中兵力歼灭黄维兵团。

经刘伯承、陈毅、邓小平电话同意，华野前委决定，由华野参谋长陈士榘率领第3纵队、鲁中南纵队和特种兵纵队一部，于当天晚上南下参战。这样，就使参加围歼黄维兵团的兵力达到12个纵队另两个旅，在数量上也占有优势。战至12月15日，历时23天的第二阶段作战胜利结束，全歼黄维兵团12万人（包括起义者在内），取得了淮海战役第二个伟大胜利。

上海战役中，根据中央军委和总前委指示，粟裕和张震于5月21日上报总攻上海的作战部署。第一阶段，全歼浦东地区之敌，控制黄浦江右岸阵地，封锁敌人的海上逃路。这一任务限于5月25日以前完成。第二阶段，夺取吴淞、宝山地区之外围碉堡，完成对苏州河北地区敌军之包围。内定于5月27日发起攻击。第三阶段，聚歼可能溃缩苏州河以北、吴淞、宝山以南黄浦江左岸，以江湾为中心之敌，达成全部攻略淞沪全区之目的。

这一方案得到中央军委批准。

5月22日，粟裕接到敌情侦察报告：汤恩伯率领一部兵力逃到吴淞口外的军舰上，苏州河以北之敌正向吴淞收缩，苏州河以南只剩下五个交警总队。他判断，敌人将从上海撤退。于是决定次日晚上提前发起总攻，第一阶段与第二阶段计划同时进行。他再次提醒攻城部队：为了不打烂城市，进入市区作战时，尽可能不使用重炮轰击。

部队指挥员说："野司的这个抉择，是非常及时、十分高明的，过早或过迟都不行。早了，攻击就可能遇到挫折；迟了，城市可能遭敌破坏。因此，攻击的时机，只能选在敌人准备撤退，而又在搞破坏之前。抓准了时机，就是胜利。"

5月23日夜，第三野战军各部从四面八方向上海守敌发起总攻。

此后，粟裕用一个多星期时间，进一步总结金门、登步两战经验教训，分析敌我态势，研究新的战法，11 月 22 日，将他的看法和建议上报毛泽东主席和中央军委。

粟裕认为，蒋介石集团"主力虽将在大陆上最后被歼灭，但似不致轻易放弃沿海诸岛。尤其在金门、登步两战之后，更鼓励了匪军固守的企图，甚至于有继续将台湾兵力增强舟山、金门诸岛之企图。这样，虽然增加了我们攻占舟山、金门诸岛的困难，但如能在这些岛上尽歼匪军，则对将来攻台行动在政治及军事方面均属有利，可以促成台匪之更加动摇与兵力的薄弱。因此，我们提出尽歼沿海诸岛的匪军，以造成攻台的更有利条件"。

粟裕分析敌我双方情况，认为当时尚不具备解放舟山群岛的必要条件。他说："由于匪军海空军尚占优势，且能直接配合其作战，加以敌匪防线缩短，凭岛屿固守，故适当地增强了他的守备能力。而我们高级干部除犯了轻敌骄傲与急躁的毛病外，还不懂得怎样对有海陆空直接配合而凭岛固守的敌人作战，更不懂得计算海上之潮汐、风雨、气候以及暗礁、沙滩、陷泥、悬崖、峭壁和淡水、咸水等有利条件之选择与配合，仍凭一股大陆作战之勇气，致使自己无用武之地，而陷被动；对敌匪海空军之优势亦欠给以适当力量之压制，因此使我方所准备之船只在敌空军和海军有效的攻击下遭受损失。由于我们没有海空军，尤其是空军的配合，目前渡海作战确有困难。"

根据上述分析判断，粟裕建议："将对定海作战之时间推迟至明年（1950年）1 月或 2 月，以便充分准备足够之船只"，并集中海军的 17 艘至 20 艘舰艇、空军的数十架飞机和 5 个高射炮团参加舟山作战，"使攻台部队得到一次最实际的演习"。粟裕还提出，他将于 12 月初到江浙前线召开一次参战部队高级干部会议，解决对海陆空军直接配合下守备岛屿之敌作战的战术思想等问题。

毛泽东于 12 月 5 日电复粟裕，同意将攻击舟山的时间推迟到 1950 年 1 月或 2 月，并要他在开完高干会议后到北京面商攻击舟山群岛的时间和战法。后来，中央军委又决定将解放舟山的时间推迟到 1950 年春夏，从新建的海军、空军中抽调部分部队配合陆军作战。

根据中央军委的决定，粟裕立即组织进行陆海空协同渡海作战的各项准备。除了第 7 兵团的三个军以外，又增加用于攻台作战的第 9 兵团三个军，陆军总兵力达到两个兵团六个军约 20 万人。海军有华东海军第四舰队的登陆舰 19 艘。空军有华东空军第四混成旅的战斗机、轰炸机 50 多架。在华东党政机关的大力支持下，征集到木船 2000 余艘，并将其中一部分改装成机帆船，可以有把握地一次运载 10 万人渡海作战。解放舟山之战，已是胜券在握。

果如粟裕所料，蒋介石在金门、登步两战之后错误地估计形势，梦想把舟山经营为日后卷土重来的前进基地，把战斗力最强的第 52 军从台湾调到舟山，又从金门调来第 19 军。到 1949 年年底，舟山守军增加到 5 个军 16 个师，连同海军、空军和特种兵部队，总兵力达到 12 万人。

1950 年 5 月 1 日，第四野战军部队在南海渡海作战胜利，全部解放海南岛。海南岛的解放，舟山群岛对面解放军声势浩大的战前准备，迫使蒋介石重新考虑舟山群岛的命运。蒋介石部署在舟山的军队有 12 万人，相当于他残余陆军兵力的三分之一，一旦被歼灭，守备台湾就成了问题。为了集中力量固守台湾，蒋介石不得不作出痛苦但也不失为明智的抉择：从舟山撤军。

第三野战军不战而胜，于 5 月 19 日解放舟山全岛。正如兵法所说："百战百胜，非善之善者也；不战而屈人之兵，善之善者也。"

第三章
游击战里谋胜敌

在中国共产党领导的长达22年的中国革命战争中，在人民军队的战略战术思想中，游击战的战略战术，占有特殊而又重要的地位。

一代名将粟裕，领导和指挥游击战争的时间，长达18年之久。而且是长期与党中央失去联系的情况下在一个独立的战略方向上，领导游击战争。特别是在土地革命战争和抗日战争时期，曾独立坚持或组织实施了十余年的游击战争，经历了正规战向游击战、游击战向正规战的重大军事战略转变，创造了粟裕游击战兵法，是人民军队游击战争理论的一个具有独创性的组成部分。

一、游击战争具有重要的战略意义

在湘粤赣三省艰苦转战和井冈山斗争时期，粟裕跟随毛泽东、朱德"上山打游击"，学习"分兵以发动群众，集中以打击敌人"的作战方法，学习"十六字诀"的游击战争的作战原则，学习打游击性的运动战，积累了丰富的游击作战的经验。

抗战伊始，粟裕就以深远的战略眼光，把游击战提高到战略地位，在我军高级指挥员中是少数人之一，充分显示了他的远见卓识。他率领新四军第1师建立了苏中抗日根据地，创造了浙南三年游击战争的经验，认为游击战争是制胜日本侵略军的法宝。

1938年1月，粟裕在浙闽边抗日救亡干部学校讲授游击战术时，第一个大问题讲的就是"游击战的战略意义"。他指出：抗战以来的事实证明，抵抗日本帝国主义的侵略，只有正规军在正面进行的正规战争是很不够的，必须同时在敌人的后方开展游击战争，才能实现全民族的抗战，才能最后把侵略者赶出去。（《粟裕文选》第一卷，第11页，军事科学出版社2004年版）

粟裕认为，抗日游击战争的重要意义在于：可以有效地配合正面战线的作战；可以更好避敌之长，攻敌之短，以最小的牺牲换取最大的胜利；可以担负武装宣传队的任务，宣传党的抗战主张，动员和团聚广大群众为国家效劳，充分发挥民众的力量；可以光复国土，建立抗日根据地，不断发展壮大自己，积累力量。

他指出："游击战争绝不是一个单纯的军事问题，一个单纯的军事行动，而是一个政治问题。"这就精辟地阐明了游击战在强敌侵略的情况下所处的战略地位。

粟裕精辟地指出：游击战的出击方向和目标问题，是关系到战争成败的大问题。他在选定游击作战的进军方向和目标时，总是站在全区乃至全国战略全局的高度，从战争全局需要和长远利益出发加以确定。

游击战属于一种非正规战的作战形式，它具有特殊的地位。粟裕指出，游击战有这样一些特点：一是一般用袭击的形式表现其进攻，其出敌不意和灵活机动的程度比正规战要大。二是对速决性要求很高，最忌旷日持久的作战。三是战斗的规模比较小，因此包围敌人的外线圈很小。四是基本方针是进攻，力戒消极防御和临战分散兵力。五是相对于其他作战形式来说，在战争全局中的地位是辅助的，但也可以成为转换全局的重要关节。

粟裕真正形成自己独具特色的游击战思想，是在艰苦的三年游击战争时期。

1935 年初，红军北上抗日先遣队失败后，粟裕奉命和刘英一起率领挺进师开展游击战争，创建苏维埃根据地，以积极的作战行动，配合主力红军的行动。他受命后，对于挺进师进军的方向和建立游击根据地的第一个目标问题，进行了认真的研究。

粟裕分析认为，浙江是国民党统治的腹心地区，蒋介石的老巢，反动势力强大，大部分地区的中共党组织遭破坏，没有红色根据地或游击区作依托，从局部利益看，在浙江建立根据地十分困难。但是，从战争全局看，当时中央红军主力正在长征中遭国民党反动派数十万军队的围追堵截，处境非常困难。如能在浙江蒋介石的老巢开展游击战争，创建革命根据地，就好比是在国民党反动派的心腹上插上一把尖刀，直接威胁国民党政权的战略后方，牵制大量敌军，减少其对我红军主力的军事压力，从战略上配合红军主力长征。

于是，粟裕和刘英毅然决定把浙江作为进军方向，把地形、人民、条件比较好和交通比较发达的浙西南地区，作为建立第一个根据地的目标。他不顾个人安危，率领挺进师向浙西南进军，并且在浙南地区坚持长达三年游击战争，牵制了大量敌军，在一定程度上策应了党中央和中央红军主力长征的战略行动，配合和掩护了邻近兄弟游击区的斗争，使浙南成为中国革命战争在南方的一个重要战略支撑点，在以后的抗日战争和解放战争中，也发挥了重要作用。

抗日战争时期，粟裕率部在斗争极端尖锐复杂的苏中地区建立抗日根据地。他在认真分析了苏中敌我友三方的实际情况后得出结论：日军战斗力虽强，又侵占了苏中主要城镇，但战争的非正义性和反人民性，决定其尽管猖獗一时，但最终必然失败；国民党蒋介石的军队，虽然人数众多，但消极抗战积极反共，不得人心，决定了它在抗日战争中难有作为；我军尽管弱小，但战争的人民性和群众性，加之党的正确领导，只要采取正确的战略战术，就能争取主动，赢得抗战的最后胜利。

抗日战争中，粟裕长期独立地领导苏中解放区的抗日斗争。他认真领会中央的战略意图，深入研究苏中地区各方面的情况，确定自己的指导思想。

他认为：苏中有人口900余万，物产丰富，财源充足，临近南京、上海，扼制着长江下游的航运通道，是华中抗日根据地南部的一个前哨阵地，又是向苏浙皖边、闽浙赣边以及反攻阶段收复南京、上海的一个重要基地和出发地，战略地位十分重要。应把苏中建成基本根据地（不是游击根据地和游击区），并为下一阶段夺取整个民主革命的胜利作好必要的准备。

在这一指导思想下，不论在任何艰难、复杂的情况下，他总是坚持党的政策，依靠和发动人民群众，坚持原地武装斗争，要求县区地方武装，"县不离县，区不离区"，主力则转至"清剿"和"清乡"圈外歼灭敌人，先后粉碎了日寇的"扫荡""清剿"和"清乡"。

国民党第三战区部队对粟裕高超的游击战组织指挥艺术非常敬佩，专门派人来请粟裕去传授游击战的经验。粟裕连续给他们讲了几个小时，有理论有战例，生动活泼，通俗深刻。许多国军将领深感获益匪浅。一名川军师长感慨地说："粟司令，从前我对你们共产党的军队是有点瞧不起的。可是今天听了你的报告，我才知道你们的水平太高了。共产党里有你这样的人，难怪立于不败之地！以后还请多多关照。"

解放战争期间，我军以运动战、歼灭战为主，但粟裕在指挥每次战役中，都对地方武装和民兵在战前进行伪装，战中、战后配合主力兵团作战，撤出战场和敌后游击战争，作出详尽安排，充分表现出他在指挥大兵团作战中，也十分重视游击战争的地位和作用。

新中国成立后，粟裕针对现代军事科学技术的发展，敌我武器装备差距大的实际，在多次谈话和报告中都强调：游击战争在未来反侵略战争中仍然占有很重要的战略地位。他指出：游击战对于离开后方供应就不能持久作战的装备现代化的敌军来说，其威胁性特别大。未来反侵略战争，我们将在更大的规模和更高的水平上展开游击战，这是毫无疑义的。它同我军在正面战场的作战，不仅在战略上，而且将在战役、战斗上有机地结合起来，发挥其直接配合的作用。

1979 年 1 月，粟裕在《对未来反侵略战争初期作战方法几个问题的探讨》的学术报告指出，现代条件下的战争，是立体战争。由于敌人拥有杀伤力、破坏力空前增大的武器和远战技术兵器，可以对我们的前方和后方同时造成严重破坏，并且有可能使我军在消灭敌人之前遭受重大杀伤，或者使我军在歼灭敌人之后又遭到报复性的重大杀伤。战争初期，我军主要作战形式将是依托阵地的作战和不远离阵地的作战，配合以广泛的敌后游击战争和带游击性的小规模运动战。

同时，粟裕对现代条件下游击战指挥提出了自己的独特见解。

在游击战作战样式上，要力争在敌人后方多打带游击式的运动战，逼迫敌人抽调部队维持它的交通线，以削弱敌人对正面的进攻力量。在边境地区，还可视情况，以精干的小部队对敌国境内的近距离目标实施奔袭，出出进进，速打速收。

在游击战力量编成上，除地方武装和民兵以外，有些坚守要点的部队在完成坚守任务，或者确实难以继续坚守时，可以有组织、有计划地转入敌后作战。应该从正规军里面抽派一些师，抽派一些团，到敌后去打游击式的运动战。

在游击战歼灭规模上，口不要张得太大，在一次战斗中，一个团以消灭敌人一个连到两个连为宜。

在游击战任务上，战争初期其主要任务就是要破坏敌人的运输补给线，特别是它的油料供应系统。此外，还有敌人的供应基地、前线机场、导弹阵地、通信系统和指挥机关。

二、正规战向游击战的战略转变

中国革命战争的一个重大课题，是如何根据形势的变化实行战略转变。在我军历史上，每一个斗争区域的战争指导者，都曾数次面临这种战略转变，能否正确地把握战略转变的时机和方式，是根据地发展乃至革命战争胜利的关键。

红军北上抗日先遣队在怀玉山失败，给粟裕留下了刻骨铭心的记忆，教训极其惨痛。它从反面证明了，当我军处于弱小发展时期，只有及时实行由正规战向游击战、由正规军向游击队的军事战略转变，才能求得生存和发展。

在坚持浙南三年游击战争时期，粟裕根据形势的变化，审时度势，适时地进行了两次战略转变。

第一次是由正规军向游击队、正规战向游击战的转变。红军北上抗日先遣队失败后，粟裕及时地总结教训，认为抗日先遣队之所以遭受挫折和失败，主要原因是部队孤军深入白区后，远离后方，面对优势敌军的堵截，战场形势发生了根本的变化，战争规律发展了，未能及时实行由正规战向游击战、正规军向游击队的战略转变。在当时"左"倾冒险主义的指导下，只有数千人的抗日先遣队没有实行这种战略转变，反而在进入闽浙皖赣诸省国民党后方后，把本来长于打游击的红 10 军和地方武装组织起来，企图打更大规模的正规战。这一战略性的错误，招致抗日先遣队 1935 年在怀玉山惨败。

面对抗日先遣队失败的切肤之痛，粟裕及时总结了教训，在率领挺进师进入浙江境内后，首先就是彻底实行正规战向游击战的战略转变。认为能否实现正规战向游击战、正规军向游击队的转变，是挺进师在浙江能否站稳脚跟的关键。

他着眼于总结浙南游击战的规律，从当时的实际情况出发，敌人"围剿"时，红军游击队采取敌进我进的作战方针，你打你的，我打我的，以一部兵力就地坚持斗争，主力部队迅速跳出敌人的包围圈，以积极的作战行动吸引敌人，调动敌人，并开辟和建立新的游击根据地。他把部队改变为游击队，只打游击战，不打正规战，要求部队学会两套本领：打游击和做群众工作；逐步培养各级干部带领小分队打分散游击和做群众工作的能力，最终顺利实现了由正规军向游击队、正规战向游击战的转变，从而在国民党军队的大规模军事进攻中顽强地坚持了下来。

第二次是由国内革命战争向抗日民族战争的转变。在失去与党中央、省委联系的情况下，粟裕通过广泛收集情报，了解和研究国内外形势的变化，及时调整各种政策和对敌斗争策略。

1937 年 9 月，粟裕得到国共可能再次合作的消息后，便派人去调查并得到证实，主动与国民党遂昌县当局进行和平谈判，达成了团结抗日的协议。不久，粟裕率红军游击队从遂昌门阵开赴平阳，与刘英等人胜利会合。1938年 3 月，粟裕率领由原红军挺进师部队改编的新四军从平阳奔赴皖南，投入伟大的抗日战争。

粟裕认为，为了较顺利地实现正规战向游击战、正规军向游击队的转变，必须打一两个好仗。这个思想，对于在新地区开辟游击战局面，是十分必要的。

1941 年 3 月，粟裕奉命率领新四军第 1 师，在斗争极端尖锐复杂的苏中地区建立抗日根据地。

当时，苏中战略地位非常重要，是日本侵略军、国民党军和我军三方必争之地，阶级矛盾和民族矛盾交织在一起，斗争极端尖锐复杂。

黄桥决战后我军力量已上升到第二位，敌我矛盾已成为主要矛盾，但我军在苏中地位还未巩固，日军大量增兵苏中，先后侵占了苏中的主要城镇，企图乘我立足未稳之时一举消灭我军；国民党顽固派的军队，虽然人数众多，但消极抗战积极反共，在日寇的诱降和国民党"曲线救国"卖国政策鼓动下，纷纷投敌，伪军由原来的两个师增加到两个集团军 13 个师 3 个旅和 11 股游击部队共 3.7 万余人，敌我力量悬殊。我军尽管弱小，但战争的人民性和群众性，加之党的正确领导，只要采取正确的战略战术，就能争取主动，赢得抗战的最后胜利。苏中根据地的这些特点，决定了苏中的抗日游击战有着不同于浙南根据地的规律。

粟裕基于对形势的客观分析，按照党中央、毛泽东开展"独立自主的游击战"的战略方针，着眼于苏中游击战的特点和规律，决定采取不同于以往的作战方式，提出由正规战转变为游击战的问题，不失时机地将工作重心由城镇转向农村，作战对象由顽军转向日伪军，作战形式由运动战转向游击战，并以游击战为中心，实行组织形式、领导方法、工作作风等各方面战略性转变。他明确提出：坚持武装斗争，坚持原地斗争的方针，确定以武装斗争为主，进一步处理好武装斗争、公开斗争、合法斗争与其他方式斗争的关系。作战指导上，以武装斗争为主，充分发挥主力部队的骨干作用，当敌"清乡""扫荡"时，明确规定主力部队跳出敌人包围圈，由外向里打，攻克据点，掩护和配合群众斗争；地方武装和民兵则坚持原地斗争，开展群众性的游击战，并充分发挥武工队对敌伪进行重点打击的作用，在战术上也进行了很大的改进，从而，形成了不同层次、不同形式波澜壮阔的游击战争，取得了苏中游击战争的伟大胜利。

党中央为迎接战略反攻形势的到来，作出我军向东南敌后发展的战略决策，粟裕对发展东南怀有特殊的革命责任感，主动请缨，率苏中主力部队渡江南进，向苏浙敌后发展，在浙西天目山粉碎了国民党顽固派军队规模一次比一次大的三次进攻，使苏浙军区主力提前实现了由游击战向运动战的战略转变。

三、创建游击战的战略支撑点

粟裕历来十分重视革命根据地建设，把根据地看作是进行革命战争的战略支撑点，是人民军队的"家"。他在井冈山跟随毛泽东、朱德转战时，就懂得了打仗是为了建设根据地，建设根据地又是为了打更大的胜仗创造条件。在组织指挥游击战争的年代，他带领部队无论走到哪里，都把创建革命根据地作为部队的一项重要战略任务。

在艰苦的斗争实践中，粟裕更加深刻地理解了毛泽东关于建设根据地的思想。毛泽东常说，人不能老走着，老站着，也得有坐下来的时候，坐下来就靠屁股，根据地就是人的屁股。毛泽东运用"分兵以发动群众，集中以打击敌人"的领导方法，把武装斗争与根据地建设有机地结合起来，粟裕对此感触很深。他真正领悟到打仗是为了建设根据地，建设根据地又是为了打更大的胜仗创造条件。

浙南游击战争期间，有一次，粟裕与当时闽东特委主要负责人叶飞交谈。

粟裕说："我在游击战争中最苦恼的一个问题，就是丢不掉'尾巴'（跟踪的敌人）。闽东的队伍是怎么摆脱跟踪的敌人，丢掉'尾巴'的呢？"

叶飞回答说："有什么经验谈不上，闽东部队（即闽东独立师）是土生土长的游击队，没有本事不要根据地或者远离根据地到白区横冲直撞，部队要到白区开展游击战争，一般的做法是先派人去做工作，掌握情况，了解道路，然后部队才出动。这就叫做'群众工作在先，部队在后'。而且，部队到白区活动是以根据地为依托的，当时闽东地区有四块根据地，部队活动的规律是不走回头路，即从这块根据地出去活动，回到另一块根据地隐蔽休息。"

粟裕听了后说："哦，这就叫做'狡兔三窟'！'窟'，就是根据地。"

他还说："我们在浙西南就是吃了没有根据地的苦头，所以甩不掉'尾巴'，部队得不到休息，伤病员也没法安置！"

在这里，粟裕从自己的亲身体验中，深刻总结了开展游击战争要有根据地的思想。

粟裕后来总结红军北上抗日先遣队失败的教训，认为最重要的一点，就是没有根据地和游击区作依托。他通过这一血与火的洗礼，进一步认识到建立革命根据地的极端重要性，牢固树立了建立根据地的思想。他在晚年曾感慨地回忆说："当时没有根据地或游击区作依托，有时即使有了战机，大的一些仗也不敢打。到处是反动统治势力，没有群众基础，一些仗打下来，伤员无法安置。"

正是在这个意义上，粟裕把根据地看作是进行革命战争的"战略支撑点"，是人民军队的"家"。他带领部队，无论走到哪里，都把创建根据地作为红军的一项战略任务。他要求部队把武装斗争同根据地建设有机地结合起来，每个干部、战士都既要学会打游击，又要学会做群众工作。

他率领红军北上抗日先遣队保留下来的部队，先后在浙南建立了浙西南、浙东、浙南等根据地，坚持了三年游击战争，保存了红军在浙江的火种，在离国民党统治中心不远的地区，为中国革命建立了一个战略支撑点，"这个战略支撑点，在以后的抗日战争和解放战争中都发挥了重要的作用"。（《粟裕回忆录》）

皖南的军部，由于国民党的封锁和项英的错误指挥，直到"皖南事变"，都没有什么较大的发展和战功。相反陈毅粟裕等派遣到苏南苏北的支队，却如鱼得水，从弱至强，在日寇的心脏地区开辟了广大的根据地。

当时，粟裕曾考虑到这样一个问题：为了长期坚持敌后，形成比较巩固的游击区，并为主力部队提供更多的"落脚点"和"跳板"，不仅要有相对稳定的较大块的游击根据地，而且在较大块的游击根据地的周围，还必须建立一些小块的游击根据地和游击基点。这些小块的游击根据地和游击基点，有公开的，有秘密的。在你来我往，敌人比较强大的地区，还应有"白皮红心"式的两面政权，使整个游击区形成几种类型的结合。"突击队"的主要工作在中心区，他把建立游击基点作为"牵制队"的主要任务之一，一面打仗，一面建设。

粟裕创建革命根据地，从不照搬固定不变的模式，而是因时因地因敌制宜，具体情况具体分析，灵活创造出多种类型、多种形式的根据地。

1935 年初，挺进师入浙后，经过调查研究，粟裕选择了龙（泉）浦（城）江（山）遂（昌）和龙（泉）云（和）松（阳）遂（昌）东西两片地区作为建立第一块游击根据地的基本区域。

粟裕把部队分散到各地，首先将国民党的区、乡武装消灭，对被抓的乡、保长和土豪劣绅按情况区别对待。对罪恶多、民愤大的召开群众大会公审，坚决镇压，没收其财产，分给贫苦群众。这样，就给了阶级敌人以沉重打击，使被压迫、被剥削的广大群众投入到轰轰烈烈的革命中。反动派区、乡政权瓦解了，农民、青年、妇女赤卫队等各种革命组织建立起来，一个崭新的红色游击根据地的雏形在浙西南地区出现了。

这是浙西南人民规模空前的革命壮举，也是全国革命低潮中一个局部的高潮。

第一次反"围剿"中，浙西南游击根据地遭到严重摧残。粟裕后来在带领"牵制队"（即游击队的主力部队）单独活动的过程中，便产生了这样的思想：为了长期坚持敌后，应形成比较巩固的游击区，并为主力部队提供更多的"落脚点"和"跳板"。不仅要有相对稳定的较大块的游击根据地，而且在较大块的游击根据地周围，还必须建立一些小块的游击根据地和若干的游击基点。每个小块游击根据地由若干个游击基点组成，每个游击基点由几个或十几个村庄组成。这些小块的游击根据地或游击基点，开始是临时性的，经过斗争考验不断加强和发展巩固，而且形式多种多样，有公开的，也有秘密的。在敌人势力比较强大、敌我争夺频繁的边缘地区，还有"白皮红心"式的两面政权。

"白皮红心"的两面政权有两种：一种是争取原来的保、甲长为游击队做事；一种是把秘密共产党员派进去作保、甲长。敌人来了，他们赔着笑脸接待，虚与委蛇应付，成了红军游击队的保护伞和挡箭牌；敌人走了，他们又明里暗里按照红军游击队的主张办事。

于是，粟裕决定把建立游击基点作为"牵制队"的重要任务之一，一面打仗，一面建设。在重要地区，选择条件比较好的村庄开展工作，几个或十几个有工作基础的村庄连成一片，就成了一个游击基点。离开两三里又建立一个游击基点，逐步向外发展，使基点越来越密集，联系起来，便成了一个小块游击根据地。在小块的游击根据地里，政权虽是游击队掌握的，但形式是秘密的。时间长了，也就成为公开的秘密。

小块游击根据地的政权完全为红军游击队掌握，当地群众心中都明白这个秘密。

1935 年 5 月至 9 月，粟裕率游击队进入浙赣线中段以南的宣（平）遂（昌）

汤（溪）地区，打土豪，发动群众，开展工作，并建立了党的支部和遂汤区委。国民党罗卓英部前来"围剿"时，游击队主力向浙南转移了。到1936年秋冬，粟裕已经有建立小块游击根据地的想法，派人按新的精神恢复工作，并成立了党的宣遂汤工委，统一领导这一小块游击根据地建设。

由于执行了新的政策，小块游击根据地经济上有了一定的发展，中心点门阵被群众称为"小上海"，商业繁荣，平原上的客商带来大批布匹、医药等货物，交换山区的特产，使金华也实际上成了游击队的"军需补给基地"。

这一带的不少保长、甲长，是替游击队办事的，区长、乡长往往也都保持中立。这样，游击队就有了一个小小的但又确实比较稳定的后方。

由于有这些公开、半公开、秘密的游击基点为依托，游击队打完仗后一个晚上急行军便可转到游击基点。这里有可靠的群众，消息传不出去。游击队住下来休整三五天，侦察好敌情，计划好行动部署，再跳出去打击敌人开展工作。这样，既便于出击作战，又可隐蔽休息于游击根据地和游击基点，游击队如鱼得水，来去自由多了。

粟裕率领的"牵制队"于1936年2月初从鼎平地区出发，经瑞安、青田、丽水、缙云、永康，一直打到仙居、天台、新昌、东阳、武义、金华、龙游、衢州、江山……历时4个月，跨越20余县，走了近4000里路，打了80余仗。这期间，开辟了好几处小块的游击根据地，建立了不少游击基点和许多"白皮红心"的两面政权。因为国民党和群众对立，不是那么了解情况，"白皮红心"可以存在下去。

共产党、红军有群众的支持，谁好谁坏，心中十分清楚。对那些经常作恶的保甲长，毫不留情地及时惩办他几个。这样，大批的保甲长就保持中立，真正坏的就孤立起来了。在此基础上，对本质比较好的，做争取工作，甚至对表现特别好的，发展他做共产党员。惩办了几个保甲长以后，哪里缺额了，就通过关系，把刚发展的秘密共产党员打进去，当上保甲长。这样，他们表面上是国民党的保甲长，对国民党县、区、乡交代下来的工作，也敷衍地做，但他们的真心都向着共产党、红军，有时他们还把国民党政府和军队内部的情况探听出来，悄悄告诉共产党干部和红军首长，起到了一般人起不到的作用，这样使国民党军队吃了大亏，使红军打了许多胜仗。

由于红军有了若干公开的、半公开的、秘密的游击基点作依托，部队打了仗，疲劳了，一个晚上的急行军，就转到了游击基点。这里的群众是红军的基础，封锁了消息，可以安安稳稳住下来，休息几天，侦察好敌情，计划好部署，再出去打击敌人，开展工作。这样如鱼得水，挺进师的活动比以前自如多了。

在创建苏中革命根据地时，粟裕又从当时当地的实际情况出发，将根据地由西向东、由北向南划分为四个分区，其中以第二分区为基本区，使苏中抗日根据地形成有纵深、有层次的战略布局。粟裕这种因地制宜创建不同类型根据地的做法，在我军历史上是独具特色的。

粟裕明确提出：只有保持一定范围的、相对稳定的基本区，才能保证在任何严重形势下，对全区实施不断的指挥，才能有较巩固的后方，以支持长期战争和积蓄力量；才能相对地集结和训练主力兵团，形成拳头，以保持主动权。

政策和策略是党和红军根据地建设的生命，粟裕领导创建革命根据地，非常注意灵活运用党的政策和策略。

浙西南游击根据地起初进展比较顺利，后来在几十倍之敌的进攻下遭到血洗，刚刚取得的革命成果，受到了严重摧残。因此，粟裕提出，在民族矛盾日益加深的形势下，应从实际情况出发，适当地转变策略，调整政策，团结中间阶层，对上层分子根据其不同表现区别对待，以孤立敌人，并注意公开工作和秘密工作的结合，以增强对敌斗争的力量。

粟裕在领导苏中抗日根据地建设过程中，充分发挥群众开展游击战争，建立革命政权，以"把苏中建成基本根据地（不是游击根据地或游击区）"为目标，使苏中抗日根据地成为当时华东最重要的战略基地之一。

粟裕认为，为建立自己的战略支撑点，就必须破坏敌人的据点。

1944 年 5 月，苏中主力部队以奔袭行动突入"清乡"区的封锁线，与在那里坚持的地方武装和民兵配合，两次攻克"清乡"区内伪军据点童家甸。坚持在启东、海门地区的地方武装攻克了伪军据点竖河镇。各县警卫团、区队、民兵攻克日伪据点 28 处，歼灭日、伪军近千人。攻克这些据点既削弱了敌人的有生力量，同时也进一步摸清了日伪军在"清乡"区内据点守备的实际战斗能力。

粟裕任书记的中共苏中区党委根据形势发展，指出反据点斗争是一切工作的中心环节，要用一切办法来达到反据点斗争的胜利，使敌人被逼放弃小据点，集中到大据点，并使大据点一个个处于孤立局面。

于是苏中全区展开了对日、伪的南坎攻势作战。在攻克南坎据点胜利的鼓舞下，在"清乡"区坚持的地方兵团、区队和广大民兵，掀起了波澜壮阔的夏、秋季攻势，高潮一直持续到 10 月间。据不完全统计，夏、秋季攻势仅地方兵团作战达 192 次，区队和民兵作战 131 次，共攻克据点 25 处，逼使日、伪军撤走据点 44 处。

在强敌进攻面前，为了保存红军游击队，粟裕提出：必须把隐蔽精干、保存力量同机动灵活、积极作战的方针统一起来。运用分散、机动、灵活多变的游击战术，挫败敌大规模的"围剿"，使几块游击根据地坚持了下来。粟裕在总结这段历史时说，浙南这个战略支撑点是在三年游击战争期间建立起来的。这个战略支点，在以后的抗日战争和解放战争中都发挥了重要的作用。

四、分散兵力，隐蔽精干

正规战转变为游击战的一个重要内容，就是正确处理分散与集中的关系。毛泽东有一句名言，叫做"分兵以发动群众，集中以打击敌人"，游击战争本来是分散的，所以成其为普遍的游击战，它的许多的完成，都以分散兵力为原则。然而，当一个游击部队执行消灭敌人的任务时，尤其是为着打破敌人的进攻时，就须集中其主要的兵力。

粟裕根据浙南游击战的客观实际，以保存革命力量为出发点，正确地解决了兵力集中和分散的关系，丰富了"分兵以发动群众，集中以应付敌人"的游击战战术原则。

和井冈山和中央苏区根据地时期相比，粟裕领导的浙南游击战争有其特殊性，红军极其弱小，起初只有 500 余人，最壮大时候也只有 1600 余人；敌人投入绝对优势兵力，还运用了长期"围剿"苏区的经验，在敌重兵集团的重重包围之中，根据地难以巩固和扩大，红军不得不经常跳到白区以躲避敌军的"围剿"。因此，浙南游击战面临的首要问题，就是保存自己，在强敌面前学会分散打游击。在粟裕看来，能不能分散兵力，会不会分散打游击，这是一个战略问题，关系到挺进师的生死存亡。

1935 年 8 月，浙西南游击根据地的第一次反"围剿"，粟裕初步采取分散兵力的做法，以一部就地坚持，主力跳出敌人包围圈，以积极的作战行动吸引敌人，调动敌人，并开辟和建立了新的游击根据地，使敌军在广阔的空间内以数万大军"追剿"分散活动的红军游击队，找不到，打不上，好像用拳头打跳蚤。他后来回忆说：当时将两个纵队留在浙西南是留得多了，主力部队还可以少留一些；留下的部队应该化整为零，采取武工队和秘密工作相结合的活动方针坚持斗争。

浙南游击区在第二次反"围剿"时，粟裕更加自觉地采取分散以保存自己的战术。面对国民党军 42 个团的优势兵力"拉网式"的"围剿"，粟裕认识到，在强敌进攻面前，为了保存红军游击队，应坚持武装斗争的旗帜，坚持战略支撑点。为此，他确定了"把隐蔽精干、保存力量同机动灵活、积极作战的方针统一起来"的指导思想，使游击队的作战单位逐渐分散，由开始百把人集中行动，逐渐分散到几十人、十几人，甚至几个人，组自为战，人自为战，有分有合，以灵活机动的战略战术打破敌人"围剿"。粟裕的游击队指挥机关，就是一个班，有参谋，有警卫员、卫生员、绘图员、司号员、炊事员、理发员等，他们既是专业人员，又是战斗人员，非常精干、管用。

国民党军不仅人多，往来"追剿"一刻不停，而且也摸索到了一些有效的"围剿"办法。挺进师游击队时不时地在路上和敌人遭遇，不知经历过多少次惊险。有一次，粟裕率领的一支游击队，被敌人压缩、包围在龙泉河和松阳溪之间一片二三十里长的三角地带。粟裕带着大家一忽儿向南，一忽儿向北，又兜圈子，又杀回马枪，一天一夜急行军 90 公里，连打 7 仗，才冲出包围圈。

还有一次，游击队被敌人逼到了浙南的飞云江，冒险在下游渡江。熟悉水性的粟裕刚下水，就被漩涡卷了进去。粟裕奋力搏斗，转了三四个圈子，还是划不出来，眼看就要被漩涡卷到中心往下沉，后面的同志急中生智伸过来一把雨伞，粟裕迅速攥住伞柄，趁势脱离漩涡。为了摆脱敌人追堵，有次游击队连续三天三夜没有歇一会脚，最后到达金华附近的秘密游击基点，一个个倒头便睡，粟裕一觉竟睡了近 40 个小时。

在苏中抗日游击战争中，粟裕游击战思想的一个重要发展，便是大力加强地方武装建设，实行部分主力地方化，建立地方兵力。他把大批干部从主力兵团抽调出来，加强地方部队的领导力量；把主力兵团的一部分分散下去，作为建立地方部队的基础。

1942 年 9 月，经华中局和新四军军部批准，粟裕领导的新四军第 1 师进行统一整编，各旅仅留一个主力团，其余均编入地方军，实行主力地方化。通过整编，使苏中军区有主力在手，随时可对重要方向实施突击，而各分区、各县也都有较强的武装力量作为机动兵力，配合区游击队和民兵，担负坚持原地斗争的任务，使主力部队、地方武装、民兵三结合的武装力量体制得到充分发展。

正是由于采取了"分散兵力，隐蔽精干"的战法，苏中新四军不仅有效地保存了自己，而且在地方武装和民兵的配合下，粉碎了敌人的各种"扫荡""清剿""清乡"的计划。

这一举措，不但对坚持当前斗争富有极大灵活性和坚韧性，而且在新的发展形势到来时，为实行机动战略任务准备和积蓄了力量，为迎接又一次的军事战略转变——由游击战争逐渐向正规战争的军事战略转变，准备了最重要的条件。粟裕深谋远虑地指出：一个抗日根据地的坚持和巩固，没有主力兵团作拳头固然是不能设想的，但是没有建立有战斗力和足够数量的地方兵团，势必把主力部队长时间限制在地方任务上，就不能起到它应有的拳头作用，也不利于主要兵团的建设。

五、创造新的游击战法

粟裕从井冈山斗争时期起，就跟毛泽东、朱德学习打游击战，掌握了红军游击战的许多战略战术，积累了丰富的游击作战经验。同时，他在后来独立领导游击作战的时候，并没有满足于以往经验，也不是机械地运用过去的战法，而是着眼于游击战的特点和发展，活用原则，不断创造新战法。正如他所说的："战争指挥是一门无止境的学问。"

粟裕认为，游击战的特点在于秘密而周到的准备，迅速而突然的动作，主动而灵活的指挥，我们要保持的是这些特点，至于游击战的战术是不断发展的，我们应该依据敌我力量的变化，创造更多的战法。在浙南三年游击战争中，粟裕针对敌强我弱、山岭连绵、地形险要和群众条件比较好等特点，创造性地运用毛泽东、朱德在井冈山时期总结的十六字诀，创造了一整套游击战术，并归纳为六条原则和五个要领。

六条原则是：1. 以最小的牺牲换取最大的胜利；2. 不在消灭敌人而在消磨敌人；3. 支配敌人，掌握主动；4. 积极进攻，绝少防御；5. 飘忽不定，出没无常；6. 越是敌人后方，越容易成功。

五个要领是：1. 反敌人之道之行，并竭尽欺诈之能事，敌进我退、敌集我散，敌大我避、敌小我欺，避实就虚、声东击西；2. 不要企图太大，只要常有小胜；3. 站在敌人翼侧、后方和圈子外围，不为敌人所合击；4. 一切作战行动必须迅速、勇猛、坚决，迟疑犹豫就等于死；5. 注意使用突然的白刃袭击，只要枪弹一响，刺刀就要杀到敌人的肚皮上去。

另外还有：游而必击，扰而必乱；有绝对把握时应以大打小，做到积极进攻消灭敌人；如无胜利把握，则以少打多予敌以杀伤，苍蝇叮牛，以积极的打击来消磨敌人，取得有形胜利与无形胜利等。

针对敌人对我抗日根据地的封锁，粟裕发动群众有组织、有计划地在一百多公里的封锁线上进行大破袭战，锯倒电杆、收缴电线，挖毁公路，火烧篱笆，破坏敌人的"清乡"；为打击汉奸、走狗，针对其活动的特点，组织武工队，采取盯梢、诱捕，"扎粽子""包馄饨""背娘舅""老鹰捉鸡"等巧妙的办法，捕杀汉奸、特务。

在苏中游击战争中，粟裕针对苏中水网稻田、江河沟渠纵横，发动群众在河上构筑明坝、暗坝、交通坝、阻塞坝等，使每条河流成为敌人难以逾越的障碍，同时改造桥梁，变大桥为小桥，固定桥为活动桥；改造道路，变大路为小路、直路为弯路，限制敌人机动，依托水网稻田和江河湖汊打击敌人，较好地解决了在水网地区打游击的问题。

他还带领部队创造性地开展海上游击战争，打破敌人在陆上对我根据地的封锁与分割，建立海上通道，扩大行动范围。他曾风趣地说：我们背靠着大海，那里没有敌人的据点，真是海阔天空，我们可以自由来往。

七溪岭——狭路相逢勇者胜

1928 年 6 月，粟裕运用毛泽东、朱德讲授的战法，在七溪岭打了一个漂亮仗，展示了这位年轻军官的勇气、胆识和指挥才能。

当时，蒋介石国民党抽调湘、赣两省各五个团的兵力，分两路对井冈山根据地发动第四次"进剿"。湘敌吴尚部五个团由茶陵向宁冈推进，赣敌杨池生、杨如轩部五个团由吉安向永新推进。

毛泽东、朱德指挥红军，实行敌进我退，对战斗力较强的湘敌采取守势，集中兵力打战斗力较弱的赣敌。红军主动撤出江西永新县城，退到根据地中心地区宁冈，把主力集中在敌人进攻必经之路新、老七溪岭，控制要冲，寻机歼敌。

粟裕那时在第 28 团当连长。当敌以三个团分路进犯宁冈时，朱德命令粟裕率部控制老七溪岭。粟裕率领全连迂回赶到时，赣敌右路先头部队已抢先占领了老七溪岭制高点。

老七溪岭山峦重叠，地形险要。粟裕组织部队多次攻击，从早上打到中午，都没有成功。经过半天激战，双方都很疲劳了，枪声一停，敌人一个个躺下休息。粟裕却成竹在胸，他抓住时机，不怕疲劳，连续作战，趁敌人午后疲惫松懈时隐蔽接敌，突然发起攻击，出其不意，突破了敌人防御阵地。

粟裕冲在最前面，迅速冲上了制高点。他回头一看，发现只跟上来九个人，连队其他人还在后面。粟裕不由得倒吸了一口冷气。怎么办？退下去，等于又一次攻击失败；冲过去，敌众我寡，力量悬殊，危险性很大。

狭路相逢勇者胜。粟裕没有犹豫，当机立断，把九个人分成两组，六人控制制高点，接应后续部队，自带三名战士，越过山顶，猛追逃敌。

翻过山坳，粟裕发现有百余名敌人猬集在一起，立即冲上去，大声喊道："放下枪，你们被俘虏了！"

留在制高点的司号员十分机灵，在山顶吹起了冲锋号，旗手又不停地挥动手中的红旗。

敌人一时懵了，不知道红军上来了多少人马，后面还有多少人马，一下被粟裕他们的勇猛吓晕了，只得乖乖地缴枪投降。

粟裕他们只有四个人，怎么去收集100多条枪呢？如果被俘虏发现破绽，粟裕他们四个人恐怕是凶多吉少的。

此时的粟裕又聪明地下令俘虏们自己卸下枪机，放在一起。之后，粟裕他们四个人拿着卸下来的枪机，命令100多个俘虏自己背着空枪下山去。敌人完全被粟裕和红军战士的大无畏气概镇住了，没有一人敢乱说乱动。

粟裕的精彩指挥，迅速在红军中传开，他的勇敢和机智为很多红军高级将领所称赞，被誉为"青年战术家"。

智取罗源

1934年8月初，抗日先遣队进入福建罗源，县城驻有国民党地方保安团一个营、海军陆战队一个连，还有县警备队、民团等。

粟裕率先遣队右翼部队抵达罗源白塔，离县城大约五公里。参谋长杨采衡率领连（江）罗（源）红军第13独立团一部，配合先遣队攻城。

粟裕认真分析情况：从兵力对比来说，我强敌弱，这与以前打福州时完全不一样。敌人守在城内，先遣队缺乏攻城作战经验和器械，这是与打福州相同的。但是攻打福州失利的阴影还留在相当一部分干部战士心中，产生着消极影响。

粟裕反复思考着、比较着，如何以尽量小的代价攻下罗源县城？他和杨采衡等商量，确定了智取的作战方案。

他们派出侦察兵化装成农民，与地方红军游击队侦察员一起混进城里，摸清敌人兵力部署、工事设施和地形交通。然后一部分人出城汇报情况，一部分人隐藏在城区原清政府军械库。与此同时，地方党组织动员赤卫队、贫农团积极行动，赶制攻城竹梯、火把，并且杀猪宰羊，舂谷舂米，准备庆贺胜利。部队的情绪很快振奋起来了。

8月13日下午，粟裕在白塔召开攻城部队战前会议，具体交代作战任务。夜晚10时，各部队分别到达预定位置。

14日零时30分，粟裕一声令下，战斗首先在东门、西门打响。敌人连忙调兵增援东门、西门。

打东门、西门是粟裕的佯攻计，南门才是真正的主攻方向。忽然南门起火，潜伏在城内的侦察员按时放火为号，策应攻城部队。城内城外夹击，南门守敌吓得不知所措，纷纷投降。

战斗仅仅进行了两个多小时，红军就攻克罗源县城，歼敌1000多名，缴获机枪3挺、步枪200余支，还有许多弹药，活捉县长、国民党县党部指导员、保安团营长及警备队队长等。

粟裕巧妙运筹，以很小的代价攻克罗源县城，震惊了国民党当局。粟裕在这次指挥作战中充分显示了他的军事才能。

斋郎：以逸待劳，伏击歼敌

1935年4月下旬，粟裕率挺进师进入浙江省庆元县斋郎地区。

国民党当局发现挺进师到了斋郎，立刻命令保安团从东北、正东和东南三个方向分进合击斋郎。浙江省保安第1团团长李秀率1200多人，福建省保安第 2 团团长马洪深率 1000 多人，还有近千人的地主武装（主要是"大刀会"）配合。

敌人用心险恶，他们知道挺进师兵力有限，弹药不多，更无后方补给，便让地主武装打头阵，先对挺进师进行骚扰和消耗，然后出动主力突进，以收渔翁之利。

如何对付这几路敌人，粟裕成竹在胸。

这里地处庆元、龙泉、景宁三县交界，山高林密，重峦叠嶂，是打伏击战的好地方。粟裕命令部队抓紧时间抢修工事，然后就地休息，养精蓄锐，自己带了几个参谋登上海拔 1248 米的主峰，拿起望远镜仔细观察周围地形，一个以逸待劳、以少胜多的作战方案很快在心中形成了。

部队在村里休整了两天。战士们按照红军的老传统，利用修工事间隙，把村里村外打扫得干干净净，还给各家挑水、劈柴，像对待亲人一样，并在墙上写满了"打土豪，分田地""打倒蒋介石，建立新中国"等大字标语。

由于国民党的造谣宣传，挺进师刚到斋郎，群众大多躲到山里去了，村里只留下几名老弱病残。他们见到红军这样和蔼可亲，顾虑消除了，纷纷把躲在山里的亲人找了回来。

4 月 28 日早晨，太阳渐渐升高，照得群山金光闪耀。突然，山下响起了"呜呜"的牛角号声，接着传来一阵阵零乱的"冲啊、杀啊"的呐喊声。数百名地主武装"大刀会"会众，率先向挺进师阵地发起了冲锋。这些人身穿红色或黄色衣裤，袒露胸膛，耳朵里塞着棉花，嘴里念念有词，自以为吃了咒符，神仙附身，刀枪不入，大模大样地往前冲。

粟裕命令部队沉着应战，把敌人放近了再打。敌人的子弹在挺进师战士头上呼啸着，炮弹在附近炸起团团烟尘，粟裕和战士们毫不理会，瞪大双眼注视山下。敌人离挺进师阵地只有 20 多米了。"打！"粟裕一声令下，手榴弹、枪弹一齐射向敌人。冲在前面的"大刀会"门徒，哗啦啦倒了一片，死的死，伤的伤。走在后面的看到咒符不灵验，神仙不保佑，子弹照样要他们的命，吓得魂飞魄散，转身就逃，保命要紧，队伍乱了阵脚。

粟裕驳壳枪一挥，大声喊道："同志们，冲下山去消灭敌人！"说完，第一个跃出掩体。司号兵吹起了嘹亮的冲锋号。

战士们看到粟师长一马当先，斗志倍增，像猛虎下山一样冲向敌阵。

粟裕精心指挥，没有花费多少弹药，第一个回合较量很快结束了，"大刀会"死伤10多人，20多人当了俘虏。这些人大多是山区农民，粟裕、刘英对他们教育以后，全部放了回去。

这时，浙保第1团李秀部到了离斋郎五里地的黄麻岭。李秀自以为人多装备好，坐在轿子里指挥作战，骄纵轻进。

粟裕早已派出一支小分队，在黄麻岭一带和李秀部若即若离，似打似走，引诱李秀一步步进入预先安排好的阵地前沿。

挺进师居高临下，灵活机动作战，利用有利地形隐蔽杀敌。

李秀的浙保第1团1200多人挤在一条狭窄山谷里，兵力施展不开，优势变成劣势。李秀吓得六神无主，一会儿命令向大垄岭进攻，一会儿命令沿放牛场前进，连续发动10多次冲锋，都被挺进师压了下去。

激烈的战斗从上午一直打到傍晚，李秀不甘失败，爬到一个小山包上指挥，被挺进师战士一枪打断了手，这才率残部慌慌张张向斋郎东北方向的景宁县英川溃逃。

粟裕命令全师出击。战士们一直追到五公里外的温堆，来不及逃跑的敌人纷纷缴枪投降。这一仗，打死打伤浙保第1团300多名，俘虏200多人，缴获长短枪150多支、轻重机枪5挺、子弹万余发。挺进师有20多名战士牺牲。

战斗最激烈的时候，闽保第2团马洪深部从庆元出发进到离斋郎10公里的梅岙，就不敢再前进了。浙保第1团大败后，闽保第2团感到孤立无援，很快撤出了浙西南。

斋郎战斗是挺进师挺进闽浙边的关键一仗，迫使国民党保安团在以后一段时间内由进攻转为退守，龙泉河以北的敌人力量已比较空虚，一些反动地主纷纷逃离浙西南。挺进师获得了开辟以仙霞岭为中心的浙西南游击根据地的有利时机，胜利完成进军以来的第一个作战任务——打开进入浙西南开辟游击根据地的通道。

急中生智，虎口脱险

粟裕坚持南方三年游击战争时期，常常带着小分队用"截尾子"的办法，到处打击敌人。所谓"截尾子"，就是在敌人行军的岔路口，潜伏待机，待敌人大部队通过，只剩下"尾巴"时，潜伏人员悄悄移动路标，将敌"尾巴"引入红军设伏地段。这种办法很有效，截掉了敌人不少"尾巴"。

1936 年冬的一天，粟裕又用"截尾子"的办法，毫不费力地打掉了敌人一个排。不料前边的敌人行动迟缓，听到伏击的枪声，虽然他们还不知道发生了什么事，但掉头向枪声响起的方向追来。粟裕看情况不妙，便带着小分队迅速转移。

敌人拼命朝粟裕转移的方向追去，由于南方山区的地形所限，粟裕及其小分队被敌人追到一条山沟里，两面是大山阻隔，前面是敌人一个据点挡住了去路。可以说，粟裕已经处于无可奈何的绝境。

怎么办？战士们都焦急地看着粟裕。

粟裕看着战士们穿的灰色军装，顿时计上心头。原来那个时候，粟裕的士兵穿的同敌人都是一样的灰军装，不同的只是红军帽子上有个"红五星"。粟裕急中生智，他命令大家：将袖管、裤管卷起，把帽子攥在手里（把"红五星"隐藏住），当扇子扇风，哼着不三不四的小调，径直向前面敌人的据点走去。

队伍来到了敌人据点前，敌哨兵问："哪一部分的？"

"永嘉保安司令部 3 营 8 连。"粟裕示意士兵停住脚步，自己上前流利地回答。

"你们的司令叫什么名字？"哨兵还是有点不放心。

"许蟠六，许司令。你是不是要打电话问一问？"粟裕显得有点不耐烦地回答道。

敌哨兵没有发现什么破绽，又看到这位"小长官"开始"发火"，怕吃眼前亏，便放他们过去了。

粟裕命令大家以最快的速度通过据点。当敌人发现有诈时，粟裕已带领小分队走远了。

调虎离山，智夺门阵

1936年10月初，粟裕率挺进师300余人，来到了浙江省宣平、遂昌、汤溪边区。

粟裕从地图上发现，也从群众口述中得知，这里有一处建立小块游击根据地非常好的地方：它以门阵为中心，坐南朝北，背靠大岭，面对金汤平原，群峰守望，竹木葱茏。这一带不仅处于三县的交界地，而且可以压制三条交通线。因为此处地形险要，历来是绿林好汉凭险而踞、征剿官兵望而生畏的地方。而此时的门阵，早有一支人马在这里经营了。

1930年，遂昌县长周子奇考虑到门阵这个地方的重要性，派他的妻弟朱鹏飞带一支保安队在这里驻守。朱鹏飞行伍出身，在国民党军队里当过连长，学得一身武艺和一手好枪法。来到门阵以后，他招兵买马，很快就扩充到了300余人，还请了数位拳术名师和民间神枪猎手，学习拳术，练习枪法。

朱鹏飞既贪又狠，双管齐下，三五年工夫，就成为门阵的大富豪。朱鹏飞不但自己生活豪侈，还纵容他的"弟兄"任意嫖赌，强抢豪夺老百姓的东西。当地老百姓敢怒不敢言。

面对门阵，粟裕整整思谋一夜，想出一条妙计。10月12日这一天，他叫挺进师的所有指战员都换上国民党军的服装，大模大样地打出了国民党军的旗号，并在门阵山下的溪口地方举办军民联合拳击、枪法比赛，公开在四处贴出布告：若得头魁者奖大洋一万，从军者官升三级！此布告一直贴到门阵街上。

10月18日，溪口的赛场上热闹非凡，报名参赛者达200余人。朱鹏飞见了，觉得是个既扬名又得利的好机会，亲自点名30余人组成一支小分队，随他下山参加赛会，并留下亲信严守关隘，不准任何人随意出入。

赛会从上午9时开始至下午3时结束。朱鹏飞原以为他会夺魁的，谁知这支"国民党"正规军里，能人如云，无论拳击和枪法，前三名都没有他朱鹏飞的份儿。赛会还没结束，他就带着人马灰溜溜地回山去了。

谁知到了门阵关隘下抬头一看，朱鹏飞脸色顿青，吓得几乎坠下马来。只见关上的旗号换了，守关的也不是他的人了。

原来两个钟头前，30多名挺进师战士扮成朱鹏飞的弟兄，簇拥着骑着高头大马的"朱鹏飞"，得意扬扬地回山来了。守关兵士老远看到主子得胜的情景，忙着开门迎接。

30多名挺进师战士一拥进入关内，将四名守关兵士一刀一个砍了，紧接着又有200多名穿着国民党军服的士兵迅速进入门阵。由粟裕扮成的国民党军师长，在山寨的大厅里大模大样地坐了下来，以召集山寨将士训话为名，迅速缴了他们的枪械，全部关押了起来。

这时，守关者手指着朱鹏飞发话了："呸！朱老狗，你听着，你中了我们粟师长的'调虎离山'计了，现在你山上的弟兄，全部被我们缴了械。你敢前来？看我们的神枪！"

话音刚落，四支步枪向着他们猛吼起来，当即有10多个士兵倒地丧命，吓得朱鹏飞快鞭催马逃下山去，被潜伏在山下的新四军捉了个正着。

从此，门阵回到了人民手里。

虚以实之：蒙敌人

1940年春，国民党顽固派不把主要力量用于抗日，而是不断加剧反共，调集重兵，对华中抗日根据地发动进攻。他们的进攻方案是兵分三路"进剿"：一路是由冷欣率部进攻苏南；一路是由韩德勤率部进攻皖南；还有一路是由李品仙率部进攻皖中。

在强大敌人的进攻下，华中各抗日根据地都处在困难的境地，苏南的形势尤其紧张。

准备进攻苏南的冷欣，时任国民党第三战区前敌总指挥，当时新四军受国民党"统一领导"。冷欣在出兵进攻苏南之前，为了摸清新四军的情况，派联络副官到新四军江南指挥部联系，说"冷总"已到达溧阳西北之三丫桥，日内将代表第三战区到水西村"点编"部队。

冷欣的这一异常举动，引起了粟裕怀疑。当陈毅问粟裕冷欣这次来的真正目的时，粟裕回答说："很明显，他是借'点编'为名，来探明我军人员和装备情况，以便组织向我围攻。"

陈毅又问："目前我第 1、3 两主力团已奉命回皖南军部，兵力较少，如何应付？"

粟裕回答说："虚则实之，壮我军威，令冷欣不敢轻视。"

陈毅拍手称好，两人不谋而合。于是新四军江南指挥部立即命令机关、部队行动起来，作好迎接冷欣到来的充分准备，其实也就是作好制造假象、掩盖真情、蒙骗对方的充分准备。

"点编"第一站是水西村。冷欣带领一帮人装模作样地来到新四军江南指挥部所在地水西村前。

粟裕等带领三十几个人，很有礼貌地将冷欣一行迎进水西村，并陪同他们来到一个大操场。

出现在冷欣等人面前的是这样的场面：一眼望去，宽大的操场，队队方阵，刀切一般，煞是整齐；指战员们，全副武装，精神抖擞，威风凛凛。稍有军事常识的人都知道，这样的队伍，训练有素，将强兵精；这样的方阵，如弓在手，如箭待发，无坚不摧。

冷欣一下子震惊了。没来之前，根据国民党特务送上来的情报，他得悉粟裕的部队不多，武器装备也很差。如今他亲眼目睹这支部队不仅人数不少，而且装备也不错。尤其令他震惊的是：这支部队训练有素，威武雄壮，富有战斗力。

冷欣站在这样的一支队伍面前，一时语塞。不大一会儿，"点编"一事，草草收场。

当天中午，粟裕等为冷欣一行安排了酒宴。酒席间，粟裕等人谈笑风生，晓以大义，希望国民党以民族大义为重，坚持团结抗战，不要制造摩擦。同时抓住席间的机会，明确表示：我们新四军也不是那么好欺侮的。谁手里都有枪，压得太狠了的时候，我们手中的枪也是会说话的。

粟裕还特地对冷欣说："我们的原则是：人不犯我，我不犯人；人若犯我，我必犯人。冷总指挥，你说对吗？"

冷欣脸红一阵，白一阵，无以对答，只好环顾左右而言他："是，喝酒，喝酒！"

那天夜里，冷欣肚子不舒服，在几个勤务兵的扶持下出门解手。他的行动惊动了巡逻哨，顿时哨声骤起，警卫部队闻声而动。冷欣吓出了一身冷汗，以为新四军要对他采取行动。他做贼心虚，十分紧张。

虽然新四军并没有对他采取任何行动，但是冷欣还是害怕，第二天便推说身体不适，匆匆而去。其余各部的"点编"工作也就这样不了了之。

六、积极进攻，绝少防御

积极作战是粟裕打游击战一贯的作战指导思想。

积极进攻是游击战的主要特点之一。毛泽东说过："游击战争的基本方针必须是进攻的，和正规战争比较起来，其进攻性更加大些，而且这种进攻必须是奇袭。"（《毛泽东选集》第二卷，第 409 页）

粟裕从亲身实践中，对游击战的这一特点总结出自己的理论认识。他在战争回忆录中写道："积极进攻是游击战术的一大特色。敌人进攻我们，我们是被动的，就迅速转移，不同敌人决战；我们进攻敌人，是有计划的，只要情况不变，坚决打。运用最多的作战形式是袭击。"他把"积极进攻，绝少防御"规定为游击战术的一个基本原则，要求作战行动迅速、勇猛、坚决，对敌实施突然的袭击。

在浙南游击战争中，粟裕形成了颇有特色的袭击战术。袭击的主要目标是敌人的后方。袭击的主要对象，一是神出鬼没地打击敌人政权的基础或爪牙，如捉保长、甲长，造成当地统治者的恐慌和动摇；一是捕杀敌军的哨兵和侦察，使敌官兵惊恐。当敌兵力集中不好下手时，就搞他落伍掉队的，也就是打他的"尾巴"或叫"截尾子"。

在苏中抗日游击战争中，粟裕根据新情况，进一步发展了"积极进攻，绝少防御"的游击战思想。他强调："游击战的特点在于秘密而周到的任务，迅速而突然的动作，主动而灵活的指挥，我们要保持的是这些特点，至于游击战的战术是不断发展的，我们应根据敌我力量的变化，创造更多的战法。"他认为，在敌我力量极端悬殊的情况下，游击战的作战形式是袭击，几乎谈不上防御和要点争夺。而当我军有了一定的实力之后，其游击战就可能出现带有运动战、阵地战特点的新的作战形式。

在东台三仓镇的反复争夺战中，粟裕一方面派出若干主力小分队，配合广大民兵开展广泛的游击战，迟滞敌人的行动，消耗、疲惫敌人；另一方面则将主力置于三仓镇及其外围构筑隐蔽工事，待敌人进入火力范围时，突然开火，并适时猛烈反击，敌兵撤时又尾追打击之。

在敌兵力占绝对优势的情况下，华中新四军以坚守防御的态势，以火力和适时的反冲击，予敌以重大杀伤。然后，不待敌军合围，即有组织地以运动防御迅速脱离敌人。敌占领三仓后，粟裕以部分主力配合民兵围困，另以部分主力配合民兵游击队破坏桥梁、道路，使三仓之敌缺粮、缺水和军需供应紧张，不得不撤退。

这种以主力部队为主进行的三仓争夺战，先后共七次，敌人每进攻一次，都以惨败而告终。

韦岗伏击战——"脱手斩得小楼兰"

1938 年 6 月中旬，粟裕和陈毅分别后，当天下午 4 时，便率先遣支队两个连和第 1 支队的加强连，由溧水县李家山出发。陈毅率第 1 支队主力向东到竹箦桥，再向北折宝堰、白兔，相机策应。

粟裕率部队连续三个雨夜急行军 100 多公里，于 15 日天亮前抵句蜀公路以东徐家边隐蔽，下午 4 时出发，10 时到达下蜀，按预定计划开始破袭铁路。

粟裕边指挥边和大家一起干，四个半小时破坏铁路铁轨和电线 40 米。快到凌晨 3 点时，粟裕命令警戒部队向下蜀火车站之敌发起袭击，同时散发传单，张贴标语，扬言要在数天内攻克句容县城，造成敌人恐慌，引诱敌人增援，以便寻机歼灭之。

　　粟裕带领第 2 支队侦察连和第 2 团的两个连，到东昌街附近的韦岗，按预想的方案，伏击可能由镇江和句容方向来的敌人。

　　下蜀与韦岗相距不远，粟裕决定立即奔赴韦岗，按预想的方案打一场伏击战。

　　韦岗位于江苏省镇江西南 15 公里，相对于江南平原、水网地形来讲，这一带多是丘陵和小山地，镇（江）句（容）公路从这里蜿蜒而过。

　　在韦岗以南的公路东侧，有标高 198 米的赣船山，西侧有标高 455 米的高骊山，公路夹在两山脚下，形成一条弯道。敌人的汽车南来北往，每天有五六十辆之多，通行时间以上午 8 时至 9 时和午后 4 时前后最多。

　　上个月，粟裕曾带侦察排和司令部的部分人员来过这儿。一看这地形，他就连连点头，拿出地图摊在岩石上，招呼大家围过来，折断一根火柴棒，在地图上量着南京、句容、龙潭、镇江到这里的距离，分别计算了汽车、骑马、步行到这里的时间。回司令部后，他又派侦察员到公路一带进行侦察，掌握敌人的活动规律，踏勘进退道路，测绘详细的地形图。

　　粟裕把干部召到一片竹林开会，宣布在韦岗伏击敌人车队的决定。他说："为了求得秘密，伏击队必须在夜间急行军出发，拂晓前进入伏击阵地，采取突然行动。"

　　粟裕亲自给部队作战斗动员，说明首战的重要意义，向指战员提出吃苦耐劳、迅速、隐蔽、灵活、勇敢等战斗要求，最后从各连挑选精干人员百余名，组成六个步枪班、一个机枪班、一个短枪班，参加战斗行动。

　　6 月 16 日午夜，粟裕带领伏击队冒着大雨，沿着泥泞小路直奔韦岗，次日凌晨伪装潜伏在韦岗公路一侧。

　　午夜以后，粟裕下令部队从下蜀后山出发。天正下着大雨，能见度极差，周围是黑乎乎的一片。

　　粟裕率参战部队消失在茫茫雨夜之中，沿着曲折泥泞的小路，向伏击地点韦岗急行军。部队到达赣船山与高骊山之间的预定地点后，粟裕立即布置大家隐伏公路一侧有利地形，准备截击日军汽车队。

17 日上午 8 时 20 分，赣船山顶上的瞭望哨发出了信号：日军军车由镇江方向开来了。第一辆车上驾驶员身边坐着一个机枪手，架着一挺歪把子机枪；第二辆是日本老式轿车，里面坐着日军冈村师团的军需官少佐土井；跟在后面的是三辆满载物资的卡车，都用油布盖着，上面还面对面坐着约 30 个日军，穿着雨衣，戴着雨帽，怀里抱着三八式步枪。

当第一辆汽车距离只有 50 米远时，粟裕果断地命令开枪，侦察连的机枪手迎头一个点射，击毙了驾驶汽车的日本兵。先遣支队的机枪、手榴弹一阵猛打，击中汽车，车上敌人弃车逃命。

由于雨天有雾，又是公路道弯、汽车轰鸣，后面第二辆车上的敌人竟然没有察觉前面的情况，没有听到枪声。

六七分钟后，第二辆汽车进入伏击区，伏击队的机枪、步枪、手榴弹一起向敌人猛击，车被打翻到公路北侧的水沟中，车上坐的都是军官，驾驶员和土井被当场击毙，大尉梅泽武四郎潜伏在车底下，用刺刀刺伤近前搜索的新四军战士，当即被击毙。

又过了几分钟，敌第三、第四、第五辆汽车接踵而至，车上约有 30 名日军。粟裕命令已经全部进入阵地的战士们猛烈射击，第三、第四辆车被击中。第五辆车见势不妙，紧急刹车停在伏击火力射程之外，车上日军全部跳下车，潜伏在公路两侧，以密集的火力抵抗。

有的战士抓起烂泥巴往日本兵的面部和眼睛上乱丢，有的日本兵眼睛被烂泥巴击中，战士们就趁机缴了他们的枪。

一场激战之后，日军只抢回了部分伤员和死尸就开车逃走了。粟裕命令打扫战场，收集战利品和焚毁敌人汽车，然后迅速撤退。

当从镇江开来增援的 17 辆卡车日军、一辆坦克、三架飞机，对我军阵地大肆攻击时，粟裕已经率领部队全部安全撤离了。

韦岗伏击战激战半小时，击毙日军十余人，击伤数十人，击毁汽车四辆，缴获长短枪十余支、日钞 7000 余元以及车中满载的军需品。

韦岗战斗是我新四军挺进江南后的第一仗，影响所及，如黑夜中的火种，燃起了江南人民抗日的熊熊烈火。

韦岗伏击战的胜利证明：日军的暂时优势并不可怕，新四军在江南敌后完全能打胜仗。粟裕兴奋之余，作五言诗一首："新编第四军，先遣出江南。韦岗斩土井，处女奏凯还。"第 1 支队司令员陈毅得知韦岗战斗大捷，在宿营地又见几百名乡亲前来围观战利品，豪情满怀，诗兴勃发，当即口占七绝一首，抒发心中的喜悦："故国旌旗到江南，终夜惊呼敌胆寒；镇江城下初遭遇，脱手斩得小楼兰。"

诱敌深入，二渡龙泉河

1935 年 9 月下旬，粟裕和刘英率挺进师主力从浙西南的游击中心区南下，打算在龙泉道太以东敌军第 67 师和第 11 师的防区交接处——蛤湖偷渡龙泉河。

敌 67 师获悉挺进师主力南下，立即调动一个团在蛤湖地方步步为营，加强防御，另派两个团从东西两侧向挺进师夹击，妄图在道太地区把挺进师一举歼灭。

在这种形势下，粟裕想到孙子曾说过，"兵无常势，水无常形，能因敌变化而取胜者，谓之神"。不根据战场上已变化了的形势来变换我军的战法，就不足以粉碎敌人的进攻；不粉碎敌人的进攻，就不能保持战场上的主动权。于是他考虑再三，决心大踏步后退，诱敌深入，捕捉战机，先打它个歼灭战，再突出龙泉河。

9 月 23 日，敌人进入道太，不见挺进师主力的踪影，进至下锦又扑了个空，加上挺进师仓促撤离，人员纷杂，道路拥挤，这种现象使敌军产生了错觉，认为挺进师已"伤亡惨重，溃不成军"，并作出了刘粟部队已经"向北溃逃"的错误判断。刘、粟立即指示：将计就计，加强战役伪装，将敌军引向预设战场。

挺进师的第 1、第 3、第 4 纵队，从道太"大踏步后退"起，三个纵队的主力已经全部隐蔽集结在郑庄的四周山上，兵力达到了高度集中，对付追敌的一路或其中一支部队，绰绰有余。且已休整了一天一夜，体力有所恢复，部队求战情绪很高，随时准备投入战斗。

9月25日清晨，敌人的前锋约一个团的兵力800余人，全部进入了郑庄。见是一个空镇，知道情况不妙，想急忙退出，但已经来不及了，三条路口都被红军挺进师堵死了。

正当敌军慌乱之际，挺进师的数门土炮一齐开火，炮弹准确地在敌人的猬集处开花，一下杀死杀伤了百余人。紧接着机枪、步枪、手枪、手榴弹和喊杀声在激昂的冲锋号声中铺天盖地地向敌人压了过去。不到20分钟，800余敌兵全部躺倒在郑庄村前。

消息传开，敌67师师长李树森惊得连呼："气死我也！气死我也！……"

为报此仇，他决心孤注一掷，立即将布防在蛤湖的一个团调来前沿，气势汹汹地亲率两个团的士兵，向刘、粟率领的挺进师主力追杀过来。

刘、粟却机灵地率部在第67师两个团的夹缝中偷偷溜了过去，连夜回到了蛤湖边。这时蛤湖边上的防线基本空虚，只剩下守蛤湖渡口的一个排的敌兵在那里了。

机不可失，时不再来。粟裕立即组织队伍，派人寻找船只，准备过河。刘英则扮成敌团长，带一个警卫排，以部队回防查哨为名，先去解除了守蛤湖渡口的敌人武装。

这时红军挺进师第1、3、4纵队共700余指战员，由粟裕师长安排组织好，立即分批乘坐五条大木船，抓紧抢渡龙泉河……

天将亮，挺进师已经全部登上彼岸。连日阴晦的天，正好开始转晴，万里蓝天，一片开朗。刘英和粟裕连日压抑的心头也觉得长长地舒了口气。两人并驾齐驱，甩开长鞭，奔驰了起来。粟裕还唱起了"云儿飘飘，星儿摇摇，大海早息了风涛……"的开心小调。部队当晚抵达安仁镇，开始筹划开辟新的革命游击根据地。

夜幕奇袭官徒门

官徒门战斗是粟裕在抗战中指挥的一次经典战斗，最大特点是"奇袭"。

官徒门位于安徽芜湖近郊，是日军的重要据点，驻有日军和伪军200余人。南面八里的永安桥、北面十里的年陡均有日伪军驻守。可供进攻官徒门的路线有两条，都要通过几条深不可徒涉的河流，并且必经敌人之青山、苗池据点。官徒门有什么风吹草动，西、南、北三面各据点派出的增援部队，在半点钟内都可以赶到。出动飞机不到两分钟就可以飞临上空扫射。

官陡门的街道建在河两岸的堤埂上，不到 100 米长，全是砖瓦房屋，河上只有约一米宽的木板桥贯通。敌人认为这是最安全的地方。粟裕却在这样的地方导演了一幕出奇制胜的活剧。

1939 年 1 月 18 日，粟裕在第 2 支队司令部驻地狸头桥，对参战的第 3 团作了简短动员，便率队北进，25 公里路只一次小休息就走到了。

第二天上午部队继续原地休息。下午，粟裕组织队伍悄悄地上船，突然转向西开，划到丹阳湖西岸。部队翻过堤埂，改乘早已预备好的几只装肥料的船，继续由水道西进，午夜以后到达预定地点隐蔽集结。这里距攻击目的地还有 35 公里。

20 日下午 5 时，粟裕带领部队冒着寒风向西疾进。21 日凌晨 2 时行进到离官徒门差不多 20 里的地方，前面还需渡过一条河。如果再走水路，敌人可能已经封锁渡船。

粟裕当机立断，多绕五公里地改走陆路，一定要抢在天亮前发起攻击并结束战斗。部队跑步前进，巧妙地通过了敌人的头道桥据点，凌晨 4 时许隐蔽到达敌据点前沿。

粟裕按照战前确定的作战方案，亲率主力过桥，从西向东打。另一部留在河东打。

战斗发起后，突击队迅速冲破铁丝网，枪声、手榴弹爆炸声、冲锋号声和"缴枪不杀"的呐喊声响成一片，敌人还没来得及从掩蔽部里跑出来，就被炸了个人仰马翻，不是丢了命，就是当了俘虏。新四军一举攻占了伪军司令部。

战斗只花了 8 分钟，连清扫战场总共用了 20 分钟。周围之敌还没弄清怎么回事，粟裕已率部押着俘虏，带着战利品安全撤出了。

奇袭官徒门，粟裕指挥的新四军以轻伤两名的最小代价，换来俘敌 57 名的重大胜利，打死打伤的敌伪无法统计，还缴获了一大批枪支弹药。粟裕组织指挥游击战的美名在江南广为传颂。驻守芜湖的日军指挥官无可奈何地说："新四军是神，你打他时一个也没有，他打你时都出来了。"这就是粟裕对付日军的战法——打夜战、近战、白刃战、伏击战、袭击战，发挥我军之长，打得敌人措手不及。

智取王村口

粟裕率部回到浙南，已经是 1935 年 6 月下旬了。此时，浙西南"剿共"的国民党军主力，正好奉命南调。粟裕与刘英会晤后，决定趁机回师恢复浙西南工作。

恢复浙西南，重要的是夺回王村口，因为王村口是当时中共浙西南特委所在地。从其险要的地形、适中的位置和交通的便捷看，都是兵家必争的战略要地。后来浙西南游击根据地被摧毁，国民党继续把它作为军事重镇。现在罗卓英的正规部队撤走了，主要的地方反动武装仍然集结在那里。

要夺回王村口，必须首先解决住溪的敌人武装，以作为部队长途跋涉的中歇站。

王村口镇距住溪 30 公里，第二天一早，粟裕命令特务队队长程美兴带一个排长、三个班长、一个通讯员组成尖刀班，化装成老百姓，向王村口出发，主力部队在粟裕带领下穿山绕坞在密林中随后隐蔽前进。

尖刀班的六名同志，巧妙地躲过沿途敌哨兵和巡逻队的查问，其时正下着倾盆大雨，趁着天公作美，尖刀班凭借着雨幕的掩护，先后解决了数座碉堡，冲进王村口镇，直捣白军司令部。

正在酗酒玩乐的敌军军官、豪绅们被这突如其来的激烈枪声吓得不知所措，乱作一团，自卫队、民团、警察队见敌军军官纷纷逃窜，也跟着往四处山上跑。直到敌人发觉红军人员不多，准备组织反扑的时候，粟裕带领主力部队准时赶到，兵分数路，以迅雷不及掩耳之势，将王村口的敌人全部打垮，缴获了敌人全部枪支弹药。挺进师无一伤亡。

先发制人

日伪军为便于分割"清剿",加紧修筑一条横穿启东的公路,企图把第四分区根据地一分为二。

粟裕决定先发制人,命令第 3 旅第 7 团攻击这条公路上的据点三阳镇,打乱敌人的部署。由于准备不足,第一次战斗未能攻下三阳镇,只毙伤敌军六七十人,第 7 团也受到损失,牺牲营长一人。

粟裕把第 7 团指挥员召集到师部,一起总结经验教训,研究改进战法。他说:

"三阳镇这一仗,部队打得英勇顽强,杀伤了不少敌人,应当说打得还是好的。但是必须指出,我们的消耗确实也不小,并且没有捉到俘虏,也没有缴到枪。我们打仗,不能单同敌人拼消耗。毛泽东主席不是说过吗?我们要争取多打歼灭战。做到既大量消耗敌人,又能大量补充自己。这个问题,同志们应该好好研究一下。"

粟裕指出,敌人正为三阳镇的伤亡而恼怒,急于寻找我军报复。要利用敌人骄狂求战的心理,引蛇出洞,消灭敌人于运动之中。

根据粟裕的指示,第 7 团指挥员集思广益,很快形成了一个引诱三阳之敌出击的计划,在启东斜桥地区打了一个漂亮的伏击战,全歼日军 70 多人、伪军 100 多人,缴获敌人全部武器装备,包括重武器平射炮一门。

1942 年 9 月 25 日,正是农历八月十五中秋节。日军南浦旅团保田中佐率领日伪军 400 多人,兵分两路,向二鸢镇进犯,企图奔袭第 1 师指挥机关和主力部队。

此时,第 1 师部队刚刚取得石港攻坚战胜利,师部机关和第 7 团部队集结在南通二鸢镇附近休整。

粟裕立即作出作战部署,决心在二鸢镇以南的谢家渡打一个伏击战。

担任诱敌深入的部队与敌人前卫一交战,日军立即互相靠拢,企图在谢家渡口围歼第 1 师主力。

粟裕当机立断,决定乘敌军立足未稳,改伏击战为进攻战,并亲临前线指挥。结果全歼这股敌军，毙伤日军保田中佐以下官兵110多人，生俘日军三人。此战胜利，迫使敌人第一期"清剿"仓皇收兵。

粟裕指示，把保田中佐的尸体整理好，装进棺材，送到日军据点麒麟镇，并附信一封，警告日军不要再屠杀中国人民，否则难逃保田的下场。三天以后，南浦回信，扬言还要与新四军决战，但又不得不承认："贵军战后归还战骸，宽仁厚德，诚贵军政略之胜利。"

掏心战术打车桥

1944年3月，粟裕审时度势，把握时机，积极主动地组织发起车桥战役，歼灭日军460余人（内俘24人），伪军500余人，是新四军对日作战规模最大的一次，成为苏中解放区反攻的起点。

1944年1月、2月，苏中军区为打破日伪军对江都（今扬州）、泰州、海安及李堡以南进行的"清乡"和在东台沿海地区实行"屯垦"计划，以高邮、兴化、宝应、东台以北和泰州、泰兴、如皋地区为重点，对日伪军连续发动攻势，相继攻克宝应以南之大官庄、王家营，如皋以西之运粮河、古溪镇以及东台以南之安丰等17处据点，并争取伪军1000余人反正。

随后，粟裕领导的苏中军区，为贯通苏中与苏北、淮南、淮北的战略联系，进一步改善苏中的斗争局面，决定于3月上旬，在淮安、宝应以东发起以夺取车桥为目标的攻势作战。

车桥是淮安县城东南20公里的一个大镇，位于淮安城、泾河镇、泾口镇、曹甸镇之间，我苏北、苏中、淮南三块根据地的交界处，是联系苏中和苏北的重要战略枢纽。明朝末年建筑时，因镇边无桥，以水车代桥，形如繁体的车字，故而得名。

同时，车桥又是华东敌军第65师团与华中敌军第61师团的接合部，较为孤立突出，守敌为日军一个小队和伪军一个大队。我为沟通苏中、苏北、淮南、淮北各根据地的战略联系，进一步改善苏中的斗争局面，决心发起以夺取车桥为目标的攻势作战。

车桥原是国民党军的地盘。1940年2月，在日军凌厉的攻势下，韩德勤部狼狈溃退到车桥，在这里安营扎寨，筑起深沟高垒。1943 年春，日伪军大举"扫荡"，韩德勤不战自溃，使几十个村镇、数十万同胞沦于日军铁蹄之下，车桥成为日伪军控制淮安东南及宝应地区的重要据点。日伪军在车桥高沟深垒，四周筑有大小土围子、外壕及明暗地堡，并以日军一个小队和伪军一个大队及补充大队、别动队等部共 500 余人驻守。敌伪军在车桥和泾河、曹甸、泾口一线构筑了 53 个碉堡，外围还有 10 个坚固据点，分割了苏中第一、二分区。日军曾叫嚣：车桥防御固若金汤，新四军若打下车桥，日军则自动退出华中。

但车桥据点相对突出、孤立。打下车桥，就能打通新四军各师之间的战略联系，为新四军苏中军区建立根据地创造条件。

敌伪据点之间的空隙较大，这里是日军华中派遣军驻扬州第 64 师团与驻徐州第 65 师团的接合部，两部之间配合较差，便于我军插入其接合部，以打开苏中根据地的局面。

粟裕站在地图前，反复研究着车桥的战略地位：它位于苏中（新四军第 1 师战斗地域）、苏北（新四军第 3 师作战地域）、淮南（新四军第 2 师作战地域）、淮北（新四军第 4 师作战地域）交界的战略机动位置。日伪占据车桥，分割我苏中、苏北、淮南、淮北根据地。如果拿下车桥，四块根据地将连成一片。

粟裕的眉头紧锁，一个攻打车桥的作战构想悄悄地涌上心头。

在师党委扩大会议上，与会人员都兴致勃勃地议论着 1944 年的大好形势。副师长叶飞说道："我们在极其艰难的情况下度过了 1943 年。然而这一年也是世界反法西斯战争取得决定性胜利的一年，盟军在意大利登陆，意大利宣布投降。尤其是冬季以来，苏联红军展开强大攻势，德国败局已定。"

"是啊，"粟裕接过话题，"小日本在太平洋战场也连吃败仗。从我们华中地区来看，目前，日军从第 11、第 13 军所辖 14 个师团中抽出 8 个师团参加湘桂作战，以新编成的独立步兵旅团和伪军补充队接替调离师团的任务，总兵力由 21 万人减少到 17 万人。华中日军为弥补兵力不足，一方面收缩防区，另一方面大规模地扩充伪军，现在伪军的兵力已经增至 35 万人。党中央曾有指示，新四军军部也已经决定，要进一步恢复原有地区，争取新的发展，主动地有重点地对敌展开攻势作战。同志们研究一下，我们下一步的反攻作战目标选择在哪里比较好？"

粟裕的话引来大家更为热烈的讨论。

经过研究，大家认为，为进一步改变苏中的斗争局面，并为深入开展整风运动创造一个比较稳定的环境，应在淮安、宝应以东发起以夺取车桥为目标的攻势作战。

粟裕见大家的意见与自己的意见不谋而合，便说道："车桥是联系苏中和苏北的枢纽，是日军第 65、第 64 师团的接合部，仅有日军一个小队和伪军一个大队据守，比较突出孤立。我们决定集中五个团兵力组成三个纵队发起车桥战役。一个纵队攻坚，两个纵队打援，务必拿下车桥。"

作战部门提出了三个攻坚方案，供作战会议讨论：一是由东向西，先攻泾口后攻车桥；二是车桥、泾口同时攻击；三是先攻车桥，后取泾口。

经过分析比较，择优选取了第三方案。

第三方案的优点很明显，粟裕力主此案。采用攻点打援的战法，攻取车桥，并歼灭援敌一部。车桥是该地区敌军指挥中心，拿下车桥则泾口、曹甸孤立，便于我军尔后进攻，扩张战果；车桥处于敌中心地区，是敌人的心脏，又有日军驻守，敌人以为比较安全，估计不到我会绕过外围打车桥，而敌人认为安全的地方，往往是我最容易得手的地方，这是战争的辩证法。我们可以采取掏心战术，隐蔽接敌，突然进攻，必能收出奇制胜之效；车桥周围地形比泾口利于攻击部队的接近；车桥敌军虽然来援方向较多，但距敌两个师团部驻地徐州和扬州都较远，一时得不到大部队增援。而且敌军主要增援的方向——距车桥 12 华里的芦家滩一线，有良好的设伏阵地，便于我军伏击来援之敌。

根据攻点打援的需要，苏中军区将参战部队统一编组为三个纵队。

粟裕决心集中主力部队五个多团的兵力，还有地方部队参战。

会上决定成立车桥战役野战司令部。由于粟裕要主持苏中区党委扩大会议，便决定由叶飞担任野战司令部司令员，刘先胜任副司令，夏光为参谋长。

过去对日军作战打的都是游击战，这次是游击战和运动战相结合，是一定规模的对日军攻势作战，这在苏中抗日游击战争中还没有先例。

战前，粟裕组织部队模拟日军据点的地形地物进行练兵，并对车桥周围的日军进行骚扰，声东击西，吸引日军的注意力。

3月3日，距车桥战役发起只有两天，粟裕收到一份敌情通报：日军百余人、伪军千余人进至安丰。安丰处于东台以南通榆公路上，是敌人的据点，距三仓河约30公里。伪军师长田铁夫也到了安丰，有向东"扫荡"模样；南边海安之敌一部进占了李堡，距三仓河约20公里，似企图向我台南地区"扫荡"。

粟裕将计就计，不放弃任何一个"动敌""欺敌"的机会，决心在车桥战役发起之前，对敌实施一个声东击西的"佯动"，吸引敌人注意力，掩护车桥战役的突然性。他将师直机关分为前后两个梯队，令苏中行署主任管文蔚率后梯队北移，跳出"扫荡"圈；自己率前梯队向南转移，故意"示形"迎击"扫荡"之敌，与其纠缠，麻痹敌人。

车桥战役打响前，粟裕已与新四军第3师沟通了联系。车桥战役一打响，第3师一部立即攻克涟水、车桥间的朱圩子敌据点，消灭伪军300余人，保障了第1师作战部队北面侧后的安全。

3月3日午后，以第7团为主攻车桥的第2纵队，分南北两路开进。北路部队在第7团团长兼政委彭德清、参谋长俞炳辉率领下于5日凌晨1时50分之前到达车桥以北攻击准备位置。南路由第7团副团长张云龙、政治处主任蒋新生率领，亦于5日凌晨1时50分之前到达车桥西南飞机场一线。

4日午夜12时，负责两淮方向警戒、打援的第1纵队，在廖政国、曾如清等率领下于抵达车桥以西的石桥头、芦家滩之线，进入伏击阵地。负责淮安、曹甸、宝应方向警戒与打援的第3纵队，到达警戒位置。

月明星稀，车桥高耸的围墙、林立的碉堡，清晰可见。各部队准时发起攻击。突击队泅渡深沟，神不知鬼不觉地登上云梯、跨上了城墙，立即发动偷袭。瞬时间，四面八方爆炸声骤起，此起彼伏，绵绵不断。到处浓烟滚滚，遍地火光熊熊，日伪军顷刻大乱，不知道发生了什么事。

战役于3月5日凌晨1时50分发起。

车桥附近水网纵横，镇外有五米高的围墙，据点较为坚固，但守敌大部为伪军，战斗力较弱，警戒甚为麻痹。我攻击部队分南北两路，乘月色迅速运动，用云梯架桥通过壕沟，又用云梯翻越围墙。

当我军一部已突入车桥镇内，敌人才发觉我军，当即展开了激战。凌晨，我军攻克敌碉堡50余座，全歼伪军一个大队，并继续围攻负隅顽抗之残敌。

我军这一攻势，出敌意料，使淮阴、淮安、泗阳、涟水的日军第65师团甚为震惊。日军完全没有想到新四军敢集中兵力来打车桥，而且是采取掏心战术直取中心据点。

午后，敌第65师团一部开始在淮安集结，陆续向车桥增援。

第一批增援日军200余人于下午3时乘汽车进抵芦家滩，该处南临涧河，北有水荡，不利于敌展开，而利于我设伏。敌遭我预伏部队迎头痛击，惊慌寻找有利地形，妄图顽抗，恰好又进入我预设之地雷阵，伤亡惨重。我军奋勇出击，将敌大部歼灭。

稍后，第二、第三批增援之敌亦先后到达，又遭到截击，并被我分割，彼此不能靠拢。

时至黄昏，风沙弥漫，暮色浑暗。第1纵队向韩庄日军发起攻击，从四面突入敌阵，将其分割包围，展开白刃格斗，将日军大队长山泽以下大部分歼灭。

激战至晚7时，我军有意让残敌会合于韩庄而包围之。晚9时，我以数倍于敌之兵力发起攻击，敌突围不成，大部分被歼，小部敌军逃至小马庄，亦遭我军围歼。至 6 日晨，战斗全部结束，我军解放车桥。

各纵队乘胜扩大战果，到 13 日，相继收复曹甸等日伪军据点 12 处，淮安、宝应以东大片地区获得解放。在战役过程中，"日本人反战同盟"苏中支部盟员勇敢地喊话，松野觉光荣牺牲。

车桥战役经一天两夜激战，我军攻坚打援均获胜利，共歼灭日军大佐以下 465 人，伪军 483 人，我军伤亡 200 余人。在车桥战役胜利声威震撼下，敌人仓皇收缩兵力，放弃曹甸、泾口、塔儿头、鲁家庄等重要据点十余处，淮安、宝应以东地区，遂为我军全部控制，扩大了根据地的规模和我军的机动范围，加强了上述各战略区之间的联系。

车桥战役，粟裕作为抗战名将闻名遐迩。八路军总部公布："车桥战役，在抗日战争史上，是 1944 年以前我军在一次战役中俘敌最多的一次。"东京日军本部承认："车桥战役，标志着新四军反攻的开始，日军从此向下坡滑行。"

黄桥战役

10 月 4 日下午 3 时，苏北黄桥镇一座土城上，33 岁的新四军苏北指挥部副指挥粟裕手举望远镜，注视着眼前这片敌我双方冲突一触即发的土地。

距土城北面两三公里处，惊慌奔跑的老百姓进入粟裕的视野，当他判明敌独立第 6 旅先头部队已兵临黄桥，脑海里紧张地进行着严密的推演：独立第 6 旅采用一路行军纵队前进。如果两人之间的距离为 1.5 米，全部 3000 多人队形将会是长达四五公里的一路长蛇阵……与此同时，他的"黄鼠狼吃蛇"的歼敌方案已经形成，决定多路向其突击，将它截成几段，然后各个包围，力争先斩其首！

坐镇距土城数公里外的陈毅总指挥从电话里听到粟裕的作战方案，当即表示："同意。马上下令出击！"

顿时，弹雨硝烟淹没了方圆两公里的黄桥。

黄桥镇，位于苏北东部靖江、如皋、海安、泰县、泰兴等县的中心。新四军建立以黄桥为中心的抗日根据地，便于向南通、如皋、海门、启东发展。只有控制了上述地区，才可以与我江南部队相呼应，控制长江通道，威胁日寇和顽军与江南守敌的联系。

1940 年 7 月初，为开辟苏北根据地，发展敌后抗战形势，新四军江南指挥部率领第 2 团、新 6 团等部由苏南渡江北进，于 7 月初在苏北吴家桥与新四军挺进纵队、苏皖支队会合。新四军江南指挥部正副指挥陈毅、粟裕，决定立即东进黄桥地区，以黄桥为中心建立抗日根据地，开辟泰（兴）、靖（江）、南（通）、如（皋）地区。

7 月下旬，中共中央指示新四军将其江南指挥部改为苏北指挥部，以陈毅、粟裕为正副指挥，下辖第 1、第 2、第 3 纵队共 9 个团 7000 余人，由江都大桥向黄桥挺进，一举占领黄桥，歼灭地方武装何克让主力约 2000 人。

8 月，正当我苏北新四军对日作战时，国民党鲁苏战区副总司令兼江苏省主席韩德勤却调集重兵，企图趁我立足未稳吃掉我苏北新四军，而对新四军建立的以黄桥为中心的根据地大举进攻。为了联合抗日的大局，新四军主动退出姜堰。然而韩德勤把新四军的这一行动看作新四军无力据守姜堰，被迫撤退，继而向我根据地中心——黄桥地区大举进攻。

韩德勤自诩拥兵 10 万，视新四军苏北部队为心腹之患，企图先集中兵力进攻黄桥，消灭或驱逐立足未稳的新四军苏北部队，然后移兵北上，歼击南下的八路军第 5 纵队。苏北指挥部坚持有理、有利、有节的自卫立场，在八路军第 5 纵队的配合下，积极做好迎击韩德勤部进攻的准备，并灵活运用斗争策略，争取了驻泰州地区的苏鲁皖边游击军李明扬、李长江部和曲塘一带的税警总团陈泰运部保持中立。

9 月初，韩部分两路向南进攻。新四军被迫自卫反击，首战营溪，歼其先头保安第 1 旅两个团，进而攻取姜堰，歼守军千余人，并继续向韩德勤呼吁停止内战，团结抗日。

韩德勤则以新四军必须退出姜堰为借口相要挟。苏北指挥部为顾全抗战大局，慨然允诺，让出姜堰，由李明扬、李长江部接防，还主动送给陈泰运部分枪械，进一步争取了李、陈，使韩德勤更加孤立。

　　然而，韩德勤自恃兵多粮足、装备精良，以为新四军退出姜堰是胆怯，令其主力第89军（辖第33、第117师）和独立第6旅共1.5万余人为中路军，从海安、曲塘一线进攻黄桥；李明扬、陈泰运部为右路军，五个保安旅为左路军，向黄桥两翼夹击，其进攻总兵力达26个团3万余人，企图于黄桥地区聚歼新四军苏北部队。

　　粟裕和陈毅从发展苏北抗日根据地、开创苏北抗日新局面的角度分析，一致认为此次作战，目标之一是要歼灭韩德勤主力。这是因为韩德勤是反共的顽固派，没有和平争取的可能性。如果只把韩德勤击溃，没有歼灭其有生力量，他还会卷土重来，留下后患，对我解放区今后的发展极为不利。目标之二是坚守黄桥。这是因为黄桥如果失守，新四军江北各纵队就势必被敌人分割，被迫分散活动，形成打游击的局面。党中央关于发展华东抗日根据地的战略设想也将随之落空。

　　这两个目标既具体又符合实际。首先，韩德勤的部队由于长期没有作战，加之城市生活腐化，削弱了战斗力。其次，虽说韩军上层军官假抗日真反共，但士兵和许多下级军官还是爱国的，要抗日，不愿打内战。所以韩德勤不敢对部队说去打黄桥，却说是与新四军联合去打鬼子。最后，在韩德勤所指挥的部队与部队之间矛盾也很多，最主要的是他们都希望别人被打垮，将来自己称老大。

　　为了揭穿韩德勤反共亲日的本来面目，以分化敌人，取得民心，动摇其军心，使其部队战斗力进一步削弱，陈毅致电各界人士，呼吁停止内战，联合抗日，并亲自给被俘的韩德勤部队的官兵作报告，宣布释放全部被俘人员，发还枪支。同时新四军主动撤出姜堰，李明扬、李长江以及陈泰运重新得到一些地盘，这样一来他们当然更不愿干与新四军作战这种损兵折将的事了，从而有效地争取了苏北中上层人士和地方实力派，造成了韩德勤十分孤立的政治军事形势，为黄桥决战胜利创造了重要条件。

　　9月2日，中共中央中原局书记刘少奇电令黄克诚率八路军第5纵队南下盐城、东台、兴化，增援陈毅，击破国民党韩德勤主力。9月3日，韩德勤令其主力第117师、独6旅及李明扬。陈泰运等部分两路向我军发动进攻，李、陈经我军争取，态度消极。9月13日，我军攻占了苏北重镇姜堰，打破了韩德勤断我供应、将我军逐步压缩至沿江狭小地带的阴谋。

这时，对韩顽意向洞悉无遗的粟裕，以战略家的眼光估计："15天到20天之内，顽军将有大动作……这才是苏北命运的决战。"

从这时起，粟裕就已胸有成竹地筹划着这次决战的种种可能和我军作战的最佳方案了。

对黄桥地区的地形特点、桥梁通道及其周围的村舍、房屋、树林、田畴等，早在我军于1940年7月29日解放黄桥后，粟裕就开始对照着五万分之一的军用地图，一一实地核对了，因此，他对黄桥及其周围的地形是了如指掌的。

黄桥地区东临串场河，北濒运盐河，南靠长江，西南有一条从泰州到口岸的通江运河。要进攻黄桥，只有东面偏北是一带旱路。黄"桥"黄"桥"，这个地区河多、桥多、路窄；对于顽军的重武器如各种山炮、野炮之类，实是天然障碍，窜犯固然不易，逃跑更为困难。而且，黄桥周围起伏的旱地，蜿蜒的干沟，又时值高粱半割半留、玉米旺盛茂密的季节，既便于我伏兵隐蔽、藏匿，又利于我奇兵迂回、突击，真乃英雄用武之地。

为了抢夺黄桥地区和消灭新四军，韩德勤以其主力第89军（下辖第33师，第117师）和独立第6旅等11个团15000余人为中央纵队，以李明扬、陈泰运等为右翼纵队，地方保安队为左翼纵队，总兵力约3万人，9月30日由淮安、宝应地区南下，向黄桥大举进犯。

右路是两李，鲁皖边游击总指挥和副总指挥李明扬、李长江和装备极好的税警团团长陈泰远的部队，总兵力12000人。蒋介石、韩德勤以高压辅以利诱，令其向我进攻，同时掩护中路军的进攻。左路是由第1、第5、第6、第9、第10共五个保安旅组成，奉命攻击我黄桥东南地区，牵制我防御兵力。中路是其进攻的主力。

中路之敌，又分三路：第89军第33师为左翼，由加力、分界攻我黄桥东面；独立第 6 旅为右翼，由高桥南下，攻我黄桥北面；居中的是其主力中的主力——由国民党江苏省保安副司令、第 89 军中将军长李守维，率其军部直属队和炮兵部队以及第 117 师，从营溪南下，向我黄桥东北压来。

9 月 30 日，新四军信守诺言，全部退出姜堰。就在这天，韩德勤电令所属各部"务集中力量"，对新四军"包围而歼灭之"。看来韩德勤不把陈、粟"赶下长江"是绝不会罢休的。

决战黄桥已是不可避免。

大兵压境，仗怎样打呢？粟裕心里非常清楚，他掌握的部队总共只有7000 人，而战斗部队不过 5000 人，就是与韩顽三路大军中的任何一路相比，也不占优势。以往红军、新四军与敌人作战，在战略上是以少胜多，在战役、战斗上都是以多胜少，当前的形势却要求不仅在战略上，而且在战役、战斗上都要以少胜多，还必须打歼灭战，使他无法卷土重来，以利于新四军开辟苏北、发展华中。

粟裕将所有智慧融入到制订黄桥决战的作战计划之中。按照粟裕的思想，作战部门很快拿出了三套方案供选择：

一是乘韩德勤进攻黄桥时，新四军以一部主力攻占海安。好处是在敌强我弱的情况下在军事上争取主动，避实击虚，出乎敌人意料，容易取得胜利。但在韩德勤主力尚未被歼的情况下，攻占海安很不容易。若攻不下海安，黄桥又丢了，不仅会影响士气，还会影响人民群众的情绪，对新四军失去信心。

二是乘韩德勤还未向新四军进攻，先以一部兵力向东发展，控制通、如、海、启几县，造成北进东台的局面，以主力守卫黄桥地区。好处是继续东进有胜利的把握；把通、如、海、启等县变成新四军的根据地，可以同上海、江南连成一片，这是战略上的胜利；新四军东进和北进，韩德勤必然派一部分兵力对付，这样使他兵力分散，防御线宽，有利于新四军黄桥决战；在东边创造了一块新区后，可与西边黄桥地区形成掎角之势，互相呼应，而且人力、物力都能得到迅速补充。然而，我军兵力本来就少，如果派一部东进，黄桥部队减少，黄桥就未必能保住；还有可能促使韩德勤下决心集中兵力攻下黄桥后再打东边。先敌出击向东发展，也会影响对中间势力开展统一战线，新四军就更为不利了。

三是全力依托群众觉悟较高、粮草充足的黄桥，以黄桥为轴心，诱敌深入，最后达到各个击破的目的，并保住黄桥。以黄桥为轴心，主动权仍然在新四军手里，可以利用轴心向左右自由转动，自如用兵；依托黄桥作战，完全是自卫，在政治上可以赢得广大人民群众的支持；黄桥离顽军驻地较远，在顽军行军的过程中，新四军可利用时间充分准备，部署兵力，以逸待劳；可以大量吸引韩军，并且充分利用有利地形，机动使用兵力，迟滞、消耗和钳制各路敌人，最后各个歼灭。

粟裕反复分析比较，权衡利弊，决定采用第三方案。

粟裕对韩德勤和翁旅的了解真可谓洞若观火。他决定以四分之三的兵力作为突击力量，仅以四分之一的兵力守卫黄桥。粟裕了解自己的部队，三个纵队都善于勇猛攻击，第1、第2纵队兵力比较充足，第3纵队全部不足2000人。粟裕决定把第1、第2纵队用于突击方向，隐蔽集结于黄桥西北顾高庄、严徐庄、横港桥地区待机；第2纵队又派出两个营实行运动防御，诱敌深入。命令第3纵队担任黄桥守备，并派出一个营进至分界以西地区，用散兵战积极阻击敌人，迟缓其行动，疲惫其兵力。

粟裕这样部署有他极深的用意，在敌众我寡的条件下做到了集中最大兵力。这是粟裕指挥新四军歼韩最大胆也是最得力的一着。但风险也大，尤其是黄桥方向以常人想象不到的极少兵力担任守卫，其能否成功将是达成战役目的的关键。第3纵队是粟裕亲自带起来的部队，他深信部队能够经得起考验和胜任正面阻击任务。

粟裕将作战计划送给陈毅。陈毅连声叫好，称赞说："首歼独6旅是一着奇兵！整个作战计划处处都是奇兵！只有这样打才能解决问题。我完全同意，交给大家再讨论一次就下达。"

粟裕对日寇是否会趁机"搅"进来的可能性也进行了分析。判断顽军向新四军大举进攻时，日军会坐山观虎斗，日顽联合攻击新四军的局面不会出现。

陈、粟商定，把留在江南的两个主力营都调过来，而且照会"二李"："敝军两个团即将过江通过贵军防区"，暗示"二李"不要轻举妄动。陈毅又把朱克靖、黄逸峰等派到"二李"指挥部和各中间势力部队去掌握动向，并发动朱履先等再次致电重庆，请蒋介石命令省韩将部队调去打日军，以进一步赢得政治上的主动。

粟裕大胆用奇兵的决心更加坚定了。

9月30日，韩顽全军出动。然而天公不作美，连降大雨，韩顽不得不放慢行军速度，甚至停止开进。对新四军来说这是及时雨，为更周密布兵，建立稳固的防御阵线，赢得了宝贵时间。

按照粟裕的部署，此时第1、第2纵队已经展开。粟裕与陶勇披蓑戴笠来到黄桥东门，检查工事构筑。对于黄桥的防御，鉴于兵力严重不足，粟裕只能保证重点，机动部署。黄桥周围全长约2公里，粟裕与陶勇商定，西边、南边不派部队，由后勤、伙夫担子担负警戒。北门只放一个班。其余兵力全部集中在东门之南、北一线。整个防御部署不墨守成规，积极灵活。

10月2日下午，雨停转阴。3日，太阳出来了，雨过天晴。韩主力分多路向我军阵地猛扑。

粟裕用望远镜仔细观察周围一切，表情严肃、平静。苏北大地上的这种奇局告诉他：必须在军事上迅速歼敌取胜。

按照粟裕的指示，新四军第2、第3纵队前出的各个营、连开始节节阻击、袭扰，以打乱第89军的进攻节奏，迫使其提早展开攻击队形。营溪、古溪、加力等地都有新四军预设阵地，摆出了"坚守"的态势。顽军咄咄逼人，在炮火掩护下冲锋前进。

顽军的进攻是疯狂的，枪声炮声震耳欲聋。他们想首轮总攻便将新四军黄桥防线彻底冲垮，竟一次投入三个多团的兵力。

4日上午11时顽军开始初次总攻。

正在这时，江南来增援的一个营已经赶到。守卫黄桥的指战员士气大振。顽军猛烈的炮火把新四军防御工事大部分摧毁了。新四军防御部队伤亡较大。顽33师一部居然在尘土硝烟中突进了东门。情况异常紧张。黄桥如果失守，后果不堪设想。第3纵队司令员陶勇、参谋长张震东把上衣一脱，挥动马刀，带领部队冲了出去，硬是将顽军杀出东门，然后架起机关枪，把进攻的敌人死死封住。

顽军的首轮总攻被挫败了。

黄桥决战形势严峻。苏北各种政治势力的注意力都集中到了黄桥这块弹丸之地。4日下午，李明扬宣布"谢绝会客"，中止了和新四军方面代表见面，日夜询问前线战况；陈泰运派人在通扬河堤上向南眺望；泰兴日探进到黄桥以西七八公里的石梅观战；周围伪军据点的汉奸队伍也在注视黄桥的风云变幻。一时间，以黄桥为中心的苏北战场上，出现了两方对战、多方围观的奇妙局面，观战各方都在暗地准备应付突变。

新四军前出部队达到了阻击效果和目的，佯装"仓皇溃退"。顽军便兵分几路扑向黄桥，当日中午开始炮击黄桥新四军外围阵地。下午，外围前哨战打响。

粉碎顽敌的第一次总攻，只是黄桥决战的序幕。此时，粟裕计划的首歼对象独立第6旅翁达部尚未登场。翁达自以为棋高一筹，满心要等新四军主力在黄桥以东拼得焦头烂额时，他再率部冲入北门，稳拿头功，所以姗姗来迟。

粟裕的决心并未因翁达迟迟不出现而改变。黄桥方向打得非常激烈，粟裕依然命令第1、第2纵队严阵以待。"泰山崩于前而色不变，麋鹿兴于右而目不瞬"，这是粟裕最喜欢的一句为将之道的名言。长期的军事斗争实践使他深深懂得：善于坚持正确的决心，不为各种突发的、危急的意外情况所转移，往往是取胜的关键。

果然，下午3时翁达率领他的3000名"梅兰芳式"部队开始向黄桥进军了。

粟裕立即命令：守卫黄桥的第3纵队以全力阻止敌人突击，尤其要打破敌人黄昏时的第二次总攻，为求先发制人，以一个团左右的兵力先敌出击，以打破敌第二次总攻。之后他便离开指挥所，带着随身警卫直奔北门，去指挥歼击翁达的作战了。

歼击翁旅是整个决战的重头戏，粟裕对方方面面都考虑得极为细致周密，尤其是出击时机的把握更要恰到好处。如果突击过早，只打到它的先头部队，没有打到它的要害，顽军不但可以退缩、避免就歼，而且还会暴露新四军的部署和意图；如果出击过晚，顽军多路会攻黄桥，新四军将难以坚守，观战各方就可能争先扑杀过来，情势会更危险了。因此，把握最有利的出击时机无疑是圆满达成首歼任务的第一要着。

根据侦察员报告：翁旅前锋已抵黄桥以北两三公里处。粟裕亲自登上土城高处观察，进一步判明情况。他看见北面两三公里远的大路上，有许多群众惊慌地向西南奔跑，判明独立第6旅的先头部队确已来到。熟谙各种行军作战数据的粟裕作了一番精确计算：独立第6旅采用一路纵队前进，如果两人之间的距离为1.5米，全部3000多人的队形将是长达四五公里的长蛇阵。从黄桥到高桥约7.5公里，其先头部队抵达黄桥以北2.5公里时，后尾必然已过高桥，也就是说敌人已经全部进入了新四军的设伏地区，此时出击正可以将独立第6旅拦腰斩断。

粟裕决心采用"黄鼠狼吃蛇"的战法，实施多路突击，特别要首先歼其首脑机关。决心下定，粟裕立即要通陈毅的电话：

"陈司令员，敌人已经进入了我们的伏击圈。我看可以动手了！"

"还是再等一等！"

"不能再等了，再等就错过时机了！"粟裕在电话里坚持说。

"那就听你的！！"

粟裕放下电话，马上向突击部队下达了攻击命令。

第1纵队的战士早就急不可耐了，接到攻击命令，便如猛虎下山，分四路插入敌人行军纵队，迅速将独立第6旅切成几段，首先歼其旅部和后卫团，迫使先头团回援。然后以一部迂回到翁旅后方，乘势将其包围。经过三个小时激战，独立第6旅大部被新四军歼灭，中将旅长翁达自杀身亡。

外号"梅兰芳式"部队的独立第6旅刚刚"登台表演"，便全军覆没了。顽军中路右翼被斩掉，主力第89军便完全暴露和孤立了。

此时，顽第33师集中三个团，果然准备于4日黄昏向黄桥作第二次总攻。新四军第3纵队按粟裕妙计以一个团兵力先行出击，打破了敌总攻计划，并且俘获了一部分人、枪。顽军计划的所谓第二次总攻破产了。

危险阶段过去了，战局出现对新四军极为有利的转折。粟裕及时把指挥重心又转到关照黄桥城下及其以东地区。根据各方面的敌情报告，粟裕判断：黄桥东面之敌第33师正在集结，准备于5日拂晓总攻，第二梯队（估计系第117师）已进至西官庄、刘家堡之线，准备于次日拂晓配合第33师作第三次猛攻。

粟裕立即决定：第3纵队于4日晚12时以两个团的兵力出击黄桥东面之敌，打破其拂晓的总攻击，并配合突击部队夹击该敌。

10月5日凌晨3时，黄桥以东西官庄附近枪声密集，粟裕判断新四军第2纵队已经抄袭到敌后，急令第3纵队出击的两个团迅速猛攻。原来第2纵队已在4日午夜悄然向东南穿过八字桥插至分界，将顽军归路截断。在新四军第2、第3纵队的勇猛攻击下，韩顽拂晓总攻又告失败。李守维预感大事不妙，急将第89军大部集结在黄桥东北一线，企图最后猛扑黄桥或固守待援。此时新四军第1纵队已进至八字桥以南地区与敌人对峙。新四军完全形成对敌包围态势。粟裕决定5日下午对包围之敌实行总攻。

战场情况千变万化。就在此时，粟裕得到密报：韩军增援部队约八个团已进至黄桥东北不远的地方。粟裕平时对韩军兵力编成作过深入研究，各种情况都准确地装在他心中。粟裕判断顽军增援部队不可能有八个团，但两三个团或有可能，便果断应变，尽量提前实行总攻。

但是提前总攻的命令已经来不及下达了，粟裕想了一个妙策：命令第3纵队以小部队向黄桥以东之敌佯攻，引起敌人回击，造成浓密的枪声，以此作为同第1、第2纵队的联络信号。在战场上枪声就是命令。第1纵队听到枪声迅速南下，第 2 纵队则立即西进。

粟裕紧接着命令第 3 纵队全部出击。他不无幽默地对第 3 纵队领导说："第 2 纵队已插到如黄公路分界一带，切断了顽军归路，今晚就要消灭韩的嫡系 89 军军部和 117 师。你们纵队趁顽军混乱时，从黄桥东门及其两侧地区全线出击，配合第 2 纵队聚歼第 33 师，狠狠地打，这样韩德勤就输得连裤子也要送进典当铺子喽！"

战争也有其戏剧性。顽第 33 师昨天还在猛攻黄桥，气焰不可一世，今天却已是士无斗志、溃不成军了，最终大部被歼，师长孙启人被活捉，只有少数残部突出重围。孙启人被俘后说："不瞒长官，我看过《霸王别姬》的戏，有十面埋伏，四面楚歌，我今天尝到的滋味，比那还要严重得多！"粟裕命令各部克服各种困难，发扬连续作战精神，加速对第 89 军军部及第 117 师的围歼。

晚上 9 时，韩军主力大部分被歼。为扩大战果，粟裕下达了追击命令，要求各部不顾疲劳，不惜一切牺牲，不重缴获，乘胜追击，占领海安。

三个纵队按照粟裕规定的路线和任务，一路快跑，向海安追击前进。

海安是苏中的战略要点和交通枢纽，（南）通（赣）榆公路、（南）通扬（州）公路，以及从海安向东延伸到黄海边的公路都联结于此；贯穿南北的串场河，沟通东西的运粮河，在此交汇。控制了海安就能割断如皋、南通、海门、启东四县顽军与海安以北顽军主力的联系，为新四军今后进一步发展苏中抗日斗争创造良好的条件。所以粟裕指示各部："不顾伤亡、不计俘获，占领海安就是胜利。"他还亲自对从江南赶来的增援部队作战斗动员说："同志们，你们从江南赶来，本来应该让你们休息一下，现在任务紧急，只能先执行任务了。"

6 日清晨，顽第 89 军军长李守维见军部已被彻底歼灭，妄想渡河逃窜，失足落水，淹死于八尺沟河中。

新四军务部按照粟裕命令，逢水过水，见桥夺桥，边打边追，直奔海安。驻海安顽军见势不妙，三十六计走为上计。新四军胜利占领海安。

韩德勤见大势已去，率残部千余人向老巢兴化狼狈逃窜。

陈、粟本着有理、有利、有节的原则，命令追击部队到达东台便停止向西北前进，给韩德勤留下一条后路，做到仁至义尽。同时，派出一支部队沿通榆公路北进，迎接南下的八路军。

至此黄桥决战胜利结束，共歼顽军1.1万多人，其中俘3800余名，缴获长短枪3800余支、轻重机枪189挺、山炮3门、迫击炮59门，还有大批弹药和军需物资。

南坎战役

1944年6月3日，粟裕分析全国的抗战和苏中斗争形势，向新四军军部提出：为粉碎日伪军"扩展清乡"计划，于最近在南坎进行一次较大的战役。

实施这个战役，粟裕提出了两个具体方案：

在敌封锁线上打开缺口，以便于今后工作和加派兵力进入"清乡"区内，并造成打破敌"扩展清乡"的有利条件，因此第一个战斗必须先在四分区进行。

如上述第一个方案的第一个战斗尚未进行，敌人即开始"扩展清乡"前的军事大"扫荡"，则我暂停在四分区"清乡"区封锁线上打开缺口的原定计划，集中主力四个团的兵力在东台以东地区，寻找敌人弱点，于运动中歼敌一路或数路，以打破其计划。

粟裕决定以四分区敌封锁线东北边缘的南坎据点为主要攻占目标，得手后乘胜再打下八总据点，以打开封锁线上缺口，达成今后我主力进入"清乡"区内便利条件。

6月5日，粟裕正式下达南坎战役作战命令，以第7团、特务第4团等担任主攻。

南坎镇位于如东县掘港以东，是日伪军的一个重要据点，驻有日军一个小队和伪军一个连，加上警察，共有300多人。这里地理位置比较突出，但并不孤立，四周有好几个据点互相呼应。"清乡"区内的反据点斗争是南坎战役的有机组成部分，也是南坎战役的前奏曲。粟裕认为，这样可以实现苏中区党委制定的反据点斗争方针和作战的根本目的。

6 月 22 日，担负主攻的第 7 团告别车桥大捷后的整训地东台唐家洋，以日行 60 公里的速度行进。为了便于一旦遇到出来"扫荡"的日、伪军，立刻转入战斗，部队白天开进时不是走一路纵队，而是分成左右两个梯队，一旦遇敌，便可迅速展开兵力，乃至夹击歼灭敌人。

23 日上午 10 时左右，第 7 团急行军楔入如（皋）东地区，在耙齿凌与从柑茶据点出动"扫荡"的日伪军 500 余人遭遇。第 7 团迅速展开成为战斗队形与敌交战。狭路相逢勇者胜。敌我一经接触就形成硬拼的局面。经过三个小时较量，第 7 团勇猛杀敌，敢于刺刀见红，干净利落地消灭日军中队长加藤大尉以下百余人、伪军百余名，活捉日军小队长以下 14 名、伪军 200 余人。

遭遇战枪声刚停，第 7 团顾不上休息，直奔南坎方向。

这时，粟裕对原定的南坎战役由第 7 团攻坚、特务第 4 团打援的部署，作了新的调整，改由特务第 4 团攻坚，第 7 团担任掘港方向打援。

南坎战役于 6 月 26 日夜间发起，进展比较顺利，特务第 4 团先攻占了伪军据守的四座碉堡，歼灭伪军 100 余人，接着集中火力、兵力攻击据守在核心阵地的日军，最后以火攻解决战斗，又歼日军 12 名。由掘港向南坎增援的日伪军被担任打援的第 7 团全歼。

各部队密切配合，乘胜连克八总店、鲍家坝、六甲和北新桥等日伪据点，给在"清乡"区内坚持斗争的军民以极大鼓舞。

天目山反顽第一次大捷

1945 年 1 月 17 日，粟裕将顽情报告新四军军部，提出两个作战方案：一是全力向孝丰地区出动，尔后在反击中控制天目山，再向浦东和浙东发展；二是先以一部进入天目山支脉莫干山地区，尔后深入杭嘉湖，打通与浦东、海北（指杭州湾北的乍浦、平湖、嘉兴、海宁、海盐地区）的联系，再向浙东发展。

粟裕在电报中对两个方案的利弊进行了详尽分析。

第一个方案的优点是：可以迅速打开局面，完成控制天目山的任务，但以目前力量而论，不是很有把握，如后续部队不能迅速南来，还可能陷于僵局，而且我军主动进入顽区作战，在政治上、军事上都对我不利。

第二个方案虽然发展较慢，但较稳妥有把握，且可以进一步摸清情况和创造实施第一个方案的有利条件。

粟裕同时还估计，如我以第1纵队进入莫干山地区，顽方可能以主力向北挺进，逼我于吴兴、长兴以南水网地区背水（太湖）作战，另以主力一路截断我第1纵队向西北转移之路；更大可能是仅以小部牵制我第1纵队，而以其强大主力袭击我后方，寻歼我指挥中心。双方的争夺重点将在天目山主脉。如果这样，我便可就势实施第一个方案，也并非对我不利。

1月20日，新四军军部复电同意执行第二个方案。

在具体部署上，粟裕将第1纵、第3纵布成掎角之势，以第1纵队伸入敌后，伺机进退，亲率第3纵留在宣（城）长（兴）路以北备战整训，待机而动；浙东的第2纵队则隔江活动，遥相呼应。

2月10日，正是农历新年前夕，大家都在忙碌着准备过春节。夜晚，刺骨的寒风卷着雨雪，劈头盖脸袭来，天空云层很厚，能见度很差。这样的气候条件下，敌人容易麻痹，粟裕抓住战机，擂响了向敌后行动的战鼓。

第1纵队从郎（溪）广（德）地区出动，兵分三路，以迅雷不及掩耳之势粉碎了日伪和土顽多次出扰，全部进入莫干山区。第3纵队第7支队担任侧翼掩护，进至广德以南柏垫以东地区。

顽军已于2月初得知新四军第1师主力南下并与第16旅会合的消息，认为新四军南下是企图进入莫干山建立根据地，可能进入杭嘉湖与海北地区，准备尔后协同盟军登陆作战，以争夺国际声誉。

当他们发现第1师主力越过广（德）泗（安）路南下并东进时，顽第三战区苏浙皖挺进军总司令陶广即令第28军以第62师为主力，"迅将该匪歼灭，毋使坐大"；并令"忠义救国军"、浙江保安第2团、挺进第1纵队等部协力堵歼。

顽军得知苏浙军区第1纵队已全部进入莫干山，广德以南仅有第3纵队第7支队，即集中第62师全部、"忠义救国军"一个团、浙保第2团共五个团，向第7支队突然发起进攻，吹嘘以5：1的优势两天解决战斗。

粟裕以第1纵这块石子投向东面的莫干山，顽军果然积极动作起来，抢先动手对付新四军，使自己处于"政治上不利"地位，而新四军反击则师出有名。

孝丰城是浙西山区与平原交界点之一，既是天目山北部门户，又是浙西与苏南、皖南来往的要冲，位置极为重要。欲控制天目山，必先控制孝丰。顽军主力由孝丰西北攻击苏浙军区第3纵队部队，也正按照粟裕设想的作战方向发展。

2月12日，天目山第一次反顽战役打响。第7支队奋起自卫，当日在广德正南上堡里将顽"忠义救国军"一部击溃，随即以一部进至孝丰北之阳岱山、景和里一线。

13日，粟裕电令王必成率第1纵主力日夜兼程西移孝丰以北，投入孝丰地区交战。15日命令第3纵队之第8、第9支队投入战斗。

经过两天激战，16日晚苏浙军区第3纵队开始全线反击。顽军抵挡不住，又获悉苏浙军区第1纵队正回师西进参战，当即全线溃逃。

天明后，第3支队组织部队分片搜索，陆续搜出300多人，顽军第62师的一个团长也在里面。

17日上午，第1纵队乘胜追击，于孝丰以北之塔山将顽第62师第184团残部击溃，午后1时占领孝丰城。残顽向孝丰城南报福坛逃窜。18日，第1纵队占领报福坛，并配合第3纵队于孝丰西会歼顽"忠义救国军"一部。残顽向天目山和宁国窜去。

尽管新四军还有追击能力，但粟裕规定部队占领孝丰后仅把追击深度进到报福坛、渔溪口一线。对此，作为战略区的指挥员，粟裕有着深远的考虑：一则有理有利有节，适可而止，在政治上主动；二则部队要抓紧时间深入农村工作，把根基深深扎在群众之中；三则从军事上考虑，天目山易守难攻，顽军有纵深配备，过于深入顽区对我不利，强攻凭险据守的顽军，必将付出较大的伤亡代价。

天目山第一次反顽自卫战胜利结束，共歼顽 1700 余人，缴获迫击炮 3 门、重机枪 12 挺、轻机枪 30 余挺、步枪 600 余支。第一次缴获了美制新式武器汤姆式枪、卡宾枪。新四军第 1 师主力南下初战告捷，打出了威风，大长了志气。

任凭几路来，我只打一路

国民党顽固派不甘心失败。孝丰乃战略要地，顽军绝不会坐视天目山"门户"被新四军控制。第三战区司令长官顾祝同密令陶广所部，相机在孝丰附近将新四军南下主力围歼，粉碎新四军打通海北和浙东的企图，严防新四军以天目山作根据地。

对于将同顽军连续作战，粟裕早有充分预见。第一次反顽战役前他就判断："顽军既置重兵于天目山，我要进入杭嘉湖敌后，必将遭到顽军的拦击，这样就不可避免要与之进行一场恶战，战场将在孝丰地区。而且由于顽区纵深大，后备雄厚，作战将不止一次。"（《粟裕战争回忆录》，解放军出版社，1988 年 11 月，第 1 版，第 318 页）

通过进一步侦察，粟裕得知，这一次陶广以第 28 军军长陶柳为前线总指挥，出动 12 个团，兵分四路，呈马蹄形向孝丰分进合击，包围过来。

粟裕分析认为，敌进攻部署的重点在孝丰以西，骨干力量是左中路的第 52 师和第 192 师各一个团，都是顽中央军，是第三战区主力。第 52 师更是训练有素，反动教育深入，装备精良，配有美式轻重机枪，是各部队中战斗力最强的。这个师在"皖南事变"中充当刽子手，此次又任急先锋。左路是诨名"猴子军"的"忠义救国军"，好打滑头仗，然而在得势时是有攻击力的。

从整个兵力对比看，顽军二倍于我，表面上气势汹汹，但建制混杂，指挥不统一，内部矛盾重重。粟裕决定利用山地有利地形，以各个击破的战法对付顽军的分进合击：任凭几路来，我只打一路。

粟裕决定用少量部队钳制其他几路，将首歼重点对象选为西路，也就是敌人的左路，集中兵力捏成一个拳头，求歼第52师的第156团和"忠义救国军"主力。

粟裕命令第3支队一部及独立第2团在孝丰周围担任正面守备，第8支队布防于孝丰西北一带阻击，第1、第3纵队主力分别控制孝丰及其西北地区，待机由孝丰西南和西北向西实施迂回包围，南北对进，合击进至孝丰西侧的顽军。

陶广严令各部抱定"有我无敌的决心"，务必达成夺取孝丰围歼新四军的目的。但顽军内部矛盾重重，发起进攻的时间原定3月1日，后来推迟至3日。

首先由"忠义救国军"向孝丰西北之牛山、八卦山进攻，其他各路亦步步进逼。4日至6日，战斗十分激烈，许多阵地反复争夺。

6日晚，苏浙军区各守备部队先后发起反击。

战役发展到了转折关头。7日，粟裕抓住战机，果断命令第1、第3纵队主力全线出击。

西路"忠义救国军"见势不妙，早早溜之大吉，置翼侧中央军第52师第156团于不顾，将其完全暴露。

苏浙军区第3纵队决定切断顽第156团退路。双方在报福坛附近的黄泥岗遭遇，展开激战，反复争夺有利地形。第3纵队最终把第156团消灭，顽军团长被击毙，副团长被俘。苏浙军区部队接着又在孝丰西南歼灭第192师一部。

其他顽军见进攻的重点一路完全被歼灭，哪敢再上，赶紧回缩逃遁。陶广四路分进合击的计划成了泡影。顽军兵败如山倒。

粟裕挥师扩大战果，决心占领天目山，指挥部队乘胜追击。

天目山呈东北向西南走势，绵亘百里以上，层峦叠嶂，竹林茂盛，山势险峻，大多数时间山头总是云雾笼罩，显得神秘莫测。天目山分东西两座，主峰均高达海拔1500米，支脉莫干山、昱岭、百丈峰等绵延。毛泽东在1941年2月的一份指示电中就曾说，江南根据地是华中第二个战略中心，又分为苏南、皖南、浙东及闽浙赣边四个方面。苏南是江南聚集力量的中心。这个方向"将来应准备出天目山"。（《毛泽东军事文集》第二卷，军事科学出版社、中央文献出版社，1993年12月，第1版，第622页）粟裕南下后渴望早日控制天目山，如今实现这一凤愿的时机已经成熟。

东、西天目山之间的鞍部有个地方叫羊角岭，海拔1100米，岭上秃石耸立，形似羊角，岭脊长约14公里，是从北面进入天目山地区的必经之地，两侧悬崖峭壁，自古就有"一夫当关，万夫莫开"之险。此次第1纵队第2支队一路尾追逃敌，顽军如惊弓之鸟，竟然不敢据羊角岭这个天险抵抗。第2支队乘机巧夺羊角岭，一鼓作气直下天目山南部的一都。溃退到一都的顽军正想歇息，听到一点响声立即惊慌逃命。

3月12日至26日，粟裕指挥苏浙军区部队又接连打了几个胜仗，完全占领天目山并解放了临安，第二次反击战胜利结束。浙西纵横100余公里的广大地区，包括长兴、富阳等11个县的大部或一部均为苏浙军区控制。

七、敌进我进，盘旋兜圈

粟裕游击战的战略战术思想的核心，是"敌进我进"。

"敌进我进"，是抗日战争时期，毛泽东为中共发展抗日游击战争和建立抗日根据地所制定的方针和原则。而在此之前，在浙南三年游击战争期间，粟裕在与党中央、毛泽东失去联系的情况下，独自创造并运用了敌进我进的游击作战原则。

在敌强我弱的条件下，一般都采取诱敌深入、内线歼敌的作战方针，即敌在外线，我在内线。但不应为这种情势所束缚，在某些情况下，采取敌进我进的方针，恰恰是打乱敌人的作战部署，调动敌人和分散敌人，达成被动中的主动，防御中的进攻，劣势中的优势，歼敌于运动之中的有效方法。

井冈山时期，毛泽东、朱德创造了"十六字诀"，强调"敌进我退"，就是在敌我强弱十分悬殊的情况下，充分利用农村的政治、经济和地理条件，趋利避害，避实就虚，灵活机动，以保存自己，消灭敌人。中央苏区时期，毛泽东、朱德、周恩来领导的反"围剿"斗争，有较强大的红军主力，根据地也经过了长时期的建设，所以基本上采取运动战的方式，消灭其中一路，"围剿"也就打破了。

粟裕深得毛泽东、朱德、周恩来所创造的这一红军游击战略战术的精髓，然而，他从来不是教条式地对待这一精髓，从不把它看作是一种现成的模式照搬照抄，而总是根据当时的实际情况，灵活地运用和创造性地发挥，发明了"敌进我进"作战范式。在浙南的两次反"围剿"和苏中的反"清乡"斗争中，这一原则的运用展现得淋漓尽致。

浙南根据地是新区，加上游击队弱小，一次只能歼敌个把营，还得是地方保安团的武装，再加上部队分散后，已不可能进行有效的大兵团作战，如再沿用苏区反"围剿"的方式，显然力不从心。为此，粟裕创造性地提出并实施了敌进我进的作战原则。

所谓敌进我进，指的是在敌强我弱的情况下，"敌至何处我至何处"，即当敌人以强大的兵力逐步向我根据地纵深进攻时，我军不与敌人决战，而是迅速转移到敌人的后方去，占领敌人后方的广大地区。敌人占领了铁路、公路等重要交通沿线以及大城市，我则占领铁路沿线的县城与乡村，积极活动，逐步扩展，在空间上对敌形成反包围之势，主动寻找战机，打击敌人，保存和发展自己，消磨和消灭敌人。

在我军众多的高级将领中，粟裕是最早成功地运用"敌进我进"作战方针的战略家和军事家。粟裕认为：对一般军事原则，必须辩证地加以理解，不能机械地搬用，要把原则性和灵活性结合起来。譬如十六字诀第一句是敌进我退，这是一般原则。但在一定情况下，也不是没有敌进我进的；而敌进我进，正是敌进我退的灵活运用。

在中国共产党的将领中，粟裕早在1935年9月就提出了敌进我进战略方针，并对它通俗、形象地作了阐述。这是粟裕在战争中学习战争，并不断上升到战略高度的一个重大成果，是他对毛泽东军事思想的创造性发展。

当红军处于弱小的时期，不具备同敌人打大仗的力量，才适于在敌人后方神出鬼没地活动。避实就虚，专击小敌，以达到逐步消灭敌人和壮大自己之目的。游击战的特点是进攻，而进攻目标的确定，必须以打得赢为前提。进攻战术是奇袭，乘敌不备，出其不意地攻击。粟裕说，这种战法，是削弱敌人，消耗敌人，以至小股地消灭敌人，这就是积小胜为大胜，以最小的牺牲换取最大的胜利。

1935 年秋，国民党调集正规军 32 个团，连同地方武装发动对红军挺进师的"围剿"。粟裕创造性地提出了实行敌进我进的方针。红军挺进师主力跳出敌人包围圈，以积极作战的行动调动敌人，转战到浙闽边，在浙南地区开辟了大块的游击根据地，在浙西南、浙闽边、浙东、浙南更广泛的区域展开游击战。

1935 年 9 月至 1936 年 6 月，粟裕和刘英领导挺进师实施浙南第一次反"围剿"作战，就采取了"敌进我进"的作战方针，其特点是：跳出包围圈，以积极的作战行动吸引、调动敌人，并开辟和建立新的游击根据地。粟裕认为，这是浙南游击战打破敌人"围剿"的关键。

蒋介石的嫡系罗卓英率领的第 18 军，是陈诚起家的老本，装备精良，战斗力较强，兵力达六七万人。而粟裕手中只有用步枪武装的不到 1000 人的挺进师，面对如此强大的敌人，应该采取何种方针呢？

粟裕分析，井冈山时期，朱德、毛泽东会师形成红四军主力后，主要是采用游击战与运动战相结合；中央苏区的前四次反"围剿"，都是以运动战歼敌。如今，挺进师只有一支游击队，一次最多只能消灭敌保安团的一个营，因此只能以游击战的战略战术，来粉碎敌人的"围剿"，你拉大网梳过来，我变小鱼钻过去。正像他后来所说的："游击战很难谈得上防御，也不能大量歼灭敌人；只能你打你的，我打我的，实行敌进我进的方针。"（《粟裕战争回忆录》，第 159 页）你要我的山头，我要你的后方，你占了我现在的根据地，我到你的后方去开辟新的根据地。

粟裕和刘英决定留下第 2、第 5 两个纵队就地坚持，其余主力部队南下突破敌人的封锁线，进入浙闽边。

可是，国民党军除派五个团的兵力追堵游击队主力外，仍将十几个团的大部队死死地箍住浙西南中心区。针对敌人不受调动的情况，粟裕采取了开辟新的游击根据地的做法，派第 1 纵队向浙东发展，主力则开辟新浙南游击根据地，以积极的行动，支援浙西南的斗争。

粟裕率部攻下瑞安珊溪镇，立足于瑞安、平阳、泰顺三县之间，以此为枢纽，向东南和东北发展，一直打到瓯江南部，直抵东海之滨。接着，又兜了两个大圈子，攻克瑞、平、泰外围敌人的许多重要市镇和据点。

局面打开后，粟裕又率部在浙闽边进进出出，从浙江打到福建，又从福建打到浙江，吸引和打击敌人。

这样，虽说暂时丧失了浙西南游击根据地，却在浙南地区开辟了新的大块根据地，并在浙西南、浙闽边、浙东、浙南更广泛的区域展开了游击战。

"西安事变"后，蒋介石为了在实现第二次国共合作之前，一举将我南方游击队全部消灭，从湖南调第四路军进驻闽浙赣皖边区，任命刘建绪为四省边区主任，指挥 43 个团，10 万余人，于 1937 年 1 月开始对浙南游击区进行第二次大规模的"围剿"。国民党军采取由北向南、由西向东、由外围到中心逼近包围的"大拉网"式战法，准备先将挺进师向东南压迫，然后在飞云港以南、沙港以北之间的浙南沿海地区包围聚歼。

面对强敌新的战法，粟裕分析，为了保存弱小的红军游击队，坚持战略支撑点，必须确立这样的指导思想：把隐蔽精干、保存力量同机动灵活、积极作战的方针统一起来。针对敌人"大拉网"的战术，粟裕采取与敌人相向对进、易地而战的打法。他曾形象地说："敌人梳过来，我们钻过去；你要我的山头，我要你的后方。"（《粟裕战争回忆录》，第 183 页）

在粟裕和刘英的指挥下，游击队熟练地运用游击战术打击敌人。当敌人进攻时，避其锋芒，迅速转移，袭击敌人后方；当敌人追击时，就利用地形地物，与敌人兜圈子；当敌人回兵援救时，就选择有利地形和时机伏击敌人。

车桥战役的胜利，是粟裕采取的敌进我进作战方针的胜利。它把苏中根据地的对敌斗争推上一个新的阶段，即对日军局部战略反攻阶段，并极大地提高了我战略上的主动地位。

1942年夏，日伪用"分进合击"手段，开始对苏中地区进行"清剿"。针对日寇对根据地的"扫荡""清剿"，粟裕采取"敌进我进"的作战方针，地方兵团处于内线就地坚持，牵制敌人，疲劳与消耗敌人；主力兵团适时跳出敌人的包围圈，转入外线，隐蔽在敌伪"扫荡"部队翼侧，看准敌人的弱点突然袭击歼敌，或根据敌占区后方据点多而守备兵力比较薄弱的情况，大胆而机动地挺进到敌伪的纵深地带，进行广泛袭击。历经半年，粉碎了日军的"清剿"计划。

粟裕采取敌进我进的作战方针，命令各军分区组成精悍的短枪队，进入"清乡"地区开展日伪据点内的游击战争。在人民群众巧妙掩护下，短枪队对要打击的目标，十拿九稳，震撼了敌人营垒内部。像天生港、四甲坝那样戒备森严的日伪据点，神通广大的短枪队员也能进去把魔爪锄掉。敌占城镇游击战争的开展，有力地支援了农村游击战争。

1943年底，粟裕总结一年来苏中当面日伪情况变化和各时期战略指导，指出：第7团、第52团开辟高宝、淮宝地区，接连打下据点几十个，控制了两块地区，并打通了北面和西面与第3师和第4师的联系。

相向对进，易地而战

1936年8月间，罗卓英集中了32个整团共六七万人的兵力，连同地主武装，号称40个团，各部都构筑碉堡工事，对浙西南革命根据地形成包围。又从北面的溪圩经东畲到南面的龙泉，构筑一条碉堡线，将整个包围圈剖为东西两部，妄图围歼挺进师，彻底摧毁浙西南革命游击根据地。

敌情火急，粟裕和刘英决定召开政委会和军委会两委会议，研究怎样粉碎敌人的大规模"围剿"。

　　对付敌人如此大规模的"围剿"，应采取何种方针？粟裕和刘英仔细认真地回顾了中央苏区在毛泽东领导下的第一、二、三次反"围剿"和在周恩来、朱德领导下的第四次反"围剿"，都是以运动战歼敌，或采取集中优势兵力、各个击破的方式与之斗争，一路敌人被歼灭了，一次"围剿"也就基本被粉碎。如今，浙西南游击根据地面临的形势，与当年井冈山根据地和中央苏区有很大的不同，反"围剿"的作战方针必须相应改变。

　　粟裕说，当年蒋介石对中央苏区"围剿"时，毛委员领导我们以运动战歼敌，开展反"围剿"斗争。尽管红军在总体上处于劣势，但是仍然有可能集中相当数量的优势兵力，各个歼灭来犯敌人。那时的情况是，只要有一路敌人被打败，敌人的"围剿"也就被粉碎了。井冈山斗争时期，朱总司令和毛委员领导我们用游击战和运动战相结合的战法，粉碎敌人的进攻，保卫红色政权。现在的情况是，我们只是一支游击队，一次最多只能消灭敌人一个营，而敌人整团整师压过来。我们必须用游击战的战略战术来粉碎敌人的"围剿"，保存有生力量，保卫根据地。

　　大家觉得粟裕的分析和提出的战略方针有道理。面对国民党大军压境，游击战该怎样打呢？

　　粟裕接着指出，我们是一支游击队，只能以游击战的战略技术来粉碎敌人的"围剿"。游击战很难谈得上防御，虽然有时也主动进攻，但不能大量歼灭敌人，只能你打你的，我打我的，实行敌进我进方针。现在敌人压过来，我们留下一部分部队就地坚持，主力部队迅速跳出包围圈，以积极的作战行动进到敌人后方去，吸引敌人，调动敌人，开辟和建立新的根据地，这就叫敌进我进。

　　政委会一致赞同粟裕的意见。会议决定：留下第2、第5纵队和广浦独立营，在浙西南特委和军分区领导下，就地坚持斗争，和敌人周旋；其余主力部队迅速跳出敌人的包围圈，以积极的作战行动吸引敌人、调动敌人，并开辟和建立新的游击根据地。

　　粟裕和刘英各带一部分队伍，从浙西南游击根据地中心南下，趁着夜幕掩护，偷涉龙泉河，突破敌人云（和）龙（泉）封锁线，向南挺进到闽浙边境的福安、福鼎、寿宁、泰顺、庆元等地区活动，以吸引敌人、调动敌人，开辟新的游击根据地。

后来，粟裕在"抗日救亡干部学校"的一次讲课中，从辩证法的高度，生动地总结了"敌进我敌"的方针。他先提了一个问题：当敌人以十分强大的兵力，对我们进行全面"围剿"时，怎样才能使部队最安全？

学员们一下讨论开了。有的说，把部队撤到深山老林里去。也有的说，把部队分散活动，以减少目标。

粟裕微微一笑但十分坚定地说：我们的打法应该是，出其不意，飞兵奇袭敌人后方基地，一定要狠狠地打，打得敌人老巢鸡犬不宁。当时，敌人势必要回兵援救，那么，我们又可以以逸待劳，选择地形与时机，打伏击。只有这样不断地消灭敌人，夺取他们的装备来武装我们自己，使敌人逐渐变弱，使我们自己日益壮大，才是最安全的。

敌进我进的战术精髓在于，隐蔽企图，机动灵活。粟裕总结出了一整套敌进我进的战法，包括：兜圈子、大小圈、"8"字形、电光形、回马枪、东去西返，早出晚归，真正做到飘忽不定，出没无常，使敌人无法捉摸。行军沿途的痕迹留有专人殿后负责清除，扶起压倒的草，抹掉脚迹，有时则在与游击队行动相反的方向弄出痕迹，迷惑敌人。部队宿营一般不住大村庄，而选择小村庄，最好是独立砖瓦房，不住没有后门的房屋；宿营部署实行"五班制"，哪个方向发现敌情，就由哪个方向的班抗击，掩护支队部和其他班转移，完成任务后，到预定地点集合。每到一个地方，就调查地形道路，大路小路问得清清楚楚。这样，即使在路上碰到敌人，也有办法兜圈子。

后来，刘建绪这样评价说："粟裕这个人实在不可思议，你要打他时，年复一年地东征西讨，连个影子也没有看到。你要和他谈判时，城里乡下，四面八方，都是他的人。"

抗日战争时期，粟裕在领导苏中反"清乡"的斗争中，指挥主力部队，进一步创造性运用"敌进我进"的战法，在敌人入侵我根据地的同时，也派出精干部队深入到敌后去，开展广泛的游击战，乱敌部署，破敌目标，打敌要害，釜底抽薪，断敌补给。主动撤至"清乡"区外围，随时抓住敌人弱点，机动地给予打击，或抓住有利时机，由外向里，在封锁线上打开缺口，突入"清乡"区内，攻克据点，掩护和配合群众斗争，尔后又迅速撤出。其余部队和民兵开展群众性的游击战争，并辅之以武工队对敌伪进行重点打击，在"清乡"区内，打击敌人。从而，形成不同层次、不同形式的波澜壮阔的人民游击战争，以此来密切配合根据地的正面抵抗。这样既可以有效地保卫根据地，还可以减少根据地的损失。

粟裕曾形象地称之为"叫花子打狗"的战法。他说：敌人集中兵力在北线的盐、阜地区"扫荡"，我们在南线的苏中地区开展攻势，把敌人后方兵力空虚的弱点完全暴露在我们的打击之下；敌人很听我们的指挥，敌人主动要来"扫荡"，我们暂时不理它，只能跟它暂时"调防"，我们转入外线，它至内线，我们由被动变主动，它由主动变被动。

他有趣地打比方说：你们不是见过叫花子打狗吗？叫花子很聪明，总是一面背靠着墙，跟狗作斗争，很主动。敌人来了，好比是条疯狗，我们要转到一边，看清形势再下手，这样才主动，不这样就太不聪明了。

所以，粟裕根据对敌斗争形势的变化，坚持游击战为主的原则，创造性地提出了"敌进我进"的方针，当敌人主力来"扫荡"时，我军也派主力打到敌人的后方和交通线。强调选择适当的时机和地点，跳出敌人的"铁桶"，乘虚而入，袭击敌人守备薄弱的据点，或者以基干军队主力转移到外线背击敌人，让敌人"且进且击"变成"且进且挨打"。这一方针是对"十六字诀"的灵活运用和发展。

敌进我进，不是盲目地强调进攻，而是在积极防御思想指导下，为夺取战争主动权而采取的一种作战样式。是否实施敌进我进，完全取决于敌我双方的实际情况。因此，战争指导者必须在整个战争进程中对敌我态势变化作出及时而准确的分析判断，然后决定自己的作战方针，当进则进，当退则退，当防则防，当攻则攻，时刻掌握主动，避免被动。粟裕认为，以敌进我进的方针来调动和歼灭敌人，一般在下列时机实施：

一是当敌优势兵力四面包围我根据地时，我内线作战难以打破敌之作战企图，不能实施有效的战略退却，那么就应该考虑敌进我进。

二是在敌人兵力过大，且猬集一团，步步为营，我军不能各个击破敌人时，就应该集中主力，敌进我进，一举突破敌之包围圈，转至外线。

三是当多路敌军向我军分进合击时，必须乘合击之势尚未形成之际，主力转移到外线，或以一部兵力出击外线，调动敌人，以伺机打击敌人较为薄弱的一路。

四是当敌战略进攻开始减弱时，应选择敌人进攻正面较为薄弱的方向，果断实施外线出击，将战争引向敌占区，为我军全面转入战略进攻创造条件。

敌进我进，必须悉心研究敌之阵势的弱点与"要穴"，正确选择敌进我军的目标与方向。敌进我进，要达到预期的战略和战役目标，最关键的是选准我之出击方向和攻击目标。只有窥破敌之阵势中的弱点与要害，以我之力量攻其防护薄弱的"要穴"，方能奏效。通常敌进我进情况下之我进主要有以下三个方向：

一是敌人力量薄弱之处。由于受到进攻地形、道路和不同部队任务区分等条件的制约，任何强大的攻势中均存在着相对薄弱的部位，如两支敌军之间的接合部等。在敌已经形成大的包围圈的情况下，采取敌进我进以跳出敌之合围，其方向必须选择在敌之战线间隙或力量薄弱之处。

二是敌人的后方与侧翼。派兵从外线出击敌人的后方，打它的补给基地，逼敌自撤。

三是敌人的战略重地。战略重地是在战略全局中居有至关重要作用的地区，在敌之进攻面前，以我之主动的外线出击，威胁敌人的根本重地，是打乱敌人作战部署以瓦解其攻势乃至实现战略转折的重要手段。

当然，敌进我进的方向远不只是这几个方面。战争指导者应根据战争形势的变化、敌我力量对比的消长，以及地理等方面的条件，灵活地选择出击方向，以达到粉碎敌人进攻之目的。

"敌进我进"的战略战术思想，在人民革命战争中具有普遍意义。在第二次国内革命战争时期，刘伯承就多次提出"敌进我进"的作战原则，只是因受到王明"左"倾冒险主义的压制而未能得到实施。到了抗日战争时期，刘伯承和邓小平指挥八路军第 129 师，在抗战初期就实行"敌进我进"的方针，率部进到敌后方，到敌人后方去拉他的后腿。可以说，在人民军队众多的高级将领中，粟裕是最早提出并成功地运用"敌进我进"原则的军事家之一。

与要点争夺相结合

粟裕创造的敌进我进的战法，往往与要点争夺相结合。

第二分区的三仓争夺战和第四分区的丰利争夺战，是以敌进我进为作战背景。

敌人企图攻占三仓和丰利，打通东西南北两条互相交叉的公路，把以三仓为中心的基本区一分为二，并切断第二分区与第三、第四分区之间的联系，进攻的重点是捕捉新四军苏中指挥机关。敌人的用心极其险恶。

1941 年 6 月，日伪军由潘家礜进犯三仓，粟裕指派第 3 旅第 7 团北上三仓，击退了敌人的进攻。

从 7 月开始，日伪军修筑由潘家礜西到东台、南到三仓两条公路。粟裕判断，敌人企图分割第二分区，并进攻三仓基本区。为此，他提出保卫三仓的作战部署。

果如所料，9 月下旬，日伪军集中 2000 多人，分三路分进合击，并占领三仓镇。但是，苏中区领导和指挥机关已经跳出包围圈。日伪军围歼苏中区首脑机关的企图落空。

这时，粟裕指挥主力部队，首先破坏了东台至潘家礜的公路，使三仓陷于突出、孤立境地，尔后实施两次进击，夺回了三仓。

10 月初，日伪军 2000 多人，从富安、李堡、潘家礜三路出击，合围三仓。此时三仓只有第 7 团团部和少量兵力。第 7 团巧妙布阵，团部撤出三仓，以机枪连在一仓设伏，使从潘家镶南犯的 400 多日伪军受到重挫。

三路日伪军进入三仓后，未发现新四军踪影，合击的企图再次落空。部分日伪军当夜就在三仓安营扎寨，准备长期占领。

粟裕早有明确指示，不让敌伪在三仓立足。第 7 团连夜袭击三仓。日伪军勉强支持到天明，死伤 30 多人，最后逃离三仓。

12 月 9 日，潘家镶日军石井大队及伪军 700 多人，分两路进占三仓。粟裕命令第 2、第 3、第 7 共三个主力团及抗大苏中大队，将进攻之敌全部包围于三仓，昼夜激战，予以重大杀伤。黎明时候，日伪军突围窜逃。

这种以主力部队为主进行的三仓争夺战，先后有 7 次之多。

在三仓争夺战中，粟裕采用了机动灵活的战术。对进攻的敌人，派出若干主力小分队，配合广大民兵，在敌人分进合击途中开展广泛的游击战，迟滞敌人的行动，破坏敌人的协同，消耗、疲惫敌人。主力则在三仓镇及其外围构筑隐蔽工事，待敌人进入火力范围时突然开火，予以杀伤，并适时猛烈反击，迫其收兵。敌人后撤时，主力部队立即尾追打击。在敌人兵力占绝对优势情况下，我军以坚守防御的姿态，以火力和适时的反冲击，予敌以重大杀伤，不待敌合围即有组织地以运动防御迅速脱离。

对占领三仓的敌人，则以主力配合民兵围困，使敌人昼夜不堪其扰；另以部分主力配合民兵游击队，破坏桥梁、道路，切断三仓通往其他据点之联系，使三仓之敌断缺粮水和军需供应，被迫撤退。在游击战争中，带游击性的运动战与坚守防御相结合，实属游击战术的一种创举。

经过反复激烈的争夺，只有 20 多户人家的三仓镇被夷为平地，但是日伪军始终未能在那里安下据点，也未能修通三仓至潘家镶的公路。三仓地区仍然作为苏中根据地的基本区而巍然屹立。

粟裕估计，丰利地区我们难以长期控制，但是可以直接策应三仓争夺战，用丰利争夺战来钳制和调动敌人。

1941 年 12 月上旬，日伪军集中 3000 多人，从南北两线进攻丰利和三仓。

粟裕指挥新四军第 1 师主力部队和地方武装奋起反击，首先在丰利东南之花市街、双灰山给南路敌军以沉重打击，予以全部消灭，生俘日伪军官兵200多人，南浦襄吉旅团长的督战代表小野大山被击毙，羽田分队长和士兵三人屈膝缴枪，另有10多名士兵弃枪逃窜，把气焰嚣张的"皇军"打得丧魂落魄。

在北线，进占三仓的日伪军立足未稳，就遭到第1师部队围攻，被迫窜回原据点。

气急败坏的南浦旅团长果然听从粟裕调动，把进攻的重点转向丰利，先后五次从东台、兴化等地调兵增援，亲自出马指挥，经过五昼夜激战，虽然暂时占领丰利，但是付出了伤亡800多人的惨重代价。

1941年12月上旬，日伪军在争夺三仓、丰利的同时，开始对苏中区的冬季大"扫荡"。

为策应和配合基本区的要点争夺战，粉碎敌人的"扫荡"，粟裕组织发动了"十团大战"，指挥第1旅、第2旅、第3旅主力部队和地方武装，在广大民兵和人民群众配合下，向日伪军守备薄弱的据点主动出击。北自东台，南达长江，西至泰州、兴化，东抵黄海，作战地域纵横数百里，作战时间持续一个月，向日伪军据点如皋等12处主动攻击，攻克掘港、临泽等敌军据点，歼敌500多人，沉重地打击了敌人，振奋了苏中军民的抗战精神。

在这段时间内，粟裕一直留在"扫荡"圈内，率领一个十几人的指挥机构和一个加强排的警卫队同敌人周旋，多次身历险境，但指挥若定，化险为夷。

要点争夺与敌进我进相结合，辩证地解决了军事斗争与根据地建设的关系问题，这是粟裕对抗日游击战争的独创性贡献。

要点争夺战，亦称根据地基本区争夺战，贯穿于苏中抗日斗争的全过程，后来的"坚持原地斗争"是它的进一步发展。

粟裕晚年谈到苏中抗日斗争的经验时，反复强调要点争夺战的重要作用。他说，要写苏中抗日斗争，我就写要点争夺战。没有要点争夺战，就没有苏中抗日民主根据地。所谓要点，不是指某个具体的点，而是指根据地的基本区和战略要点。要点争夺不是盲目硬拼，而是积极斗争。如果在敌人严重进攻面前，不采取积极斗争的方针，就会使敌人分割、封锁、压缩根据地的企图得逞，就不可能建成基本根据地。既是游击战，又是要点争夺，是不是矛盾？不。游击战的特点在于秘密而周到的准备，迅速而突然的动作，主动而灵活的指挥。游击战的战术是在实践中发展的，我们应该根据新的情况创造新的战法。

第四章
把握转折，推动战局

粟裕关于战争指导的"转折"理论，是他的兵法韬略中极富特色的一个重要内容。在一定意义上甚至可以说，认识和把握战争矛盾运动过程中的"转折"，是粟裕军事指挥艺术的"精髓"。他善于抓住战略和战役、战斗的转变关键，敏锐地预见并把握战局的发展变化，进行独到的一系列的连续作战和战场临时转用兵轩，真正做到使我军以一当十、当百地发挥作用，使敌人相反以十、以百当一地降低效能，从而迅速而异乎寻常地扭转战局或发展胜利。

这个理论，正确地揭示了战争矛盾运动过程中质量互变的客观规律，是一个了不起的重大发现。

一、战争中的转折点是一个关键

这是一个极有价值的哲学命题，是关于事物由量变到质变的关节点的哲学命题。哲学上讲，要掌握具体事物的度，首先要找到它的关节点。而军事上所谓的"转折"，实际上就是战争发展中的质变、飞跃，是战争矛盾运动质量互变关系的一种具体表现。它往往成为战局发展的关键环节。

哲学和战略大师毛泽东主张，一个指挥员应把自己注意的重心，放在那些对于他所指挥的全局来说最重要最有决定意义的问题或动作上，也就是注意于那些有关全局的关节。当战争全局的"多数"战役或者有决定意义的某一个战役胜利或失败了，全局就会发生质的变化。因此，指挥员要特别注意把握全局发生质变的关节点。

粟裕关于作战指挥的"转折"思想，丰富了毛泽东的"关照全局""把握关节"的理论。在他看来，战争作为力量的竞赛，是敌我力量对比不断发生变化的曲折复杂的过程。当这种变化积累到一定程度时，必然要打破原有的相对平衡状态，从而引起战局、作战的阶段发生由量变到质变的转化。

所谓战争转折，就是交战双方力量由量变到质变的转化和飞跃，以及质变过程中的渐进和突变，是战争进程中带有关键性的变化，是对战争胜负具有决定性影响的关节点。

战争活动同其他任何事物一样，其运动和发展都有阶段性。由于敌我双方的激烈对抗和角逐，构成战争活动的诸因素不断发生变化。当这种变化积累到一定程度时，必须要打破原有的某种相对平衡状态，从而引起战局、作战发生由量变到质变的阶段性转移。这种阶段性转化或质变飞跃的时节，也即一般意义上的军事转折，往往成为战局发展的关键环节。客观地认识和能动地把握这种转折，是夺取战场主动权和战争全胜的重要前提。

粟裕认为，从战争的全过程来看，存在着战争全局的战略性转折、战区范围的阶段性转折和战役过程的转折点三个不同的层次。无论是处于哪个层次的转折，战争的许多方面，如作战对象、作战地域、作战规模、作战方法等，都会发生变化，各方面的关系表现得错综复杂。作为一个指挥员，一定要注意各阶段之间的转折，把握作战全局上的关节——转折点，通过关键行动的成功，使战局或战场态势发生有利于己的转变。这也是作战指挥中最不容易掌握的时节。

粟裕不仅洞察到战争全局的战略性转折的重要意义，而且意识到还存在着战区和战役这两个层次的转折。在全面战争条件下，敌我双方持续进行的一系列战役作战，不断改变着双方力量的对比，到了某种程度时，一次或几次重要的或具有决定意义的战役作战，往往会成为战区一种局势向另一种局势变化的关键时期。他在回忆录中写道："这里，我对'转折'这个概念作一点说明，人们往往注意战争全局性的转折，例如解放战争由战略防御转入战略反攻和战略进攻，却不注意一个战区和一个战役的转折。"

力争有利转折，避免不利转折，是粟裕指导军事战略转折的基本思想。

作为一个战区指挥员，如果没有某种程度的先见之明，而只能在转折已经开始时仓促、被动地应付，要想在转折问题上趋利避害，那是不可能的。粟裕善于预见可能出现的转折，及时认清已经开始的转折，用战役的胜利为实现转折创造条件。

粟裕从对战略转折的深刻认识，进到对战区和战役层次上的转折的全面把握，表明他具有很高的战略意识，以及对事物发展进程的深刻洞见。

二、准确把握战争全局的战略性转折

粟裕一贯重视对战争全局的战略性转折的认识和把握。

战略性转折，亦即军事战略的转折，就是战争全局性的转折，包括敌我力量对比的变化和作战方式的转换，既包括游击战和运动战等作战形式的相互转换，也包括战略防御、战略反攻和战略进攻等不同发展阶段的转变。例如，抗日战争由战略防御转为战略相持再转为战略反攻，解放战争由战略防御转为战略进攻再转为战略决战，以及从正规战到游击战、从分散的游击战到大兵团运动战的转变。

粟裕认为，战争全局转折有赖于一个或几个战略区形势的根本性变化。

我军历史上有许多次军事战略转变，其中既有适时进行战略转变而成功发展的历史，也有未能及时实行军事战略转变而受挫的历史。正反两方面的经验，使粟裕深刻地认识到，依据形势的发展，适时地实施军事战略转变，是战争艺术中的重大课题。

粟裕历来重视对战争进程中战略转变的认识和把握。他对战略转变的最早体验，可以追溯到参加"八一"南昌起义，成为红军的一名基层指挥员，跟随毛泽东、朱德转战沙场，从战争中学习战争的时候。他特别强调要看到朱德、陈毅领导和实施的由城市到农村、由正规战到游击战的战略转变的伟大功绩。

在井冈山和中央苏区时期，粟裕从游击战与运动战的转换中，深切地体察军事战略转变的重要意义。他说，南昌起义余部和秋收起义部队的胜利会师，使党领导的武装斗争从一开始就有了有力的拳头。所以井冈山时期的战争形式，初期以游击战为主，也有运动战；后期则是游击战与运动战相结合，或者说是游击性的运动战。

在跟随红四军主力向赣南、闽西进行战略转移过程中，粟裕进一步体会到适时进行战略转变的极端必要性和重要性。他认为，处于弱势的红军，战略发展方向应当根据敌我形势的变化，以及具体地域自然地理、政治、经济、军事等诸种条件而适时地进行转变。对于红军来说，不仅有一个方向的战略进攻、战略防御，而且有向另一方向的战略转移。战略转移既是退却，又是特殊形式的进攻，即从一个方向和区域，向另一个更为有利的方向和区域去求得发展。在选择战略发展方向时，要特别注意选择敌人统治比较薄弱的环节和注意利用敌人的矛盾。

当粟裕成长为高级指挥员，并参与领导一个战区时，他更加注意分析形势，把握战争全局的战略性转折。

1934年7月，粟裕所在的红7军团奉命组成北上抗日先遣队，深入到国民党闽浙赣皖腹心地区，执行战略牵制任务，以配合中央红军主力即将实行的战略转移。在面对当时部队远离后方，深入白区，不断受到敌人的围追堵截的新情况，作为红7军团参谋长，粟裕深深感到必须在军事行动的指导方针上有所改变。

粟裕一路走一路思索，对新环境中的行军、作战，形成了自己的一套见解：行军，应该采取跳跃式前进，根据地形、敌情，该快则快，该慢则慢，动若脱兔，静似处子。作战，面对强敌"追剿"，应适当分散兵力，同敌人盘旋兜圈子，多打游击战，以吸引、迷惑和寻机打击敌人；遇到有利战机则集中兵力，打游击性的运动战，歼敌一部，以改变不利态势，争取战场主动权；既要积极打击敌人，又不盲目地打硬仗，拼消耗。

为此，他多次向军团主要领导提出转变作战指导方针的建议，强调要由正规战向游击战、正规军向游击队转变，但都未能受到重视和采纳。后来他回顾这段历史时指出，当形势已经发生了根本变化，未能及时实行由正规战向游击战、由正规军向游击队的军事战略转变，是使抗日先遣队遭受挫折和失败的主要原因。

担任挺进师师长后，粟裕深刻总结抗日先遣队血的教训，自觉地领导和实施由正规军向游击队、由正规战向游击战的战略转变，和政委刘英一起，在极其艰苦复杂的条件下，率领挺进师坚持浙南三年游击战争，经受住了国民党军的一次"进剿"和两次几十个团的"围剿"，在国民党腹心地区立脚生根，建立了浙南游击根据地。

1937年，和党中央失去联系多年的粟裕，得知全面抗战爆发，实现国共合作抗日的消息后，又自觉地领导挺进师，实施了由国内革命战争向民族革命战争的转变，主动与当地的国民党当局谈判，并且在谈判中坚持了我党我军的原则立场。

在失去党中央和上级党组织领导的情况下，粟裕领导挺进师经历了由正规军到游击队和由国内革命战争到抗日战争两次战略转变，显示出粟裕对战争全局战略性转折的认识和把握已日益成熟。

苏中抗日斗争时期，粟裕集党政军领导于一身，更是把注意力的重心放在掌握战争的战略性转变上。他深刻领会毛泽东提出的"独立自主的游击战"的战略方针，结合苏中的实际，领导实施了工作重心由城镇转向农村，作战对象由顽军转向日军，作战方法由运动战转向游击战，并以游击战为中心，实行组织形式、领导方式、工作作风等各方面的转变。他说，这一转变就苏中来说是战略性的，不转变肯定要吃大亏，转变得不适时，转变得不好，也要吃亏。这次战略转变，对苏中抗日根据地的建立和巩固起了决定性的作用。

1944 年初，在取得频繁的反"扫荡"、反"清剿"、反"清乡"斗争胜利后，粟裕又不失时机地把工作重心由对根据地以坚持为主转到以发展为主，组织指挥了车桥战役，促进了苏中抗日斗争转折点的早日到来。实践证明，粟裕对形势的估计是正确的，因而能不失时机地对日伪军展开攻势作战，胜利实现了苏中区对日军进行局部反攻的转折，有力地推进了抗日形势的发展。

随着形势的发展和我军力量的壮大，抗日战争末期，粟裕在浙西天目山地区指挥反顽作战中，又领导苏浙军区的部队提前实现了从游击战到运动战的战略转变。特别是天目山战役的胜利，实现了中央关于向苏浙敌后发展的战略目标，扩大了我军在江南的抗日阵地。在政治上，使我党同国民党的谈判更为有理，军事上锻炼了部队，改善了装备，提前实现了由分散游击战争向大兵团运动战的战略转变，为以后组成华中野战军，遂行更艰巨的战略、战役任务，打下了坚实的基础。解放战争时期，华东地区之所以成为全国歼敌最多的战略区之一，抗战胜利后及时地实行军事战略转变是一个重要原因。

粟裕后来在回忆录中写道："天目山战役是我在抗日战争中所经历的激烈和艰苦的重要战役之一，也是我华中部分主力锻炼成长的重要战役之一，正是通过天目山战役的胜利实践，使我们提早实现了从游击战到运动战的战略转变，为后来蒋介石对我们全面大打时做了思想上和战略战术上的准备。"（《粟裕战争回忆录》，解放军出版社，1988 年 11 月，第 1 版，第

303 页 ）

解放战争时期，粟裕不仅在指挥作战中更为成熟地实践了军事战略转变，而且对战争转折的认识更为深刻、系统，并上升到了理论的高度，提出了战争全局性转折以及阶段性转折的问题。

战争全局的阶段性转折，是由战略内线作战到战略外线作战、由战略防御到战略进攻的转折。这个转折有全国性的转折，也有部分（战区）首先开始的转折。全国性的转折是由战略防御到战略进攻的转折，部分（战区）首先开始的转折是由战略防御到战略反攻的转折。

解放战争时期，全国性的转折是 1947 年夏我军开始战略进攻时实现的。在这个转折之前，有些战区即开始了由战略防御到战略性反攻的转折。这对全国战局来说，是局部的，但对战区来说它也是全局性的。

战争全局性的转折，是通过一系列的战役胜利后，在关键的时间和地区上，以关键性战役的胜利完成的。华东战场全局形势的转折，是在粉碎了国民党军全面进攻到重点进攻后实现的，转折点是 1947 年 9 月的沙土集战役和胶东保卫战的胜利。为了争取这个转折的早日到来，粟裕在陈毅的领导下，组织了一系列重大战役，逐次改变敌我兵力对比和战场形势，造成战局转折由渐变到突变的发展。

粟裕善于指挥夺取对全局具有决定意义的战役的胜利。他认为，抓住战争中最关紧要的战役，对全局具有决定性影响。他总是全力以赴，打好关键性的战役。解放战争中的宿北战役，在敌人对我的半包围中打开了一个缺口，然而这个缺口不大，敌人稍作调整，仍可恢复对我军的半包围态势。要彻底打破敌人包围，夺取主动，还须再打一个好仗。

在宿北战役尚未结束时，粟裕就认识到，"如果继宿北战役之后再在鲁南打一个大歼灭战，不仅能打破敌人的包围圈，使山东、华中野战军完全会合，而且能为今后在山东作战创造良好的战场条件"。于是，他根据军委指示，迅即挥师北上，在宿北战役结束后仅 12 天，即发起鲁南战役。这两大战役的胜利，实现了"华东战区的第一个转折"。

三、战区范围的阶段性转折：战区指挥上最不容易掌握的时节

粟裕认为，在战争全局转折和战役转折之间，还存在一个中间层次，这就是战区转折。这应该说是中国战争的一个特色。

解放战争中，中国作为一个大国，必须依据情况划分为几个战区。如华东战区，其人口、面积相当于一个中等国家，我军兵力也相当于一个中等国家的战时兵力，加之战争发展的不平衡性，因而在中央总的战略方针下，必须有相对独立的一个方面。这就造成了战区指挥的特色，在每个战区的战争全过程中，依据敌我双方的变化，又形成若干段落。在这一个段落与下一个段落之间，形成了战区的转折。这时，战争的许多方面，如作战对象、作战地域、作战规模、作战方法会发生变化，各方面的关系表现得错综复杂。因此，粟裕认为，作为一个战区指挥员，要注重各个段落之间的转折，这是在战区指挥上最不容易掌握的时节。

每一次战区转折，都会使战区形势发生重大变化，出现新的规律。这就要求战区指挥员，对变化了的敌我双方情况进行调查研究，分析其发展变化的新特点，探求战区作战的客观规律，特别是不同阶段的特殊规律，努力使自己的行动适应这些规律。

综观解放战争时期粟裕指挥的华东战区作战，有三次大的转折。宿北战役和鲁南战役，是完成战区战略防御布势调整的转折；沙土集战役，是我军胜利完成由战略防御到战略进攻的转折；豫东战役，是战略进攻向战略决战发展的转折。

从华中野战军主力北上与山东野战军会师苏北，到 1946 年 12 月宿北、1947 年 1 月鲁南战役胜利，这是华东战区的第一次阶段性转折。

这一转折的基本内容是：华中主战场由解放区前部转入纵深地区；敌我双方兵力更加集中，华东战区打歼灭战的规模越来越大；华中野战军和山东野战军由战略上配合作战转为战役上协同作战，由各自分别歼灭当面之敌，

到集中作战的一个转折，直至组成统一的华东野战军。

在这一转折过程中，粟裕面对强敌压迫和内部不同意见，以对党对人民高度负责的革命精神和实事求是的科学态度，积极提出关系战略全局的建议，出色地完成了中央军委赋予的战役指挥任务。

1946 年 9 月，粟裕率华中野战军在取得苏中七战七捷后，主动放弃华中首府淮阴、淮安。

由于我军放弃两淮，加之此后战事进展不太顺利，有些战斗打成了消耗战，部队内部出现了一些思想混乱。有的认为是打了败仗，有的怀疑前段的作战方针。粟裕却深刻地指出：这是战场由根据地前部向纵深转移的转折。由于战场向纵深转移，我军兵力进一步集中，行动更加统一，根据地更能发挥作用，因而逐步具备了打大歼灭战的条件。后来，他在谈到这一问题时指出："我军的撤出两淮，绝对不是我们军事上的失败，而是对蒋军大规模歼灭战的开始。"他认为，我军放弃两淮后进行的几次战斗，虽然有的打成消耗战，但开拓了战场，拓展了我军的回旋余地，为成功地进行宿北战役奠定了基础。

1946 年 11 月底到 12 月初，蒋介石为配合其伪国大的召开，制订了一个迅速结束苏北战事的计划。在徐州绥靖公署主任薛岳指挥下，集中 12 个整编师（军）28 个旅（师）的兵力，从东台、淮阴、宿迁、枣庄和峄县四路进攻，企图切断我山东与华中的联系，聚歼华中野战军主力，或者逼迫华中野战军退到陇海路以北。

这时，粟裕指挥的华中野战军主力位于苏北盐城、涟水一带，陈毅指挥的山东野战军主力位于鲁南地区。在北起鲁南峄县南至苏中东台 1000 余里的战线上，包括国民党"五大主力"中的整编第 74 师和整编第 11 师在内的几十万蒋军三面压来，对华野和山野形成了半包围态势。敌军在兵力和态势上都占据优势，华野和山野处于相对劣势和被动地位。

为了寻求正确的战役决策，迅速化劣势为优势，变被动为主动，在中共中央军委的指导下，粟裕与陈毅进行了反复的讨论和探索。

12月6日，陈毅在给中共中央并告华中军区的电报中，提出四个作战方案，并认为，四个作战方案各有利弊，以集中力量确保沭阳，歼击第11师之一路为最好。7日又电示华中野战军：集中兵力首先歼击由两淮进犯涟水之敌，尔后集中山野、华野全力夹击进犯沭阳之敌。

正在盐城以南指挥作战的粟裕，接到陈毅电报后，详细分析敌我态势，认为在四路敌军中以由宿迁东犯沭阳、新安镇的一路对我威胁最大。该敌以国民党军五大主力之一的整编第11师协同整编第69师，共六个半旅，比较骄狂，可能冒进，且处于我两个野战军主力之间。集中主力歼灭这一路敌人，有利于我军尔后向西、向南或向北运动，化被动为主动。

但是，当时华野主力正在盐南作战，阻击东犯沭、新敌军的兵力比较薄弱。如让宿迁之敌东进，势将形成三面应敌的不利局面。因此，他在12月8日与谭震林联名发电报给陈毅，建议山野主力迅速南下，至少进至陇海路边，以便能在两日内赶到宿迁、沭阳地区参战。

陈毅12月9日复电，同意粟、谭8日电部署，决定率领山野主力连夜转移到山东与江苏交界处的码头、沂河北岸机动位置，两夜即可到达宿沭路作战，同时兼顾打击鲁南之敌。

这样，集中山野、华野主力先打宿沭一路蒋军的决心就基本上定下来了。

中央军委认为，歼灭进攻沭阳之敌极为重要，而且两军会合第一仗必须打胜，并明确提出由粟裕组织指挥，把战役指挥的重担加在了粟裕肩上。

粟裕接到中央军委电示后，立即昼夜兼程，赶到位于涟水、沭阳交界处的华中军区驻地张集，同从鲁南南下的陈毅会合，共同策划和指挥宿北战役。

粟裕和陈毅等密切注视敌情的变化，不断调整自己的部署。他们分析敌我态势，判断在四路敌军中，东台、两淮、峄枣三路敌军曾遭到我军打击，顾虑较多，进展不会太快，而由宿迁东进之敌，以为我山野、华野主力尚在鲁南和苏北地区，可能乘虚冒进。这一路中的整编第11师，装备精良，兵多将骄，刚从中原战场调来，对淮北地形、民情不熟悉。整编第69师由三个不同建制的旅合编而成，内部矛盾较多，战斗力较弱。师长戴之奇是三青团中央委员，政治上极端反动，军事指挥无能，政治冒险精神十足，必图邀功冒进。

于是，粟裕和陈毅决定出其不意，中央突破，集中兵力，先打弱敌，以24个团的兵力，首先围歼立足未稳之整编第69师于宿迁、沭阳、新安镇三角地区，分割、阻击并视情歼灭整编第11师；同时以28个团的兵力分别监视和阻击其他三路敌军。

12月14日，敌人按照预定的计划，由宿迁向沭阳、新安镇攻击前进，整编第69师和整编第11师主力呈扇形展开，出现了我军予以穿插分割、各个歼灭的大好战机。陈、粟当机立断，调整部署，指挥部队隐蔽接敌，向整编第69师发起突然攻击。

战役于15日黄昏发起。华东野战军出其不意的攻击，打了蒋军一个措手不及。第1纵队经过一小时战斗，歼灭整编第11师工兵营和骑兵营大部，攻占了距离整编第11师师部仅300米的曹家集，接着又切断了整编第11师与整编第69师的联系。

第8师经过彻夜激战，先后四次向据守峰山之敌发动猛烈冲击，在16日拂晓占领峰山，并且打退了敌人的多次猛烈反扑，控制了关系战役全局的制高点。

第7师、第5旅和第9纵队，则控制了嶂山以北以东阵地，进一步切断了整编第69师师部与所属第41旅的联系。

整编第69师陷入重重包围之中，不断向整编第11师师长胡琏呼救。在徐州绥靖公署副主任吴奇伟与前线指挥官胡琏、戴之奇之间，展开了一场惊慌失措、相互指责的呼叫。

为了不给敌人以喘息机会，陈、粟命令第1纵队、第2纵队、第9纵队和第5旅，以迅速勇猛的动作，向被包围在人和圩等地的整编第69师之敌展开进攻。

第2纵队和第9纵队当即调整部署，运动接敌，但是到18日零时，仍未展开攻击。粟裕下令：务限于 18 日拂晓前坚决攻下人和圩！各部队奉命发起攻击。

由于准备不足，未获成功。当即总结教训，经过充分准备，于 18 日黄昏发起总攻。经过数小时激战，全歼整编第 69 师师部及其一个整团和一个旅大部。至此，蒋军整编第 69 师全军覆没。

宿北战役歼敌 2.1 万余人，是华东战局第一个转折的标志。这次转折的主要形式，是由集中兵力到分兵二路扯散敌人，再到集中兵力歼灭分散之敌，实现了由内线歼敌到外线出击的转折，同时又是全国性战略防御到战略进攻转折在华东战区的重要体现。

为了进一步摆脱被动态势，与宿北战役仅相隔 12 天，粟裕和陈毅又指挥山东、华中两大野战军，成功地进行了鲁南战役，全歼国民党军美械装备两个整编师和一个快速纵队共 5.3 万余人，取得了一个空前的大胜利。

粟裕后来分析指出：宿北、鲁南两个战役，是解放战争初期华东我军由解放区前沿作战转向纵深作战，为实现我之战略意图的两个关键性战役。由于我军这两仗都打得很好，获取了重大胜利，从而完成了战区的第一个转折。从此，我华中、山东两个战区在胜利中实现了统一，我军进一步集中兵力，实行大踏步前进和大踏步后退，把运动战、歼灭战推向了更大规模。接踵而来的莱芜战役、孟良崮战役的胜利，可以说是完成转折后合乎逻辑的成功发展。

粟裕认为，战区转折是有条件的。他结合宿北战役的胜利，概括了战区转折的五个重要标志。

第一，战局发展对战区形势产生的重大影响。华中野战军主力撤离苏中战场（以后可能再撤出苏北）是一个大变化，整个华中将处于敌后，打一个大胜仗对士气、民心将产生积极影响。

第二，战场布局和力量使用的转换。华中、山东两支野战军会师，改变了过去各自在淮北、苏中作战的情况。下一步应在哪里作战？先在淮海地区打一仗的作战方案，需通过实践来检验。

第三，关键性战役的胜败。宿北战役是两支野战军会师在战役上的第一次协同作战，这也是一种初战。这仗打胜了，两支野战军之间、新的领导机构和所属部队之间就产生了彼此的信任，对以后作战的影响是很大的。因此，军委、毛泽东电示："只许打胜，不许打败。"

第四，主动与被动的转换。继淮南、淮北被敌人占领后，华中首府两淮又失守，敌军对我形成半圆形包围的态势。国民党军五大主力中的两个——整编第 74 师和整编第 11 师也调动苏北战场上来了，我军处于被动状态。宿北战役将决定我军能否经过主观能力的活跃，将战役的主动权夺到手。

第五，作战经验的成熟与否。华东战场从前沿逐步转入纵深，随着正面战线的收缩和兵力的集中，歼灭战的规模将逐步扩大。苏中战役歼敌 5 万余人是七仗的总和，最大如黄路一仗仅歼敌 1.7 万余人。宿北战役的规模要大得多，如打胜了，可以成为两支野战军集中后战役规模越来越大的一个良好的开端。

在上述五个方面中，战局发展对战区形势的重大影响，是战区转折的前提，主动与被动的转换，是战区转折的实质。

从华东野战军 1947 年 7 月分兵、外线出击，到 9 月集中兵力进行沙土集战役，是华东战区的第二次阶段性转折，这是华东野战军由内线歼敌到外线出击，由战略防御到战略进攻的转折。第二次战区转折是我外线兵团在经历了敌重兵集团的围追堵截之后，巧妙运筹，果断决策，取得沙土集战役的胜利而实现的。这次转折的主要形式是我敢于集小主力与敌进行大规模会战，敢于攻袭敌人坚固设防的城市，敢于对战场要点作顽强固守和反复争夺，成为实现全国性战略进攻到战略决战转折的重要组成部分。

1947 年 7 月下旬，中共中央小河会议结束当天，中共中央军委电示刘邓、陈粟谭和华东局，指令刘邓大军千里跃进大别山；要求陈毅、粟裕、谭震林率鲁中主力并在刘邓到大别山后，指挥陈士榘唐亮担负整个内线作战任务。

8 月 4 日，中央军委连发三电，指令粟裕带炮兵速去鲁西南，统一指挥陈士榘唐亮、叶飞陶勇五个纵队，积极策应刘邓作战，并决定组成华野西兵团，"提议以粟裕为司令员兼政委"。（《毛泽东军事文集》第四卷，军事科学出版社、中央文献出版社，1993 年 12 月，第 1 版，第 165 页）

粟裕接到中央军委电报，联系全国战局领会军委战略意图，认为，就战略全局来看，我军已由战略防御转入战略进攻，战略重心已由内线转到外线，主战场也由山东转移到中原，华东野战军今后的主要作战方向和指挥重心也将相应地转到外线，转到外线的几个纵队是华野的主力。

为了更好地完成中央军委赋予的任务，并考虑到"人事关系与指挥便利"，粟裕向陈毅提出三点建议：（一）请陈毅一同西去，以加强领导；（二）为了进一步集中兵力，造成战役上的优势，增调第 6 纵队到西线；（三）留在山东的第 2、第 7、第 9 三个纵队组成东兵团，执行内线作战任务。

这一建议得到陈毅的赞同和中央军委的批准。

8 月初，为粉碎蒋介石分进合击刘邓大军的企图，在鲁西南休整的刘伯承、邓小平，决定提前结束休整，于 8 月 7 日突然隐蔽南进，执行挺进大别山的战略任务。

粟裕遂于第二天，率领华野指挥机关和第 6 纵队、特种兵纵队向鲁西南进军。

下一步如何行动？ 8 月 16 日，粟裕于行军途中收到中央军委来电，询问陈、粟对西线兵团今后行动的打算。

粟裕分析敌我态势，思考最佳行动方案。他知道，对于华野西兵团的行动，中央军委有过明确指示，要求华野各纵队从刘邓大军的相反方向钳制敌人，"陈唐不可轻出陇海以南"，"陈粟六纵全部必须从内线，即从你们（指刘邓大军）的反对方向钳制敌人，才是最有力的钳制"。但是，当前的形势已经发生变化，刘邓大军越过陇海路以后，受到大批敌军前堵后追，处境紧迫。为了更有力地策应刘邓大军作战，华野西兵团作战区域必须扩展到陇海路以南。这样，不仅可以适应当前拖住敌人、策应刘邓的作战需要，而且可以为将来三军配合经略中原创造条件。8 月 18 日，他把自己的想法和建议报告中央军委和华东局。他在电报中说明，由于陈毅去渤海军区未回，此电是他个人的意见。

粟裕在电报中说："依近日情况判断，敌有大部随刘邓南去可能。果如是，则刘邓很吃力，我们应尽一切努力多拖住一些敌人。因此，西兵团目前应位鲁西南及陇海线上行动，必要时以一部挺入路南，破袭津浦，威胁徐州，才能有效拖住敌人，并寻机歼灭薄弱之敌。此计划如能有效实施，不仅可拖住一部敌人不能南去，且可迫使鲁中、胶济线抽一部分敌西来。如是，则又会减轻我鲁中及胶济线负担，并使敌人进犯胶东腹地及烟台之可能性更减少。"（《粟裕军事文集》，解放军出版社，1989 年 7 月，第 1 版，第 318—319 页）

这就是著名的"巧酉电"。这是一份从战略全局利益出发为本战区任务主动加码的电报，也是为未来战局发展创造有利条件的电报。

毛泽东复电指出："粟裕同志巧酉电意见极为正确。"

接到毛泽东的电报指示，粟裕反复思考，进入鲁西南以后，如何打好第一仗，夺取战争主动权。

此时刘邓大军南进以后处境十分困难。毛泽东连发急电，通报刘邓大军情况，指令陈、粟率部迅速南下歼敌，直接援助刘邓大军，"至急至要"。

已进入鲁西南的陈唐、叶陶五个纵队打得也很艰苦。在敌人重兵进攻下，部队频繁转移，一直受敌人尾追，未能摆脱被动，一个多月没有打过一个像样的仗。部队减员较多，思想较乱。

粟裕认为，扭转战局的关键，是尽快捕捉和创造战机，打一两个歼灭战。这样，才能有力地配合刘邓作战，才能迅速打开鲁西南局面，才能克服指战员中的思想混乱。

他敏锐地意识到，此时已经具有打歼灭战的基本条件和可能出现的有利战机。我军与敌军在同样的地理、天气条件下作战，敌人在大雨泥泞中追击一个多月，也是疲劳不堪，而他们的素质和士气是不能同我军比拟的。我军实力虽然下降，但已经高度集中，完全可能对敌人造成战役上的兵力优势。同时，敌人骄狂失慎，错误地判断我军北逃，很可能分兵轻进，形成有利于我的战机。我军突然南下，出其不意，攻其不备，必将大奏奇效。

根据这样的分析，粟裕提出了两个可供选择的作战方案：

一、渡过黄河与陈唐会合以后，开个会，休息几天，补充弹药、物资，恢复部队体力，再打第一仗。好处是战役指导思想统一，布置周到，易于协同。不利之处是，敌人可能谨慎靠拢，或进入据点固守，不易分割歼灭。

二、在陈、粟率 6 纵、10 纵和特纵渡河第二天就发起战役。由陈唐部将敌诱至距我渡河点以南三四十公里之适当地区，集中三个纵队，包围敌整编第 57 师或整编第 68 师，另以一个纵队钳制敌整编第 5 师（由第 5 军改称）；第 6 纵队、第 10 纵队赶去参战。这样，可以出敌不意，易于取胜，而且能迅速打开鲁西南局面，及时南下豫皖苏配合刘邓大军。但战前来不及开会，不便取得密切协同，万一打不好，对整个战局不利。

这时，已自渤海军区返回华野前指的陈毅，表示同意粟裕的设想，并提议在作出决定以前征询陈士榘、唐亮、叶飞、陶勇的意见。

8 月 30 日，陈、粟又接到毛泽东署名的急电，要求他们"严令陈、唐积极歼敌，你们立即渡河，并以全力贯注配合刘、邓"。（《毛泽东年谱》下卷，人民出版社、中央文献出版社，1993 年 12 月，第 1 版，第 224 页）

陈毅和粟裕立即决定，采取第二方案，率领第 6 纵队、第 10 纵队和特种兵纵队南渡黄河，与第 1、第 3、第 4、第 8 纵队会合于郓城地区，相机歼灭北犯之敌。当天就发出"西字第一号命令"。陈、粟立即率领华野指挥机关和第 6、第 10 纵队渡过黄河，原在黄河以南各部亦遵令兼程急进。

从 9 月 3 日到 5 日，三天之内，华野七个纵队及拨归陈、粟指挥的晋冀鲁豫第 11 纵队就集结于预定作战区域。

按照上述作战部署，华野西兵团各个纵队集结于沙上集南北地区。

沙土集位于山东省郓城县西南，是一个名不见经传的小集镇。蒋军第 57 师整编以前是第 98 军，是华野手下败军。这次在鲁西南地区作战，他神气起来，骄狂失慎，伴随邱清泉的第 5 军猖狂进攻，已经进至郓城西南皇姑庵附近，而与第 5 军拉开了 20 公里的距离。

陈、粟当机立断，抓住这一有利战机，指挥部队发起攻击。他们集中三个纵队共八个师即四倍于敌人的优势兵力，攻歼整编第 57 师；以三个纵队加一个师即超过主攻部队的兵力阻击援敌，并以一个纵队作为战役预备队。

9 月 7 日，华野部队发起攻击。敌整编第 57 师见大势不好，急忙收缩到沙土集附近几个村庄。华野迅速完成对整编第 57 师的合围。

粟裕密切注视战场情况。他发现，在围歼整编第 57 师的部队中，除第 6 纵队以外，大多弹药不足，特别是缺少炮弹，不能充分发挥我军威力。立即写信给负责后勤供应的刘瑞龙，要他迅速往前方运送炮弹和其他弹药。

刘瑞龙按照粟裕的指示，立即调动一切运输力量，把弹药送到前线。

沙土集一战打得干净利索。从 9 月 7 日至 9 月 9 日凌晨，只用不到三天的时间，就歼灭整编第 57 师 9500 多人，其中俘虏中将师长段霖茂以下官兵 7500 多人，缴获大量枪炮弹药和其他军用物资。

这一仗打出了华东野战军的神威，使骄狂不可一世的国民党军将领佩服得五体投地。

沙土集战役的胜利，是华东战局第二个转折的标志，它不仅从根本上扭转了华野在鲁西南的被动局面，为恢复和建设鲁西南根据地创造了条件，为向豫皖苏进军打开了道路，而且迫使蒋介石从大别山区和山东内线战场抽调四个师驰援鲁西南，有力地配合了刘邓大军和山东内线我军的行动。粟裕对新华社记者发表谈话，指出："这一胜利，说明蒋军在山东一再挣扎的重点攻势已最后宣告破产。蒋军从此变为被动，我军从此转为主动。"（《陈粟大军挺进豫皖苏》，安徽人民出版社，1991 年 7 月，第 1 版，第 274—280 页）

在这一战役中，粟裕特别注重对作战时机的把握。他认为，战区指挥员只有充分发挥主观指导的能动性，才能促使作战从一个段落顺利地过渡到下一个段落。其中最为重要的是：战区指挥员准确把握战区转折的时机，对作战实施正确指导，是胜利实现战区转折的关键。

战区转折，是通过一系列作战实现的，是个渐进的过程。实现这个转折，通常需要组织与实施若干次战役战斗。其中，必须有一个或两个关系战区和战役全局的战役战斗，这一两个战役战斗打胜了，就可以实现转折；这一两个战役战斗打败了，尽管其他多数作战连战皆捷，也会推迟战区转折的到来，甚至使战区形势向相反的方向转化，对全局产生不利的影响。

1948 年 6 月进行的豫东战役，是华东战区的第三次阶段性转折。这是华东野战军由战略进攻向战略决战的转折。这一转折，是在经历了最复杂、最剧烈的大兵团作战而实现的。

1947 年冬，也就是全国解放战争打了一年半，整个中国人民革命战争达到了一个新的历史转折点，也就是毛泽东所指出的，"蒋介石的 20 年反革命统治由发展到消灭的转折点"，"100 多年以来帝国主义在中国的统治由发展到消灭的转折点"。从刘邓大军千里跃进大别山开始，人民解放军在全国各个战场陆续转入战略进攻，国民党军队被迫由"重点进攻"转为"全面防御"，又由"全面防御"转为"分区防御"，主战场则由山东移到了中原地区。

中原战场的胜负，成为交战双方战略指导上关注的焦点。蒋介石为改变他战略上的被动地位，以维持其在全国的反动统治，采取坚守东北、力争华北、集中力量加强中原防御的战略部署，调集重兵于中原战场，一再叫嚣"确保中原""肃清中原"。毛泽东为实现用五年左右时间打败蒋介石的战略目标，指挥刘邓、陈粟、陈谢三路大军经略中原，强调指出："中国历史告诉我们，谁想统一中国，谁就要控制中原。今天中原逐鹿，就看鹿死谁手了。"

这种"鹿死谁手"的较量，当时正处于难解难分的关键时刻。

粟裕分析，在中原战场上，刘邓、陈粟、陈谢三路大军犹如三把钢刀插进敌人胸膛，纵横驰骋于江淮河汉之间，胜利完成了开创中原新解放区的战略任务，并且调动和吸引南线蒋军兵力 160 个旅中约 90 个旅于自己周围，对于迫使敌人在战略上陷入被动地位起了决定性的作用。但是，蒋军在兵员数量和技术装备上仍然占有相当大的优势，在局部地区仍有可能集中优势兵力。蒋介石调集强大兵力于中原战场，除以相当兵力担任八个绥靖区重要点线的防御外，还将其主力部队组成六个机动兵团，采取避实击虚的战法，在各个要点之间往返驰援，对解放军实行战役进攻。刘邓、陈粟，陈谢三路大军分兵作战，"我集敌亦集，我散敌亦散"，如以一路大军对当面之敌作战则难获全胜，如待三路大军集中又往往失去战机，只能打中小规模的歼灭战；由于敌人不易分割，又增援较快，有时连中小规模的歼灭战也打不成。特别是被围困在大别山地区的部队，在无后方依托的条件下连续行军作战，无法集中行动，无法获得休息，处境十分困难。因此，中原战局在一段时间内形成反复拉锯的僵持状态。

面对这种形势，应当采取何种战略行动，才能迅速改变中原战局，继续发展战略进攻，进而夺取解放战争的全国胜利呢？这是战略指导上亟待解决的问题。

中共中央十二月会议结束后，中央决定，由华东野战军主力组建东南野战军，执行南进战略任务，同时成立中共中央东南分局。毛泽东与陈毅商定：粟裕率领第 1 兵团三个纵队，于 1948 年夏季或秋季渡江南进；随后由另三个纵队组成第 2 兵团，于 1949 年二三月间渡江作战。

粟裕提出，为了改变中原战局，继续发展战略进攻，中原地区我军三支大军，宜采取忽集忽分的作战方式，同敌人打更大规模的歼灭战。并将这一建议，于 1948 年 1 月 22 日上报中央军委。

在慎重研究粟裕的建议后，中央军委决定不改变计划。1 月 27 日致电粟裕，要他率领第 1、第 4、第 6 纵队，组成华野第 1 兵团，南渡长江，采取跃进的方式，分几个阶段到达闽浙赣边，进行大机动作战，吸引 20 个至 30个旅的敌人回防江南，以减轻中原战局的压力，迫使敌人完全处于被动应付地位，防不胜防，疲于奔命，不得不改变战略部署。电文的末尾，毛泽东还特别加了"请你熟筹见复"六个字。

粟裕经过一个多月的深思熟虑，在分析了中原地区已基本具备打较大规模歼灭战的条件，以及我军渡江与暂在中原作战对战局发展的利弊关系以后，向中央军委提出了以下建议：三个纵队暂缓过江，刘邓、陈谢及华野主力，依托后方作战，求得雨季与夏收前在中原地区打几个大规模歼灭战。

毛泽东和其他中央领导人在西柏坡当面听了粟裕的陈述，经过与陈毅及中原局、华东局审慎研究后，同意了粟裕的方案，并要求他以寻歼敌邱清泉兵（其主力为整编第 5 军）为主要目标，力争在四至八个月内歼敌五六个至十一二个旅。

粟裕感到这次是向中央立下了"军令状"，决心一定要把仗打好，以战场的胜利来回答党中央和毛泽东的信任。

随后发起豫东战役，以 29 天的连续作战，歼敌一个兵团部、两个整编师、四个正规旅、两个保安旅，连同阻援作战在内，创造了解放战争史上一个战役歼敌 9 万余人的空前战绩，达到了中央军委提出的四个至八个月歼敌五六个至十一二个旅 10 万人的基本要求，更重要的是成为扭转中原战局的关键一战，迅速改变了中原战局，并且推动全国战局由战略进攻向战略决战发展。后来的战局发展，果如粟裕所料，形势急转直下。豫东战役以后，不到半年时间，解放战争的形势就发生了根本性的变化。粟裕认为，豫东战役的胜利，实现了由战略进攻向战略决战的转折。

豫东战役以后，毛泽东在西柏坡接见华东野战军特种兵纵队司令员陈锐霆和晋察冀军区炮兵旅长高存信时，兴奋地说："我们过山坳了！"他左手握拳，右手食指沿拳头顶端滑过。"解放战争好像爬山，现在我们已经过了山的坳子，最吃力的爬坡阶段已经过去了。"战争形势出现了新的转折，敌我力量对比发生了根本变化。

战区转折与战争全局的发展密切相关。一般地说，有了战争全局的转折，才可能有战区的战略性转折。但实际情况并非全是这样，有时战争全局转折了，而某些战区还没有随着战争全局的转折进入新的战略阶段；有时某些战区的战略性转折，则可能先于战争全局的转折。粟裕主张，战区指挥员应当辩证地认识和处理战区转折与战略性转折的关系，一方面要主动地适应战略转变的需要，以战区转折保证全局转折的完成；另一方面，又不依赖战略性转折的实现。在作战指挥实践中，他以"七战七捷"主动适应了解放战争初期战略转变的需要；通过豫东战役和济南战役，以战区决战的胜利，促进了战略决战的到来。

善于认识和把握转折，是战区指挥员具有极高战略指导素质的集中体现。战区指挥员的主要职责就是控制战场，迫使敌陷入被动，服从于自己的意志，从而达到战役的胜利。指挥员控制战场、掌握战役转折的行为，集中地反映出他的指挥才能和驾驭战场的能力。由于作战对象、作战地域、作战方法以及作战规模的变换，加上各方面的情况表现得错综复杂，客观上会给战局蒙上许多阴影，使一般人难于辨明。从华东战区的三次转折中可以看出，每一次转折都是出现在形势极其错综复杂的险峻时期。因而多数人看到的是困难多、前途渺茫，甚至对战区指导产生怀疑。第三次转折前，中原战局已成相持，敌人占有绝对优势，刘邓大军处境艰险，毛泽东为改变战局计划派三个纵队渡江南进，可以想见情况之紧迫。从当时来说，要开展局面的方法还有多种可供选择，但付出的代价，甚至从时间上说都很难预期。

实践证明，粟裕从全局着眼，把握战区形势发展，具有极其敏锐的洞察力、预见力和坚强的意志，不为战场上的复杂性和曲折性所迷惑，他根据中央军委和毛泽东的战略意图，立足中原扭转战局的分析和建议，是极有胆略、极富创造性的。

四、战役发展中的转折点：每个战役都有转折点

粟裕从理论上系统研究战争转折问题，最先是从战役转折点开始的。在他看来，每个战役都有一个转折问题，只有当敌人的力量被削弱到一定程度时，才能把战役胜利的可能变为现实。敌人力量由量变到质变的这个点，就是战役的转折点。客观地认识和能动地把握这种转折，是夺取战场主动权和战役全胜的重要前提。

着力把握影响战役发展的主要环节，是战役指挥员的一项最重要才能，粟裕就是具有这种才能的人。粟裕说："每个战役都有一个转折点，这个转

折点，就是在对战役有决定影响的环节上我们掌握了主动，打赢了敌人，从而使我军确有把握取得战役的全胜。"

所以，他在组织指挥每个战役时，都把注意力的重心放在战役的转折点上，采取一切手段促使转折点的尽早实现。他说："要力争在全战役预计时间的二分之一以前，最好在三分之一甚至四分之一的时候到来。这样作战就主动了。"因为倘若转折点出现晚了，敌人援兵赶到，就会陷入被动，有时还不得不撤出战斗。粟裕最爱用数字量化战役转折进程，他的战役转折理论由此略见一斑。

抓住战役转折的关键环节。各个战役都有一个对战役有决定影响的环节，只要在这个环节上掌握了主动，就有取得战役全胜的把握，这就是战役转折的客观规律性。

粟裕强调，指挥员要把自己注意的重心放在战役的转折点上，充分发挥主观能动作用，全力以赴，采取一切手段促使战役转折的实现。

善于抓住指挥重心，全力把握战役转折点，是粟裕高超指挥艺术的一个显著特色。从组织指挥角度看，把握战役转折点的本质，是指战役指挥员充分发挥自己的主观能动性，在关键性的时间和地点，采用决定性的力量和手段，夺取或扩大战场主动权，促使战役迅速取胜的过程。

粟裕在指导战役作战行动时，总是把自己注意的重心，放在战役的转折点上，思考战役作战最基本的问题是什么，解决问题的关键是什么，集中精力关注对全局有重大影响的局部，全力以赴地抓住最关紧要的战役或战斗。他强调，要像毛泽东所说的那样，"抓住战略枢纽去部署战役，抓住战役枢纽去部署战斗"。

在1940年10月的黄桥决战中，粟裕领导的新四军苏北部队，以7000余人（其中战斗人员不过5000余人），抗击国民党顽军韩德勤部3万余人的进攻。面对当时危险的形势，粟裕强调，形势要求我们不仅在战略上，而且在战役、战斗上，也要以少胜多。而在各路敌军中，如何选择首战歼灭目标，对战局的胜败关系极大。经过认真的分析研究，粟裕选择了从中路（右翼）进攻黄桥的韩德勤嫡系主力翁达旅，作为首战歼灭对象。

战斗的发展，完全证实了粟裕的判断。当翁达旅被歼，攻入黄桥的敌人又被反击出去后，战场出现了对我军极为有利的转折。我第 2 纵队经八字桥，插到分界，第 1 纵队已由八字桥与黄桥之间南下，与我守卫黄桥的第 3 纵队会合，完成了对已经进入黄桥以东地区的李守维部的合围，完全掌握了战场主动权。

黄桥决战，在敌四倍于我的兵力中，选择对战局胜败关系极大的翁达族作为首战歼灭对象。战役历时四天，在第二天即占整个战役持续时间二分之一之时，我军就将弱达旅全歼，战场立即出现了有利于我的战役转折。激战至 6 日止，歼敌 1.1 万余人，取得了战役的完全胜利。

孟良崮战役，要从百万军中取上将首级，最为关键的是在敌重兵集团中，割裂包围整编第 74 师，当隐伏于鲁南的第 6 纵飞兵占领垛庄，与兄弟纵队一起封闭合围之时，战役的转折就开始出现了。

一次战役是否成为战区转折的标志，不能囿于作战的角度来分析这一战役本身，而必须结合当时的战略背景、敌我双方诸方面的情况，以及这一战役对战局变化所产生的影响等多方面的因素来权衡。

宿北战役中，就其参战兵力、作战规模和歼敌数量来说，在华东我军解放战争时期所进行的一系列战役作战中，都不是最大的。它之所以成为华东战区第一个转折的标志，是因为此役的胜利，首次实现了山东野战军与华中野战军由战略上配合转变为集中在一起进行战役上的协同，首开两支野战军集中后打大规模歼灭战的先河，使两支野战军的领导与领导之间、部队与部队之间产生了彼此的信任，使广大军民对我军由华东战场前沿转入纵深作战有了正确的理解，利于人们及时转好思想弯子。

粟裕组织指挥战役，不仅紧紧抓住重心，同时还善于能动地把握战役重心的位移。他强调，重心与非重心，是一对矛盾的两个方面，总是在一定条件下互相转化的。指挥员要对整个战役有通盘考虑，科学地预测战役走势，能动地把握战役重心的位移。

豫东战役包括攻城和打援两个阶段，战役开始时重心在攻城。攻占开封后，粟裕即令攻城部队不要留恋开封战场，除留足够的兵力攻击龙亭外，迅速从城内撤出其余部队，把兵力集中起来，准备再歼援敌，从而及时实现了战役重心的位移。

粟裕认为，战役每个阶段都有各自的重心。攻城阶段为了迅速达成打援态势，他首先把重心放在诱使邱清泉、区寿年两兵团拉开距离上，以便分而歼之；待敌两兵团拉开距离时，战役重心转到了集中兵力歼灭区兵团上；区兵团被歼，我军基本达到战役目的后，粟裕又把关注点放在了如何迅速撤离战场上。

整个战役过程，粟裕灵活地把握住了战役重心的位移，有预见地处理各战役阶段的关系，从而始终保持了战役主动权。

着力把握影响战役发展的主要环节，是战役指挥员最重要的才能，粟裕就是具有这种才能的人。在认识和把握战役转折点，即对战役有决定影响的环节，以实现全战役根本性转折，掌握战场主动权方面，粟裕谱写了许多精彩的篇章。

宿北战役的转折点是攻占烽山。

1946 年 12 月，遵照粟裕首先集中主力围歼敌整编第 69 师命令，由峄县以东隐蔽到陇海路南新店子地区的第 1 纵队、第 8 师，秘密而突然地向敌整编第 69 师发起攻击，并很快占领了嶂山镇压以北以及以东阵地。

烽山被我军夺占后，战场形势变得对敌极为不利。16 日全天，敌人以两个旅的兵力，在飞机和炮火的支援下，向我峰山阵地多次猛烈反扑，企图夺回烽山。

粟裕命令第 8 师要不惜任何代价守住烽山。他明白，峰山是战场制高点，是进攻或防御的重要依托，此处得失对战局影响甚大。

第 8 师严格执行粟裕的命令，打退了敌人的连续反扑，守住了烽山。

宿北战役历时五天，我军用了一天一夜攻占并守住了烽山，实现了战役的转折。如果不占领烽山，或让其失守，我军很难取得宿北战役的全胜。

鲁南战役的转折点，是迅速歼敌整编第 26 师及第 1 快速纵队。这一仗打好了，才能在第二阶段顺利攻取峄县、枣庄。

陈、粟命令部队，对整编第 26 师和第 1 快速纵队的作战，要突然发起进攻，迅速包围分割，各个歼灭敌人。参战部队夜行晓宿，隐蔽开进，到达指定地域集结待命，在紧张的战前准备中度过 1947 年元旦。

陶勇率领第 1 师部队昼夜兼程北进，越过陇海路时，被国民党空军侦察发现。陶勇请示粟裕，是否还要昼夜兼程？

粟裕说："为什么不能将计就计迷惑敌人呢？"命令他们以营连为单位继续白天行军。

这一反常行动，果然造成了敌人的错觉。敌指挥官认为，我军一贯夜间活动，现在竟在白天行军，断定我军"败退山东，不堪再战"。

马励武的整编第 26 师和第 1 快速纵队，对华东野战军的作战意图毫无察觉，仍按预定计划由峄县向东进攻，一路进展颇为顺利，几天内就攻占了向城、卞庄等许多城镇，到达临沂县境。马励武以为临沂城指日可得，下令部队停止在马家庄一线，搜罗鸡猪牛羊，运来兰陵美酒，大吃大喝，庆祝新年。喝得醉醺醺的马励武口出狂言："再过三天，我可以打赌，国军一定能进临沂城。进不去，砍我姓马的脑袋！"然后，他就离开部队，回峄县城里过新年去了。

正当马励武在峄县城内怡然自得地观看京剧《风波亭》时，风波果然来了。华东野战军比预定计划提前两小时发起对整编第 26 师和第 1 快速纵队的攻击，把敌人打得晕头转向，很快就失去了统一指挥。

经一夜激战，歼灭整编第 26 师师部及两个旅大部分，把整编第 26 师残部和第 1 快速纵队包围在一个狭小地区里。

1 月 4 日，华东野战军即将发起总攻的时候，突然寒风劲吹，雨雪齐降，顿时坑里积水，道路泥泞。参谋请示粟裕："计划是否改变？"

粟裕坚定地说："不变！这是天老爷帮我们的忙。雨雪交加，道路难行，把敌人的重装备陷在那里，他就更难逃脱了。"

整编第26师残部和第1快速纵队眼看援兵无望，企图向峄县方向夺路逃窜，恰巧进入下湖、漏汁湖一线水洼地带，汽车、坦克、大炮等重型装备在泥泞中艰难地爬行。华东野战军部队冒着寒风雨雪奋勇攻击，只用几小时就把号称"国军精华"的第1快速纵队打成了瞎子、聋子、瘫子。到4日下午3时，除7辆坦克漏网逃到峄县以外，整编第26师和第1快速纵队3万余人全部覆灭。

孟良崮战役中，实现战役转折的标志，是完成对敌整编第74师的合围。

1947年5月，面对敌汤恩伯第1兵团八整编师向沂水、坦埠方向的大举进攻，粟裕和陈毅决定，以五个纵队担任主攻，四个纵队阻击援敌，歼灭整编第74师于坦埠以南、孟良崮以北地区，特种兵纵队配属主攻部队作战。

孟良崮位于蒙阴东南60公里的芦山山区顶峰，海拔500余公尺。沂蒙山区的山峰生得古怪，四周陡峭，形同圆柱，顶端平坦，可以种田，当地人称之为崮。崮崮相连，据说有72崮。张灵甫的整编第74师据守在芦山、孟良崮、大崮顶几个山头、几条山谷里。

孟良崮战役，按照预定计划，于5月13日黄昏发起。粟裕到前线指挥作战，把他的指挥所设在坦埠以西艾山脚下的岩洞里。当地群众称这个石洞为"老君洞"，战后改名为"将军洞"。从这里向南，直到孟良崮，是一片开阔的山间平地，也是华野正面阻击蒋军的战场。站在艾山南麓，可以用望远镜直接观察战场情况。

粟裕认为，实现战役决心的第一个关键问题，是隐蔽我军意图，达到对整编第74师的合围。为此，他采取了一系列措施：

——第4、第9纵队全力抗击向坦埠进攻的整编第74师，堵住它的前进道路。

——第6纵队协同第1纵队抢占孟良崮西南的垛庄，切断整编第74师退路。

——第1、第8纵队，分别以小部队向敌左右两翼整编第25师和整编第83师发起攻击，使敌人一时无法判明我军矛头所向而无暇他顾，主力则乘机向纵深猛插，隔断整编第 74 师与左右两翼的联系。

——第 2、第 7、第 3、第 10 纵队，分别在敌人左右两翼外围阻击敌人援军。

华野各个纵队都出色地完成了自己的任务。从 13 日黄昏到 14 日上午，就大体形成对整编第 74 师的包围态势。15 日拂晓，由鲁南北上的第 6 纵队在第一纵队协同下攻占垛庄，切断敌退路。第 4 纵、9 纵全力由正面抗击敌第 74 师。第 1 纵队主力利用山区地形，实行迂回，从敌第 25 师与第 74 师的接合部，向纵深猛插，并抢占了制高点。第 8 纵队以相同的战术，从第 74 师与第 83 师之接合部插入，攻占万泉山制高点，最后封闭合围口，完成了对整编第 74 师的包围。

应当指出的是，战役转折的实现，并不意味着战役某一阶段的结束，更不是全战役的结束。战役转折实现后，到全战役的结束，这中间还要经过激烈的战斗。

孟良崮战役中，当敌第 74 师被包围后，出现了不同寻常的战场态势：华野以五个纵队包围着整编第 74 师，国民党军又以 10 个整编师（军）包围着华野。

蒋介石利令智昏，错误地判断这是"歼灭'共匪'完成革命唯一良机"，一面令整编第 74 师据险固守，吸引华野；一面令其他 2 个 5 军、五个整编师火速向整编第 74 师靠拢，又令另外三个整编师赶赴垛庄、青驼寺、蒙阴增援，企图内外夹击，与华东野战军决战。

粟裕分析战场态势，认为此时战役指挥的关键问题，一个是能否迅速解决围歼整编第 74 师的战斗，一个是能否挡住敌人的援军。他要求各级指挥员都到第一线督战，作战形式主要转入阵地战。

接下来的战斗，其激烈程度，为解放战争以来所罕见。但无论怎样，我军在完成合围之后，就在对战役有决定性影响的环节上，掌握了主动权，敌人已难逃被歼灭的命运，只要我军坚持到底，就一定会获得战役的全胜。

豫东战役，在战役转折上又有其不同之处。豫东战役包括攻城和打援两个阶段，规模大，范围广，作战时间长，全战役有两个转折点，两个阶段也有各自的转折点。抓住了这些转折的关节点，就获得了战役进程中的主动权。

粟裕把注意的重心放在实现整个战役的转折上，即尽快夺取开封和及时掌握足够打援的兵力，从而掌握了战场的主动权，为下一步歼击援敌创造了有利条件。

豫东战役攻城是为了打援。尽快攻占开封，是全战役的转折点，豫东之战，倘若转折点出现晚了，敌人的援兵赶到，我军攻占开封的作战就会陷入被动甚至还会出现不得不撤出战斗的情况。对此，粟裕有着十分清醒的认识。更何况就双方参战总兵力而言，敌还占有一定优势。力促全战役转折点尽早到来，其难度可想而知。

所以粟裕把注意力的重心放在攻城上。为此，他命令第 3 和第 8 纵队迅速突破城垣，歼灭城内守敌，尽快拿下开封城，争取转折点及早到来。

曾为宋代古都的开封，是国民党在中原的战略要地。它北濒黄河，南倚陇海铁路，城墙周长 20 余公里。经日伪和国民党军队长期经营，防御工事已成永久和半永久性防御体系。城内明碉暗堡星罗棋布，城边堑壕铁丝网纵横交错。加之蒋介石调集了近 60 万大军屯兵黄淮中原，城内有 3 万守敌，可谓固若金汤。

1948 年 6 月 16 日晚，华野第 3 纵、第 8 纵隐蔽地向开封急进，17 日晨突然兵临开封城下，对四关守敌发起猛烈攻击。激战四昼夜，至 6 月 20 日夜间，除龙亭外，城区之敌已基本肃清，市区均被我攻占，第一阶段已胜利在望。

为了迅速攻占开封，掌握用于第二阶段打援的兵力，粟裕与张震、钟期光亲赴开封城郊。

在开封前线指挥所，粟裕得知龙亭敌军阵地尚未攻下，蒋介石为了挽回败局，令邱清泉兵团继续向开封攻击前进，又令新组建的区寿年兵团经睢县、杞县迂回开封，企图在开封地区与华野决战。

在这种情况下，粟裕令我攻城部队除留足够兵力攻击龙亭外，把其余部队迅速撤出城外，集结休整，准备再歼援敌。他对攻城部队说："龙亭是要打下来的，但不要急，迟一点不要紧。有点残敌，可以作为钓邱兵团这条大鱼的钩子。你马上打下龙亭，他来援就不积极了。"

6 月 21 日，即开封战役发起的第五天，我攻城部队主动撤出开封城，粟裕期望的全战役转折点仅五天时间就实现了，从此掌握了战场上的主动权。此时，粟裕手中有了足够的机动兵力，为下一步歼击援敌创造了有利的条件，可以随时投入第二阶段的作战了。

豫东战役历时 20 天，第一阶段的作战，从战役开始到第 3、8 两纵主力撤出开封，我军掌握了可能集中的最大力量，战场主动权牢牢在握，只用五昼夜也就是整个战役四分之一的时间，就完成了全战役的转折。

1979 年，粟裕总结豫东战役的经验，对战役转折问题作了理论上的概括。他说："开封战役的实践再次证明，战役指挥的重心放在哪里，对能否掌握战场主动权关系极大。我从历次参加的战役指挥中体会到，每个战役都有一个转折点。这个转折点，就是在对战役有决定影响的环节上我们掌握了主动，打赢了敌人，从而使我军确有把握取得战役的全胜。"

据此，他告诫："战役指挥员不仅要对整个战役有通盘的考虑，预见情况可能的发展变化，在打第一仗时就想打第二仗和第三仗的问题，而且要把自己注意的重心放在战役的转折点上，充分发挥主观能动作用，全力以赴，采取一切手段促使战役转折的实现。在敌人有强大兵力增援的情况下，转折出现得越早越好，要力争在全战役预计时间的二分之一以前，最好在三分之一甚至四分之一的时候到来。这样，作战就主动了。如果转折在全战役时间的二分之一以后到来，就会因时间紧迫而仓促作战，使部队伤亡增大，疲劳加重，士气受到影响，有时还会陷入被动，不得不撤出战斗，打成夹生饭。"(《粟裕战争回忆录》，解放军出版社，1988 年 11 月，第 1 版，第 558—559 页）

攻济（南）打援战役的转折点，则是力争在敌援兵距离尚远之时攻克济南。结果，由于济南被顺利攻克，敌人援兵连来也没有敢来。这是战役指挥员很值得重视的一个问题。

到淮海战役时，粟裕对战役转折的把握，已达到炉火纯青的境地。

粟裕认为，整个淮海战役的转折点，是在杜聿明集团被围死，李延年、刘汝明两兵团被阻住，我军已能集中足够兵力全歼黄维兵团的时候。在第二阶段作战中，他全力促成这个转折的实现。

谈到淮海战役的战法，粟裕说："在战役指挥上重视和掌握作战方式的转换以及由之引起的战术、技术上的变化，是一条重要经验。"

归纳粟裕关于战役转折点的思想，包含以下几个方面的内容：

第一，每个战役都有一个转折点。这个转折点，就是在对战役有决定影响的环节上，我们掌握了主动，打赢了敌人，从而使我军确有把握取得战役的全胜。这个转折点，也就是从量变到质变的关节点或临界点。它的标志，是我们在有决定影响的环节上真正掌握了主动，是敌我强弱程度和优劣形势发生了根本变化，是敌人力量达到了向下变化的临界点。

第二，战役指挥的重心要放在战役的转折点上。战役指挥的重心放在哪里，对能否掌握战场主动权关系极大。因此，战役指挥员不仅要对整个战役有通盘的考虑，预见情况可能的发展变化，在打第一仗时就想打第二仗和第三仗的问题，而且要把自己注意的重心放在战役的转折点上，充分发挥主观能动作用，全力以赴，采取一切手段促使战役转折的实现。

第三，要善于把握转折的时间。战役转折点是由一个战役阶段向另一个战役阶段过渡的契机或关节点，它包含着一段或长或短的时间。把握战役转折点的一个重要意义，就是要力争使战役转折在预计的时候出现。在敌人有强大兵力增援的情况下，转折出现得越早越好，要力争在全战役预计时间的二分之一以前，最好在三分之一甚至四分之一的时候到来，这样，作战就主动了。如果转折在全战役时间的二分之一以后到来，我军就会因时间紧迫而仓促作战，使部队伤亡增大，疲劳加重，士气受到影响，有时还会陷于被动，不得不撤出战斗，打成夹生仗。

粟裕在研究战争转折问题时，把能否认识和实现这种转折，与指挥员主观能动性的发挥程度紧密地联系在一起。战争发展的这一阶段与下一个阶段之间，客观存在着战争全局、战区和战役等不同层次的转折。然而，能否科学地认识和把握这种转折，能否使它由可能变为现实，就要看指挥员主观能动性发挥得如何了。

在战区指挥上，最不容易掌握的时节，是实现战役发展的各个段落之间的转折。而在战役指挥上，战役指挥员的一项最重要的才能，就是充分发挥主观能动性，善于把握战役发展的主要环节，在关键性的时间和地点，采用一切手段，夺取或扩大战场主动权，促使战役转折的实现，以确保我军取得战役的全胜。

第五章
深谋韬略，以弱胜强

粟裕活用毛泽东军事思想，不仅表现在理论联系实际，熟练地运用我军传统的作战原则和战法，而且从不满足于已有的作战经验，总是善于针对新的情况、新的问题，孜孜以求地研究探索战争指导规律和新的战法。

陈毅元帅曾盛赞粟裕指挥打仗："愈出愈奇，愈打愈妙。"所谓妙，就是妙在他善于调动敌人就范，善于使用"示形"一类的策略手段。中国古代有所谓"八公山上，草木皆兵"，"明修栈道，暗度陈仓"的经典范例。毛泽东将"示形"称为"声东击西"："有计划地造成敌人的错觉，给以不意的攻击，是造成优势和争取主动的方法，而且是重要的方法。……'八公山上，草木皆兵'，是错觉之一例，'声东击西'是造成敌人错觉之一法。"

纵观粟裕一生所指挥过的许多重大的战役、战斗，从实际情况出发，用奇谋，出奇兵，示形动敌，善创战机，可以说是粟裕兵法的最重要的特色之一。

一、谋势造势，创造战机

"势"，是中国战略中的一个重要范畴。掌握中国战略思想的精华，不能不洞悉这个字的深刻内涵。从一定意义上说，战略就是在围绕着一个"势"字做文章。孙子说过："善战者，求之于势，不责于人。"（《孙子兵法·势》）英国战略理论家利德尔·哈特也这样表述过：真正的目的与其说是寻求战斗，不如说是一种有利的战略形势，也许战略形势是如此有利，以至于即使是它本身不能收到决定性的效果，那么在这个形势的基础上，要打一仗就肯定可以收到这种决定的战果。

因此说，"势"已成为衡量战略运筹胜败的标志。当我们已经"失势"，处于一种丧失了主动权的两难选择时，从战略上讲，我们已经失败了，我们在事实上被对方所摧毁只是个时间的问题了。

"势"按解字理解，是"执力"的意思，即力由势而执。孙子对"势"有过明确的解释："激水之疾，至于漂石者，势也。"孙子还说："任势者，其战人也，如转木石。木石之性，安则静，危则动，方则止，圆则行。故善战人之势，如转圆石于千仞之山者，势也。"（《孙子兵法·势》）

孙子曰："势者，因利而制权。"

毛泽东认为："灵活，是聪明的指挥员，基于客观情况，'审时度势'（这个势，包括敌势、我势、地势等项）而采取及时的和恰当的处置方法的一种才能。"

第一，"审时度势"的"时"，指的是时机，它反映力量在组合、对抗过程中和各种制约力量的条件在变化过程中所出现的最有利的情况。它是有利的"势"在某一时间段里的展现。所以，只有"审时"，才能够"度势"。第二，"因势利导"。做到这一点的关键，是要主动地顺势，顺详敌意，出于其所必趋。正如孙子所说，"故为兵之事，在顺详敌之意，并敌一向，千里杀将，是谓巧能成事"。（《孙子兵法·九地》）"故善动敌者，形之，敌必从之，予之，敌必取之。以利动之，以卒待之"。（《孙子兵法·势》）

控制战场，制约敌人

驾驭控制战场的行动，全面反映了一个指挥员的组织指挥才能，表现出运筹决策和宏观控制能力。善于控制战场，制约敌人行动，左右战局发展，是粟裕高超指挥艺术的一个重要方面。

一是善于实施战区全局上的战略控制。通过在战区全局上，造成掎角之势，多方牵制敌人，使其顾此失彼，首尾不能相顾。以主力一路在地方兵团配合下，在广阔战场的不同方向牵制敌重兵集团，造成我集中兵力于主要地区与敌一部决战的条件。

二是善于进行战役全局上的控制。通过巧妙而反应灵活的战役布势达成。一般是用一定的兵力实施牵制、阻击、迷惑敌人，集中兵力各个击破。

三是善于进行战术上的控制。通过指挥部队实行穿插、迂回、包围、分割敌人，达到各个歼灭。

运用谋略创造和捕捉战机，是粟裕作战指挥经验的重要内容，也是他指挥艺术的重要表现形式。他在指挥大兵团作战实践中，非常重视战机的创造和利用，创造了丰富的经验。他指出："创造战机和出现战机是因果关系，没有前者，则没有后者。两军相争，都力争主动，力避被动，以为有利战机是'守株待兔'，可以得来的，那是违背战争指导规律的。"

要在野外机动作战中消灭敌人，重要的问题就是要善于调动敌人，这种调动敌人的办法，孙子称为"动敌"。他说："善动敌者，形之，敌必从之；予之，敌必取之。以利动之，以卒待之。"就是说，要善于用佯动迷惑敌人，用小利引诱敌人，使敌人听从调动，用重兵来等待掩击他。对于固定高垒深沟的敌人，则采取"攻其所必救"的战法，调动敌人出来消灭他。孙子要求"出其所不趋，趋其所不意"，就是进军向敌人不及救援的地方，急进向敌人意料不到的方向。"由不虞之道，攻其所不戒"，这样就能"进而不可御"了。

粟裕认为，创造战机有一个过程，有时要经过辗转机动，几易决心，才能促使有利战机最后出现。这种创造战机的行动，表现出粟裕的雄才大略和运筹帷幄才能，同时表现出他驾驭战场、左右敌人的能力。

豫东战役中，粟裕利用了邱清泉急于西进开封捞取资本的狂骄心理，又利用了区寿年的犹豫和错觉，造成了邱区两兵团一天之内拉开 40 公里距离的态势。同时，他又善于识别和捕捉战机。战场情况千变万化，战机稍纵即逝，如不迅速捕捉，会使千载良机失于一旦。当豫东战场出现机会的一刹那，粟裕以军事家洞察秋毫的特有敏觉，迅速抓住并巧妙利用了这一机会，他不待完全查明区兵团的具体部署，即下达了围歼的命令，迅速歼灭了敌人，这也往往是他在紧急情况下获得成功的重要因素。

粟裕既善于创造战机，也善于捕捉战机。而捕捉战机的关键，"隐忍待机，不求急效"，审慎观察战场上的细微变化，捕捉那些难以觉察到的战机。1947 年 4 月，敌向我山东解放区发起重点进攻，妄图陷我于被动地位。鉴于敌军兵力过于密集，行动谨慎，粟裕和陈毅决定采取持重待机的方针，以一部兵力吸引、调动、疲惫、迷惑敌人，主力不轻易与敌接触。经过一个多月的回旋机动，当敌进攻布势中的整编第 74 师稍形突出，与两翼之敌拉开仅四至六公里距离时，粟裕立即捕捉到了这一常人不易觉察到的战机，当机立断发起了孟良崮战役。

机动是创造战机的有效手段和主要行动。粟裕认为："战机是通过我军指挥得当、广泛机动、诱使敌人因应而动创造出来的。"（《粟裕战争回忆录》，第 491 页）即主观指导正确、积极行动、敌军失误三者相互作用的结果。

大踏步进退。这是创造战机的主要方法。即在强敌进攻面前，采取"诱敌深入"的方针，避敌锋芒，先让一步，在广阔的战场上，纵横驰骋，时南时北，或东或西，既打又撤，用高度机动回旋的方法，来调动和迷惑敌人，诱使敌人暴露出弱点，我则迅速抓住敌人弱点，一举歼灭之。

利用一次战役效果，打"动"敌人，创造连续歼敌的战机。1948 年 5 月，华野外线兵团南渡黄河，欲寻歼敌整编第 5 军于鲁西南地区。由于敌在该地区的兵力过大，队形密集，不易分割，粟裕遂决定发起开封战役。这一行动，终于调动和吸引援敌就我范围，从而创造了新的连续歼敌(睢杞战役)的战机。

快速机动。孙子说："兵之情主速。"兵贵神速是兵家常识，也是达成机动突然性的有效方法。粟裕认为，出其不意并不要求完全不让敌人察觉，只要求让敌人发觉过迟，以致不能作出有效反应，因而把提高机动速度作为实现出其不意的重要措施。他一方面强调部队要发扬英勇顽强的吃苦精神，两条腿赛过敌人的汽车轮子。另一方面，则注重采用各种快速机动手段。苏中战役如南战斗前，为抓住战机，打敌措手不及，在华野主力向东机动的同时，粟裕命令第 1 纵队的一个团，乘汽艇沿水路快速机动，先期赶到如南，待敌发现我机动意图，早已成了"瓮中之鳖"。

机动与动敌相结合

广义上讲，机动是敌我双方在空间上的相对位移，其效果不但可以通过己方的机动来实现，而且也可以通过调动敌人运动到我预期的位置上来实现。

动敌是一种谋略艺术。粟裕利用机动创造战机的谋略特色之一，就在于注重示形动敌与战役机动有机结合，巧妙协同。其中一个重要的方法是，以利诱敌，机动擒之。即故意露出破绽，欺骗迷惑敌人，使其产生错误判断，误以为有利可图，从而按我军意图行动。

欲达"动敌"之目的，选准攻击目标至关重要。选敌至关痛痒之点，同时也是其较为空虚之处，就会收到牵一发而动全身，击一点而震全局，调动敌人之效。

粟裕在作战中，常常时南时北，或东或西，有进有退，既打又撤，用高度机动回旋的方法来调动和迷惑敌人。

粟裕认为，有利战机能否出现，是由多方面因素决定的。他主张，有可能打赢的仗，决不放弃，一切调度都要着眼于歼灭敌人有生力量这个基本的作战指导思想，善于多方位观察判断情况，尽可能地灵活用兵，充分发挥主观能动作用，而又不一厢情愿，这样才能创造和捕捉到有利战机。

善于创造和捕捉战机。他认为，指挥员不仅要善于捕捉战机，更要善于创造战机，积极制造敌人的错觉、混乱和失误，使敌人犯错误。

粟裕在指挥中，运筹帷幄，谋深计远，不消极等待战机的出现，而以高超的指挥艺术制造敌人的错觉，从而主动地争取、创造战机。"在一个战役甚至一个战斗开始时，我方并不占优势，但由于指挥员善于制造和抓住战机，指挥灵活，用兵得当，使得战场上出现对我有利的转折，还是打成了歼灭战。"（粟裕：1979 年）

隐真示假，声东击西。

战机不是自然地出现的，而是通过我军的指挥得当，广泛机动，诱使敌人因应而动创造出来的。

——粟裕

粟裕指出：所谓制造战机，就是制造敌人的混乱，制造敌人的疑虑和错觉，制造敌人的缺点、弱点，使敌人犯错误。粟裕创造和捕捉战机，经常使用的方法主要有持重待机、示形造机、"动敌"择机、主动寻机等。隐真示假，声东击西，趁敌人的错觉和不意，是粟裕创造战机的基本手段之一。

对于"声东击西"或"示形"的方法，孙子主张依靠指挥员的用间和相敌。毛泽东并不否定用间和相敌，但他更主张"发动所有一切反对敌人的老百姓"，即依靠群众把敌人的眼睛和耳朵尽可能地封住，使他们变成瞎子和聋子，要把他们的指挥员的心尽可能地弄得混乱些，使他们变成疯子，用以争取自己的胜利。依靠群众示形和依靠指挥官示形，是两条不同的路线，这不仅是时代的差异，更重要的是无产阶级革命家、军事家与剥削阶级军事家思维方式的不同。

而在粟裕的战役指挥实践中，车桥战役采取声东击西的方法，莱芜战役采取示南击北的方法，豫东战役又采取声东击西的方法，体现了高超的指挥艺术。

1944 年 3 月 3 日，距车桥战役发起只有两天，粟裕收到一份敌情通报：日军百余人、伪军千余人增至安丰。安丰处于东台以南通榆公路上，是敌人的据点，距三仓河约 30 公里。伪军师长田铁夫也到了安丰，有向东"扫荡"模样；南边海安之敌一部进占了李堡，距三仓河约 20 公里，似企图向我台南地区"扫荡"。

粟裕将计就计，不放弃任何一个"动敌""欺敌"的机会，决心在车桥战役发起之前，对敌实施一个"声东击西"的"佯动"，吸引敌人注意力，掩护车桥战役的突然性。他将师直机关分为前后两个梯队，令苏中行署主任管文蔚率后梯队北移，跳出"扫荡"圈；自己率前梯队向南转移，故意"示形"迎击"扫荡"之敌，与其纠缠，麻痹敌人。

挺进师进入浙江，走哪条路线？这是粟裕考虑的一个问题。

挺进师组建时，正是蒋介石集团对中央苏区实施第五次大规模"围剿"之后，敌人在苏区四周重兵设防，碉堡林立，挺进师要人不知鬼不觉地从敌人包围圈中跳出闽浙赣根据地，挺进浙江，困难很大。

粟裕和大家商量后确定，进军路线由闽浙赣根据地的上饶地区南下，先到闽北，然后进入浙江。

南下闽北必须渡过信江。敌人在信江北岸布置了几道封锁线。为了迷惑敌人，1935 年 2 月上旬，粟裕运筹了一次"声东击西"的军事行动。那时，进攻闽浙赣根据地的蒋军第 57 师一部，驻防在江西省贵溪县的裴源、河上溪一带。粟裕率领挺进师日夜兼程，穿越三县，向第 57 师一部发动突然袭击，歼敌 200 余人，狠狠打击了进攻苏区的蒋军气焰。就在这时，粟裕又出奇兵，命令挺进师迅速撤出裴源，突然向北，返回闽浙赣苏区德兴县的童山关一带隐蔽。

舍近就远，声西击东

苏中战役第二仗，骄狂自恃的敌人竟估计我军经宣泰一仗伤亡必大，因此急调江南的整编第 65 师火速北渡长江，会同第 99 旅增援泰兴，并进犯黄桥，以拖住我军的主力；同时又令东路第 49 师星夜疾进，企图乘虚夺我如皋城；然后，第 49 师从如皋，第 65 师从黄桥，第 83 师从泰州，三面夹击我军。

针对敌人的部署，有两个作战方案要粟裕尽快作出抉择：一是就近打前来增援宣泰敌军；二是转移兵力，主力作远距离机动，直插进犯如皋的第 49 师侧后攻击之。

粟裕认为：打援敌虽可就近转用兵力，部队不会疲劳，时间也较充裕，但援敌有备而来，警觉性必高，很可能一打就退，不易合围；或者打得相持不下，第49师得以乘机攻占如皋，使我军的侧翼和后方受到很大的威胁。相比之下，打进犯如皋之第49师虽需强行军一百几十华里，且两夜激战之后继以疾走，将减弱战斗力，但它的优点又是非常明显的，主要是敌人以为我主力在西边，第49师将放心大胆地向我如皋挺进，我军来一个长途奔袭，必然大出敌人的意料，将陷敌于被动混乱的境地。

粟裕果断下达了进军如南，歼敌于运动中的命令，准备舍近就远，声西击东，弃援敌于不顾，远距离奔袭进犯如皋的第49师。

1946年7月15日晚，粟裕令第1师全部和第6师大部转兵东进，并用汽艇急运第7纵队一个团先期赶回如皋，协同军分区部队扼守该城。同时布下疑兵，继续围歼泰兴城内残敌，给敌人以我主力还在西边的错觉，引诱如东之敌放胆向如皋进犯。

部队向东疾进。两昼夜的激战后，马不停蹄，又急行军一百几十里，只有人民的军队才能有这样打得、饿得、跑得的英雄气概。

7月18日晚，如南战斗打响，敌人还在做着兵不血刃，乘虚而入如皋的美梦，无论如何也想不到一百几十里之遥的我军突然神兵天降，故而仓皇失措，陷入混乱。

粟裕的奇着又奏效了！

如南一战我歼灭敌整编第49师一个半旅，连同在阻击中消灭的敌人，共歼敌1万余人，达到了预期歼敌的目的。

示南击北

示形藏机，是粟裕在创造和捕捉战机上得心应手的韬略。粟裕指挥作战，善于示形，以迷惑和调动敌人。

所谓"示形"，是比伪装更加积极的一种作战手段。古兵法所谓"明修栈道、暗度陈仓"，即为"示形"作战的谋略范例。

示形藏机，简言之，就是示假隐真，即通过把虚假的作战意图暴露给敌人，而把真实的作战意图隐蔽起来的手段，造成敌人对战场局势判断失误，我乘机捕捉到有利战机。当敌人过于谨慎，不肯轻易暴露弱点，战场形势僵持不下时，"示形藏机"具有特殊效果。莱芜战役"示形于鲁南决战于鲁中"，即为示形范例。

1947 年初，国民党蒋介石重兵密集于山东南线，推行所谓"鲁南会战"计划，企图与华东解放军决战于临沂地区。其中仅用于南北两线突击集团的兵力，就有 11 个整编师（军）29 个整编旅（师），包括"五大主力"之中的两个整编师。集中兵力之多，作战规模之大，是蒋介石发动内战以来空前的一次。

在兵力部署上，敌军采取"烂葡萄里夹硬核桃"战术，在南线主要突击集团三路部队中，每路安排一支精锐主力部队作骨干，左路夹"五大主力"之一的整编第 11 师，中路夹"五大主力"的王牌整编第 74 师，右路夹战斗力也相当强的整编第 25 师，叫嚣什么"即使全是豆腐渣，也能撑死共军！"

在这种形势下，粟裕认为，最重要的是隐蔽我军意图，造成敌人的错觉，错乱敌人的部署，创造有利的战机，迅速抓住李仙洲集团。

为迷惑和调动敌人，粟裕决定采取"示形于南，击敌于北"的策略，其具体措施包括：

一示连续作战失利、疲惫之形。华野主动放弃临沂，使敌人产生我军连战疲惫、不堪再战的错觉。

二示南征之形，即示必保山东解放区首府临沂，将决战于鲁南之形。为了在政治上造成有利的影响，在军事上隐蔽北上歼敌的意图，粟裕决定在撤出临沂之前，给南线之敌一个打击。2 月 6 日，指令第 2 纵队发起讨伐郝鹏举叛军的战斗。郝鹏举是一个看风使舵、反复无常的政客，原系国民党收编的伪军，1946 年在我强大军事压力和政治争取下起义，1947 年 1 月又叛变投靠蒋介石，在"鲁南会战"中担任侧翼掩护任务。华东野战军第 2 纵队动作神速，经一日一夜激战，歼灭郝鹏举叛军总部和两个师，生擒叛徒郝鹏举。

三示决战之形。主力部队协同地方武装，在临沂及其以南构筑三线阵地，摆出决战架势。粟裕说，声势越大越好，以迎合敌人企图在临沂与我决战的心理。在主力部队北上后，留下两个纵队于临沂以南地区，伪装华东野战军全军，阻击和钳制敌人，造成华东野战军主力仍在南线的假象。

四示西进之形。即示我军准备西渡黄河，撤出山东解放区之形。组织地方武装进逼兖州，在运河上架设浮桥，在黄河边筹集渡船。粟裕说，这样一来，即使敌人发现我军主力离开临沂地区，也会错误地判断华东野战军西进与晋冀鲁豫野战军会合，而难以辨明我军北上作战的真实意图。

"兵以诈立"。示形用诈，本是用兵常法，难在运用之妙。粟裕此次用诈，妙在诈得合理，诈得可信。诈得合理，即符合一种可能的发展趋势。诈得可信，即投合敌人的心理状态。示形之妙，使敌深信不疑，故而为我获得战机。"众皆服之，敌亦服之"。战后，粟裕将军总结曰："此役功在示形。"

国民党军队依恃优势兵力，竭力谋求在临沂地区与华东野战军决战；又过低估计华东野战军力量，认为华野"伤亡过大，不堪再战"，预料华野不败即退。华野先是摆出与敌人决战的架势，然后主动放弃临沂，主力隐蔽北上，出其不意地歼击北线之敌。

一夜之间，要把几十万大军变"南征"为"北战"，绝非易事，但由于粟裕的精心筹划，我军一举成功。

当时，华野在南线留两个纵队伪装华野主力，在临沂以南地区实施宽正面防御，节节阻击，大有与敌在鲁南决战之势。

为了进一步迷惑敌人，粟裕还令一部地方武装积极进逼兖州，并在运河上架设浮桥，在黄河边筹集渡船，使敌即使发觉我主力已不在临沂附近，也会错误判断我军准备西进，渡运河、黄河与刘邓大军会合，一时难以判明我军北上作战的真实意图。

陈毅，粟裕把第19旅副旅长张铚秀找来，当面交代任务：要他带领第19旅一个团和华野特务团，直接受华野司令部指挥，在沭阳地区阻击张灵甫的整编第74师，不让他越陇海路北上。

陈毅、粟裕当面向鲁中军区第二军分区司令员封振武交代任务，要他率领三个团的部队，阻击敌人五天到七天，使敌人不能迅速占领蒙阴。

封振武按计而行，"增灶示强"，打出三个主力部队的番号，机动灵活地同敌人周旋。在每一个宿营地，特地多搭一些草铺，多砌一些锅灶，转移时一个不拆。敌人不知我军虚实，行动犹豫迟缓。经过一个星期的战斗，把敌人阻挡在蒙阴以北 30 里的地方，圆满完成了任务。

南线主力部队，按照陈、粟的行军命令，分三路向北急进，不顾山高路险，冒着雨雪风寒，每天从"日落村"出发，到"天亮庄"宿营。与部队并肩前进的，还有几十万支前民工。从临沂到蒙阴 150 公里的地区内，白天宁静，夜晚沸腾：山上山下，人欢马叫；村前屯后，熙熙攘攘；大小道路，车轮滚滚；千军万马，浩浩荡荡。

2 月 15 日，华东野战军主动放弃临沂，同时下达围歼北线之敌的作战预令。

国民党军占了临沂一座空城，却捏造了"歼灭共军 16 个旅"的战绩，又有空军侦察发现华野部队向西北运动，在运河架桥。蒋介石的统帅部一片狂欢，作出了华野"全面退却"，"已无力与国军决战，欲与刘邓部会合"的错误判断。陈诚大吹大擂："鲁南决战空前大胜"，"山东之大局指日可定"。

粟裕的巧妙"示形"，使敌深信不疑，甚至当坐镇济南的第二绥靖区司令官王耀武侦察到华野主力北上行动，企图撤回李仙洲兵团避免被歼命运时，还被南京蒋介石斥为畏缩，警告他不得擅自撤退，"切勿失此良机"。直到李仙洲兵团全部被歼，他们还在争吵不休。

而粟裕示形的结果，给敌人造成了严重的错觉，而我军主力却利用敌人的错觉，巧妙隐蔽而又大踏步地北上鲁中，抓住了北线的李仙洲兵团。

1948 年的豫东战役，粟裕在灵活用兵上，与莱芜战役如出一辙。两大战役伊始，都是舍强打弱，不同的是，粟裕这次采取了声东击西的战法，决定"先打开封，后歼（鲁西南）援敌"（河南开封在鲁西南之西）。

粟裕先是按照朱德总司令的设想，"钓大鱼"，命令第 3、第 8 纵队自许昌地区向淮阳方向开进，吸引国民党第 5 军南下；然后率第 1、第 4、第 6

纵队和两广、特种兵纵队南渡黄河，力求歼灭鲁西南守敌一部，吸引第 5 军回头北上，我第 3、第 8、第 11 纵队尾敌北进。

粟裕反复考虑，此战歼敌虽有一定条件，但不利因素较多，因而难以稳操胜券。因此，在部署寻歼整编第 5 军的同时，根据战场的实际情况，粟裕设想了一个更有把握取胜的腹案，即："先打开封，后歼援敌。"而且两个方案同时准备，力求造成敌人以为我要在鲁西南地区同他决战的错觉，把敌人的注意力吸引到鲁西南；等到一定时机，将我军运动中的部队就势转为向西攻打开封。

他设想，如果歼灭第 5 军的条件成熟，即南北夹击其于鲁西南地区；如果歼灭第 5 军的条件不成熟，也可造成敌人错觉，使敌人误以为我军要在鲁西南与其决战，我军即可对开封之敌实行出其不意的攻击。

果如粟裕所料，敌人跟着粟裕的指挥棒频繁调动：华野第 3、第 8 纵队向淮阳开进，邱清泉的第 5 军即南下截击；华野第 1、第 4、第 6 和两广、特种兵纵队渡河南下，国民党军统帅部急令第 5 军主力和整编第 75 师北返，并且增调三个整编师加一个旅到鲁西南地区，企图与华野渡河南下部队决战。

此时鲁西南地区蒋军兵力集中，队形密集，不易分割；华野兵力不足，地形不利，前有重兵，左有运河，右有黄河，形势严峻。但是，华野第 3、第 8 两纵队已经进至离开封只有一日行程的通许、睢县、杞县地区。战场情况变化表明，打第 5 军的条件尚未具备，打开封的时机却已到来。

成竹在胸的粟裕当机立断，把战场由鲁西南转向豫东，实行"先打开封，后打援敌"的作战方案，并得到中央军委的批准。

攻打开封这着妙棋，又一次出乎敌人意料之外。国民党国防部和徐州"剿总"判断华野在鲁西南与第 5 军决战，开封守敌也认为"开封无真正战斗"。华野部队突然兵临城下，蒋军仓促应战。从 6 月 17 日到 22 日，只用五个昼夜，华野就攻克了蒋介石吹嘘"绝可确保无虞"的开封，全歼守敌 3 万人，并在阻援方向歼敌 1 万人，共歼敌 4 万余人，取得了豫东战役第一阶段的胜利。攻打开封是攻其必救，重要目的在于打援。

淮海战役第一阶段作战的主要目标是歼灭黄百韬兵团。黄百韬兵团下辖五个军，是淮海战场上国民党军兵力最多的兵团，战斗力中等偏上。

一仗消灭敌人五个军，这是一个大仗、硬仗，又是对整个战役影响很大的初战。为求初战必胜，粟裕精心运筹，果断决策，大奏奇效。

在作战部署上，粟裕采取了声西击东的策略，使敌判断失误，入我彀中。

他先派出两个纵队向鲁西南进军，以九个纵队用于运河以东，以歼灭黄百韬兵团为主；以六个纵队加四个旅用于运河以西以南，造成南北聚歼李弥兵团、攻略徐州的态势，隐蔽我军意图，错乱敌人部署。

蒋介石的统帅部和徐州"剿总"果然中计，在参谋总长顾祝同主持的部署"徐蚌会战"的会议上，徐州"剿总"各个兵团司令官都说自己防区当面发现共军重兵集结，判断华野部队将由鲁西南南下，而不会在徐州以东发动攻势。因而决定放弃海州、连云港，固守徐州，集结兵力于津浦路徐蚌段，作攻势防御。这一部署正好给华东野战军分割歼灭黄百韬兵团提供了有利条件。

二、"耍龙灯"，创造战机

广泛机动，察机寻隙，是粟裕创造和捕捉战机的又一重要方法，而且是更高层次、更为灵活和主动的战法。在他看来，当进攻之敌准备充分，密集靠拢，行动比较谨慎时，采取机动调敌、察机寻隙之法，常能收到创造有利战机之奇效。

在群众条件有利的解放区内，采取"耍龙灯"的办法，即我挥舞彩球，逗引敌军左右回旋，上下翻滚，迫使敌人高度机动回旋，为我提供可供选择的有利战机。在孟良崮战役的前奏战阶段，粟裕就是采取这种办法，充分利用在解放区腹地作战的有利条件，在一个多月里，调动吸引敌人往返行军里程达 1000 余公里，有时围绕一个地方打转转，使敌人始终处于疲于奔命之中，为我军提供了四战四捷的有利战机。

1947 年 3 月中旬，蒋介石开始实施他的"黄河战略"，对山东解放区实施重点进攻，可谓强敌云集，共有 24 个整编师（军）60 个旅（师）45.5 万人，占其进攻解放区总兵力的 27%，占其重点进攻总兵力的 66%；"五大主力"在关内的三个主力整编第 74 师、整编第 11 师和第 5 军，全部使用于山东战场，组成三个机动兵团，对华野主力形成弧形包围态势。

粟裕认为，敌人在兵力上占有很大优势，战略战术也有所改进，有利于我的战机可能比过去少得多。但是，敌人存在着不可克服的矛盾。在战争指导上，存在着战略上要求速决与战役上迟疑犹豫的矛盾。在内部关系上，存在着嫡系与非嫡系、主力与非主力、中央军与地方军、上级与下级、官与兵之间的矛盾。这些矛盾必然会表现出来，想要达到指挥和行动上集中统一是不可能的。蒋介石依恃其强大的兵力优势，企图尽快与我军主力决战。而他的战场指挥员力求保存实力，邀功请赏，一与我军接触，立即收缩靠拢，甚至见死不救。这种情况，给我们利用敌人矛盾，创造有利战机，提供了客观条件。

从这种实际情况出发，粟裕和华东野战军前委决定坚持集中优势兵力各个歼灭敌人的作战方针，与敌人作几次大的较量，动员全军准备打大仗、打硬仗，打恶仗。

粟裕考虑到国民党军兵力过分密集，准备充分，行动谨慎，估计有利战机比过去要少得多。在敌人重点进攻开始阶段，则采取持重待机的方针，发挥我军优势，利用敌人矛盾，以积极主动的作战行动，吸引、调动、疲惫、迷惑敌人，审慎地观察战场形势的细微变化，分析掌握敌人的行动规律，能动地创造和捕捉战机。如果条件具备了，就坚决歼灭之。条件不具备，就改变和放弃原定计划，绝不轻躁作战。

为达到吸引和调动的目的，从 4 月初到 5 月初的一个多月里，粟裕和陈毅指挥华野 10 个纵队，利用在解放区腹地作战的有利条件，与敌军进行了连续四次作战行动，同敌人在鲁南和沂蒙山区周旋，放弃出击郯城、马头、新安镇，放弃打击进犯临蒙公路之敌，撤了对进占新泰敌军的包围，以及回师鲁中等一系列行动，时南时北，忽东忽西，欲擒故纵，避实击虚，有利则打，不利则撤，用高度机动回旋的方法来调动和迷惑敌军，而将主力始终集结于便于机动作战的位置，处于主动地位。

陈毅把这种战法比喻为"耍龙灯"：我军挥舞彩球逗引，敌军像长龙一般回旋翻滚。用这种办法调动和迷惑敌人，创造有利战机。

粟裕和陈毅原来计划打由陇海线北进的汤恩伯兵团整编第 74 师，派三个纵队南下陇海路东段。

汤恩伯察觉华野意图，不仅不派兵回援，反而把两个军调到临沂，密集靠拢，使华野部队不能分割歼敌。陈、粟随即改变计划，绕到刚刚调到山东的王敬久兵团侧后，抓住他左翼薄弱环节，攻击占据泰安的整编第 72 师。

整编第 72 师，是原川军主力，日美混合装备，有山地作战经验，但非蒋介石嫡系。地形对它有利也有弊：泰安地形和工事利于固守，但北有泰山、南有徂徕山相隔，不利于它与济南王耀武部、曲阜邱清泉部的相互支援，而有利于华野实行分割围歼。

陈、粟抓住这个战机，迅速下定围泰（安）打援的决心，于 4 月 20 日发起泰蒙战役，以三个纵队围歼泰安之整编第 72 师，以四个纵队待机歼灭可能来援之敌。4 月 24 日完成了对泰安城的四面包围。

粟裕特派陈锐霆率领特种兵纵队榴弹炮团开赴泰安前线参战，进行实战锻炼。刚刚组建不久的榴弹炮团大显神威，在围攻嵩里山制高点的战斗中，与第 3 纵队密切配合，很快就把嵩里山守敌一个营击溃全歼。

经过三天激战，华野部队攻克泰安城，歼灭整编第 72 师师部和两个旅，生擒中将师长杨文泉，连同南线共歼敌 2.4 万余人。

此后的几仗，从 4 月初到 5 月初，除了泰安战役以外，华野部队与国民党军队还有几次交锋，由于敌军密集靠拢、增援较快又行动谨慎，只得几次改变原定作战计划，没有打上一个痛快的大歼灭战。不少指战员沉不住气，抱怨顺口溜也流传开了："机动机动，只走不打，老耍龙灯。"

陈毅和粟裕听说这些情况后，告诉各纵队领导，指战员们这种高昂的斗志令人喜爱，但是还要使大家认识这样做的必要性，在实践中进一步理解和体现运动战、歼灭战的指导思想。两位老总形象地说："我们的电报不嗒嗒嗒，他们的脚板不嚓嚓嚓，怎么能调动敌人呢？我们就是要用耍龙灯的战法，把敌人拖得疲惫不堪，造成有利的战机，打更大规模的歼灭战。"要求各级政治机关，做好深入细致的思想政治工作，把运动战、歼灭战的指导思想变成广大指战员的自觉行动。

为了进一步调动和分散敌人，陈、粟计划以两个纵队南下鲁南，以一个纵队南下苏北，威胁敌人后方，吸引敌军回师或分兵，以便在运动中歼敌。

5 月 3 日，他们把这个设想上报中央军委。第二天，毛泽东就复电，肯定了他们持重待机的方针，指出："敌军密集不好打，忍耐待机，处置甚妥。只要有耐心，总有歼敌机会。"（《毛泽东军事文集》第四卷，军事科学出版社，中央文献出版社，1993 年 12 月，第 1 版，第 52 页）

根据中央军委的指示，陈、粟决定立即放弃以第 7 纵队南下苏北和第 1 纵队去鲁南的计划，命令已位于新泰以西的第 6 纵队就近南下至平邑以南地区，不再以牵制敌人为主要任务，不采取积极行动，而隐伏于鲁南敌后待命，必要时即可作为一支奇兵使用；主力则后退一步，集结于莱芜、新泰、蒙阴以东地区待机。

国民党军队果然焦急起来了。

华野"耍龙灯"式的机动作战，诱使国民党军队跟着进行千余公里的"武装大游行"，不仅直接消耗削弱了敌人，更重要的是暴露了敌人内部的矛盾，错乱了敌人的部署，造成了敌人的失误，造成了打大歼灭战的有利战机。

蒋介石、顾祝同得知华野主力东移，未经严重战斗就占领了临沂、新泰、莱芜一线，错误地判断华野"攻势疲惫"，已向淄川、博山、南麻、坦埠、沂水、莒县一线撤退。国民党的《中央日报》为此狂呼："雄师北指，气吞沂蒙！"于是决定"跟踪进剿"，并且把"稳扎稳打"的战法改变为"稳扎猛打"，三个兵团同时向莒县、沂水、悦庄、淄博一线推进，企图围歼华野主力于沂蒙山区，或者把华野主力赶过黄河。这样一来，国民党军队密集靠拢的态势很快发生了变化，有利于华野的战机终于出现了，于是才有了孟良崮战役。

孟良崮战役的胜利，固然主要归功于战役发起后广大指战员的英勇攻击和顽强阻援，但也是与战役发起前的广泛机动、创造战机分不开的。在后来的一些研究材料中，把我军捕捉孟良崮战机，说成是敌整编第74师孤军冒进、送上门来的。对此，粟裕尖锐地批评说：这种说法不符合战场的实际，既没有反映敌军的作战企图和动向，也没有反映我军的预见和战役决策，这是"由于不了解我们创造和捕捉战机过程的缘故"。

粟裕根据亲身的感受，深刻地分析道：孟良崮战役的战机，不是自然地出现的，而是通过我军的指挥得当、广泛机动、诱使敌人因应而动创造出来的。因此，决不能把孟良崮战役同前一段广泛机动、创造战机的过程割裂开来。他指出："孟良崮战机的出现，是这一段作战行动的结果，创造战机与出现战机是因果关系，没有前者则没有后者。两军相争，都力争主动，力避被动，以为有利战机是'守株待兔'可以得来的，那是违背战争指导规律的。"（《粟裕战争回忆录》，第491页）

粟裕指出：有人说是"虎口拔牙"，但老虎的嘴巴并不是张开的，只有一点空隙，我们硬切进去，好像天桥的把式开硬弓，将敌人左右两翼撑开，把第74师从敌人的重兵集团中挖出来予以歼灭。不能说第74师孤军冒进，它只是稍形突出，而且随即又缩回去了。

豫东战役第一阶段，我黄河以北各纵队南渡黄河，敌人急向鲁西南集中兵力达到9至11个整编师，企图与我渡河部队决战。

我军乘机用距开封仅一日行程的第3和第8纵队奔袭开封，而以三倍于攻城部队的兵力，担任阻援和牵制敌人的任务，保证了攻取开封的胜利。我军夺取开封的一个重要目的是调动敌人来援，以便在运动中寻机歼灭援敌。

果然，敌邱清泉和区寿年两兵团分路向开封扑来。这两路援敌中，以区寿年兵团较弱，歼之较有把握。但当时两路援敌相距较近，不好打，必须先引诱其拉开距离，将两路援敌隔开，以创造攻歼区兵团的战机。

于是，粟裕令第3和第8纵队在攻占开封后第三天，即主动放弃该城，并向通许方向转移，诱邱清泉兵团西进开封；同时以第1、第4、第6纵队向杞县以南傅集东西地区隐蔽集结，准备围歼区寿年兵团。

敌人再次判断失误，邱清泉兵团主力疾进直扑通许，妄图尾击我第3、第8纵队，而区寿年因摸不准我军行动企图，在进抵睢杞地区后踌躇不前。这样，两路援敌很快拉开距离，形成40公里的间隙，给我以围歼区兵团的有利战机。这种巧妙打法，确实令人叫绝。

要想在全局兵力处于劣势的情况下，采取进攻的形式同敌人进行决战，不停地、远距离地、隐蔽地、迅速地机动是不可缺少的。只有通过机动，才能制造敌人的错觉，调动敌人，错乱敌人的部署；也只有通过机动，才能集结自己的兵力，形成局部的优势，突然地给敌以歼灭性的打击。

毛泽东指出："运动战，就是正规兵团在长战线和大的战区上面，从事战役和战斗上的外线和速决的进攻战的形式。同时，也把为了便于执行这种进攻战而在某些必要时机执行着的所谓'运动性的防御'包括在内，并且也把辅助作用的阵地攻击和阵地防御包括在内。"（《毛泽东选集》第二卷，第497页）粟裕在指挥苏中战役的第三战时，就是按照毛泽东的运动战思想打败敌人的。

海安是苏中的战略要地和交通枢纽。敌人判断，海安是我军势在必争之地，企图依仗其优势兵力，在海安寻我决战，一举消灭我主力。

李默庵与粟裕两次交手，已经损兵折将两万人，仅换得一座空城。为此，蒋介石让参谋总长陈诚亲抵南通，集中六个旅的兵力，两路合击海安。

1947年7月30日，在陈诚的严厉督促下，国民党军六个整编旅，因惧怕被粟裕部各个歼灭，以正面宽不足15公里、纵深10公里的锥形阵势，在飞机、大炮掩护下，由东西两个方向，向海安逐步推进。

大敌当前，海安是放弃还是固守？

粟裕考虑：中央要求我们不轻易放弃要地，但中央更要求我们保存有生力量，以掌握战争的主动权。在我兵力处于劣势的情况下，如我固守海安，在海安与敌人决战，势将付出很大代价，战胜了，敌人仍可继续调集兵力，保持其进攻的态势；战斗如不顺利，势必仍要撤出来，那就被动了。如我先以小部队实施运动防御，然后撤出海安，给予敌人以我军被迫放弃战略要地的错觉，使敌人重新骄傲起来，就将造成有利于我歼敌的战机。

然而，对于放弃海安这样的战略要地，粟裕也不敢单独作出决定。更何况当时中央以歼灭敌人有生力量为主要目标，不以保守或夺取城市和地方为主要目标的战略方针，还没有为大多数干部所理解和掌握。华中野战军上下有许多人是主张坚守海安的，有的同志甚至认为，如果我们放弃海安，前两仗不是白打了吗？

放弃海安确需慎之又慎。为此，粟裕日夜兼程从海安赶赴华中军区所在地淮安出席华中分局常委会。途中150余公里的路程，须经水网地区，粟裕开始骑摩托车，以后乘了一段黄包车（人力车），接着又骑自行车、乘船，当时能够搞到的交通工具全部用上了，一天一夜赶到淮安。当地正下着大雨，等赶到淮安时，他已成了一个泥人。不等休息，便立即进入会场开会。

华中分局常委会经郑重地讨论后，一致决定在海安实施运动防御，尔后主动撤离，创造新的战机。最后以华中分局名义上报中央、华东局、新四军军部，并得到了同意。

毛泽东在为中央军委起草的指示电中充分肯定了粟裕的意见部署，指出：在我主力未获充分休息，消除疲劳以前，及敌未进至有利于我之地形条件以前，宁可丧失一些地方，不可举行勉强的无把握的作战，此次粟部歼敌两万，打得很好。今后作战亦不要过于性急，总之以打胜仗为原则。并告诫说：敌以10万大军向我进攻，我损失若干地方是不可免的。你们应有应付恶劣环境之精神与组织准备。

根据中央军委的指示和当前敌我态势，粟裕和谭震林决定，第1师、第6师集中在海安东北地区休整补充，待机歼敌。只以第7纵队在海安外围打运动防御战。

7月30日上午，国民党军在飞机、火炮的交替掩护下，全线向海安推进。第7纵队依托构筑的工事，节节抗击。战斗进行到8月2日晚，第7纵队已全部退入城区，国民党军也都到了海安城外。

鉴于第7纵队已沉重打击了进犯之敌，完成了运动防御任务，粟裕当即下令第 7 纵队于 8 月 3 日主动全部撤出海安，把一座空城留给李默庵。

第 7 纵队作风顽强，指挥灵活，奋战四天多，伤亡仅 200 余人，杀伤敌军 3000 余人，创造了敌我伤亡 15：1 的纪录。8 月 3 日，海安运动防御战胜利完成任务，第 7 纵队主动撤出海安。

先实施运动防御，再主动撤离海安，实在是粟裕的一着妙棋，尤其是在我连打两个胜仗之后，仍能保持清醒的头脑，不计较一城一地的得失，而果断放弃海安。在敌优我劣的形势下，这样做不仅保存了自己，打击了敌人，为主力部队休整赢得了宝贵的时间，而且放下了坚守海安这个包袱并将之甩给敌人，并造成敌人以为我不堪一击的错觉，为我以后歼敌创造了条件，埋下了伏笔。

在敌人统治区内活动，不能只走不打。当然，也不能盲目地打、硬打。但是，如果只有走，没有打这一手，那就走也走不好，走也走不了。

粟裕特别强调树立大踏步进退的运动战思想和以歼灭敌人有生力量为主要目标的歼灭战思想。他说："本来，大踏步进退是运动战的特点之一。一切的走都是为了打，都是为了歼灭敌人，夺取战争主动权。大踏步后退，实际上也是大踏步前进，是进到另一个方向去歼灭敌人。"

但是，这一作战指导思想一时还没有为广大指战员所完全理解。大家对大踏步前进是乐于接受的；对于大踏步后退，特别是打了胜仗以后还要大踏步后退，则不容易想通。过去，部队从苏中退到苏北，从苏北退到鲁南，都曾经遇到这个问题，部队中流传着一个发牢骚的顺口溜："反攻反攻，反到山东。手拿煎饼，口咬大葱。大好形势，思想不通。有啥意见？要回华中。"

经过宿北、鲁南两战胜利的实践，提高了广大指战员，特别是高中级干部对运动战、歼灭战指导思想的认识。通过华野前委扩大会议，进一步统一了作战指导思想，为后来在莱芜战役、孟良崮战役中实行大踏步进退，打更大规模的歼灭战，打下了良好的思想基础。

三、诱敌深入，持重待机

运用诱敌深入、持重待机的手段，使敌陷入我伏击圈内，予以歼灭，是粟裕调动敌人、创造歼敌良机的重要方式。

诱敌深入，寻机歼敌，集中兵力，各个击破，为毛泽东、朱德在井冈山革命根据地与强敌作战的有效方法。在敌强我弱的形势下，我军在战略防御阶段常常是通过诱敌深入来保存军力，争取时间，待机破敌的。毛泽东认为，诱敌深入，或叫战略退却，或叫收紧阵地，是弱军对强军作战时在战争开始阶段必须采取的方针。古今中外的军事家都懂得这个道理。

当敌疯狂进攻时，为创造战机，向敌示之以弱，采取节节阻击、节节后退的办法，以诱敌深入，迫敌就范。粟裕认为，这样可以破坏敌人进攻队势，造成其孤军深入，使其处于不利态势，我则可预设战场，布置阵地，一俟将敌诱至预歼地区，便以迅雷不及掩耳之势，猛扑敌人，边围边割边歼，各个击破。

诱敌深入并不是目的，而是歼灭敌人的一种手段。诱敌深入之所以必要，是因为处在强敌的进攻面前，若不退让一步，则必危及军力的保存。诱敌深入是为了保存和积蓄军力，待机破敌。在井冈山和中央苏区时期，毛泽东和朱德指挥弱小的红军，多是通过有计划的战略退却，来选择和造成有利于我而不利敌的条件，最终战胜强大的敌人。

粟裕作为一名亲身参加创建井冈山根据地和中央红军历次反"围剿"作战的优秀指挥员，对这一战法心领神会，运用自如。

粟裕的诱敌，有独到之处。他虽也用诈败的方法，但诱法奇妙，敌人防不胜防。当他们上当之后，虽十分谨慎，但最后还是被诱上钩，败在粟裕手下。

他从来不是从被动的和消极的意义上，而是从主动的和积极的方面去理解诱敌深入之法，把诱敌深入与获得机战紧密联系起来，强调诱敌深入的过程同时也是一个能动创造和捕捉有利战机的过程。他在指挥战役战斗时，善于创造性地运用诱敌深入之法，有计划地放弃一些地方，避其锐气，蓄盈待竭，使敌人增加消耗，疲惫沮丧，兵力分散，发生过失，我军则密切观察战场变化，待机破敌。

示弱骄敌，纵敌冒进。针对敌进攻开始，优势较大，握有主动权，进攻比较积极的情况，粟裕常常采用示之以弱、骄纵敌人的方法，使齐头并进之敌突出冒进，相互靠拢之敌分散拉开；或采取节节抗击，消耗敌人，视情主动放弃敌欲占之地的方法，使敌产生我"不堪再战"的错误判断，放胆进攻，授我以可乘之隙。

黄桥决战时，就是运用这个手段一举歼敌翁达独立第6旅的。

1940年10月，国民党顽固派韩德勤指挥26个团3万余人，妄图与我新四军苏北部队在黄桥地区决战。而苏北新四军仅有9个团，共7000余人，且作战部队仅有5000余人，敌我兵力对比达到6∶1。在这种极为不利的情况下，新四军却彻底粉碎了敌人的进攻，取得了黄桥之战的全胜，其中的一个妙着，就是诱敌深入。

粟裕和陈毅经过仔细分析认为，如果集中兵力坚守黄桥，最多只能击溃敌人，而不能歼灭敌人主力，因此决定采取以黄桥为轴心，诱敌深入、各个击破的作战方针。

因为在兵力上敌众我寡， 在作战目标的选择上却决定先击强敌，因此在作战部署上，粟裕提出以四分之三的兵力作为突击力量，仅以四分之一的兵力守卫黄桥。即以第3纵队坚守黄桥，以第1、第2纵队隐蔽集结于黄桥西北的顾高庄、横港桥一带，待机出敌；并由第2纵队派出主力两个营，配置在古溪至分界一线，实行运动防御，诱敌深入。

许多人对这一方案产生疑问，因为四分之一的兵力只有1000多人， 这么点兵力守黄桥确实少。为了破解大家的疑问，粟裕讲出了自己大胆的设想：守黄桥的1000多人全部集中在东门，只在西、南、北门派出少量兵力警戒。

大家被粟裕的异常胆略惊呆了，同时又觉得这样用兵真是太绝了。因为敌军主要部队都集中在东面中路，而两侧是"二李"和陈泰运的部队，真正想打的只有中路的韩德勤，两侧的"二李"及陈泰运只是做个样子，为了保存自己的实力他们是不会动真格的。况且在外围我新四军还有阻击部队以及机动防御的部队。 事实证明这一部署对于歼灭敌主力，取得战役的胜利起到决定性的作用。

4 日下午 3 时，韩军主力独立第 6 旅先头已抵黄桥以北两公里处。

10 月 5 日凌晨，敌第 32 师突入了东门，此时黄桥守卫战进入了最紧张的阶段， 坐镇黄桥指挥的粟裕立即打电话报告陈毅，陈毅听后，命令粟裕迅速夺口东门。

关键时刻，粟裕把指挥所全体人员组织起来，编成突击队，亲自带队冲往东门。经过近一个小时的激战，新四军终于夺回了东门阵地。

10 月 5 日夜，新四军发起了反攻，经过一夜的激战，首歼敌 89 军军部。10 月 6 日，第 2 纵队追歼韩军至营溪。至此新四军取得了黄桥战役的完全胜利。

天目山第三次反顽作战中，面对强敌的进攻，粟裕再次采取了诱敌深入的作战方针。

1945 年 5 月中旬，国民党第三战区第 25 集团军总司令李觉担任前敌总指挥，纠集主力 14 个师，分三路对苏浙军区发起了第三次进攻。他接受以往惨败的教训，不敢分兵，不敢突击，不敢长驱直入，而是采取步步为营、齐头缓进的战术，使我军无法对其分割包围，企图用优势兵力，迫我决战。

粟裕对形势的变化早有估计，并预有措施。28 日，从各个方向都传来了顽军出动的消息。粟裕当机立断，于 29 日晚集中第 1、第 3、第 4 纵队三个主力支队，决定乘顽敌立足未稳予以打击，打破顽敌之进攻部署，便于我集中分散之兵力。

29 日晚，叶飞率三个主力支队，向凭堡据守的顽第 79 师发起反击。第 1 纵队王必成司令亲率第 1 支队，第 3 纵队陶勇司令亲率第 7 支队，第 4 纵队廖政国司令亲率第 10 支队，三个威震大江南北的"老虎团"并肩作战，四位虎将共同指挥，其势锐不可当。经过三个整晚激战，突破顽军筑碉防线，占领与平毁碉堡 300 余个，6 月 2 日攻占新登城。顽第 79 师残部退守新登以西地区。

此后，双方形成相持态势。战役该如何往下发展呢？

粟裕考虑了三个方案：一是增援新登，继续在新登作战；二是撤退一步，在临安与顽军决战；三是大踏步后退，诱敌深入，寻机再战。

这时，粟裕从缴获的文件和俘虏口供中进一步证实：顽军确已向苏浙军区新四军大举进攻，第三战区副司令长官上官云相担任总指挥，并已到了前方。顽军援兵正不断向新登方向开来。

于是，粟裕决定主动撤离新登，诱敌深入，骄纵敌人，待机歼敌。他向大家敏锐地分析指出：同前两次反顽作战相比，现在整个情况变了，我军能够集中的兵力只有三个纵队两万余人，不仅在数量和装备上处于劣势，而且经连续作战，十分疲劳，给养又极困难。敌人有优势的兵力和广大的后方，僵持下去，必造成死打硬拼的消耗战。顽军的力量、部署变了，我们不能一成不变，不可在新登恋战，也不宜死守天目山。如与顽军胶着，拼消耗正中顽军下怀。我们应主动撤离新登、临安，诱使敌人脱离堡垒阵地，向孝丰地区转移，然后在运动中继续消灭顽军有生力量。

6月4日夜间，新四军主动从新登全线分路撤退。8日，各支队继续从临安北撤。

天目山一直由第1纵队第3支队防守。这里是战略要地，粟裕曾再三指示第3支队黄玉庭支队长和王直政委："天目山是新登的西北翼，是宁国、屯溪的要冲，守住天目山，就可以保证我出击部队后侧的安全，因此要决心死守。"

第三次反顽战役发起后，天目山防线受到顽军不停的攻击。新四军守备部队与顽军激烈对抗10多个昼夜，始终把天目山防线控制在自己手中。如今，忽然来了个180度大转弯，命令他们撤出天目山，到孝丰地区集结待命。15日，第3支队利用地形和既设工事，节节抗击，掩护机关、辎重转移，逐步撤离了天目山。

在孝丰龙王庙，黄玉庭和王直面见粟裕。粟裕听取了他们的汇报，留他俩一起吃中饭。望着他俩对撤离天目山大惑不解的神色，粟裕笑了笑，解释说："一成不变的东西是没有的，打仗也一样。敌人也是人，有脑筋，会走路，他打着打着变了招，我们就得跟着变招；即使他不变招，我们也常要根据战场的推演来变化打法。这叫敌变我变，敌不变我也变，一个明智的指挥员必须有这种辩证头脑。现在，整个战场起了变化，你们再死守天目山已失去意义，还守在那里做什么？你们看吧，如今是到了不守天目山的时候啦！"

粟裕的一席话，使黄玉庭和王直茅塞顿开。

6 月 15 日，新四军全部撤离东、西天目山，向孝丰地区转移。粟裕接连使出了他的妙计。

——当地负有盛名的方司令（第 1 支队长刘别生别名方志强）在新登作战中不幸牺牲。战时主官阵亡按理要保密，粟裕却下令，让部队抬着大红棺材，前呼后拥，招摇过市。

——设在天目山的机关、医院、工厂、报社和军需物资，自抬自运，人员纷杂，道路拥挤，排着长队向宣长路北转移，按理应当秘密行动，粟裕却让公开向群众告别，大白天行进。

——部队从前线山头撤下来，子弹带是空的，米袋也是空的，粟裕却要他们从人口集中的新登县城通过，还叫后勤人员在街上到处买粮食。

——第 11 支队只是一支执行掩护任务的小部队，粟裕却让他们摆出主力大部队的架势，进行运动防御，且战且退，使顽军认为新四军确是在败退。

谍报将所见所闻上报并夸大其词，使顽军指挥官产生错觉，认为新四军已是"伤亡惨重，溃不成军"，错误判断我军已"向北溃逃"。

粟裕将计就计，进一步诱敌深入，将顽军引向预设战场，瞅准战机，各个击破。他指示部队加强战役伪装，还特意能动示形，诱顽军上当。

第 3 支队在天目山正面利用地形和既设工事机动抗击，掩护主力集结和辎重撤退。

第 11 支队于 6 月 2 日夜自富春江东回渡后，就接受掩护主力脱离战场的任务，摆出主力大部队的样子进行运动防御，实际担任后卫的只有一个侦察连。他们且战且退，与顽军不即不离，到达退却终点孝丰后，就转入正面阵地防御。

第 12 支队在完成紧急抢运伤员后，直接进入莫干山区敌后，既为今后主力转入敌后作准备，又作为下一步作战时向顽侧后实施迂回的机动力量。

其他各支队全部在孝丰西北地区隐蔽集结。

粟裕越来越清楚地认识到，顽军发动这次大规模进攻，是下了很大决心和作了周密部署的，他们早已与日伪沆瀣一气。新四军从天目山后撤是为了寻找战机，但这仗非打不可，不打这一仗，面对敌顽的夹击，要到敌后去发展是不可能的。不打不足以粉碎其进攻，不粉碎其进攻就不能保持战场的主动权。目前除了击退顽军的进攻之外，没有别的选择。这与四年多前的黄桥决战有异曲同工之妙。

顽军由于经常吃新四军的亏，并不轻易上钩。起初，前敌总指挥李觉还比较谨慎，再三告诫各部："不要受骗上当，丛林深谷，容易埋伏，务必严密搜索。"

如果说新四军新登撤退时的"败退"迹象还没有打动他的话，那么，再退临安，甚至撤出战略要地天目山，就使李觉没有理由不相信新四军真的是败退了。

粟裕有意让部队放松看管，一些顽军俘虏跑回去报告说："新四军真的在败逃！"

再狡猾的狐狸终究要败在精明的猎人手下。顽军被粟裕一系列的示形假象所迷惑，连第三战区司令长官顾祝同也开始相信新四军真的是败退了。

局势在进一步向严重方向发展。6 月 9 日，顾祝同电令李觉以有力兵团肃清东西天目山新四军并筑碉固守，主力组成左右两个"进剿"兵团，依托东西天目山，分由临安、宁国两地向孝丰分进合击，务期一举略取孝丰，求歼新四军主力；并续调突击总队第 2 队和第 146 师前来参战。这次进攻总兵力计有 7.5 万人，直接用于第一线和先后参战的有 10 个师、34 个团，共 5.7 万余人。

李觉接令后即调整部署，限令各部于 15 日前完成各项准备，18 日前占领各出击要点，19 日开始全面进攻。突击总队是国民党中央军的精锐，装备一流，训练有素，官兵臂上都佩戴有"奇兵"二字的袖章。

大军压境直指孝丰，大有"黑云压城城欲摧"之势。

这时，新四军隐蔽集中在孝丰西北地区的主力，已休整多日，正随时准备投入战斗。粟裕将主力集结于此，既便于向合击圈内外运动，又便于机动对付东西两路顽军。

粟裕此时保持着极为冷静的头脑，对敌情作了进一步详尽分析和准确判断。他认为：顽军这次进攻兵力虽然众多，但其中路"忠义救国军"和第 28 军的主要任务是扼守天目山隘口，意在牵制我，防我再次向南突进。该两部两次受我打击，不敢轻进。

西路即左兵团虽有六个师的兵力，但第 146 师担任守备的占了两个团，只一个团参加第一线作战，并且是担任翼侧掩护；挺纵、绥纵等部或守备或跟进配合，只是起辅助作用；进攻的骨干力量是第 52 师和独立第 33 旅。独立第 33 旅虽然编制、装备、战斗力与正规师相等，但这个旅为保存实力好打滑头仗，捡便宜时进得快，碰硬时也溜得快，不会真正出力。

第 52 师的一个团在上次作战中已受到歼灭性打击，这次要对付的主要是另外两个团。东路有三个师兵力，突击总队虽然是精锐部队，但新四军已与之较量过。突击第 1 队同第 79 师在新登作战中均被歼一部，战斗力大损，突击第 2 队前来参战的只占该队兵力的五分之三。所以对东西两路的任何一路，我集中力量都有把握予以歼灭。顽军仍然是分进合击，我必须仍以各个击破对付。

粟裕还对顽、我兵力、战斗力等进行了量化对比，真正做到知彼知己。他认为：在兵力上，我虽只有主力三个纵队的九个支队和一个独立第 2 团，共两万余人，敌我总兵力对比是 3：1 强，但我已完全集中，对付其一路尤其是集中对付其中一个部队，则我又将有优势。而且各部队经过前两次作战锻炼，协同动作和战术运用都有提高，已逐渐适应山地作战，兄弟部队间相互了解，团结信任，抢挑重担，对顽军脾性特点也已摸到，经过几天休整体力有所恢复，粮食尚能勉强维持，部队求战情绪高，地理、群众条件转为有利于我。顽军已脱离其既设筑碉地带，打运动战正是我军之长。

随着情况的发展，粟裕将原先的设想逐渐形成明确的腹案：采取"先阻东打西、后阻西打东"的办法，连续作战，各个击破两路顽军。

整个作战分两个阶段：第一阶段，先歼西边的左翼骨干第52师，并相机求歼独立第33旅；第二阶段，视情况发展移兵东向，再歼顽右翼集团。

这时，粟裕注意到顽左右两个集团远距离分头开进，前进速度不一致，第52师好大喜功行动积极，右集团却按部就班步步为营，于是粟裕以小部队对东路顽军进行"麻雀战"迟滞其行动，故前进缓慢。

在此情况下，粟裕又设想我如先向东出击，侧后受顽左集团威胁较大，如我先向西出击，则对侧后顾虑较小。基于上述考虑，他决以两个支队和一个独立团组成阻击集团，既顶住右路顽军的进攻，又拖住不使逃离。以六个支队组成突击集团，伺机出击顽左路。把另一个支队预伏在顽军侧翼的武康、德清地区，相机运用。

6月18日，敌52师终于憋不住了，为抢头功，竟利令智昏地孤军深入。李觉到这时也为粟裕败军之计所迷惑，不但不再提醒其孤军深入面临危险处境，反而夸奖第52师主动积极。

顽军独第33旅见势也想抢头功，先头部队还没有达孝丰城，却谎称部队已经进了孝丰城。

第52师得到这个消息后，便派一个侦察排长去和独第33旅联络，结果被新四军侦察部队捉住，连人带信送到粟裕面前。

俘虏的口供印证了粟裕已掌握的情况，顽第52师不再步步为营，而是孤军深入了。此时东路顽军仍然按部就班前进，先头部队与第52师距离达20公里。

粟裕估算，我以六个支队围歼第52师两个主力团，有把握在两天之内解决战斗。顽东路军想在这两天之内与第52师会合是绝不可能的。

歼敌良机终于出现了。粟裕以军事家特有的敏锐牢牢把握了这一战机。

于是粟裕派出第 1 纵队的三个支队对付第 154 团，以第 3 纵队的第 7、第 9 支队和第 4 纵队的第 10 支队对付第 155 团，分别进行包围歼击，并提出了"为皖南事变死难烈士报仇"的口号。

双方刚一接触，顽第 52 师还以为这是新四军小部队的夜间骚扰。紧接着枪声四起，战斗越来越激烈。

顽第 52 师发现情况不妙，各个方位的退路已被截断。第 1 纵队一部楔入顽第 52 师与第 33 旅接合部，直插杭岭头第 154 团团部。顽第 154 团指挥中断，一片慌乱。第 1 纵队顺势将独立第 33 旅的一个营歼灭，独立第 33 旅害怕被围，仓皇溜走。天亮时第 52 师的两个团已陷入新四军重围之中。

围歼第 52 师是整个战役的关键。粟裕与钟期光站在山头上观察战场，及时处置瞬息多变的情况，调整部署，指挥战斗。突然，粟裕从望远镜里发现对面山头的敌人正在组织炮击，当机立断拉着钟期光迅速离开。他们跑出不远，敌人的炮弹就打过来了，正好落在他们原来站立的地方。

20 日下午，歼灭第 52 师已成定局，比原计划少用了一天。粟裕决定加快战役进程。此时，中路的"忠义救国军"、第 28 军奉令驰救第 52 师，但他们害怕被歼未敢轻动。

这正符合粟裕的预料。粟裕应付裕如地把指挥重点从西线转向东线。他命令：

——守备集团调整任务抽出第 8 支队乘夜潜入顽右兵团阵地，切断顽军东南退路；

——突击集团除留第 9 支队收拾残顽并负责西线警戒外，其余全部东移；

——守备部队放开道路让顽右兵团进入孝丰空城；

——预伏在莫干山以东的第 12 支队 21 日晨赶到白水湾、港口地区，抄袭顽右兵团后路，堵住顽被包围后的惟一缺口，形成三面埋伏，即给顽军准备了个"口袋"，让其往里钻，待其入内就关门打狗。

粟裕的回马枪杀得如此迅速有力，第 52 师一夜间就被歼灭，而李觉尚不知情，仍错误地认为新四军主力还在孝丰以西与第 52 师激战，电令右兵团连夜向孝丰、鹤鹿溪挺进，协同左兵团夹击。

顽突击第 1 队一部进入孝丰空城，见势不妙急忙退出，但已来不及了。顽第 79 师与新四军在孝丰城东北制高点五峰山展开了激烈争夺。新四军抢先五分钟占领山顶，把第 79 师打了下去。

决战时刻临近了。

粟裕命令第 4 纵队第 10 支队从孝丰正面向东出击，打乱了顽敌部署。

粟裕命令第 8 支队由正面阻击转为乘夜间挥兵东进，插向东线顽军第 79 师和突击第 2 队的腹心地带。

粟裕及时从围歼第 52 师的战场调回了第 7 支队，向顽军第 79 师防地发起攻击。

敌我双方出现了互相分割、互相包围的混战局面。最后，第 8 支队在第 7 支队有力支援下，打得敌人四处逃窜，乱作一团。

作为粟裕一着"伏子"的第 12 支队，这时按粟裕命令从莫干山地区迅速奔赴孝丰战场，投入到最需要兵力的地方，突然出现在顽军溃退路上，犹如一把利剑横挡在南逃顽军胸前。

顽军被新四军压缩于孝丰东南之草明山、白水湾、港口的狭小山谷地区，狼奔豕突，拼死突围。新四军各路部队咬紧牙关，在顽军"肚子"里大胆穿插分割，加速歼敌。

23 日，总攻开始了。顽军根据惯例，认为我军必定是晚上发起进攻，就作好了防备我晚上进攻的准备，在主要通道上挂满了触发手榴弹，白天放心睡大觉去了。粟裕一改夜间发起攻击的常规为白天攻击，称这叫让"敌人想不到"。

顽敌完全没有料到新四军会在白天发起总攻，仓促应战，乱了阵脚。粟裕指挥部队利用白天观察的便利，充分发挥迫击炮、小炮的优势，大量杀伤猬集的顽敌，壮大声威，压倒敌人。经过两昼夜激战，顽军突击第 1 队除留守临安一个营外全部被歼灭，第 79 师、突击第 2 队大部被歼，残顽夺路南逃。

这次战役共歼顽军官兵 6800 余人，其中俘虏近 3000 人，缴获各种炮 17

门，轻重机枪 130 余挺，长短枪千余支。

在这样短的时间内，以这样好的方式，粉碎国民党第三战区发动的第三次大规模进攻，从而一举夺得共产党、新四军在苏浙地区的主动地位。中央军委和毛泽东及华中局来电，盛赞苏浙部队打得好。

当然，对诱敌深入作战原则的运用，必须具体情况具体对待。苏中战役中，对于敌人的大举进攻，粟裕选择了江都至如皋一线，也就是苏中解放区的前部地区作为初战的作战地域。选择在根据地前部地区作战，似乎不符合我军在敌强我弱的形势下通常实行的诱敌深入的传统战法。

为什么这样做呢？

粟裕对此有很精辟的分析。他认为，诱敌深入并不是目的，而是歼灭敌人的一种手段。诱敌深入也不是贯彻执行积极防御的战略方针的唯一打法。传统战法的运用，须在总的战略方针指导下，从当面的实际情况出发，着眼于特点，着眼于发展。华中解放区是抗日战争中广大军民浴血奋战的结晶，如果不打几个胜仗就轻易放弃大块土地，对士气民心将产生十分严重的影响。根据当时情况，为了迎击蒋军全面进攻，需要在前部作战一段时间以掩护完成各项具体战争准备工作。

解放战争初起，为了摸一摸敌人的战略意图和部署、作战行动和手段以及战斗实力，也需要在前部作战，迫敌提早实行战略展开，以便我进行战略侦察。特别重要的是，前部地区的战场条件比苏中纵深好，我主力部队对民情风俗、地形道路十分熟悉，军政、军民关系十分密切，同地方武装、民兵的配合非常协调；敌人虽强，但尚未展开，虽强犹弱，如乘机予以打击，可收出其不意的效果。

由此可以看出，粟裕不是任意改变诱敌深入的传统战法，而选定苏中解放区前部地区作为作战地区，正是从战争初期的作战任务出发，又分析了敌我双方的条件，把需要与可能结合起来才这样做的。

豫东战役第一阶段，我黄河以北各纵队南渡黄河，敌人急向鲁西南集中兵力达到 9 至 11 个整编师，企图与我渡河部队决战。我军乘机用距开封仅一日行程的第 3 和第 8 纵队奔袭开封，而以三倍于攻城部队的兵力，担任阻援和牵制敌人的任务，保证了攻取开封的胜利。我军夺取开封的一个重要目的是调动敌人来援，以便在运动中寻机歼灭援敌。果然，敌邱清泉和区寿年两兵团分路向开封扑来。

诱敌深入，必须做到持重待机。

所谓持重，就是谨慎、稳重、不浮躁。持重待机，一是要慎重，审慎地观察战场形势的细微变化和掌握敌人的行动规律；二是要充分发挥能动性，以积极主动的作战行动，吸引、调动、疲惫、迷惑敌人，从而捕捉和创造有利的战机。

粟裕在以少临多的情况下，之所以还能择扰选择打击目标，保持部分战场作战的主动权，是因为他总是持重待机，不贸然从事，并且非不得已不同敌人打阵地战，而力求以运动战歼敌。

获得战场的主动权一是持重不是消极等待，而是通过积极的努力去创造条件。包括创造打击目标和战场条件，疲惫、迷惑敌人，削弱敌之作战能力和造成其判断、行动上的失误；吸引、调动敌人，既能削弱和迷惑敌人，又能破坏敌之优势，造成有利于己的作战态势。

二是要严密掌握战场形势的发展，审慎地观察战场形势的变化，及时发现战机的出现，并及时地捕捉战机。

三是要全面掌握和分析战场的利弊条件，包括敌方的条件、我方的条件和地理、民情等条件。条件是战机的动因，条件具体之时，即战机成熟之时。

四是灵活地对待作战计划。计划的坚持与改变，决定于"条件"具备与否，条件具备时，坚定地坚持原定计划，条件不具备时积极创造条件，当经过努力条件仍不具备时，则应改变计划。

五是隐蔽自己的行动企图，抓紧做好战前的充分准备，保持战役发起的最大突然性，给敌以出其不意的攻击。

"持重"不是畏敌避战，而是审时度势，避敌锋芒，等待有利战机的出现。"机"不是消极等待，"守株待兔"，而是积极主动地去创造、捕捉战机。持重待机要有极大的耐心。战机的出现往往需要一个过程，有时甚至是一个相当长的过程。作为聪明的指挥员，要不为部队的急躁情绪所动。

为此，战役指挥员必须摸清敌人的心理动向，准确掌握敌人的战略、战役企图，寻求可被我利用的敌之弱点，一旦战机出现，即刻抓住不放。

孟良崮战役中，为了创造和捕捉有利战机，粟裕制定了诱敌深入、持重待机的作战方针。

孟良崮战役，我军之所以能够在敌第74师刚一露出弱点时，就把其从敌部署中割出来歼灭掉，就是陈毅、粟裕及时抓准了敌人的两项致命弱点：一是国民党最高当局战略上要与我速决，与敌各指挥集团在战役指挥上但求自保、迟疑不决的矛盾；二是摸清了敌整编第74师骄横、轻敌、急于邀功的心理。

四、攻其必救，围点打援

《孙子》曰："故我欲战，敌虽高垒深沟，不得不与我战者，攻其所必救也。"意思是说，我军要打，敌人即使高垒深沟也不得不脱离阵地作战，因为我军所攻击的是敌人要害，是敌人必救的地方。孙膑说："攻其所必救，使其离固，以揆其虑，施伏设援，击其移庶。"刘伯承把这一战法，精辟地概括为："攻敌所必救，消灭其救者，攻敌所必退，消灭其退者，是求得打运动战歼敌的好办法。"

粟裕极为熟悉中国传统兵法中"攻其必救"的战法，并多次从实际情况出发，创造性地运用这一战法。他认为，攻其必救、围点打援，是创造和捕捉有利战机，从而达到歼灭敌人目的的有效手段。这里的关键是选点。选敌至关痛痒之点，同时也是其较为空虚之处，常能收牵一发而动全身，击一点而震全局，调动敌人之效。

围点打援，攻其必救，歼其所救，这是粟裕惯用的作战方法。

1941年7月下旬，日军南浦旅团倾巢出动，加上李长江部伪军，集中1.7

万人的兵力，四路合击盐城，再次围攻新四军首脑机关。

华中局和新四军军部发出了"保卫盐城"的号召。粟裕率领苏中主力部队全力以赴，除抽调第 2 旅专门负责保卫军部、直接协助第 3 师作战以外，其余部队则以凌厉的攻势，在苏中南部的泰兴、如皋、南通、靖江地区广泛出击，袭击日伪据点和交通干线，有力地打击和钳制了敌人，陷敌于顾此失彼的被动地位。随后，又乘日军后方空虚之机，以"围魏救赵"的战法，突然回师进攻南浦旅团部驻地泰州。

粟裕说，敌人集中兵力在北线"扫荡"，南线就空虚了，好比光着屁股等着挨打。我们就狠狠地打他个皮开肉绽。

他指挥苏中军民奋力迎敌，在南线攻克古溪，收复黄桥，围攻泰州、泰兴，迫使日军南浦旅团南撤；在北线攻克裕华镇、大中集等日伪军重要据点，歼灭日伪军 2100 多人。再次粉碎了日伪军摧毁新四军首脑机关的阴谋，完成了守卫华中局和新四军军部南大门的任务。

1944 年春发动的车桥战役，也是采取攻点打援的战法。

车桥镇坐落在涧河（又名菊花沟）两岸，东西长 2 里，南北约 1.5 里，河道上有 5 座桥梁，从高处俯瞰全镇，形如"车"字的繁体（車），是以得名。这里驻扎日军一个小队，40 余人；伪军一个大队，500 余人。

拿下车桥是一场硬仗。敌伪军在车桥镇垒高沟深，设防十分严密。四周筑有大土围子，外壕里面还有许多土围子，沿大小土围仅碉堡就设有 53 座，还有许多暗堡封锁地面，构成绵密的交叉火力网，四周围墙高达 2 丈，外壕宽 1.5 丈，壕中积水深七八尺，且与界河相通。以车桥为中心，外围还有十几个坚固的据点相拱卫，形成一个较完整的筑垒配系。我军心须发扬高度的进攻精神，实行攻坚。

新四军还要准备打援。敌人控制点线，交通便利，增援容易，如果没有力量消灭援敌，也就无法拔除据点。只要援敌离开据点，就便于我军在运动中歼灭他们。 所以，粟裕为这次战役定下了攻坚打援并举的方针，坚决攻占车桥，并歼灭敌人一批增援部队。

粟裕认为，车桥地处中心，来援方向较多，但敌两个师、团部的驻地徐州、扬州，距离车桥都比较远，估计不一定来援，其主要增援方向可能是来自淮安的敌人。所以，他决心集中五个团的兵力，组成三个纵队，采取攻点打援的战法，攻坚与打援并举。以第 7 团为第 2 纵队，负责主攻车桥；以第 1 团、第 3 分区特务营及泰州独立团一个营为第 1 纵队，担任对两淮方向之警戒，完成歼灭或击退援敌之任务；以第 52 团及江都独立团、高邮独立团各一个营组成第 3 纵队，担任对淮安、曹甸、宝应方向之警戒，完成歼灭或击退援敌之任务；以师教导团一营及第四分区特务团（两个营）及炮兵大队组成总预备队。

粟裕强调这次战役安排打援的部队多一些，但并不是"以打援为主"，战役的目的是攻取车桥，解放这一片地区。

车桥守敌万万没有想到新四军第 1 师主力敢于集中大兵团来攻，而且是采取掏心战术直取其中心据点。日、伪军苏中指挥机关对新四军作战意图及部队调动一无所知。

3 月 5 日凌晨 1 时 50 分，攻城部队按预定计划出击。经激战，攻城部队于当日中午全部歼灭了镇内的伪军大队。下午 3 时半，第 2 纵队开始总攻"碉堡中之碉堡"的日军圩子。

车桥西北的打援战斗也已打响，打援地点选在芦家滩一带。

在第 3 纵队方向，驻曹甸、塔儿头日伪军百余名最先出动，行至大施河，触发新四军埋设的地雷，稍与新四军警戒部队接战即退回。

在第 1 纵队方向，5 日下午 3 时，淮阴、淮安、涟水等地日军，纠合伪军 700 余人，分批在淮安集结，乘车向车桥驰援。第一批七辆汽车载着 240 多名日军，进至周庄、芦家滩新四军预设的伏击阵地。第 1 纵队战士突然猛烈开火，迫敌进入预设的地雷阵，当即被炸死炸伤 60 余人。

敌人从 5 日下午发出第一批援军起，至黄昏时第五批援军也已经出发，情况万分紧急。

第 1 纵队战士从敌侧背奋勇出击，与敌白刃格斗，刺死敌 60 余人。敌人伤亡惨重，便向韩庄东北突围，在芦苇荡边被第 1 纵队战士切成三段，大部就歼。6 日凌晨 3 时左右，第四批增援日军 120 余人，乘两辆汽车又进至小王庄、韩庄，与残敌会合。

7 日，日军出动七架飞机对车桥以西地区狂轰滥炸，以掩护车桥周围的日伪军撤退。车桥镇残敌在援军接应下狼狈逃窜，而我军则乘胜出击，相继收复曹甸、泾口、塔儿头、张家桥等地，使淮安、宝应以东纵横数百里地区全部获得解放，苏中、苏北、淮北、淮南四大根据地连成了一片。

车桥战役，攻坚打援并举，用较多的兵力打援，目的是攻取日军据点车桥，并解放一片土地。粟裕在谈到车桥战役的作战方针时说过，这是敌我力量对比发生有利于我的质变条件下，所采用的新战法。

苏中战役，攻黄（桥）救邵（伯）打援

1946 年 8 月 23 日，国民党军李默庵急令黄桥守军增援如皋，同时命令黄百韬率整编第 25 师向邵伯进攻。这时北线国民党军队已经占领淮北睢宁，正准备向华中首府两淮进犯。

李默庵认为，华中野战军主力集中在如皋东南，如要增援邵伯，从北面绕过他的封锁圈，需要不少时间。利用这段时间，他就可以攻下邵伯，沿运河北进，配合北线蒋军进逼两淮。他的如意算盘打得很精：既救了东头，又拣了西头，东西呼应，一举两得。

面对国民党李默庵部的进攻，粟裕比李默庵更是棋高一招，出其不意，攻黄（桥）救邵（伯）打援，用攻其必救的办法，调动敌人，寻歼敌人于运动中，并解邵伯之围，一举三得。

粟裕认为，蒋军如果攻占邵伯，将会威胁苏中侧翼和两淮，邵伯势在必救。如何救法？要出奇制胜。

具体说来，东线敌军连吃五个败仗，已经一蹶不振。粟裕留下第 7 纵队控制海安、贲家集以北一线，在海安、姜堰之间发动钳制性攻势。西线，他令已在当地的第 10 纵队和第二军分区部队共五个团坚守邵伯，阻止敌军北进。第 1 师、第 6 师、第 5 旅和特务团则按照原定计划向敌人封锁圈中心挺进，

进攻黄桥、泰州，用"攻魏救赵"的战法来调动敌人，寻歼敌人于运动之中，并解除邵伯之围。

邵伯是华中解放区首府淮阴的大门，这里河流港汊密布，仅运河堤一条陆道，地势十分险要。为保卫淮阴，歼灭敌人的有生力量，粟裕决心以一部兵力在邵伯地区组织防御，阻敌第 25 师北上；主要仍按原定计划，向黄桥方向发起进攻，来一个攻黄（桥）救邵（伯），首先打敌第 99 旅，如第 99 旅不好打或打不着，就舍之而采取攻魏救赵的办法，向泰州之敌攻击，以解邵伯之围。

8 月 23 日，丁堰、林梓战斗结束的第二天，粟裕就部署刚由地方武装升级组成的第 10 纵队三个团及第二军分区两个团，在江都县邵伯镇防御敌第 25 师北进。主力部队除以第 7 纵队在姜堰、海安之间发动钳制性进攻外，第 1 师、第 6 师、第 5 旅、特务团则于 8 月 23 日夜间大踏步地向敌人封锁圈的中心挺进，进攻黄桥、泰州。

泰州是黄百韬的后方，拿下泰州，黄百韬就陷入腹背受敌境地，必然会回兵救泰州。

粟裕说："这是一着奇兵，也是一着险棋。这个地区，南是长江，东、北、西三面都是敌人许多据点连成的封锁线。封锁圈东西一百余里，南北仅数十里，我们竟敢用三万作战部队插进去，这大大出乎敌人的意料。"

第 1 师副师长陶勇接到西进的命令后，把侦察科科长找来，给他交代任务："你马上出发，向西，一直穿过如黄公路到泰州，沿途侦察敌情。发现有不好过的河流，要架桥。大部队马上就要进去。"

8 月 23 日夜间，第 1 师、第 6 师、第 5 旅和特务团一齐向敌占区开进。部队刚刚穿过如黄公路，突然接到命令：停止前进。

原来截获了敌重要情报：由于在我内线作战，加之我老区组织严密，敌人得不到情报，故反应迟钝多误。我军由丁堰、林梓西进，敌指挥部并未意识到我军将挺进黄桥，却根据我丁、林战斗的态势判断我将攻击如皋，急令黄桥守敌第 99 旅沿如黄公路增援如皋。第 99 旅怕在运动中受到打击，于 8

月 25 日上午到达分界地区后迟迟不敢轻进，反而要求如皋守敌接应。

计算时间，两路敌军恰好与我军撞个满怀。

送上门的礼物，如何不收！粟裕立即下令，要求部队在行进中严密注意敌情，准备在如黄路上打一场预期遭遇战。

陶勇后来回忆说："我们几个人研究了命令，觉得野司这一决定真是高明。表面看来，这一仗似乎可以不打。因为一来敌军增援如皋是李默庵的一招空棋，无足轻重，可以置之不理；二来为了策应邵伯而攻泰州，事在紧急，也应该避开途中敌人，以免延误；况且敌后作战，也须慎重。但是野司现在决定打这一仗，又应该棋看三着：如黄路上的九十九旅就像'掌中之蛹'一击就毙；这里一打，又可调动敌人，再歼来援之敌；敌人东线一乱，黄百韬怕他老窝被捣，围攻邵伯也会动摇。一举而赢得三着！敌变我变，真是个机动的、大胆的决定。"（《苏中七战七捷》，江苏人民出版社，1986 年 9 月，第 1 版，第 341—342 页）

这个预期遭遇战在 8 月 25 日打响。

这时，李默庵发觉华中野战军主力西进，急令如皋守军第 187 旅加第 79 旅一个团、第 99 旅一个营增援。结果，在加力、谢家甸之间被华中野战军第 1 师、第 5 旅包围。

国民党军实有兵力，远比原先侦察得知的兵力要多，又采取集团固守的战法，经过一夜激战，分界和加力两地都未能解决战斗。

这时，西线邵伯的战斗激战正酣，国民党军队已经突破华中野战军在乔墅的阵地。粟裕认为，我军主力如果在如黄路上拖延时间，邵伯一旦失守，战局将发生不利于我的变化。要想歼灭当面之敌，必须集中兵力。可是他手中兵力不多，又没有预备队可调，怎么办？他使出擅长的绝招：在战场上及时转用兵力。

粟裕当机立断，立即调整部署，堵住敌人后路，同时隔断东西两路敌军联系，采取在战场上转用兵力的办法，造成兵力对比上的绝对优势，各个歼灭分界、加力之敌。

粟裕打电话给陶勇，命令第 1 师第 1 旅西调，配合第 6 师歼灭分界之敌第 99 旅。

8 月 26 日，第 6 师和第 1 师第 1 旅、特务团以 5：1 的绝对优势兵力，向分界之敌发起进攻，只用两个小时就解决战斗，全歼蒋军第 99 旅两个团 3000 多人。

随后，粟裕向东转移兵力，把第 6 师、第 1 旅、特务团调到加力，造成 15 个团对 3 个团的绝对优势，将加力突围之敌一举歼灭。

这时，敌人又从如皋拼凑了一个多团的兵力，在飞机的掩护下西出接应。加力、谢家甸之敌以营为单位分路突围。粟裕指挥各部全线出击，将突围之敌歼灭，仅数百人逃回如皋。如皋出援的一个多团，也被我歼灭一半。

数百名国民党官兵在向如皋逃窜途中，第 5 旅及时插到如皋西南，正好截断敌人逃路。第 5 旅着黄色军服，与苏中部队的灰蓝色军服不同，而与蒋军的黄绿色近似。蒋军误认为援兵到来，顿时欢呼跳跃，在兴高采烈中当了俘虏。

"救邵（伯）"目标已达到，剩下的仅是"攻黄"这一块了。

此时，驻守黄桥的蒋军第 160 旅五个连，已孤立无援。粟裕命令第 5 旅乘胜扩大战果，夺取黄桥。

第 5 旅一夜急行军到达指定位置，将黄桥团团包围，军事压力、政治攻势并举。敌人突围无望，于 8 月 31 日全部缴械投降。黄桥再次回到人民手中。

"先打开封，后歼援敌"的豫东之战，是粟裕采取"攻其必救"之计的著名范例

粟裕在部署寻歼敌整编第 5 军的同时，制订了更符合当时实际的先打开封后歼援敌的作战方案，而且更侧重于后者。

经过深思熟虑，粟裕选择在政治上和军事上都有重要影响的河南省会、中原重镇开封，作为攻敌必救之点。

当时我军参加豫东战役的华野第 3、第 8 纵队具备一定的攻坚能力，炮兵有一定的作战经验，并且根据炮兵作战的特点，能够发挥炮兵支援步兵作

战的作用；再一点，当时守卫省城开封的敌军指挥不统一，互有矛盾，战斗力不强，因此，攻克开封是有把握的。如果华东野战军攻下省城开封，以其重要的政治、军事、地理位置，必然能够吸引敌人援救开封，从而为战役的第二阶段，我军在运动中歼灭援助敌人创造极为有利的条件。

粟裕坚持一切从实际出发的原则，密切注意，细心分析战场形势，审时度势，创造和捕捉了有利战机。

为了实施先打开封、再歼援敌的作战方针，华野第3和第8纵队向淮阳方向前进，敌邱清泉兵团果然被我军吸引南下。

1948年5月30日、31日，黄河以北我各纵队南渡黄河，我军的这一突然行动，使敌人大为震惊。敌急令邱兵团主力和整编第75师北返，迎击我渡河部队，同时，又向鲁西南增调三个整编师和一个旅，企图与我渡河部队在鲁西南决战。

由于鲁西南当面之敌猬集一团，敌援兵又多路赶来，且我陈唐（陈毅、唐亮）兵团6月18日才能赶到参战，依现有兵力难以实现割裂歼敌一部的要求（指寻歼敌整编第5军）。这时，华东野战军第3和第8纵队已到达通许、睢县、杞县之线，距开封只有一日行程，如果就势转用来突然攻取开封，可打敌措手不及。

所以粟裕立即改变既定决心，决定乘敌未到达前，以该兵团（华野）包围开封而攻占之。

从敌人方面来说，当时敌军对于我军先打开封再歼援敌的作战方针一概不知。

刚一开始，开封守敌认为我军是吸引国民党主力至鲁西地区作战，在开封无真正战斗，以为我军是"流窜性质"，国民党徐州"剿总"虽曾觉察到华野有围攻开封的意图，但见我军两大集团南北对进，认为我军企图突击邱清泉兵团，因而十万火急地向鲁西南调动兵力，要与我军进行决战。

粟裕就是这样利用当时敌人的错觉，发挥主观能动性，吸引敌人大部至鲁西南地区。为我军攻打开封赢得了时间，提供了有利的战机。

开封战役从 17 日开始，至 20 日夜攻城部队就突破了敌城垣主阵地，继而将城西之敌肃清，这时虽然敌核心阵地龙亭尚未被我军攻下。但战役第一阶段已胜利结束。

这个突如其来的打击，完全击破了蒋介石在四月伪国民大会上所作的"保证六个月内肃清黄河以南之共军"的呓语。南京政府内部，表现出惊慌、混乱、埋怨和分崩离析。

在这样的情况下，蒋介石被迫亲赴前线指挥，调集邱清泉、区寿年两个兵团，分路驰援开封。

这正好中了粟裕的"动敌"之计。粟裕说："我军实施开封战役的目的，除攻占城市全歼守敌外，更重要的是引诱敌人来援，以便在运动中各个歼灭敌人。现在敌军分两路向开封扑来，正好中了我们的'动敌'之计。"

于是，粟裕又决定放弃开封，挥师南下，诱邱兵团西进开封，同时令第 1、4、6 纵队向杞县以南傅集东西地区隐蔽集结。

两个月以后，我军便攻克开封，歼灭援敌五万余人于睢杞地区，证明了粟裕的这一战略布局是完全正确的。

面对两路援救开封的敌人，粟裕大胆、沉着、果断地指挥我攻克开封之第 3、第 8 纵队首先撤出开封，然后又根据当时的实际情况，选择战斗力较弱的区寿年兵团作为首先歼击的目标。但是，要达到围歼区兵团的目的，必须创造有利的战机，因为当时两路援敌相距较近，我军必须先诱其拉开距离。

为此，第 3 和第 8 纵队按预定计划，由开封城郊向通许方向转移，诱邱兵团西进开封，而多疑的区寿年却认为我军有向平汉路进攻模样，但也摸不清我军行动的企图，因而在进抵睢杞地区后举棋不定。

这样，邱、区两大兵团在一夜之间便拉开了 40 公里的距离，这时粟裕抓住了这一有利的战机，不待查明区兵团的具体部署就下达了围歼区的命令。经过五天激战，我军将区兵团整编第 75 师及第 16 旅一个团全部歼灭，活捉了敌兵团司令区寿年和师长沈登年。

随后又立即转兵，抓住刚刚组建，所属各军相互不服、战斗力不强的黄伯韬兵团进行歼灭，从而赢得了豫东战役第二个阶段的伟大胜利。

此战，粟裕以我动吸引敌动，调动驻止之敌于运动之中。通过灵活变换敌我"动静"形态，创造和捕捉有利战机，牢牢掌握主动而置敌于被动之中。我动敌静，敌处于无准备状态，而我则在与动敌周旋中，捕捉战机，主动突然地向静敌攻击，给敌以措手不及。我攻克开封后，又主动撤出，安全转移；当敌动我静时，敌系被迫疾进，而我则充分准备、隐蔽集结，预先展开、以逸待劳，及时捕捉有利战机，迅速突然歼击动中之敌。

粟裕在豫东战役复杂紧张的情况下，巧妙地运用"什么敌人好消灭，就打那部分敌人"的作战方法，创造了以一部分兵力担负攻坚任务，以大部分兵力担任阻援任务的新战法，为以后的济南战役与淮海战役提供了先例。毛泽东在1948年10月11日《关于淮海战役作战部署的指示》中曾两次提到要运用"攻济打援部署的指导原则"。这一原则即源于豫东战役的实践经验。

济南战役，攻济打援并举

在长期革命战争中，敌强我弱的形势很明显，我军一直是以歼灭敌人有生力量为基本作战指导思想。当前，敌我力量对比已经出现空前变化。中国革命战争已经从农村包围城市发展到最后夺取大城市的新时期。要以新的发展的观点，来认识歼灭敌人有生力量与夺取大城市的辩证关系。

这次济南战役与过去的"攻坚打援""攻城阻援""围城打援"以及"攻城打援"不同。即使与刚刚结束的豫东战役相比也有不同，那是"先打开封，后歼援敌"，目的仍在歼灭敌人有生力量。这次济南战役，不仅要歼灭敌人的有生力量，而且要达到夺取济南城并巩固占领之目的。

1948年8月上旬，粟裕在曲阜主持召开华野前委扩大会议，统一攻济打援的作战指导思想，调整华野各部会合以后的内部关系，制定攻济打援的具体作战部署。

8月10日，粟裕与陈士榘、唐亮、张震、钟期光联名发电报给中央军委，报告华野全军休整后的作战计划，再次提出攻济打援的作战方针。他们提出三个可供选择的方案：

一是集中华东野战军全部兵力，转到豫皖苏及淮北路东地区作战，切断徐蚌铁路，孤立徐州，并将重点放在打击徐州出援之敌上，首先求得在运动中歼灭邱清泉的（新）5军，继而歼击其他兵团。

二是集中主力首先攻占济南，以必要兵力阻击徐州可能北援的敌人。

三是攻占济南与打援同时进行，但应有重点地配备与使用兵力，第一阶段先以两个纵队夺取济南机场，以11个纵队求歼援敌一部；第二阶段以一部兵力阻击援敌，主力转攻济南。

粟裕等人权衡三案利弊，认为以执行第三方案最好，这个方案的好处是：可以使攻济与打援有重点地进行，达到一箭双雕之目的；在预设战场上打击援敌，可以利用有利地形运动歼敌；部队在有后方条件下作战，人民支援，补给容易，将大大提高战斗力。此战取得决定性胜利，就可以使华东、华北两大解放区连成一片，把战场向南推进，使徐州处于我军包围之中，造成在中原黄淮地区大量歼敌的更多有利条件，从而迅速改善中原战局而威胁长江南北。

中央军委8月12日复电，"倾向于攻城打援分工协作，以达既攻克济南，又歼灭一部援敌之目的"。（《毛泽东军事文集》第四卷，军事科学出版社，中央文献出版社，1993年12月，第1版，第567页）

此后10余天内，中央军委与华野之间电报来往频繁，华野高级指挥员之间也反复商讨，讨论的主要问题是如何认识和处理攻济打援的辩证关系。

粟裕认为，攻济打援这种战法的特点，就是在保证有足够兵力攻下济南的前提下，以较多的兵力用于打援，求得在攻克济南的同时，歼灭敌人援军之一部。当时济南已是一座孤城，而可能增援之敌是三个兵团17万人的机动兵力。只有攻济打援并举，并以较多兵力用于阻援和打援，才能造成有利的战略态势，给攻济作战以足够的时间保证，并且确有把握地消灭一部分援军，力争消灭邱清泉的第5军。

对于攻济打援的战法，开始并没有被所有高级指挥员理解和接受。在讨论作战方案过程中，不断有人提出问题："攻济打援，到底哪个是重点？""在兵力分配上如何保证重点？"有人认为，既然济南战役的主要目的是攻克济南，就应当把兵力部署的重点放在攻济上，阻援打援不必使用那么多的兵力。担任攻城指挥的许世友极力主张，把作战部署和兵力分配的重点放在攻城上。

针对这种情况，粟裕把统一战役指导思想作为首要任务来抓，组织纵队以上指挥员学习领会中央军委的指示精神，辩证地认识攻济与打援的关系。

在曲阜作战会议上，粟裕首先阐明了济南战役的作战方针及其战略意义。他指出，济南战役的作战方针是打下济南并歼灭援敌，结束山东战局，以全力夺取中原。打下济南以后，就可以将战局推进一步，在中原战场的敌我力量对比上占有优势，把战争推向长江沿岸，造成随时可以渡江的条件。同时指出，济南战役将是一场严重的艰苦的战斗。济南是徐州的屏障。没有徐州就没有中原。守济之敌会死守，增援之敌猛而多。王耀武指挥能力较强。济南城长期设防，迭次增修，不同于潍坊、兖州、开封、洛阳，不能轻敌。中央军委指示，阻歼援敌才能争取时间，争取时间才能打下济南。预计有三种可能：援敌很远已经打下来，援敌很近才打下来，援敌逼近仍打不下来。我们要避免第三种可能，争取第一、第二种可能。

毛泽东在给许世友的一封电报中解释说："此次作战目的，主要是夺取济南，其次才是歼灭一部分援敌，但在手段上即在兵力部署上，却不应以多数兵力打济南。如果以多数兵力打济南，以少数兵力打援敌，则因援敌甚多，势必阻不住，不能歼其一部，因而不能取得攻济的必要时间，则攻济必不成功。"（《毛泽东军事文集》第五卷，军事科学出版社，中央文献出版社，1993年12月，第1版，第6页）

在上下互相启发和不同意见的讨论中，不仅统一了作战指导思想，而且丰富和完善了攻济打援的战法。

在此基础上，粟裕主持制定了攻济打援的作战部署。这个部署提出，济南战役于 9 月 16 日发起，以攻占济南为唯一目的，并求歼援敌之一部，坚决阻击援敌使其不能迫近济南，以保证攻济集团有足够时间攻占济南。在兵力部署上，以参战兵力的 44% 用于攻城，以 56% 的兵力用于打援。

攻城集团，由六个半纵队、特种兵纵队大部分和一部分地方武装共 14 万人组成，大部分是长于攻坚的部队。

打援集团，由八个半纵队、特种兵纵队一部分和一部分地方武装共 18 万人组成，大部分是长于野战的部队。

另以一个纵队和各军区地方武装，在民兵配合下，积极向当面之敌出击，破坏津浦路、陇海路，配合主力作战。

这种攻济打援的战法以及兵力部署上的辩证运筹，不仅经过济南战役的实践检验是正确的，而且在后来的淮海战役中取得了更大的成功。几十年后，粟裕回忆济南战役时，针对一些人把攻济与打援割裂开来，认为"济南战役就是攻济，打援则是另一个未能实现的战役计划"的说法，指出攻济与打援都是济南战役不可分割的组成部分。徐州地区的敌人，正是慑于我军打援集团兵力强大，才不敢贸然进犯。敌人援兵不敢北上与我打援部队交手，正说明攻济打援方针的正确。

粟裕后来在谈到济南战役"攻济打援"作战方针的特点时，精辟地分析指出："我军战史上运用过'攻城阻援'的方法，即以攻城为目的，大部兵力用于攻城，小部兵力用于阻援，阻援是攻城的手段。我军战史上也运用过'围城打援'的战法，即以小部兵力围城，这是诱敌来援的手段，而以大部兵力用于歼灭来援之敌，这是目的。我对豫东之战的方案虽然是既攻城又打援，但与济南战役不同，那是先攻城后打援，战役分为两个阶段，可伺机行事。这次'攻济打援'则是在新条件下的崭新战法，特点是在保证有足够的兵力攻下济南的前提下，以大部分兵力用于打援，求得在攻济的同时，歼敌援军一部，这是达到攻济目的的必要手段。"（《粟裕战争回忆录》，第 575 页）

在阻援打援战场上，粟裕采取"夹运（河）而阵"的作战部署，把打援集团的 18 万部队分别部署于运河两岸。

在运河以西，配置两个纵队另两个旅，利用水洼地带易守难攻的有利地形，构筑四道防线，坚决阻击由鲁西南北犯之敌。

在运河以东，配置六个纵队另四个团，将打援战场选择在运河以东的邹县、滕县之间，准备歼灭由运河以东或沿津浦路北进的援敌，以歼灭邱清泉的第5军为主要作战目标。

粟裕认为，这种部署的好处是：无论敌人沿津浦路还是沿运河两岸北进，都不容易靠拢，而易于被我各个分割歼灭；我军以兖州为中心布阵，主力部队转移方便；打援战场距济南较远，有利于保障攻济部队作战，也有利于尔后扩大战果。

后来得知，指挥邱、黄、李三个兵团增援济南的徐州"剿总"副总司令杜聿明，果然随着粟裕的指挥棒行动。他自作聪明地采取声东击西的策略，扬言主力沿津浦路北进，实际上大部沿运河东岸北进。如果他放胆北进，正好投入粟裕预设打援战场。但是，他得知华野有强大打援兵团严阵以待，又慑于豫东战役区寿年兵团被歼的命运，虽经蒋介石一再严令督促，仍然迟迟不敢向前推进，每天只缓缓前进一二十华里，避免与华野打援集团交战。直到华野攻克济南，邱清泉兵团才进至鲁西南的成武、曹县地区，而黄百韬、李弥两个兵团则尚在徐州地区集结过程中。邱清泉得知济南失守，连忙缩回徐州，商丘一带。

在阻援打援战场上，国民党援军虽然逃脱了被歼灭的命运，华野却也达到了坚阻援敌使其不能迫近济南，使攻城部队有足够时间攻占济南的目的。

淮海战役中，在作战方法上，粟裕借鉴了"攻济打援"的战法，用六个纵队围歼黄百韬兵团，用七个纵队阻击由徐州增援之敌。在作战过程中，根据黄百韬兵团由驻守之敌变为运动之敌，又由运动之敌变为驻守之敌等实际情况，适时转换作战方式。由运动战转换为村落阵地攻坚战，用近迫作业的办法把交通壕挖到敌人阵地前沿，然后突然发起攻击，突破敌人的坚固防御阵地，全歼黄百韬兵团。而由徐州增援的邱清泉、李弥两兵团虽然与黄百韬兵团炮声相闻，却不能越雷池一步。

1948 年 11 月 9 日，粟裕和陈士榘、张震作出歼灭黄百韬兵团于运河以西的作战部署，并向中央军委和华东局、中原局报告："现刘峙有以徐州为中心与我决战模样"，正在调整部署，"实为歼敌良机"。当天 16 时，中央军委采纳粟裕的建议，作出"极力争取在徐州附近歼灭敌人主力"的战略决策，24 时又复电指出华野"迅速部署截断敌退路以利围歼是正确的"。（《毛泽东军事文集》第五卷，军事科学出版社，中央文献出版社，1993 年 12 月，第 1 版，第 182 页）

11 月 10 日 1 时至 3 时，中央军委接连发出三份电报，指令中野集中四个纵队攻取宿县，控制徐蚌段铁路，切断徐敌南撤通路；指令华野以勇猛神速手段歼灭李弥兵团，切断黄百韬兵团西撤通路。三电皆以"至要至盼"作为结语。（《毛泽东军事文集》第五卷，军事科学出版社，中央文献出版社，1993 年 12 月，第 1 版，第 188—190 页）

11 月 11 日，粟裕指挥华野各个纵队完成对黄百韬兵团的分割包围，切断了黄百韬兵团西撤通路，并且根据战场态势调整了作战部署，决定用六个纵队围歼黄百韬兵团，用七个纵队阻击徐州东援之敌。

这时敌情正在发生重大变化。黄百韬处境危急，蒋介石匆忙挽救。11 月 10 日，蒋介石召开军事会议，作出一系列决定：要杜聿明连夜赶到徐州上任，指令黄百韬"固守待援"，指令邱清泉、李弥两兵团迅速东进，指令黄维兵团立即向徐州开进。然而，蒋介石及其手下将领仅仅发现华野"有包围歼灭黄兵团之企图"，并未察觉歼灭其江北主力于徐州地区的整个战略意图。杜聿明后来回忆说："他们（顾祝同等人）并未料到解放军已有一半以上兵力担任阻击打援，并准备在淮海战役中实行战略决战，消灭国民党军。当然我也未料到这点。"（《淮海战役亲历记》，中国文史出版社，1996 年 1 月，第 1 版，第 23 页）蒋介石的如意算盘是"集中全力迅速击破运河以西之共军"，救出黄百韬兵团。

但是，蒋介石的算盘从来是由毛泽东和他手下的将领们拨动的，形势的发展与他的主观愿望恰恰相反。粟裕说过，蒋介石有一个怪脾气，"你要他一点，他连半点也不给你。如果你拿下了他大的呢，他连小的也不要了"。他为了保住第 44 军，让黄百韬在新安镇等了两天，结果使黄兵团陷入重围。为了救黄百韬兵团，他又把邱清泉、李弥、孙元良、黄维等几个兵团集中在徐州地区。他所采取的措施，正沿着粟裕在"齐辰电"中设想的第一种可能，一步一步地走向被迫在徐州周围进行战略决战的道路。

面对集结于碾庄圩地区的黄百韬兵团和由徐州东进的邱、李两兵团，粟裕采取"攻济打援"的战法，以歼灭黄百韬兵团为主要作战目标，同时争取在阻援打援中歼灭一部分援敌。他把指挥重心首先放在围歼黄百韬兵团上。

围三阙一，关门打狗

1945 年 12 月中旬，高邮邵伯之战中，由于我军兵力并不占绝对优势，敌人还可能得到扬泰线蒋军的增援，为了保证战役全胜，必须扬长避短，趋利避害，抓住主要关节，提前拿下邵伯，控制运河走廊，保证攻打高邮的部队有充分的时间。

根据这个设想，粟裕调整了作战部署，缩小作战规模，改变作战步骤：

第一阶段，首先以第 7 纵队和苏中军区的地方团队攻打邵伯以及扬泰线上日伪据点，控制蒋军北援的通道运河大堤，给主力部队攻打高邮争取充分的时间。在此阶段，以第 8 纵队肃清高邮外围，完成对高邮城的四面合围。

第二阶段，第 8 纵队对高邮发起总攻，全歼守敌；第 7 纵队及苏中军区各团坚决阻援，并相机歼击扬泰线增援蒋军。这是一个既果断又谨慎的作战部署。

邵伯位于高邮、扬州之间。提前拿下邵伯，就可以为下一步作战创造有利条件。

第 7 纵队以一个团攻进邵伯，战斗尚在进行，粟裕就带着参谋进入邵伯，直接指挥这个团围攻负隅顽抗的日军。

他用"围三阙一"的战法，诱使日军突围。仓皇逃窜的日军从粟裕的指挥所门前通过。粟裕带领参谋和警卫战士稳守门内，不动声色，待日军离开工事进入开阔地带时，立即下令聚而歼之。第 7 纵队攻克邵伯，歼灭日伪军 2000 多人，其中日军 150 多人。与此同时，华中野战军特务团和苏中军区部队先后拔除扬泰线日伪据点 16 处，歼灭伪军 4000 多人，为攻城打援准备了良好的战场。

邵伯战斗一结束，粟裕就组织部队向高邮发起总攻。他和陶勇一起视察高邮地形，对总攻作具体部署。他说，我军的主攻方向是北门和南门。总攻开始时，炮兵首先对东门内的日军司令部实行集团射击，牵制敌军主力于东门，以利于我军主攻方向作战。西门紧挨公路、运河和高邮湖，地形不利于我而有利于敌，敌人可能认为我军不会置重兵于此地。我们要利用敌人这种心理，尽力以偷袭方式，用云梯爬上西城墙，接应北门作战。他吩咐部队："切记力争偷袭，准备强攻。偷袭不成，立即强攻，以收神效。"

12 月 25 日夜晚，阴云密布，细雨蒙蒙，是一个不利于攻城的天气，粟裕出敌意料命令部队发起猛烈攻击。攻击部队首先突破南门，攻入城内进行巷战。

经过一夜又一天激战，加上强大的政治攻势，日伪军终于宣布缴械投降。

攻克高邮之战，歼灭日军官兵 1100 多人（内生俘 931 人），歼灭伪军第 42 师师长王和民以下官兵 5000 多人（内生俘 3942 人），缴获各种炮 61 门，各种枪 4308 支，并且击退了自扬泰线增援的蒋军和日伪军。

高邮邵伯战役的胜利，创造了抗日战争期间一次战役歼灭日军人数的最高纪录，打破了蒋军"开锁进门，长驱直入，直捣两淮"的企图，大大改善了华中南线战略态势，为后来的苏中战役创造了良好的战场条件。

粟裕指挥莱芜战役，也是采取围三阙一的战法。

1947 年 2 月 21 日，华野 8 纵、9 纵全歼蒋军第 77 师，首战告捷。1 纵攻克莱芜城以西以南诸村落，击退与华野争夺莱芜城北各要点之敌。6 纵突入莱芜城北吐丝口镇，歼灭由青石桥南援之敌。

至此，华野部队已全部展开，在莱芜地区形成了兵力对比上的绝对优势，基本上完成了对李仙洲集团的战役合围。

王耀武明知中计，但无可奈何，只好孤注一掷，要李仙洲冒险突围。王耀武特派他的副参谋长罗辛理去南京，当面向蒋介石报告突围计划。蒋介石计穷智竭，只好批准王耀武的计划。

此时，粟裕把他的注意重心集中在如何达成对李仙洲集团的全歼上，在作战指导上辩证地处理网开一面与四面包围的关系。

当时，李仙洲的总部和第73、第46两个军麇集莱芜城内。

粟裕认为，让敌人撤出莱芜城，在运动中予以歼灭，对我军更为有利。为此，他首先采取围三阙一、网开一面的战法，令城北正面阻击部队略向后缩，调虎离山，纵敌出城。

莱芜城内敌军大部撤出时，有的纵队指挥员建议截击敌人后尾部队。粟裕没有同意，而坚持待敌人完全撤离莱芜以后再发起攻击。他说，否则敌军主力见势不妙，缩回城内，将增加我歼敌困难。

而在敌人全部撤出莱芜城，进入我设伏阵地时，他又采取四面包围、收网捉鱼的战法，下令城北部队尽快攻占吐丝口镇，坚决卡此敌军北撤的咽喉要道；指令已攻占莱芜城的部队积极向北进击，防止敌人回窜；又令预伏于东西两翼的突击集团乘势猛烈夹击：国民党第46军军长韩练成，在华东军区秘密工作人员安排下，于李仙洲率部突围的关键时刻，悄悄离开指挥岗位，使蒋军更加慌乱。

到2月23日中午，五万多蒋军被团团包围在东西三四公里、南北十一二公里的袋形阵地里，北进不能，南退不得，东冲西突，指挥失灵，乱作一团。到下午5时，李仙洲集团大部被歼灭；乘隙逃出的第73军军长韩浚及其残部5000多人，也被华野部队截击全歼。

莱芜战役，为了达成全歼守敌的目的，粟裕对"围师必阙、穷寇勿追"的原则，作了具体分析和灵活运用，正确处理了网开一面与四面包围的关系。在完成对莱芜之敌的包围后，实行了围三阙一、网开一面的办法，诱敌向北突围。当敌军全部突围进到我设伏地域时，又采取四面包围，使敌陷入绝境，仅五六个小时，五六万人就全部被我歼灭。

动敌形式多样

开封战役后，蒋介石为挽回败局，除命已进至徐州之整编第 25 师改援兖州外，命邱清泉兵团（调出整编第 75 师，调进整编第 83 师）及第 4 绥靖区刘汝明部向开封攻击前进，同时以整编第 75 师、第 72 师和新编第 21 旅（该旅归第 75 师指挥）组成一个兵团，以区寿年为司令，由民权地区经睢县、杞县迂回开封，企图在开封地区与我决战。

敌军分两路向开封扑来，正好中了粟裕"先打开封，后歼援敌"的"动敌"之计。

粟裕将计就计，在攻占开封后的第三天便毅然决定主动放弃该城，决心围歼两路援敌中之较弱的一路即区寿年兵团。

但这时两路援敌相距较近，我军必须先引诱其拉开距离，将两路援敌隔开，以创造攻歼区兵团的战机。为实现这一决心，粟裕以第 1、第 4、第 6 纵队和中野第 11 纵队组成突击集团，隐蔽集结于睢县、杞县、太康之间和民权地区，实施南北夹击，围歼区兵团。以五个纵队担任阻援，即第 3、第 8 纵队先由开封向通许方向行动，待邱兵团进攻开封，与区兵团拉开距离后，立即掉头向东，会同由上蔡地区北上的第 10 纵队和位于杞县的两广纵队，组成阻援集团，在杞县以西构筑阻援阵地，隔离邱区两兵团，阻止邱兵团东援；中野第 9 纵队进至郑州东南地区，阻击郑州东援之敌，并从侧后牵制邱兵团。

6 月 26 日，粟裕下达命令，区分了各纵队的任务，并规定了待机的位置和进入的时间。为配合这次作战，中野继续牵制平汉路南段胡琏兵团和张轸兵团；华野山东兵团继续包围兖州，吸引敌整编第 25 师北上；苏北兵团以主力向淮海地区展开攻势。

由于粟裕一系列的精心运筹，尤其是我军攻占开封而又主动将之放弃，使敌人误认为我军经开封战役后"似无积极企图""必向津浦路前进"。加之敌人仍按传统思维定式判断我会像以往一样，结束一个战役后，必进行休整，从而低估了我军连续作战的能力。遂令邱区两兵团全力追堵我军。

此时在我军的引诱和迷惑下，骄狂的邱清泉除以先头部队一个旅配合刘汝明部占领开封外，主力直扑通许，妄图尾击我第 5、第 8 纵队。多疑的区寿年却认为我军有向平汉路进攻模样，但也摸不清我军行动企图，因而在进抵睢杞地区后举棋不定。

邱兵团向西向南疾进；区兵团踌躇不前。

粟裕既巧妙地利用了邱清泉急于西进开封捞取资本的心理，又神奇般地造成了区寿年的错误和犹豫。两路之敌很快拉开了距离，仅一天就形成了 40公里的间隙。

粟裕以军事指挥员洞察秋毫的特有敏锐，迅速抓住并巧妙利用这一战机，当机立断，不待查明区兵团的具体部署情况，即于 27 日下达了围歼区兵团的作战命令。

当晚，我突击集团各纵队按预定方案，从四面八方向敌发起猛烈进攻，边打边查明敌情。在我军围歼区兵团的过程中，西线敌邱兵团于 7 月 1 日下午在我节节抗击下攻击前进，进至距区兵团十多公里的地域；东线敌将北援兖州的整编第 25 师调回，与第 3 快速纵队和交警第 2 总队组成一个兵团，以黄百韬为司令，由东向西增援区兵团，并已抵达被包围的区兵团以东约十公里的帝丘店地区。

战情险恶。粟裕果断调整部署，增强阻击力量，同时加速攻歼被围之敌。

7 月的豫东大地，骄阳似火，井河干涸。敌我双方，鏖兵厮杀，战况惨烈。激战至 2 日凌晨，我将区兵团绝大部分歼灭，活捉了敌兵团司令区寿年。

1948 年 7 月 2 日，我军先克开封，后在睢杞地区又歼灭大量援敌，基本上达到了战役的预期目的。但敌黄百韬、邱清泉两兵团，仍不甘心失败，继续东西对进向我进攻；配置在平汉铁路南段的敌胡琏兵团也由南向北攻击前进。此时，从全局出发，指挥各部队巧妙转移，及时撤出战斗，成为很突出的问题。它直接关系到战役本身的成果。

高明的指挥员，总能始终把握战役的主动权。针对黄百韬兵团增援积极，已进抵帝丘店附近，对我军从战场东部撤出威胁较大的实际，粟裕决心乘黄兵团长途跋涉，尚未全部展开，战斗力相对减弱之机，先声夺人，给运动中的黄兵团以歼灭性打击，为我军顺利撤出战斗和进行休整创造条件；与此同时，迅速歼灭区兵团残部。这样，既能歼灭更多的敌人，又可对邱兵团起威慑作用，使其在我军撤出战斗时，不敢紧跟尾击。

在粟裕"咬紧牙关，争取全胜"的号召下，我各纵队以惊人的毅力投入了新的战斗。突击集团以一部兵力迅速全歼区兵团残部，主力则在黄兵团正向我进攻时全线出击，对黄兵团实施合围。

战至 4 日拂晓，黄兵团被我歼灭近两个团的兵力，并被我压缩在帝丘店及其外围十余个村庄内。敌疯狂向我反扑，我予敌大量杀伤，至 6 日晨，又歼敌一个多团。

黄百韬被我打得焦头烂额，感到自身难保，惊恐地把余部收拢至以帝丘店为中心的狭小地区。西线邱兵团在得悉黄兵团遭我歼灭性打击后，不寒而栗，裹足不前。此时，撤出战斗条件已经成熟，我军在第二阶段又已歼敌五万余人，为保主动，粟裕于 7 月 6 日令部队当晚撤出战斗，分别向睢杞以北及鲁西南转移。

在我军与敌脱离接触时，黄百韬仍惊魂未定，一动也不敢动。邱兵团遭我军回击后，也未敢再进。而我军却在多路援敌逼近的情况下，一下子跳了出来，进入预定地区休整。当敌人查明我军位置时，我军已休整一周了。

选敌弱点，猛虎掏心

选敌弱点，猛虎掏心，兵法上是说，在作战中要选中敌人的薄弱环节，采取猛虎掏心、千里杀将的战法，一击将敌人置于死地。

粟裕在指挥苏中战役第五战和孟良崮战役时，就是运用了猛虎掏心的战法，取得了重大胜利。

苏中战役中，李堡战斗打破了敌人迅速解决苏中问题的美梦。国民党军经过我军连续四次打击，已被歼灭三万余人，在苏中的机动兵力已经不多，除非从别的战区抽调部队来增援，再难向我全面进攻。敌人不得不重新调整部署，把重点放在扼守南通、丁堰、如皋、海安这条公路干线，并调来了全为美式自动火器的国民党军交警总队，参加作战，加强海安、泰州之线以南的"清剿"和海、如、泰之间的防御，以求确保其占领区。同时积极准备以其整编第 25 师由扬州、仙女庙地区乘虚北攻邵伯、高邮，威胁我两淮。

我军经过连续作战，抓紧休整和补充解放战士，士气高昂，越战越强。李堡战斗我军伤亡很少，而华中军区增调来的生力军第 5 旅和军区特务团也已于李堡战斗时到达，我军兵力增强，两相对比，此起彼伏，敌我态势已出现了有利于我的明显变化。

1946 年 8 月 13 日，毛泽东发来指示，要求连续在苏中作战："苏中分散之敌利于我各个击破，望再布置几次作战，即如交通总队凡能歼灭者一概歼灭之。你们能彻底粉碎苏中蒋军之进攻，对全局将有极大影响。"

粟裕那深邃的目光又凝眸在地图前，运筹下一个作战方案了。

当时，可以设想两个作战方案，一个方案是从正面进攻海安和如皋，另一个方案是避开正面，攻其侧翼或后方，吸引敌人来援，寻歼敌人于运动中。

根据中央军委和毛泽东的指示精神，结合苏中实际情况，粟裕设想的方案是：钻到敌人肚子里去打，严重威胁敌人的后方基地，打乱敌人的部署，造成歼敌之良机。

不过，敌人的这个"肚子"，东西百余里，南北仅数十里，东面是海安经如皋至南通公路沿线之敌，西面是泰州至靖江公路沿线之敌，南为长江，北为泰州至海安公路沿线之敌。在敌人肚子里面还有一条如皋至黄桥的公路，这条公路上的敌人是我们歼击的目标。在敌强我弱的态势下，敢于钻到这样的肚子里去打，非有过人的胆识和气魄不可，也需对作战计划进行缜密部署，不能差之毫厘，对战局可能发展的估计也提出了极高的要求。否则，一着不慎，满盘皆输。

《西游记》当中曾有孙行者钻到铁扇公主的肚子里索取宝扇的故事，但那是神话。而粟裕在解放战争初期苏中这块土地上创造的钻到敌人肚子里打的奇迹，却是实实在在的事。

敌军在东面重点扼守南通经如皋到海安的公路干线，西面由扬州沿运河北上进攻邵伯、高邮，正面加强海安至泰州线以南占领区的"清剿"和防御。南通、如皋一线兵力比较薄弱，是其暴露的侧翼。

驻守在这一带的敌军除已受我严重打击之第 26 旅残剩的一个营外，是新从上海调来的整编第 21 师和交通警察总队。敌第 21 师系川军，战斗力不强。交通总队则是由抗日战争时期顽"忠义救国军"改编的，以"恢复交通"为名专门进行对公路沿线解放区的"清剿"，虽全部配备美械自动火器，但重装备很少，缺乏正规作战经验。

粟裕设想，如果避开正面，攻其侧翼，在南通、如皋之间打开缺口，钻到敌人肚子里去打，必将严重威胁敌人的后方基地，打乱敌人的部署，造成歼敌之良机，寻歼敌人于运动之中。

8 月 19 日，粟裕获悉蒋介石 8 月 25 日将在庐山召开军事会议。粟裕、谭震林决定立即南下作战，粟裕初拟进攻南通市，吸引如皋、海安之敌南下增援，歼灭它一至两个旅，给予敌人以沉重打击，扩大我军影响。

中央军委和陈毅于 8 月 20 日复电，同意华中野战军主力南下行动计划。次日毛泽东亲拟电报指示：在攻占丁堰、白蒲、南通、海门之线以后，海安、如皋之敌也有固守原地不敢南下的可能。"此种情况下，请考虑第二步是否可以攻占磨头镇、张黄港、加力市，并相机攻占黄桥，调动或迫退海、如之敌"。强调指出，"将这些敌后市镇上之敌军，哪怕每处一营一连予以歼灭，均有极大意义"。（《毛泽东军事文集》第三卷，军事科学出版社，中央文献出版社，1993 年 12 月，第 1 版，第 417 页）

"同意你们南下作战，但不必强攻城市"，"在攻占通如线后，敌人也有固守原地、不敢南下的可能。在敌人不敢增援的情况下，可以西进如（皋）黄（桥）公路，相机进占黄桥，来调动或逼退海安之敌，在运动中歼灭之。"

粟裕认为，中央军委的指示来得及时，十分正确。当即决定以黄桥为进攻方向，缩小进攻正面，不攻白蒲，从丁堰、林梓打开缺口，钻到敌人肚子里去，插到敌人侧后去打。估计那时敌人必将调兵回援，我则于运动中歼灭之。

攻占如皋城以南的丁堰、林梓两镇，切断如皋至南通的公路，在敌人肚皮上切开一个口子，以便主力钻进敌人的肚子里去。

这个敌人侧后，是国民党军队在其占领区构筑的东西百余里、南北数十里的封锁圈。它南临长江天堑，东、北、西三面是许多据点构成的封锁线。黄桥位于封锁圈的中心地带。

用三万多主力部队插到敌人封锁圈里去打仗，这是一招奇兵，也是一招险棋。粟裕说："这个行动好比孙行者打牛魔王的办法，钻到敌人肚子里去打，带有危险性。"他敢于走这步险棋，是因为有广大的人民群众作后盾。

所谓敌人侧后，实为新四军的老根据地。这个地区的人民经过六年抗日斗争和反顽斗争的锻炼，又刚刚进行了土地改革，参加和支援自卫战争的积极性空前提高，虽然暂时沦入敌手，但一刻也没有停止斗争。

华中野战军主力大部分战士成长于苏中解放区，与苏中人民有着亲如骨肉的联系，不仅为人民的利益而战斗，而且时刻注意维护人民群众的利益，积极支持土地改革。

8月20日下午6时，华中野战军司令部发出攻击丁堰、林梓的作战命令。

8月21日夜，华中野战军主力从李堡向西南猛插过去，深入国民党军的后方。按照作战部署，第6师王必成部打林梓，第1师陶勇部打丁堰，第5旅打东陈，犹如三把钢刀，一齐向蒋军一字长蛇阵的腰部砍去。

丁堰、林梓是（南）通如（皋）公路上的两个集镇，位于国民党占领区东面封锁线中部，驻有交通警察总队的六个大队和第26旅一个营共3700多人。

交通警察总队号称国民党的"袖珍王牌军"，由抗日战争时期的"忠义救国军"和上海税警团改编而成，名义上属交通部，实际归"军统"指挥，由美国特务梅乐斯和国民党特务头子戴笠合作训练，拥有美械装备，每人配备长短枪各一支。这支部队政治上极其反动，配合地主武装"还乡团"血腥镇压革命干部和人民群众，是人民群众恨之入骨的凶恶敌人。

21 日夜 11 时，丁堰、林梓战斗打响。敌人做梦也没想到我军会来个釜底抽薪，到他的肚子里去打。

又是一次出敌不意的攻击。战斗进展甚快，22 日上午，丁堰敌交警第11 总队被我第 1 师围歼大部。我第 6 师围攻林梓，全歼守敌。东陈之敌在我第 5 旅围攻下，大部逃入如皋，东陈被我攻占。

不出军委所料，各据点里的敌人都未敢出援。

孟良崮战役，采取的也是猛虎掏心的战术。

最初，准备先打汤恩伯指挥的"急先锋"第 1 兵团，其八个整编师正向沂水、坦埠方向进攻。

1947 年 5 月初，华野指挥部侦察得知，汤恩伯兵团的第 7 军和整编第48 师先头部队已经进至河阳以北的苗家庄、界湖，有继续进犯沂水模样。这两支部队位于敌军右翼，比较暴露。陈、粟当即决定，首先歼灭该敌于沂水、苏村地区。

但是，粟裕认为第 7 军和整编第 48 师并不是理想的打击对象。这两支部队属于李宗仁、白崇禧的桂系，号称"猴子军"，打仗很狡猾，又比较顽强，同他们作战难有俘获，往往打成消耗仗。因此，作战命令下达以后，粟裕一面指派专人给参战部队调配充足的弹药，以保障参战部队用强大火力攻歼该敌；一面密切注视敌情的细微变化，寻找更加有利的战机和最佳作战方案。

5 月 11 日，张灵甫的整编第 74 师从垛庄出发，经由孟良崮西麓，向坦埠以南华野第 9 纵队阵地进攻。

敌人的行动引起了粟裕的高度重视。粟裕判断敌人已经发现华野指挥部位置。蒋军这一行动究竟是局部行动，还是新的全线进攻？他特地通知情报部门严密监视敌军动向，尽快查明敌人的作战部署。

当天晚上，华野技术侦察部门截获汤恩伯限整编第 74 师于 5 月 12 日攻占坦埠的电令。

粟裕得知这个关系全局的重要情报，沉思大约半个小时。虽然他早就把整编第 74 师作为预定歼击对象，为此反复构思作战方案，但是此时作出歼灭整编第 74 师的决策，还是采取了十分慎重的态度。他要情报处核查情报的准确性，并进一步搜集有关情报。

根据从各个渠道得到的情报，查明了汤恩伯兵团的作战部署：以整编第 74 师为中心，整编第 25 师、整编第 83 师为左右翼；又以整编第 65 师保障整编第 25 师翼侧，第 7 军和整编第 48 师保障整编第 83 师翼侧，限于 12 日（后改为 14 日）攻占坦埠。同时查明，王敬久兵团之第 5 军、欧震兵团之整编第 11 师等部已由莱芜、新泰出动向东进犯。整编第 74 师与左右两翼国民党军相距只有一日至二日行程。

粟裕认为，尽管敌军行动尚未完全明朗，但可断定敌人决定发动全线进攻，其部署显然是以整编第 74 师为主要突击力量，在两翼和后续强大兵团掩护下实施中央突破，矛头直指华野指挥部驻地坦埠，企图一举击中我指挥中心，陷我军于混乱和四面包围之中，聚歼我军主力于沂蒙山区，或者将我军逼向胶东一隅，赶过黄河。

粟裕认为，这是一个难得的有利战机，立即提出了新的作战方案：不打第 7 军和整编第 48 师，改打中路强敌整编第 74 师。迅速就近调集几个强有力的部队，以"猛虎掏心"的战法，以中央突破对付敌人的中央突破，从敌人战斗队形的中央楔入，切断对我威胁最大的中路先锋整编第 74 师与其友邻的联系，将整编第 74 师全部干净消灭掉。

在如此短暂的时间内，果断改变已经付诸行动的计划，作出带有很大风险性的决策，从敌人重兵集团中分割歼灭强敌，不仅需要有压倒强敌的英雄气概，而且要有驾驭战局发展变化的战略才能。

粟裕这一新的设想，是在辩证分析敌我态势及其发展趋势，权衡两种作战方案利弊得失的基础上，得出的科学结论。

粟裕认为，整编第 74 师是蒋介石的"王牌军"，是这次重点进攻的骨干和急先锋，又是我军多次寻歼的死敌。歼灭整编第 74 师，将会给敌人以实力上精神上最沉重的打击，对我军指战员则是一个极大的鼓舞，可以立即挫败敌人的进攻，迅速改变战场态势，获得最有利的战役效果。如果打第7军和整编第48师，敌人很可能置该部于不顾，继续对我实行中央突破，从而使我军陷于两面作战的困境。这次敌人采取挟重兵以求中央突破的战法，估计我不是主动后撤就是被突破。我们针锋相对，一改先打薄弱之敌、孤立之敌的传统战法，以中央突破对付敌人的中央突破，打最强的整编第74师，出其不意，攻其无备，必将大奏奇效。

粟裕辩证地分析敌我兵力强弱和战场条件，认为强和弱是相对的，或强或弱，部队本身所具有的战斗力不是唯一的因素，而是诸多因素共同作用的结果。

从兵力对比上看，敌人对山东实施重点进攻的总兵力为24个整编师（军），其中在鲁中山区集中有17个整编师（军），我军在鲁中只有九个步兵纵队加一个特种兵纵队，敌人占有很大优势；但是，整编第74师已经进入我军主力集结的正面，我军部署无需作很大的调整，即可在局部地区对整编第74师形成5∶1的绝对优势。

从武器装备和战斗力来看，我军经过10个月作战，特别是宿北和莱芜战役的锻炼，战术水平有很大提高，各级指挥员积累了大兵团作战经验，武器装备也有很大改善，特种兵纵队已有相当基础，火力大大加强，具备了围歼强敌的基本条件。整编第74师虽是强敌，但也有其弱点。它是重装备部队，进入山区，地形对其不利，机动受到限制，重装备不能发挥威力，甚至成为拖累，其强的一面就相对削弱了。

粟裕认为，第74师十分骄横，与其他敌军矛盾很深，在我围歼该敌又坚决阻援的情况下，其他敌军不会奋力救援。我们可以利用山区地形，采取正面反击、两翼楔入，断敌退路、阻击援敌的战法，把整编第74师从敌人的重兵集团中分割出来，予以全部、干净、彻底歼灭。

粟裕认为，这是一个既有取胜把握又有一定风险的决策。能否取得胜利，关键在于正确的决策和巧妙的指挥。只要缜密部署，指挥上没有失误，就可以实现全歼整编第 74 师的意图。

战机稍纵即逝。粟裕立即把他的想法向陈毅汇报。陈毅当即表示赞同："好！我们就是要有于百万军中取上将首级的气概！"

陈、粟决定，以五个纵队担任主攻，四个纵队阻击援敌，歼灭整编第 74 师于坦埠以南、孟良崮以北地区，特种兵纵队配属主攻部队作战。粟裕随即作出周密的作战部署，立即组织实施，派参谋分头追赶已经出发的部队，下令部队就地停止待命，各纵队首长到指挥部受领新的作战任务；又派参谋处长向已到南线的谭震林转告陈、粟的决定，请他就近向第 2、第 7 两个纵队传达并作出部署。

如何对待这个突如其来的重大改变，对于各级指挥员都是一个严峻的考验。开始虽然有的指挥员不能理解，但是很快就取得了一致认识，大家坚决拥护和执行陈、粟的决定。

孟良崮战役，创造了从敌重兵集团密集进攻战役布势的中央，割歼敌进攻主力的范例；以"耍龙灯"的方法诱敌深入，调引敌人周旋，迷惑敌人，创造战机，当机立断，定下"虎口拔牙"的战役决心，改变了以往从侧翼割歼敌人的传统战法，以反突破的方式，大胆实施"中间突破"，敢打硬仗、敢打恶仗；敢于在敌强大集团取决战态势的中央战线中，实施围攻反围攻，一举达成战役目标。

离间瓦解，军政攻势

1948 年 2 月 9 日，在莱芜、新泰地区进行敌前侦察的华野司令部侦察科科长严振衡，与华东军区派到桂系第 46 军的杨斯德（即化名李一明，公开身份是军长韩练成的秘书）相遇，获得了北线蒋军作战部署的最新情报：第 46 军担任前锋，2 月 8 日进占新泰城；李仙洲总部率第 73 军的第 15 师、第 93 师和第 12 军的新编第 36 师居中，位于新泰以北的颜庄地区；第 12 军主力第 111 师和第 112 师担任后卫，位于莱芜城和城北吐丝口镇。

从地图上看，蒋军的阵势好像是从胶济线倒垂下来的一嘟噜葡萄，是北上歼敌的极好目标。莱芜、新泰地区是沂蒙山区的老根据地，群众条件好，又是理想的战场。

粟裕和陈毅一起听了严振衡的详细汇报。粟裕沉思片刻说："桂系想保存实力，王耀武偏偏要 46 军打头阵，把嫡系 73 军放在中间，让东北军的 12 军殿后。我们可以充分利用敌人内部矛盾，予以各个击破。在南线情况不明或对我军有利时，46 军可能不会积极动作；如果敌人在南线得手，那就不一定了。"

他向陈毅建议："是否要李一明告诉韩练成，我们有把握粉碎蒋军的南北夹击，要韩练成千万持重。为了不致打错，46 军有什么行动，李仙洲集团部署有什么变化，请韩随时派李、刘（即刘贯一，化名刘质彬，也是华东军区派到第 46 军的秘密工作人员，公开身份是韩练成的高级情报员）两同志来告诉我们，我们可以根据原来的计划，迅速切断敌 16 军与 73 军的联系，首先全歼李仙洲集团总部和 73 军、12 军，乘胜攻占胶济线，或视情况各个击破。"

"这个办法好！"陈毅赞成粟裕的意见。他要李一明转告韩练成：我们将粉碎蒋介石这次进攻，请他等着听我们的捷报。我们打李仙洲集团时，将不打 46 军，但一定要把部署和行动事先告诉我们，免得打错。特别不要同73 军搞到一起，否则会玉石俱焚。同时告诉李一明，如果 46 军同 73 军搞到了一起，就要劝说韩练成放下武器，我们保证他的生命安全。

莱芜战役激战正酣，在收网捕鱼时，粟裕又生一计。莱芜城中，李仙洲有两个军被围，一个是韩浚的第 73 军，一个是韩练成的第 46 军。粟裕与韩练成私谊甚好，后来因为信仰不同而分道扬镳，抗战时又同在苏皖与日作战，彼此惺惺相惜。粟裕素知韩练成反对内战，不忍心看到故友玉石俱焚，同时更希望他能为顺利解决莱芜之敌作出贡献，便提笔写信：

韩军长练成君：
久日不见，一向可好，
现在您与您的东北军 46 军和李仙洲以及 73 军韩浚及其所部均陷入我

华野解放军的重重包围中，且五六万人的军队均包围在芹村、高空洼东西仅三四公里，南北不超过三公里的狭小地域。人马、车辆、辎重挤成一团，像烙烧饼一样，不要说这么多人被我军重重包围，就单单把这么多人马及物资堆置在此也是极其困难的。

你我同是炎黄子孙，且都是不愿打内战的。因为我们都知道，打内战的后果百害无一益，士兵流血，百姓遭难，国土再遭战火之劫，使本已伤痕累累的民族再添新伤。

但你们的蒋委员长要打内战，他要做皇帝，我们是反对的，我们要求的是真民主、真平等、真博爱。所以，一个要打，一个要反抗。故而，我们便在自己的土地上动起了刀枪。

你我各为其党，各为其信仰。但念我们过去曾有过故交，且甚好，今去一信相劝，望你带部过来，或起义，或投诚均可，即是什么都不带，仅你一个人过来，我们也是欢迎的。具体事宜及方法可同你的副官藏弟新商议，他会保证你的安全的。何去何从，请速决断。

顺致平安！

粟裕

22 日午夜

"粟裕够朋友，我也要做几件对得起朋友的事。"

韩练成所辖第46军实权掌握在两个师长手中，率部起义显然不现实，他决心用拖延时间、自乱阵脚的方法回报粟裕的深情厚谊。

在李仙洲主持的紧急会议上，第73军军长韩浚力主从速突围，他说："这是我军能否生存的唯一机会。"韩练成扳着指头说准备部署得当也是突围取得成功的关键，提出将突围时间延后一天。最后他说服李仙洲将行动时间定为23日。

23日凌晨6时，天还未亮，能见度极低，李仙洲来到集合场，正要下令开始行动时，有人报告说韩军长没到。

"他干什么去了？"李仙洲着急地问第46军参谋长。

参谋长说韩军长进城找一个团长去了。找个团长，只需派传令兵就行了，用得着自己亲自跑一趟吗？在火烧眉毛之际，去找团长，这是怎么回事？李仙洲疑虑丛生。部下纷纷催促下令，他又不敢将一个军长丢下就走，只好派人四处去找。

这一找就是两个小时。8点多钟，晨雾散尽，红日高升。韩浚气急败坏地跑来询问怎么还不行动？李仙洲这时才发出全体突围的信号。

由于丧失了突围的最佳时间，李仙洲集团全军覆没。只有韩练成只身奋勇突围，安全抵达南京城，被蒋介石授勋表彰，继续担任高职。

兵败被俘的李仙洲对这场战役刻骨铭心，对韩练成突围前后的反常一直心存疑团。26年后获得特赦后，周恩来问李仙洲还有什么要求。李仙洲犹豫了一会，说："能不能问总理一个问题？"周恩来含笑颔首。"莱芜之役，我率六万大军杀不出一条出路。韩军长如何能只身突出重围？"周恩来耸肩一笑："这个问题，你可以去问粟裕。另外，韩练成同志就在北京，你们可以见面嘛。"

李仙洲没有去见粟裕或韩练成，一切都明白了，他彻底地服了。

淮海战役中，华东局和华野前委成功地组织指导了何基沣、张克侠的起义。

何基沣、张克侠都是中共中央直接联络的共产党党员，公开的身份是国民党徐州"剿总"第三绥靖区副司令官。第三绥靖区前身是冯玉祥的西北军第29军，被蒋介石改编以后仍然保留了一些民主民族革命传统，在抗日战争中打过喜峰口、卢沟桥抗战等著名的仗。抗战胜利以后，改编为第三绥靖区，被蒋介石推上内战前线，驻守徐州东北的贾汪、台儿庄地区。但是，多数官兵对蒋介石排斥异己的政策不满，厌恶中国人打中国人的内战。共产党在这支部队里有一定的工作基础，不少人对共产党领导的人民民主革命抱有同情态度。

早在淮海战役发起之前，华东局和华野前委就根据中共中央的指示加强了对第三绥靖区部队的工作，派人通知何基沣、张克侠，解放军将发起淮海战役，要求他们争取率部起义。粟裕和谭震林提出，对第三绥靖区部队采取军事攻势配合政治争取的方针，并且规定三条原则：第一，力争该部起义；第二，如不起义，则要给我军让开通路；第三，如果既不起义，又不让开通路，则坚决予以歼灭。

何基沣、张克侠冲破蒋介石特务的监视和反动将领的阻挠，经过紧张的策划，毅然于 1948 年 11 月 8 日凌晨率部起义。参加起义的有一个军部三个半师 2.3 万余人。于是，徐州东北大门洞开。华野右路大军三个纵队迅速通过起义部队防区，渡过运河、不老河，直插陇海路，攻占大许家、曹八集，切断了黄百韬兵团西撤通路。这个消息传到西柏坡，毛泽东和周恩来兴奋异常，以茶代酒，举杯祝贺。毛泽东在 11 月 8 日的电报中说："北线何张起义是（淮海战役）第一个大胜利。"（《毛泽东军事文集》第五卷，军事科学出版社，中央文献出版社，1993 年 12 月，第 1 版，第 241 页）

淮海战役进入第三阶段以后，粟裕认为形势已经完全明朗，我军已占绝对优势，杜聿明已成了瓮中之鳖，绝对逃不脱被全歼的命运。现在的问题是从战争的全局来考虑，在什么时间发起总攻最为有利。

12 月 11 日，中央军委为了稳住平津地区的傅作义部队，不使蒋介石迅速决策海运平津诸敌南下，准备令刘、陈、邓、粟在歼灭黄维兵团之后，留下杜聿明集团余部，"两星期内不作最后歼灭之部署"，以使平津、淮海两大战役互相配合。12 月 14 日电示粟裕："你们围歼杜邱李各纵，提议整个就现阵地态势休息若干天，只作防御，不作攻击。"（《毛泽东年谱》下卷，人民出版社，中央文献出版社，1993 年 12 月，第 1 版，第 416—417 页）

粟裕认为，中央军委的英明决策给淮海战场造成了一个极好的机会，既可利用这个时间组织部队休整，又可乘机对敌人展开政治攻势。根据粟裕的指示，华野司令部和政治部立即作出部队休整计划，发出对敌人展开政治攻势的指示。

在部队休整中，他们运用华野政治工作的"三大创造"，广泛开展"立功运动""评定伤亡"和"即俘即补"等活动，进行战前练兵，总结经验，补充兵员，整顿组织，养精蓄锐，准备决战。经过 20 天的休整，华野各个纵队兵员充实，装备改善，战术提高，士气上升。

特别是在"融化俘虏"基础上发展起来的"即俘即补"大显神威，取得了令人惊奇的成绩。许多国民党军队士兵，原本是被"抓壮丁"抓来的劳动人民，经过"诉苦教育"，提高了阶级觉悟，立即掉转枪口参加战斗，连军服也来不及换。为此，粟裕决定赶制 10 万顶军帽发给"解放战士"，以便识别敌我。到淮海战役最后阶段，华野部队中的"解放战士"达到总人数的80%。以致有人说笑话：在淮海战场上，是"共产党指挥的国民党军队同国民党军队作战"。华东野战军经过这场大决战，不仅没有减员，反而更加壮大。淮海战役开始时，华野总人数为 36.9 万人，战役过程中伤亡 10.5 万人，战役结束时增长到 55.1 万人。增长的部分，除了补充自地方团以外，主要是补进"解放战士"。

对敌政治攻势更是大放异彩。除了反复广播毛泽东起草的《敦促杜聿明等投降书》以外，粟裕还亲自主持起草致杜、邱、李的劝降信。

这封劝降信写道：

贵军现已粮弹两缺，内部混乱，四面受围，身陷绝境。希望增援乎？则黄维兵团已被歼大半，即将全军覆没，李延年、刘汝明兵团已被我迫阻于蚌埠以南，南京方面正忙于搬家，朝不保夕。希望突围乎？则我军已布下天罗地网，连日事实证明无望。继续抵抗乎？则不过徒作无益牺牲，必然与黄百韬遭受同一命运。语云：识时务者为俊杰。望三思之。时机紧迫，希早作抉择。

广大指战员创造了许多攻心战法，阵地广播、释俘劝降、发射传单、给蒋军士兵送饭等，造成了"四面楚歌"的强大声势，促进了蒋军的动摇和瓦解。华野包围圈越缩越紧，蒋军阵地越来越小，蒋军空投物资大量落在华野部队手中。加上"天不佑蒋"，时值严冬，北风呼啸，大雪纷飞，蒋军官兵饥寒交迫，把包围圈内老百姓的门窗甚至棺材板都烧光了，把麦苗、树皮、马皮等一切可以吃的东西都吃光了。为了争夺吃的，蒋军官兵互相残杀，甚至活埋伤兵。蒋军士兵和下级军官纷纷携械投降。

在华野发起总攻以前的 20 天内，蒋军被毙伤、瓦解十余万人，其中整连整营投降的就有一万余人。到华野发起总攻时，杜聿明集团的 30 万人马只剩下了不足 20 万人，只用四天时间就被全部歼灭了。粟裕说："敌人最后被解决得这样快，应该归功于政治攻势的成功。四天四夜还不到，就歼敌十多万，平均每天歼敌四五万人。如果没有政治攻势，最后解决敌人不会这样快，我军的伤亡一定还要大些。证明攻心为上是正确的。"（《粟裕军事文集》，解放军出版社，1989 年 7 月，第 1 版，第 454 页）

关于对敌斗争策略及瓦解敌军问题。粟裕认为，策略是紧跟着客观形势和主观力量的变化而变化的。站在革命的立场运用策略是名正言顺的。在同敌人斗争中利用矛盾，扩大矛盾，应既不违反自己的战略任务，也不失去自己的严正立场，并尽可能在军事上、政治上都取得胜利。在瓦解敌军问题上，粟裕特别强调要强化政治攻势，利用敌人内部的矛盾，做好"分化"工作，要注意"策略运用"。提出政治斗争要与军事打击紧密配合，瓦解敌军才能奏效。如果我无实力，对他无威胁，他就不会同我接近，要争取他也就更为困难。在苏中抗战时期，粟裕曾成功地进行了对敌伪的分化、瓦解工作。

黄桥决战，"联李、击敌、反韩"

1939 年底和 1940 年初，中共中央作出了大力发展和巩固华中的战略部署，1940 年 4 月 5 日中共中央明确指出"整个苏北、皖东、淮北为我必争之地。凡扬子江以北，淮南路以东，淮河以北，开封以东，陇海路以南，大海以西，统须在一年以内造成民主的抗日根据地"（《毛泽东军事文集》第二卷，军事科学出版社、中央文献出版社，1993 年 12 月，第 1 版，第 543 页），命令八路军主力两万多人由冀鲁豫分路南下，会同新四军第 4、第 5、第 6 支队以及由江南指挥部领导的已到达苏北的挺进纵队和苏皖支队，共同完成发展华中的任务。当时的苏北除日本侵略军外，广大敌后地区大多为国民党所统治。

国民党顽固派江苏省政府主席兼鲁苏战区副总司令韩德勤，素以反共专家著称。他从不抗日，却不断制造摩擦，摧残抗日力量。他指挥的苏北地区国民党军总兵力有 16 万人，其中韩系 8 万人，号称 10 万人，嫡系主力是第 89 军和独立第 6 旅。其他是驻在泰州及其附近地区的鲁苏皖边区游击总指挥部李明扬、李长江部，驻在曲塘一带的税警总团陈泰运部。他们深受韩德勤排挤和歧视，政治态度和韩德勤有差异，属中间势力。

李明扬是老同盟会员，有一定的民族意识。贵州籍苗族人陈泰运属宋子文系统，有一定的抗日意识，前些时候遭韩德勤软禁，得到了共产党的帮助才脱险。因此，苏北抗战的主要障碍是韩德勤。新四军北渡长江，必然为韩德勤所不容。新四军与韩德勤的斗争，中心是夺取抗日战争领导权问题。新四军要坚持和发展苏北抗日战争，建立抗日民主根据地，必须从韩德勤手中把苏北抗战的领导权夺过来。早在 1940 年 5 月 8 日陈毅就向中共中央提出："解决苏北问题，应先向省韩下手。"（《粟裕战争回忆录》，解放军出版社，1988 年 11 月，第 1 版，第 213 页）

粟裕对苏北的各种派系武装进行了具体分析，认为力量最大的是日本侵略军，占领了长江北岸及运河沿线各县城及大镇、要点；其次是韩德勤部，控制了东台、兴化、阜宁及广大乡村；再其次是李明扬部，控制了泰州和如皋以南地区；先行渡江在苏北活动的新四军挺进纵队力量很小，仅开辟了吴家桥小片地区，只算得上第四位或者第三位。

粟裕分析李、陈等地方实力派与韩德勤之间的矛盾，认为他们间的矛盾虽有其自身的利害关系，但也包含有坚持抗战与破坏抗战的成分。在苏北国民党顽固派与新四军之间，李、陈等地方实力派处于重要的地位。如果他们能保持中立，新四军就便于同韩德勤作最后的较量。粟裕完全支持陈毅提出的"联李、击敌、反韩"的斗争策略。

新四军苏北指挥部在扬州、泰州间的塘头进行了整编，所属部队整编为三个纵队九个团。紧接着陈、粟召开会议，讨论新四军以何处为中心建设根据地问题。

对这个问题，会前有三种议论：一是扼守扬（州）泰（州）地区，二是北进兴化，三是进取黄桥。粟裕力主东进黄桥。

在会上，粟裕发言充分阐述进取黄桥的理由：第一，黄桥处于靖江、如皋、泰州、泰兴四县之间，以黄桥为中心建立根据地，便于向（南）通、如（皋）、海（门）、启（东）发展。只有控制通、如、海、启才可以与我江南部队相呼应，控制长江通道，威胁日寇和切断韩顽与江南冷欣的联系。第二，已为北渡新四军控制的吴家桥、郭村一带，原为李明扬和李长江的势力范围，地区比较狭小，如果向外发展，势将与二李发生矛盾，影响全力对韩，与我统战方针违背。水城兴化是韩德勤盘踞中心，周围全是水网，对我进出不利，且地域偏西，对日寇威胁不大。第三，占据黄桥一带的保安第4旅何克谦部，一贯勾结日、伪，积极反共，敲诈勒索，久失人心，而且战斗力较弱，易于歼灭。第四，黄桥地区有我党的工作和影响，群众基础好。我军东进抗日，必能获得地方党的配合和广大人民的热烈拥护。

粟裕的意见得到了与会绝大多数同志赞同。陈毅当即决定：部队休整一个星期，尔后向东挺进。苏北指挥部随即发布了政治动员令，提出"团结、抗战、反顽"口号，要求全体指战员做好打运动战、歼灭战的充分准备，严格执行纪律，宣传党的政策，开展群众工作。

进军黄桥，必经二李防区。陈毅和粟裕研究决定同"二李"谈判，明确告诉李明扬、李长江，新四军东进以后，把每个月能收税五万元的吴家桥地区让给"二李"。以此为条件，请他们协助新四军东进。

有的同志对此不很理解，认为让出吴家桥一带是"太大方了"；有的担心"二李"出尔反尔，不让新四军经过其防区。粟裕耐心地向大家解释，做工作。粟裕说：我们这么做有利于集中兵力，不用分兵去把守吴家桥。而"二李"得了吴家桥，增加了收入，扩大了地盘，还把我们送到抗日前线去，离他们更远一些，他们何乐而不为呢？

经过多次谈判，双方达成口头协定："二李"掩护新四军东进；新四军东进后，即将江都县（即扬州）境内的仙女庙（现江都市）以东的宜陵、吴家桥地区的 15 平方公里防地让给"二李"，但"二李"不得摧残新四军党政干部和群众；将来如果韩德勤与新四军作战，"二李"须严守中立；今后抗敌一致行动。

"二李"的工作做通了，但粟裕深知，前面还有曲塘的税警总团陈泰运部、黄桥一带的保安第 4 旅何克谦部，韩德勤更是在北面窥视着新四军苏北指挥部的一举一动。部队在出发前抓紧休整，粟裕亲临前方做好东进的各项具体准备工作。

眼前摆着两个对手：税警总团和保安第 4 旅。粟裕认为，税警总团属争取势力，至少在同韩顽大战之前要尽可能地争取，打他主要是为了拉他。对极为反动的何克谦部，则必须狠狠地打击他，消灭他，而后新四军才能进驻黄桥。一旦与这两部交起火来，应区别对待，把握不同的"度"。粟裕找各个纵队指挥员开会、谈话，让他们都了解和掌握这些原则和策略，同时积极作好对付韩德勤的作战准备。

为保持政治上的优势和进一步争取上层人士，陈毅和粟裕张弛有度，再次向韩德勤呼吁"停止内战，团结抗日"，表明共产党、新四军初衷不变。苏北知名人士韩国钧、黄逸峰、朱履先等积极响应，联名向各方军事长官发出呼吁电，希望各方"停战息争，一致抗战"。在陈毅建议下，大家商定 9 月 27 日在姜堰召开苏北各界军民代表会议，韩国钧、李明扬、陈泰运都将派代表参加。

然而，韩德勤反共是铁了心的。在此之前，他已召开了旅以上军官参加的军事会议，并在嫡系心腹第 89 军军长李守维和独立第 6 旅旅长翁达两名中将的唱和下，决心在一星期内把陈、粟"赶下长江"。韩德勤向亲信布置了两条密计：一是佯攻姜堰，诱新四军分重兵把守姜堰，韩军主力却从海安、曲塘出击，直取陈、粟大本营黄桥。二是要陈、粟退出姜堰，作为和谈的先决条件。在他看来，新四军以鲜血换来的"金姜堰"是决不会退出的；如果不退，他就有了向新四军进攻的借口。

韩德勤拒绝参加苏北各界军民代表会议，还在会议前夕通过韩国钧向陈毅转来电报："新四军如有合作诚意，应先退出姜堰，再言其他。"中间人士都非常担心，认为韩德勤要价太高，新四军必不答应，和谈必将失败。

陈、粟对韩德勤的阴谋洞察无遗，粟裕早已在军事上作好了对付韩德勤的作战部署。9 月 27 日，各方代表云集姜堰，军民代表大会正式召开。陈毅慷慨陈词，语出惊人，宣布新四军退出姜堰，表明共产党顾全大局、忍让求全。陈毅铿锵恳切之言，博得了所有代表的同声赞叹。

让新四军退出姜堰，只不过是韩德勤的托词而已。果然，会议在结束的时候又接到韩德勤电报：新四军必须立即撤出姜堰，经黄桥开回江南，否则无商谈余地。代表们闻讯大骂韩德勤言而无信，姜堰的普通民众也被激怒了。大家更加同情和拥护陈、粟，在短时间内筹措 6000 多元慰劳新四军。

陈、粟决定新四军撤出姜堰，并送个大人情给"二李一陈"，进一步争取他们。"二李"得知他们将从新四军手中接防姜堰，白捡到"金姜堰"，喜出望外，立即派部队单独接管姜堰。陈泰运则从陈、粟那里得到 100 多支枪。"二李一陈"皆大欢喜，深感新四军讲信义，向陈、粟保证，如韩德勤进攻新四军，他们决不参战，并答应给新四军提供情报。陈泰运还与新四军订立了条约：如果韩德勤叫他打新四军，他朝天开枪，新四军不必还枪。韩德勤什么也没有捞到，反而加深了与李、陈的矛盾。

粟裕后来回忆这一段尖锐复杂的斗争时说："我军自攻取黄桥到让出姜堰，把军事仗与政治仗、自主的原则与以退为进的策略结合得十分巧妙。尤其是姜堰，如不夺取，便没有让出的文章可做。而让出姜堰，对我是'一举三得'，既揭露了韩德勤积极反共、破坏抗战的罪恶阴谋，在政治上赢得了社会各阶层的极大同情，造成我党我军完全有理的地位；又加深了苏北国民党军队内部派系之间的矛盾；还使我适时集中了兵力，在军事上对付韩顽的进攻处于有利地位。这些处置是陈毅对党的斗争策略的杰出运用。"（《粟裕战争回忆录》，解放军出版社，1988 年 11 月，第 1 版，第 226 页）

第六章

政治仗，军事仗

一、统一战线

在挺进师进入浙西南以前，当地有一对叫石龙、石虎的兄弟，他爹叫石明月，是该村大财主林大妹的佃户。因连年闹灾荒，石明月不但交不出租，而且还借了林家的一笔债。利滚利，债越欠越多，只得让石龙、石虎兄弟俩去帮林大妹打长工抵债。

石龙、石虎虽没读过多少书，识不了多少字，却是两个有胆有识的人。一年后，他俩把林家的十多名长工、女佣联合起来，在林家发动了一场巧妙的怠工，搞得林大妹有火无处发。后来林大妹发觉是姓石的兄弟俩捣的鬼，就暗通国民党的乡长，将他俩抓去补了壮丁。

石龙、石虎在国民党军队里混了几年，一个当了连长，一个当了排长。他们为了实现复仇的心愿，又都回到了家乡。但家里还是那么穷，要打击林大妹出气么，光凭兄弟俩还不行，于是在无产无业的流浪汉中结交了一班"弟兄"。一次他们都扮成蒙面人，闯进林家抢了东西，烧了大院，才算报了仇。这些人游手好闲惯了，家里又无产无业，干脆就钻进深山老林里，过起打家劫舍的绿林生涯来。

1935 年 4 月，挺进师来到了浙西南，粟裕带一支队伍，在住溪驻扎下来，发现住溪村附近的山上有这么一班"绿林好汉"。粟裕了解了石龙、石虎的身世，从内心产生了同情，就派人上山做他们的工作，劝他们下山和挺进师一起打反动派。石龙、石虎过惯了自由放任的生活，不愿意受共产党、红军的管辖，只是定了个"井水不犯河水"的协约，不愿下山。粟裕又派了一个同志，加入他们的队伍，决心通过耐心细致的工作，把他们争取归队。

开始那一段，共产党领导的人民政府还没有巩固，保安团士兵和当地的地主武装经常进进出出，和红军打拉锯战。一支国民党的保安团也把眼睛盯住了石龙、石虎，三番五次地去拉他们入伙，但他们也拒绝了。

五个月后，石龙、石虎主动来找粟裕师长，要求入伙，情愿下山，加入挺进师。正好此时，罗卓英率七万余"进剿"军闯进浙西南，粟裕准备率挺进师主力跳出包围圈。粟裕在当晚即设宴招待，热情欢迎，并悄悄儿对他俩说："趁现在你们还没有公开身份，马上去投靠来拉你们入伙儿的保安团，努力争取把住溪这块地盘占领过来。等待挺进师反攻，再配合吧！"

石龙、石虎听了，说："粟师长，我们石家兄弟信得过您，您怎么说，我们就怎么做。一切请放心！"

第二天，石龙、石虎就带全班弟兄去投靠了那个保安团，保安团长同意他们扩充成一个排，驻住溪维持治安。

有一次，国民党兵抓来一批共产党员和农会干部，交石龙、石虎这个排负责去镇压。这可怎么办呢？石龙、石虎想出了一个办法，把这批共产党员和农会干部押到一处山坞里，将他们放了，连自己的枪也交给了他们，叫他们把自己几个当官的全捆绑在大树上，放几个队员逃回去报信。说是山边闯出一伙红军，被缴了武器，把犯人劫走了。

从此，那个国民党的保安团团长对石龙、石虎产生了怀疑，但又找不到证据，只是说："你们连枪都没有了，还怎么管武装呢？住溪乡要成立乡公所，石龙、石虎你们俩就当乡长、乡队附吧！"一句话，石龙、石虎从武官变成了文官。

现在住溪乡驻着一个排的保安队，还有一支当地的地主武装，一共不下百余人。要不费一枪一弹，悄悄儿夺回住溪，作为进攻王村口的跳板，还得石龙、石虎出力啊！

想到这里，粟裕立即下令：做好准备，白天钻进大山窝隐蔽，晚上疾速前进，以一夜一百里的强行军，向龙泉住溪进发。不数日，队伍来到了离住溪还有十余里路的山坑村附近，在密林深处隐伏了下来，派一位曾与石龙、石虎打过交道的排长，扮成老百姓悄悄儿潜进住溪，先找到了石龙、石虎，交了粟裕的亲笔信，口授了机宜。

石龙、石虎早就盼着挺进师回来了，见到粟裕的亲笔信，高兴得一蹦三尺高，又与那位送信的排长紧紧地拥抱在一起。他们一起商量了当晚的计划，让那位排长马上回山向粟师长汇报，叫部队晚上10点钟赶到住溪，准备行动。

石龙、石虎当晚即以为老娘贺八十大寿的名义，将驻住溪保安队的班、排长和当地地主武装里的所有头头全部请了来，在大厅里大排筵宴，把他们一个个灌得酩酊大醉。时将 10 点，粟裕率挺进师指战员 500 余人把住溪村团团包围了起来。突然闯进来数十名红军战士，人人手持手枪，齐齐高喝一声："不许动！"声如巨雷，震得屋宇都晃荡了起来。见大门口已被数挺机枪封住了，石龙、石虎首先举起了手，其余人也一个个举手缴械了。粟裕立即将石龙、石虎放了，将其余一班当官的一齐捆缚起来，关进了冷房。连夜在石龙、石虎的带领下，冲进保安队的驻地和地主武装的营房，将所有士兵一个个从被窝儿里拖了出来，全部缴了械。事成之后，当即严密封锁了消息，来往行人只准进，不准出。第二天，在住溪的上空，仍然升起了国民党军的旗号。连一般老百姓都不知道挺进师已经进了住溪村。

就这样不费一枪一弹，住溪回到了挺进师手里。这一天，挺进师全体指战员在住溪好好地休息了一天。

粟裕后来回忆浙西南斗争时曾谈到，浙西南游击根据地基本上是按照过去中央苏区的做法，以打土豪、分田地为基本政策，并公开发展群众组织，公开建党、建政。在创建游击根据地之初，采取这些基本做法，对发动基本群众和迅速打开局面有决定性作用。但从坚持长期斗争来看，打土豪、分田地，打击面大，不利于团结和争取其他阶层。而且，浙西南红色政权的中心区离铁路不过数十里，这样一个为广大白色政权所包围的小小的公开红色政权，当敌人以强大力量进行"围剿"时，目标非常突出，难以经得起敌人反复持久的打击。

于是，粟裕在带领"牵制队"建立小的游击根据地和游击基点时，针对浙江商品经济比较发达，地主兼工商业者较多的特点，对政策作了若干调整，以抗日、反蒋为前提，扩大团结对象，缩小打击目标，改变打土豪的政策，把"没收委员会"改为"征发委员会"，征收"抗日捐"。在民族矛盾日益加深的形势下，这种做法既支持了武装斗争，巩固了根据地，又团结了大多数人，孤立了少数极坏分子。

　　粟裕调整了对敌斗争政策和口号，对国民党的乡长、镇长和保长由镇压改为争取；把"穷人不打穷人"的口号改为"中国人不打中国人"；把"欢迎白军士兵杀死长官拖枪过来当红军"，改为"欢迎白军官兵枪口对外和红军共同抗日"；把苏区沿用多年的"没收委员会"改为"征发委员会"，对地主兼工商业者征收"抗日捐"。游击队每到一地，找到当地的士绅地主，根据游击队的需要和征收对象的财产情况，要他们捐助一定数量的大米、衣服和现金，并说明这是资助游击队抗日。地主士绅见红军的要求并不过分，而且很有道理，一般都愿意捐献。有时红军游击队进村时地主士绅已经吓跑了，游击队住在这些大户家里，杀圈里的猪，吃囤里的米，临走时留下条子，提出各家应捐的款额，扣除吃掉的米、肉，要他们把不足部分送到指定的地方去。地主士绅回来发现条子，再看看家财没有什么损失，心里比较踏实，大多按游击队的要求把不足部分的钱物送去。这样做的结果，红军游击队和地主士绅的矛盾不但不会激化，相反得到他们称道。

　　例如，游击队到一个地主家里，如果他家里的人跑了，就给他写个条子，说明北上抗日有了困难，根据情况需要他捐助多少担米、多少衣服和多少钱。假定希望他捐助200元，便说明这次住在他家里，吃了几担米，杀了几头猪，合计该扣除50元，要他再送150元到某个地方去。地主回来看到没有被没收家产，往往就设法把那150元送到指定地点。这样，矛盾就不容易激化。

　　遇到比较顽固的，以为奈何他不得，就是不送来，这就需要采取比较强硬的办法。粟裕命令游击队先是给他写信警告，后是罚款惩处，最后便采取强硬措施。

　　有一次，游击队通知汤溪周村一个当乡长的地主送500元抗日捐来。他是完全可以负担得起的，但他不理睬。游击队对他发出警告，加倍罚款，限期交付1000元，否则严办不贷。他听了笑笑说：想惩办我，谅他们没这个本事。

　　粟裕决定煞一煞这个顽固分子的气焰。游击队掌握了这个乡长的行踪。这一天他出门时，游击队的侦察员在半路上来个"攻其无备"，把他抓了起来，把他吓得要死，这个乡长见红军游击队较了真，吓得面如土色，腿似筛糠。游击队还是采取有理有利有节的策略，严肃指出他的错误态度，给他讲交抗日捐的道理，问他认罚不认罚。这个乡长连连点头，再三表示："认罚，认罚。"粟裕下令把他放了回去。回去后他立即把捐款和罚款共 1000 元全数送来，逢人便说："红军真厉害呀。"从此以后，周围的一些地主收到条子，大都及时认捐交款，从而解决了游击队的经费开支。

粟裕十分重视团结和争取知识分子，亲自向他们特别是向青年宣传革命和抗日。

粟裕利用各种机会做工作，把越来越多的知识分子团结在共产党周围，通过他们，粟裕收集到各种新出版的报纸和书刊，从中掌握了许多国内外重要情况。

二、为我所用

从渡江战役开始，粟裕在组织指挥打仗的同时，还用相当多的精力抓了两航起义、上海防空战和华东空军的建设工作。

1949 年 4 月渡江战役开始后，中央军委副主席周恩来派军委华东航空接管委员会主任兼上海空军部部长蒋天然，来到第三野战军指挥机关，随即着手筹建上海空军部。

上海空军部属于第三野战军建制，受中央军委和第三野战军双重领导。粟裕事先已经准备好接管国民党在上海和华东的航空事业的计划纲要。他把这个计划纲要交给蒋天然，交代了对国民党航空事业高级技术人员的政策，并且给他配备了行政管理和后勤干部，对他说：接管中国航空公司和中央航空公司（以下简称两航）的工作，等上海解放后，摸清情况再定。

进入上海以后，接管两航的工作，在中央军委周恩来副主席领导下，由粟裕和蒋天然、吴克坚（上海市委情报委员会书记）组织实施。首先进行争取两航起义的工作。

两航约 50 架飞机和价值 50 多万美元的器材设备以及大部分飞行机械人

员那时已转移到香港，只有少量航空人员和资金、器材以及几架待修的飞机留在上海。可是，上海解放以后，一下子冒出五个航空公司，有些不法分子冒充中共地下人员，硬说他们拥有两航资产，逼迫上海空军部承认他们的公司，无理取闹，纠缠不清，甚至到周恩来副主席那里告状，给接管工作带来意外的困难。面对这种情况，粟裕直接出面向中央军委说明真相，揭穿这些不法之徒的骗局，才排除了这个干扰。

一波未平，一波又起，在处理两航的政策上又发生了严重分歧。有人指责争取两航起义的政策是错误的，说蒋天然草拟的方案是"右倾方案"。粟裕亲自去向这些同志解释。他说：我们虽然在两航有一定工作基础，但蒋介石也在极力拉拢两航去台湾，两航人员正处在去台湾还是返上海的十字路口。面对这种情况，我们必须采取正确的政策，只要走错一步棋，就可能把他们推向敌人一边，那就要犯下严重错误。因此对两航要采取特殊政策，保留原职原薪原机构不动。这是一项敏感的政策，可以立即影响在香港的两航人员，用事实给两航总经理吃定心丸。虽经粟裕一再解释，但不同意见的争论仍然很大。陈毅说："我同意这个计划。有人不同意，但时间不等人，不能再扯皮了。请粟司令将他们的意见一并上报，由中央军委决定。"周恩来副主席复电："争取两航工作计划，同意粟（裕）蒋（天然）吴（克坚）的决定。"再次排除干扰，使争取两航起义的工作按预定计划进行。

在执行过程中，又几经周折，发生矛盾。在给两航人员发薪金时，工作人员误发一半银圆。蒋天然将此事报告粟裕，请示如何处理。一位领导干部大发脾气，严厉批评蒋天然违犯财经纪律，要他立即把发出的银圆收回。粟裕正好来到，插话说："这件事由我负责。我视察龙华飞机修理厂时，他们请示民航职工能不能发薪金。我答复马上可以发，原职原薪，但是没有注意交代不发银圆，也没有想到他自作主张发了一半银圆。已经查明，蒋部长事先不知道。我已经同陈老总研究决定：将办事处主任调离民航，给予批评教育。银圆不能退回，这涉及共产党的信誉。我们刚刚与民航打交道，不能朝令夕改，失信于民。"

与此同时，上海空军部接收了四五十名国民党航空工程技术人员。粟裕认为这是建国建军的宝贵人才，几次接见他们，并决定成立华东军区航空处航空工程研究室，组织他们参加修建机场、修理飞机、建立航空站、气象站、雷达站以及编写航空知识教材等工作，有的则到航空教导总队担任教员。不料又有人提出不同意见，说这些人在未得出审查结论以前不能使用。粟裕当即出面制止这种干扰。他说："我和陈老总已经报请周副主席批准，对于高级知识分子，只要他爱国，愿意为新中国服务，不反对共产党，就既往不咎，要看他们的现在和将来。我们欢迎他们，信任他们，这就是我们的政策。目前需要的是他们热情工作，而不是等待他们的审查结论。此事分工由我负责，不要干预。"这批工程技术人员得到了妥善安排，其中许多人后来担任研究所所长、大学教授、总工程师，为新中国航空事业的发展作出了重要贡献。

1949 年 10 月，周恩来副主席在中南海西花厅召开会议，听取粟裕和蒋天然关于争取两航起义的汇报，并传达中共中央书记处的决定："中央同意：中国、中央两航公司起义归来后，我们采取原封不动地保留两航机构、资金和财产的政策。允许中国、中央两航公司在上海、南京、北京、天津、武汉、广州、沈阳、西安、重庆等地开设分公司或营业部。允许他们的总公司设在北京，北京西郊机场划归民航使用。起义时间和飞行安排，按军委批准的上海计划。华北和中南地区由聂（荣臻）老总安排，华东六省二市由粟司令安排。"（《一代名将》，上海人民出版社，1986 年 8 月，第 1 版，第 201 页）

11 月 9 日，两航全体员工在刘敬宜、陈卓林两位总经理率领下起义，毅然脱离国民党反动势力，投入祖国人民怀抱。他们的爱国行动顿时轰动世界。毛泽东主席在贺电中指出："这是一个有重大意义的爱国举动。"

蒋天然回忆这一史实，满怀深情地说："在争取两航起义的复杂斗争的各个环节，粟裕表现出令人敬服的领导气魄和政治家风度。韦岗战斗后，有一天国民党战区的一个游击司令部派来两个人，向我们要日本步枪两支、手枪一支、军刀一把、望远镜一具、军大衣一件、军帽一顶、皮鞋一双等，甚至要以一挺机枪换一支日本步枪。粟司令员根本不同意交换，他对来人说：'你们要，我们可以送给你们，只要第三战区长官司令部打个收条给我们。'此人看我们新四军不好骗，就灰溜溜走了。我们说：'粟司令，人家出高价同我们交换，赚钱的生意你不做，还要白送给他们。'粟司令员笑眯眯地对我们说：'你们都是小傻瓜，如果按来人的意思做了，我们就上当了。国民党若得到这些日本武器装备，就可以拍出照片，到处吹牛皮，说这仗是他们打的。'经粟裕同志指点，我们才醒悟。他还经常教育我们，凡事都要考虑到政治斗争，军事斗争必须服从于政治大局。"

粟裕最善于以政治眼光指挥战斗，又以军事胜利来影响全局。

抗日先遣支队挺进江南敌后近一个月，粟裕向大家分析了情况："国民党几十万大军的惨败，上海、南京失守，整个江南非常混乱，汉奸乘机活动建立伪政权；一些流氓土匪也假借抗日拉队伍，自称司令（如朱永祥、余宗承等），压榨人民，烧杀抢掠。一些人对抗战失去信心，而我们武器装备差，经费困难，又缺乏平原水网地区作战经验，更没有同外国军队打过仗。我们挺进江南，第一仗十分重要，一定要打个胜仗。"

苏中战役打宣泰时，负责歼灭左路敌军的第6师主力和第7纵队经过两天两夜的攻击，将整编第49师第79旅大部歼灭，剩下一个团的敌人固守在有深沟围绕的宋家桥负隅顽抗，部队屡攻不克。深夜10点钟光景，第6师指挥员正在为战斗不够顺利而焦急不安，粟裕悄然来到。

宋家桥战斗僵持不下的战况，粟裕已经了然于心，但进屋之后若无其事，过了一会儿才发问道："宋家桥的敌人是一个团？"

"一个加强团。"第6师参谋长杜屏回答。

"打不下，就不要打了。"粟裕说。

王必成副师长说："那怎么行？可以打下来！"

江渭清副政委说："我们打算在拂晓前再组织一次攻势。"

杜屏参谋长说，他刚从前沿阵地回来，同两个团的负责干部研究了，他们一致表示有信心歼灭这个敌人。

"怕是眼睛打红了！"粟裕轻轻地摆摆手，对第6师几位指挥员说："通知阵地上，停止攻击。"

"不打了？"杜屏参谋长问。

粟裕说："仗有得打的，马上就有新的任务。等一会儿同你们谈，东方不亮西方亮嘛！"

然后转过头来，朝站在一旁的吴强说："吴强同志，给你一个任务。"

吴强想不到在这个当口会给他什么任务，近前一步听着。

粟裕说："来个政治攻势看看。你写封信，用我的名义，要宋家桥国民党军队的团长放下武器。信上告诉他，他们的一个师已经在鬼头街被我军全部歼灭，他们这个师的大部分也被歼灭了，师长王铁汉已经当了俘虏，希望他们不要心存幻想，而要当机立断，立即放下武器。放下武器之后，我们将切实保证他们全体官兵生命财产的安全。"

吴强立即拿起纸笔草拟劝降信。时近午夜，阵地上只有零落的枪声和犬吠声，烛光在指挥所的小屋里摇曳着。吴强抬头一看，粟裕躺在门板搭的床铺上和衣睡着了。

第七章
集中用兵，打歼灭战

在战争初期，我军兵力应该随着敌我力量的消长，我军指挥艺术的提高，如战局向我解放区纵深发展而逐步集中，由一次歼灭一个旅，逐步集中兵力发展到一次歼敌几个旅，这样比较有利。

——粟裕

"一切调度都要着眼于歼灭敌人的有生力量"。粟裕善于对敌人实行突然的迂回包围、猛烈的穿插分割、连续不断的突击和临机应变的灵活战术，精于组织指挥干净、彻底、速决的歼灭战。

歼敌有生力量与夺取地方和城市，也要用发展的观点去处理二者的辩证关系。在敌兵力占优势的情况下，我军作战行动的着眼点放在歼敌有生力量上，不计一城一地的得失，是完全正确的。但当我军发展壮大、形势发展到能够夺取并巩固大城市的新时期，就既要歼敌有生力量，又要夺取或永远占领地方和城市。

他指出，集中优势兵力，各个歼灭敌人，历来是打胜仗的主要作战方法。但在敌强我弱的情况下，只要集中兵力，在对战役战斗有决定性影响的环节上对敌形成优势，实行速战速决，尔后转用兵力，歼灭另一部分，这样也能达到战役战斗上以少胜多的目的。

歼灭战是解决敌人有生力量的最主要途径。粟裕主张在力量积蓄到一定程度，就要敢于打歼灭战。粟裕在谈到黄桥战役打韩德勤时，曾形象地分析说：他（指韩德勤）来进攻，我们背靠长江，退无可退，只有坚决自卫，下定破釜沉舟的决心，要包打胜仗。这一仗打成平手不行，或者只消灭他一部分也太可惜，非要打个干净彻底的歼灭战不可。假如打得他只痒不痛，他以后还再来，所以现在的问题是如何能把他吃干净的问题，只要我们从各方面进行充分准备，一定能搞好。

一、小歼灭战必然要发展到大歼灭战

粟裕有一个积极进攻的思想，强调逐次、逐个地歼敌。他认为，战略计划再好，要靠战役作战去贯彻和实现。而要夺取战略上的胜利，就要依靠打好各个战役，用战役上的歼灭战，消耗敌之战略力量，逐渐改变敌我兵力对比和战略态势，创造最后与敌进行战略决战的有利条件，以决胜负。

决战就要进攻，非如此不能争取主动，也不能获得战役决战的有利条件。粟裕认为，在全局敌人兵力处于优势的情况下，采取防御同敌人决战正中敌人毒计，因为敌人有强大的第二梯队，我军与之决战，势将付出很大的代价，战胜了，敌人仍可继续调集兵力，保持其进攻的态势，战斗如不顺利，势必仍要撤出来，那就被动了。苏中七战七捷，就是用进攻同敌人逐次决战而取胜的典范。

歼灭战的规模和程度，随着战争形势的发展而发展，高明的军事指挥员必须善于根据不同的情况，确定歼灭战的规模和程度。这是粟裕指挥歼灭战的一个重要思想。在他看来，歼灭战的规模，不是一成不变的，而是随着敌我双方和战场情况逐步改变的，它必然有一个从小到大的发展过程。认识和把握这一过程的特点、规律，是指挥大兵团作战的重要一环。

苏中战役后不久，陈毅、粟裕在毛泽东的指导下，集中华中野战军和山东野战军，进行了宿北战役，全歼敌整编第69师两万余人。粟裕敏锐地指出：这一仗，成为两支野战军集中后战役规模越来越大的一个良好的开端，成为歼敌由小到大的一块中间阶石。踏上了这块阶石，再上一步去踩更高的阶石，就比较好办了。

宿北战役后，两支野战军继续并肩作战，尔后又统一整编为华东野战军，兵力进一步集中。粟裕则协助陈毅指挥华东野战军主力，接连打了鲁南、莱芜、孟良崮等大规模战役。

随着不断取得作战的胜利和军事力量的壮大，在战争的实践中，我军从分散作战到集中作战，由打小仗到打大仗，既打敌人步兵，又打机械化部队，既擅长野战，又能城市攻坚，使运动战和歼灭战的规模越来越大。

粟裕对此深有感触，他说：作为战区指挥员应不断地形容、分析敌我力量的对比变化，发挥主观能动作用，敢于适时把战局推向新的水平，而不能坐待条件完全成熟。从孟良崮战役到豫东战役，再到淮海战役，粟裕都深切地体会到这一点。

粟裕认为，随着敌我双方力量的消长和战略战术的变化，解放军打歼灭战将向更大规模发展，是一个客观规律。在解放军转入战略进攻以后，在原有政治优势的基础上，又取得了战略优势地位，但是在数量上和技术上仍然处于劣势。国民党军队仍然可以依恃其数量、技术上的优势，在局部地区组织战役进攻。因而中原战场出现反复拉锯的僵持局面。改变中原战局、发展战略进攻的关键，是集中更大兵力打更大规模的歼灭战。

当解放战争我军进入战略进攻阶段之后，依据当时华东和中原战局的发展形势，粟裕认为，随着敌我力量的消长和我军战略战术的发展，我军的歼灭战应进一步向更大规模发展。

自孟良崮战役以后，我华东野战军一直没有找到打大歼灭战的战机，粟裕对此不断地进行思考，认为随着敌我力量的消长，战略战术的变化，人民解放军的歼灭战将进一步向更大规模发展，并且可能是一个客观规律。

他分析，蒋介石的国民党军在多次遭受我歼灭后，兵力已大为集中。如果我们不能集中更大兵力，打更大规模的歼灭战，战机则势必难寻。

这一时期，我军在中原很少打歼灭战，很重要的一条原因，就是敌我兵力对比过于悬殊，敌人除了以一定数量的兵力固守点线外，还集中了几个各由二至四个整编师（军）组成的较强的主力兵团机动作战。从地理上看，黄淮平原上，交通比较发达，敌人有一定的摩托机械化装备，机动较快。

如果一点被攻，三五天内敌援军即可赶到。我军若在三五天内不能解决战斗，势必要放下嘴边的敌人，迅速撤出战斗，否则就会陷入被动。

当时，我军为开辟新区，发动群众，建立政权，基本上是采取分兵应战。刘伯承邓小平大军主力三个纵队分散在大别山、淮西两区域，两个纵队开辟桐柏、江汉两区域；陈赓谢富治兵团在伏牛山区及其以北；华野除留许世友谭震林兵团在山东、苏北兵团在华中坚持外，三个纵队由陈士渠、唐亮率领，在豫西行动。陈毅、粟裕手中只有四个多纵队在豫皖苏和鲁西南地区作战。由于敌人总是集中三四个整编师（军）一起行动，而我军主力较为分散，因而许多战机不得不放弃。

在这种情况下，如果要想歼灭敌人，必须集中足够的兵力，既要有足够的攻坚力量，还要有足够的阻击多路援敌的力量。

不仅如此，由于敌人机动兵力密集，在歼灭一路敌人之后，更多的敌人又会纷纷拥上，新的战机又将出现，打了一仗之后还要打第二仗、第三仗，一个战役可以发展为两三个阶段来打，部队必须准备连续作战。

这样，在中原歼灭敌人，就必须高度集中兵力，从打大歼灭战着眼去作准备，才能打到敌人，歼灭敌人。

相反，如果只着眼于打小仗，每次求歼一至两个正规旅，想积小胜为大胜，那么由于敌人兵力集中不易分割，而增援较快，往往连小歼灭战也打不成。

正是根据这一特点，粟裕深感必须尽可能地集中更多的兵力，组织强大的野战兵团，打更大规模的歼灭战。非如此不能逐次歼灭敌军主力，就不能迅速改变中原战局。

为此，他于1948年1月22日，向中央军委建议，在长江以北，刘邓、陈粟、陈谢三支大军，应采取忽集忽分的战法，协同作战，以求彻底歼敌一路。

豫东战役歼敌九万余人，就是在粟裕这一作战思想指导下进行的。粟裕事后分析说：“豫东战役的胜利证明，适时扩大战役规模，组成更为强大的野战兵团，以对付敌人的高度集中，比以较小的野战兵团，寻歼较小目标的敌人，对我更为有利，发展下去，势将成为我军同敌人主力的决战。”

济南战役前夕，中央军委于1948年7月14日电示粟裕：拟令山东兵团向济南攻击，迫使邱清泉、黄百韬兵团北援，此时，已转入外线作战的西兵团寻敌一部攻击之。

粟裕经过慎重考虑，建议集中华东野战军全部兵力，协力攻打济南守敌，并同时打援。

毛泽东认为这一建议更为完整，以中央军委名义致电粟裕，予以采纳。

济南之战，华东野战军只用了八个昼夜，即攻克了济南城，而援敌惧歼未敢出援。粟裕认为，济南战役中敌人南线三个兵团在我军前沿徘徊，不敢北上交手，说明敌人是在避免不利条件下与我军打大规模之仗，也说明我对敌进行战略决战的时机已逐渐成熟。

粟裕还缜密地分析总结了解放战争时期歼灭战规模逐步增大的条件：

首先是敌我力量的消长。解放战争初期，尽管敌我力量对比已发生重大变化，但总的形势依然是敌强我弱。在这种情况下，我军应充分利用内线歼敌的有利条件，哪里好消灭敌人就在哪里打仗，各战区之间可以有战略性的配合，但不宜过早作战役配合。如果急于作战役性配合，我军兵力作更大的集中，则敌人的兵力也将随之作更大的集中，对各个歼敌不利。只有通过小歼灭战，使敌人的力量进一步衰弱，使我军的力量进一步增长，歼灭战的规模才有可能逐步扩大。

其次是我军指挥艺术的提高。大规模歼灭战是一种大兵团作战，往往需要集中若干个纵队，甚至若干个野战军协同作战，这对战役指挥的要求是很高的。随着我军在战役上的集中，无论是领导机构，还是所属部队，各方面的关系都会更加复杂，各部队之间、指挥员之间都有一个重新适应、建立信任感的过程。我军的集中又必然导致敌人集中，使我军的作战对象、作战地域、作战方式、作战方法等，都会发生很大变化。这就需要各级指挥员逐步积累经验，打一仗进一步。

再次，是战局向纵深发展。解放战争初期的苏中战役，为了鼓舞士气民心，掩护我解放区的战争准备和各项转变，以及对敌人进行战略侦察，我军是选择苏中解放区的前部地区作战。这就必然使歼灭战的规模受到一定限制，如苏中战役打了七仗，歼敌总数为五万余人，最大的如黄路一仗，也仅歼敌 1.7 万余人。

而当敌人继续增加进攻我华中的兵力时，为了进一步歼灭敌人，战局必须向华中纵深转移。在这一过程中，我军可以进一步集中兵力，充分利用解放区的有利条件，开辟战场，调整布局，实行大踏步前进和大踏步后退，把运动战、歼灭战推向更大规模。

粟裕指挥的黄桥战役、车桥战役、苏中战役（七战七捷）、宿北战役、鲁南战役、莱芜战役、孟良崮战役、沙土集战役、豫东战役、济南战役、淮海战役、渡江战役、上海战役等重大战役，都震撼了全中国，甚至全世界。把蒋介石以及国民党的许多高级将领打疼了、打怕了，到了打遍天下无敌手的地步，没有任何敌人可以在粟裕发起的攻势下逃脱被歼灭的命运。粟裕是近现代中国最杰出的歼灭战大师。

二、集兵优势兵力，各个歼灭敌人

"我粟谭军从午元（7月13日）至未感（8月27日）一个半月内，作战六次（注：当时中央军委尚未接到第七次作战报告），歼敌六个半旅及交通总队五千，造成辉煌战果。而我军主力只有15个团，但这15个团是很充实与很有战斗力的，没有采取平均主义的补充方法。每战集中绝对优势兵力打敌一部（如未宥集中10个团打敌两个团，未感集中15个团打敌三个团），故战无不胜，士气甚高；缴获甚多，故装备优良；凭借解放区作战，故补充便利；加上指挥正确，既灵活，又勇敢，故能取得伟大胜利。这一经验是很好的经验，希望各区依照学习，并望转知所属一体注意。"

这是毛泽东1946年8月28日为中央军委起草的给各战略区首长的电报中的一段话。

1946年七八月间，粟裕、谭震林率领我华中野战军，进行了著名的苏中战役，七战七捷。毛泽东把苏中战役作为"集中优势兵力，各个歼灭敌人"的范例向全军介绍，并要各战略区仿照办理，这无疑是对粟裕作战指挥才能的充分肯定，是对粟裕成功地贯彻集中兵力打歼灭战原则的最高奖赏。

集中绝对优势的兵力，在主要战场和主要方向"以镒称铢""千里杀将"，这是孙子用兵的基本原则。贯彻这个原则，他强调要准备把握"众寡之用"的规律。他在《虚实篇》中强调，对敌作战要"我专而敌分"，"我专为一，敌分为十，是以十攻其一也，则我众而敌寡。能以众去寡者，则吾之所与战者约矣"。就是要设法使自己兵力集中而迫使敌人兵力分散，这样就有争取主动的力量，能够造成"以十攻一……以众击寡"的有利态势。

他在《谋攻篇》中说："故用兵之法，十则围之，五则攻之，倍则分之，敌则能战之，少则能逃之，不若则能避之。"意思是说，用兵的法则是，拥有十倍于敌的兵力时，就围歼敌人；拥有五倍于敌的兵力时，就直接进攻敌人；拥有两倍于敌人的兵力时，就要设法分割敌人，各个击破；兵力与敌相当，要有战胜敌人的能力；兵力少于敌人，要有摆脱敌人的能力；实力弱于敌人时，要有避免与敌人决战的能力。

孙子认为，在兵力相对均势条件下的我专敌分、以众击寡，其前提有二：

一是控制战场信息，即巧妙运用"形人而我无形"的佯动、伪装等各种欺骗和侦察手段，洞悉敌情，隐蔽我情。凭借这种战场信息优势，达到"我专而敌分""我众而敌寡"的目的。

二是掌握战场主动权，即本着"致人而不致于人"的原则，施展各种诡道手段来诱敌、惑敌、动敌、分敌。由于我主动、敌被动，我们有行动自由，敌无行动自由，所以作战的时间、地点和方式均有我方来决定，敌则"不知战地，不知战日"，处处受制，处处设防，不可避免地陷入窘境。所以，孙子说："寡者备人者也，众者使人备己者也"，强调战场主动权的有无对兵力的主动集中和被迫分散具有决定作用。只有掌握主动权的一方，才能形成"我专为一，敌分为十"的有利态势，并由此而创造出"以众击寡"、"以十攻其一"的优势局面，为战争的胜利奠定基础。

"我专而敌分"，就是在作战中要造成"以镒称铢""以石投卵"的局面，集中优势兵力，使"我专为一，敌分为十"，从而达到"以十攻其一""以众击寡"的目的。

在毛泽东军事思想哺育下成长起来的常胜将军粟裕，对于毛泽东、朱德集中优势兵力打歼灭战的思想，不仅理解透彻深刻，而且运用纯熟灵活，越出越奇，越打越妙，屡战屡胜。他指挥的大小战役、战斗无数，将集中兵力的军事原则运用得娴熟自如，他指挥的苏中战役，就是坚决贯彻集中兵力原则而取胜的典型战例。

所谓集中优势兵力，就是把我方分散在各处的兵力，在一定时间内调集或使用于一定战场，并在兵力对比上取得对敌优势。集中优势兵力是战争制胜的重要原则，是人民解放军克敌制胜的根本法则之一，也是粟裕指挥战争始终坚持的重要原则。

可以说，粟裕每战都根据实际情况，通过各种手段，对选定的作战对象，在一定的地域和一定的时间内，造成我对敌的绝对优势，以达到迅速歼灭敌人的目的。其中包含了丰富的内容。

他首先善于最大限度地杀减和避开敌人的优势，使敌人由强变弱，由优变劣。如利用、制造和扩大敌人的弱点、矛盾，诱使敌人骄狂轻敌，予敌以错觉和不意；调动敌人，使驻止之敌脱离工事而处于运动之中，使集中强大之敌尽量成为分散孤立之敌；破坏敌人赖以机动的交通及运输工具，限制其机动、降低其战斗效能；发动群众锄奸肃特、坚壁清野，使敌人进入我根据地后成为看不见、听不到、摸不着我军，处处被动挨打的"瞎子"和"聋子"；若战机尚未形成，就继续与敌人兜圈子，使敌屡屡扑空，成为又累、又饥的劳师，或使其继续占领我某些城镇，纵使其轻敌麻痹，制造战机；选准利于达成我战役、战斗目的的对象等。

待时机成熟时，集中兵力，对选定的作战对象，形成二倍、三倍、四倍乃至五倍以上的绝对优势；对部队实行合理编配，明确任务，进行有力的政治动员，必要时实行战场临时转用兵力，以建立对敌更大的优势，迅速歼灭其一部，再集中全力，歼其另一部，为摆脱被动、险境、危局，或为夺取关键性胜利，或为下一步作战创造有利条件。

粟裕总是能够根据具体情况，每战必利用一切可资利用的条件，千方百计限制、削弱敌人，使敌人只能以十乃至以百当一而变弱、变劣。

掌握好兵力集中的时机、方向和集中兵力形成的布局，是粟裕集中使用作战力量所着力把握的三个环节。他强调，当我处在内线时，战略上的兵力集中不宜过早，以免由于我之过早集中而造成敌人更加集中；集中的时机不当，还可能造成战场被敌压缩得过于狭窄，从而使我处于被动地位。集中兵力后的布局，应与相邻战区集中兵力的方向相协调，便于战略上或战役上的协调。

集中兵力各个歼敌与军事平均主义是对立的。在中国共产党领导的革命军队作战实践中，虽然总的说是坚持了集中的原则，但是在这个问题上也常有争论。从 1932 年开始，伴随着军事冒险主义而来的军事平均主义提出了所谓"全线出击"的口号。到 1933 年，又有所谓"两个拳头打人"的说法。

到1934年第五次反"围剿"时，军事平均主义表现在"六路分兵""全线抵御"。这种和集中兵力相对立的军事平均主义，往往以为可以制敌，结果却反而被敌所制。

"集中优势兵力，各个消灭敌人"是我军的传统战法，虽然很有道理，但不要忘了上面所用的术语是"优势兵力"，而非"全部兵力"。

在敌强我弱的条件下，要想消灭敌人，就得让敌人露出破绽。而让敌人露出破绽又有两种方法，一种是"守株待兔"，另一种是"创造战机"，或曰"诱使敌人露出破绽"。此又有两种方法，一种是骄其志，示弱于人，诱其放胆前进；另一种是分兵，将敌人扯散，适当时机再合兵，是为"忽集忽分"的战术。

1948年1月22日，粟裕在致毛泽东的子养电《对今后作战建军之意见》中讲到这种军事思想："建议三军（刘邓、陈谢和我们）在今后一个时期，采取忽集忽分的作战方式，以求能较彻底的歼灭敌人一路（我们一军如不担负打援，兵力是够用的），只要邻区能及时协同打援或钳制援敌迟进，歼敌一路是很可能的。"

"我专而敌分"，形成局部优势

1946年6月下旬，全面内战爆发，苏中解放区是国民党军进攻的主要方向之一。第一绥靖区司令官李默庵指挥五个整编师共15个旅，集结在长江北岸的南通、靖江、泰兴、泰州一线，企图先占如南、海安，尔后再沿（南）通（赣）榆公路和运河一线向北进攻，与向淮南、淮北进攻的国民党军相配合，夹击苏皖边解放区首府淮阴。

敌处绝对优势，共15个旅约12万人；我处劣势，共19个团3万余人。在苏中战场上，国共双方兵力对比是4：1。蒋介石得意忘形，扬言："三个星期足以收复苏北，再三个星期结束苏皖会战。"

大战之前的海安镇十分安恬。交叉的河道里樯桅林立，宽阔的大路上仍然人来车往，乡下来的菜贩发出的一起一伏的叫卖声格外清脆。但华野司令部作战室墙上军用地图令人窒息。国民党京沪绥靖司令汤恩伯指挥12万人分三路由海安扑来，蓝色的圆圈、曲线和箭头布满地图。

粟裕胸有成竹地对参加会议的各路将领说："敌人是兵分三路而来，拉开架子要和我们拼消耗，我们恕不奉陪，集中兵力歼其中路。汤恩伯12万人进攻我们3万人，是4∶1，我们雷公打豆腐，还他一个6∶1。"

第一仗，宣家堡和泰兴之战，以整编第83师（即原第100军）为首歼目标，以12个团，歼敌整编第83师第19旅两个团3000余人。

接着，粟裕转兵东指，远途奔袭如南，采取避其锋芒、击其侧翼的战法，以少数兵力迷惑敌人，主力则长途奔袭百里，以四倍于敌的兵力，出敌不意地攻击向如南增援的敌第49师，在运动中歼敌一个半旅，连同在阻击中消灭的敌人，共一万余人。

随后，粟裕率华中野战军主力转移至海安东北地区休整待机。为避开敌军主力合击，主动撤离海安。此时，从淮南撤出的第5旅和华中军区特务团被调至苏中前线东台一带，使苏中地区的兵力增至23个团。

国民党军占领海安后，转入"清剿"。敌分兵"清剿"，战线延长，兵力分散，形成有利于我各个击破的形势。粟裕抓住战机，集中主力部队，攻歼李堡之敌一个半旅9000余人。

随后，粟裕又以一部袭击海安、佯攻黄桥、进逼南通，迷惑国民党军；以主力16个团3万余人，突然以夜行军插入敌侧后，从敌兵力薄弱的丁堰、林梓打开缺口，钻到敌人肚子里，直插敌交通警察总队的六个大队和第26旅一个营，3700多人的敌军被消灭3000余人。此战，敌我兵力对比为1∶6，我在局部上形成了兵力优势。

他指出："在战术上一定要采取以多胜少，三个到五个打敌人一个。只有集中优势兵力，才能于短时间内干净消灭敌人。不要存在爱面子或者怕缴获被别部瓜分了的想法，而一个兵团包打。这并不是说我们弱，或我们哪个兵团不能打，而是为了迅速解决敌人，迅速变劣势为优势，变被动为主动，不失时机进行第二个战斗。今后敌人会采取稳重打法，使用多数兵力在一个狭小地带作战。我们要歼灭敌人，必须制造一些机会，求得各个击破敌人。"

"以众击寡"，先打弱敌后打强敌

1946 年 8 月 23 日，为继续求歼国民党军有生力量，华中野战军主力由丁堰、林梓公路向西挺进攻击如皋。李默庵急令黄桥守军第 99 旅主力沿如黄公路增援如皋，但他担心该旅途中可能遭到华中解放军拦击，又令第 187 旅和第 79 旅一个团由如皋出城接应。

粟裕和谭震林在截获这一情报后，当即下令部队在行进中注意敌情，准备在如黄公路上与敌第 99 旅打一场遭遇战。

8 月 25 日，敌第 99 旅进至黄桥东北之分界，与我第 6 师遭遇。早有准备的王必成挥师当即将第 99 师包围在如黄公路，双方展开激战。

这时，敌人才发觉我主力已西进，乃令已南下到如皋的第 187 旅，加上第 79 旅一个团和第 99 旅的一个营，急向西南增援第 99 旅，该敌又被陶勇第 1 师在分界、如皋之间的加力、谢家甸截住，并包围。

当夜，分界、加力两地之敌均集团固守，因为敌人实有的兵力远比我原先侦察的要多，经一夜激战，都未能解决战斗。

这样，战局就可能变得不利于我军。西面运河线上邵伯、乔墅一线战斗十分激烈。乔墅阵地已被敌军突破。我主力若在如黄路拖延时日，邵伯一旦失守，战局将起剧变。

在毛泽东军事思想的长期熏陶下，粟裕总是采取集中优势兵力各个歼灭敌人的战法。就整个苏中战场来说，敌我兵力对比是 3.5 ：1，由于粟裕灵活用兵，在第一、第二、第四、第五各次战斗中，粟裕都集中了三倍以上的兵力对付待歼之敌，有时为了保证全歼和速决，还集中了绝对优势的四倍、五倍、六倍于敌之兵力。但是粟裕手头兵力不多，更没有预备队，只能从战场上及时转用兵力。

对于这个问题，如皋战斗后在海安以东休整时，通过团以上干部的战斗总结会，大家认识到，"几个打一个"决不意味着我部队战斗力量差；需要时增调兄弟部队加入作战，也决不"丢脸"；至于怕分了缴获的思想则是本位主义作怪。只要作战需要，战役指挥员就应毫不犹豫地转用部队。对这个问题，大家的思想认识已经取得了一致。

此次同时围住了两大股国民党军，在当时紧急情况下，粟裕立即调整部署，采取断敌后路、隔断敌人东西两部联系的办法，使之无法靠拢和脱逃，然后选取较弱的第 99 旅两个团先行歼灭。

8 月 26 日，粟裕将第 1 师的第 1 旅由加力方向西调，转用于分界，配合第 6 师等部以 10 个团的兵力，5：1 的绝对优势，迅速围歼了第 99 旅的两个团。随即又将第 6 师和第 1 旅东调，会同第 3 旅、第 5 旅，以 15 个团的兵力围歼加力、谢家甸之敌三个团。26 日晚，东调各部迅速开进。

此时，邵伯的战斗正在紧张地进行着。从 8 月 23 日起，敌军在炮艇、飞机配合下向我邵伯、丁沟、乔墅一线阵地猛攻。

第 10 队纵和第二军分区的部队虽然训练不多，弹药不足，但指挥员顽强灵活，动员工作做得深入，士气旺盛。他们依托工事和河流湖泊英勇抗击敌人。根据水网湖泊地区正面狭窄的特点，各团采取轮番守备的战法，以连续的反冲击和白刃格斗消灭敌人。

敌猛攻了四天，我军工事大部坍毁，许多部队的指战员坚持在齐腰深的积水中作战，时常吃不上饭，但战斗意志始终压倒敌人，虽然乔墅被突破，但主阵地始终屹立未动。

这时，第 99 旅已在如黄路上就歼，第 187 旅等部也将不保。消息传来，敌全线震惊，深受威胁，且伤亡已达两千多人，再打下去，凶多吉少，终于在 26 日黄昏时候狼狈撤回扬州。进行了四昼夜的邵伯战斗遂胜利结束。

27 日上午，我围攻加力、谢家甸之敌的 15 个团全部到达了预定位置并投入了战斗。敌人又从如皋拼凑了一个多团的兵力，在飞机的掩护下西出接应，加力、谢家甸之敌以营为单位分路突围。我各部全线出击，将突围之敌——歼灭，仅数百人逃回如皋。如皋出援的一个多团，也被我歼灭一半。

第 5 旅及时插到如皋西南，正好截断敌人逃路，俘获尤多。我第 5 旅衣服为黄色，和苏中部队的灰蓝色不同，而与当时国民党军的黄绿色近似。该旅向敌迅猛出击时，敌军误以为援兵赶到，欢呼跳跃，随即成了俘虏。继而第 5 旅乘胜利余威，于 31 日攻克黄桥，黄桥守敌第 160 旅五个连缴械投降。

正是由于粟裕乘敌之隙，巧妙用兵，集中优势兵力，各个歼灭敌人，取得了七战七捷的战绩。

粟裕在总结苏中战役的经验时指出：苏中作战之所以能获得重大胜利，就军事上来说，一个重要的原因是执行了战略上以少胜多的原则，但在战术上，则恰恰相反，采取了以多胜少的打法。

粟裕的对手李默庵回忆苏中战役说："粟裕集中兵力打我一点，而且有时是集中五六倍的优势。这样，我的部队就吃不消了。这样的打法确实很厉害。"

沙土集战役中，陈毅和粟裕集中三个纵队共八个师，以四倍于敌人的优势兵力，攻歼整编第 57 师；以三个纵队加一个师即超过主攻部队的兵力阻击援敌，并以一个纵队作为战役预备队。

集中优势兵力，各个歼灭敌人，要求学会打歼灭战，整师、整旅、整营地消灭敌人。

在集中优势兵力的战法具体运用上，粟裕从不拘泥于以往的经验，而是根据实际情况，灵活地调度和使用兵力。他认为，部队数量较少时，可以只对一个作战目标形成优势；部队数量较多时，可同时对几个作战目标形成优势。在大多数情况下，将战区主力集中在一个主要战场和方向上行动，以迅速转换战局。这是粟裕在全局的劣势和被动中争取局部优势和主动，逐步改变敌强我弱的形势，并最终战胜敌人的基本方法。

解放战争时期的华东战场，在一个相当长的时间内，是全国的主战场。蒋介石在实施重点进攻时，用于华东战区的兵力，占其进攻解放区总兵力的 27%，占其重点进攻兵力 66%。因此，华东战区是当时我军各大战区中承受压力最大的战区，中央军委也赋予华东战区以较重的作战任务。

在这种情况下，粟裕与陈毅始终把集中使用战区主力，作为转换战场形势的最重要的手段。

在战略防御阶段，首先将华中主力大部集中于苏中地区，在苏中解放区前部地区进行了苏中战役，胜利完成了战争初期的试探任务；尔后，华中、山东两大野战军合并，又集中九个纵队，进行了莱芜战役、孟良崮战役，重创进犯山东解放区的敌人。

孟良崮战役，创造了最大限度地集中兵力，调集战区全部主力，在劣势中创造优势，保证速决歼敌的经验。

从兵力对比上看，国民党军在其进攻山东解放区的总兵力 24 个整编师（军）中，集中 17 个整编师（军）进攻鲁中山区。第一线从莱芜到河阳，只有 120 多公里，敌军密密麻麻，一字长蛇摆了八个整编师（军）。位于敌军左翼的第 5 军、第 11 师、第 65 师和右翼的第 7 军、第 48 师，多数与第 74 师相距仅一日至二日行程，第 25 师、第 83 师则相距更近。我军只有九个主力纵队和一个特种兵纵队，敌军兵力占有很大优势。但是，敌 74 师担负中央突破任务，已进入我主力集结位置的正面，粟裕对我军部署稍作调整，在局部对该军形成 5∶1 之绝对优势。利用山区地形采取正面反击，分割两翼，断敌退路，坚决阻击各路援敌的战法对该师加以围歼。

在战略进攻阶段，集中华野外线兵力主力，首先实施了沙土集战役，尔后又统一指挥外线兵团和中野两个纵队，进行了豫东战役，协同刘邓大军和陈谢大军，从根本上改变了中原战局。接着，又挥师北上南下，集中华野全军，胜利进行了济南战役和淮海战役，与中原野战军密切协同，歼灭国民党主力于长江以北地区。

济南战役，粟裕充分运用了集中优势兵力的原则。战役发起前，为了打更大规模的歼灭战创造条件，确有把握地争取攻济打援的胜利，粟裕两次向中央军委建议，集中华野全军执行下一步作战任务。8 月 10 日，他在与陈士榘、唐亮、张震、钟期光联名的电报中提出，雨季休整结束后，集中华野全部（包括许谭兵团、韦吉兵团在内）30 余万人，或先攻济南，或先转到外线打大规模的歼灭战。（《粟裕军事文集》，解放军出版社，1989 年 7 月，第 1 版，第 373 页）

8 月 23 日，他和谭震林、陈士榘、唐亮等联名建议，调苏北兵团参加济南战役。中央军委批准了他们的建议，"同意调苏北兵团主力参加攻济及打援战役"。（《毛泽东军事文集》第四卷，军事科学出版社、中央文献出版社，1993 年 12 月，第 1 版，第 575 页）

按照这个部署，华野各个兵团开始从苏北、皖北、豫东各地向山东集结。在攻济打援战场上，华野参战兵力达到 15 个纵队 32 万人，超过了国民党济南守军和可能增援之军总数 28 万人，第一次实现了华东战场上华野兵力超过蒋军的优势，从而使华野在战役和战略上都掌握了主动权。

到了 8 月下旬，国民党统帅部才发现解放军向山东增兵，判断华东野战军先攻徐州再夺济南，后来又判断华东野战军"围济打援"。蒋介石指令制定了一个投入 27 万兵力的会战计划，要王耀武率 10 万守军"确保济南"，要杜聿明指挥邱清泉、李弥、黄百韬三个兵团随时准备北上增援，在兖州、济南之间同华野主力会战。然而，这个部署不仅晚了一步，而且由于蒋军内部矛盾重重，迟迟未能落实。

"胜兵先胜而后求战"。在战前这场谋略竞赛中，华野不仅先敌一步，而且高敌一筹，未战而胜负之势已定。

毛泽东曾精辟指出：集中兵力看来容易，实行颇难。人人皆知以多胜少是最好的办法，然而很多人都不能做。相反每每地分散兵力。粟裕根据自己的战争实践，体会到集中兵力之所以做起来难，是因为"如何判断和选择重点是关键"。

济南战役中，守城之敌在王耀武统一指挥下，以泺口、马鞍山为界，分为东西两个守备区，守备东线的是中央军，守备西线的是杂牌军吴化文部。显然，济南守敌是以东线为重点。西线守敌第 69 军军长吴化文，在战役前曾有弃暗投明的表示，加之敌人的机场在城西，所以，粟裕决定将攻城兵力重点用在西线。结果，我军仅用四天，就全部占领了济南的外围防御地带。

粟裕不仅善于准确地选择和判断集中兵力的重点，而且能够掌握好兵力集中的时机、方向和集中后形成的布局。他多次说到，在我处内线的情况下，不宜在战略上过早集中兵力，以免由于我之过早集中而造成敌人更加集中；

集中的时机不当，还可能造成战场被敌压缩得过于狭窄，从而使我处于被动地位。

集中兵力的方向，应根据中央军委的战略意图和战场实际情况，尽可能地利用老区和良好的自然地理条件，并有巩固的战略后方作依托。集中兵力后的布局，应与相邻战区集中兵力的方向相协调，便于战略上或战役上的协同。

《粟裕战争回忆录》里，对"分兵"和"集中兵力"的辩证关系，有很精辟的讲解："集中兵力与分散兵力是兵力运用上的一对矛盾。集中优势兵力，各个歼灭敌人是我军的作战原则，所以集中是这对矛盾的主要方面，但并不排除必要时的分散。也是对付敌人的一种手段。"

在解放战争初期，面对敌众我寡、敌强我弱的基本形势，粟裕辩证地处理兵力运用上的集中和分散的关系，达到了出神入化的程度。在苏中战役中，粟裕指挥华野三万多人对付敌军 12 万人，连续作战七次，每战集中三倍到六倍的绝对优势兵力，积局部小胜为全局大胜，创造了歼敌五万余人的辉煌战绩。

孟良崮战役发起前，1947 年 5 月上旬，军委曾指示粟裕不要分兵。粟裕遵照军委指示改变了计划，但当时也不是绝对不分兵，而是留下 6 纵隐伏于鲁南。这一着在孟良崮战役中起了重要作用。粟裕后来回忆说："我们分路出击，就可以将敌人扯散，而我军则可以由分散转为集中，以歼灭孤立分散之敌。也就是先以分散对付集中，再以集中对付分散。后来战局的发展果然如此，沙土集战役就达到了我们预期的目的。"（《粟裕战争回忆录》，解放军出版社，1988 年 11 月，第 1 版，第 512—513 页）

在长期的革命战争中，粟裕还从全局的高度对集中兵力问题，总结出规律性的经验。他说，要真正做到集中兵力，指导者就要有战略头脑，不为复杂的环境所迷惑，进行客观的分析判断，做到全局在胸，切实把握重点，当机立断地选定歼击对象，集中主要兵力，一鼓而歼灭之。

在现代条件下，仍然要坚持打歼灭战的方针，不放过一切有利场合下的歼灭战，但在选择作战目标上，不要太大，不仅要消灭敌人的有生力量，而且要破坏击毁敌人的装备，瘫痪其交通和补给线。

三、战役合围与战术分割相结合

粟裕在指挥大兵团作战中，不仅创造了集中兵力各个歼敌的成功经验，而且在继承我军传统的包围迂回战法的基础上，发展了战役合围艺术。无论是在组织每战围歼敌一二个师的小规模合围作战中，还是在指挥每战围歼敌几个师乃至十几个师的中型或大型合围作战中，粟裕都显示出高超的战役指挥艺术。

战役合围，是军团通过从不同方向对敌军集团实施攻击或机动，对其达成四面包围的作战行动，是达成战役歼灭战的一种基本战法。根据不同的敌人、战场态势和战役企图，灵活巧妙地运用合围样式，则是一种指挥艺术。由于我军长期以来高度重视打歼灭战，所以锻炼出一大批善用合围战术的将领，而粟裕则是其中的杰出代表之一。他在抗日战争和解放战争的各次进攻战役中，灵活运用多种合围样式。综观我军战史，每次包围敌三万人以上的大中型合围作战共 22 次，其中，粟裕独立指挥或参与指挥的作战，就达 10 次之多。可以说，粟裕是我军善用合围战术打歼灭战的优秀将领中的杰出代表。

粟裕认为，战役合围，是达成战役胜利的关键。由于合围在战役中占有如此重要的地位，因而它通常是战役最紧张最激烈的作战阶段，是指挥上最复杂困难的时刻，战役指挥员在战前和战中都应注重对这一作战行动的筹划和把握。他在回顾孟良崮战役时说：6 纵攻占垛庄，封闭了合围口之后，尽管敌军还有 10 个整编师包围着我军，战场形势变得更加险恶，陈毅和他还是都松了一口气，因为围歼敌人最关键的阶段过去了。

合围部署要严密紧凑，不让敌人跑掉。合围是对能否实现歼敌企图具有决定意义的战役行动，敌人不但会在我合围过程中制止我合围或逃离战场，而且会在被我包围后突围而去，因此合围应是"重重叠叠"，确保攻而歼之。

粟裕指出："要打歼灭战，在兵力运用上，必须把包围迂回结合起来，

没有迂回打不好歼灭战。"（《粟裕战争回忆录》，第 94 页）

淮海战役第一阶段的作战重心，是集中兵力歼灭黄百韬第 7 兵团。当国民党第三绥靖区一部起义后，出现了 30 公里的部署缺口，为我军迅速切断第 7 兵团的退路，创造了极有利的条件。

粟裕得知这一消息后，立即部署各兵团、各纵队猛烈进击，截歼第 7 兵团，并向徐州进逼。命令山东兵团急速穿越第三绥靖区防区，直插陇海路，并与第 11 纵队和江淮军区独立旅打通联系，准备堵截敌第 7 兵团西逃，并阻止徐州之敌东援；第 4、第 8、第 1、第 6、第 9 纵队，排除一切困难，尾追歼击第 7 兵团；苏北兵团南越陇海路，向徐州东南进逼，威胁徐州与堵截西逃之敌。

粟裕要求各部队不怕疲劳，不怕困难，不怕饥饿，不怕伤亡，不怕打乱建制，不为河流所阻，不为小股敌人所吸引，勇猛穿插，大胆迂回，追击与堵击相结合。

各部队接到命令后，迅速出击，先于敌人占领了黄八集、大许家，割断了徐州与碾庄之敌的联系，将敌第 7 兵团七个师，合围在以碾庄为中心的狭小地区内，奠定了淮海战役第一仗胜利的基础，并对尔后的战役发展产生了巨大的影响。

1949 年 4 月至 5 月的渡江战役，分为三个阶段：第一阶段，突破国民党军的长江防线，解放南京；第二阶段，我军合围歼灭南京、镇江、芜湖逃敌，占领浙赣铁路；第三阶段，攻占上海，解放崇明岛。

在渡江战役第二阶段，即我军突破敌人的长江防线之后，战役胜利的关键在于能否达成对敌人的割裂和围歼。

4 月 20 日夜，中集团一举渡江成功，到 21 日拂晓已有 10 个师 28 个团到达南岸，控制了东西 120 多公里、纵深 20 多公里的滩头阵地，将蒋介石的千里江防拦腰斩断。三野值班参谋报告："中集团突破江防时，守敌抵抗甚微。"

粟裕判断，东、西两集团全面渡江以后，势将造成敌人全线溃乱的局面，出现原来设想的第三种情况。我军应当乘登陆胜利之威，迅速展开并插向敌之纵深，实行东西对进，切断敌军退路。这样，不仅可使敌人无暇调整部署，而且会促成敌人的更大混乱，造成我军分割包围各个歼敌的有利态势。

为此，粟裕和张震建议总前委，应乘登陆胜利之威，迅速展开插向敌之纵深，如此不仅使敌无暇调整部署，且将促成敌之更大混乱，达成分割包围。第9兵团除以第30军监视芜湖之敌待交二野第4兵团外，主力应排除障碍，不为小敌所阻，向东北挺进，截断南京之敌向杭州的退路，孤立和分割敌人，有效地协同东集团作战，该兵团先头部队力求于26日前进至郎溪及其东北地区；第7兵团攻歼当面之敌后，尾9兵团之后，力求于27日前后进至广德地区待命；第10兵团渡江成功以后，立即向宜兴、金坛、溧阳挺进，切断太湖南北走廊，会同第9兵团部队围歼南逃之敌；第8兵团待命攻占南京，然后主力参加太湖会战。

4月22日，传来情报：国民党统帅部正在部署撤退，南京、镇江、芜湖的国民党军队开始向南逃跑。粟裕判断，敌人可能集中一部力量与我军争夺京沪铁路常州东西地段，其余主力则可能沿京杭公路向杭州撤退，当务之急是迅速切断京杭公路，追歼南京、镇江、芜湖逃窜之敌。为此必须加速第7、9两兵团的行动。于是立即电令第9兵团率第25、第27两军以急行军向郎溪、溧阳之线挺进，不为小敌所阻惑；令第7兵团迅速将攻击箭头转向宣城方向，在第9兵团右侧后成梯次队形前进。

果如粟裕所料，从4月22日夜开始，南京、镇江、芜湖之敌纷纷逃窜，除四个军分别撤向上海、浙赣线外，其余七个军则沿京杭公路及其两侧向杭州撤退。

粟裕立即下令东集团第28军兼程急进，抢占宜兴，第31军向太湖西岸挺进，第23军向金坛、溧阳挺进，截断沿京杭公路南逃之敌通路；同时命令中集团第25军、第27军全力兼程向郎溪、溧阳之线挺进，与东集团部队打通联系，完全切断敌人南逃退路。

粟裕预计围歼逃敌的战场将在郎溪、广德、长兴地区。敌我到达这个地区的距离和行程，他已经反复测算过了，认为双方的时间和空间条件相差不多，谁能在时间上抢在前面，提前到达郎溪、广德、长兴地区，谁就赢得了主动权。

为了抢在敌人的前面，使东、中两集团部队迅速会师合围，粟裕和张震于23日至24日晨连发几道电令，严令各部"迅速猛进，阻击、截击与尾追"，务须追上敌人主力，完全封锁敌人退路，围歼南逃之敌于太湖西岸长兴、广德、郎溪地区。命令的中心就是一个"快"字：快追，快堵，快截，快歼。

三野东西两线部队发扬"跑得，打得，饿得"的传统作风，冒着连绵不断的春雨，踏着泥泞的道路，昼夜兼程，猛追猛打，将战役纵深扩展到百余公里，迅速到达长兴、广德、郎溪地区，实现东西对进围歼逃敌的战役企图。

总结粟裕的合围战法，主要有：

其一，钳形攻击式合围。

沿敌军集团两翼向合围终点快速机动，用钳形攻击的方法，对敌达成合围。钳形攻击是我军最主要的合围样式，这种形式有利于部队迅速前出到两翼暴露、孤立、突出之敌的后方，封闭合围圈。

1941年的讨李战役中，粟裕采取中央突破、两翼合围的战法，指挥部队沿海（安）泰（州）公路及其两侧向姜堰、泰州攻击前进，命令1旅攻克姜堰后直取泰州，2旅、3旅从南北两翼围歼李长江主力。2月19日午夜，粟裕率参谋和侦察、通信人员数人前进到泰州城郊指挥作战。他命令2旅一个主力团利用暗夜突入城内，直捣李长江的指挥所，打乱敌人的指挥体系，使敌军丧失组织抵抗的能力，然后与其他攻城部队里应外合攻克泰州。

这一着完全出乎敌人意料。2旅一个主力团隐蔽接敌，从相距仅一百几十米的两座碉堡之间顺利进入城内，迅速打到李长江的指挥所。叛军猝不及防，乱作一团，李长江翻墙逃跑。经过三天激战，第1师部队攻克泰州城及姜堰等重要据点，俘虏李长江叛军5000多人，并争取两个支队（团）的叛军反正。讨李战役胜利结束。

此后，粟裕不仅在莱芜战役、鲁南战役中成功地运用这一合围样式，而且在上海战役中，创造性地加以发展，采取双层钳形攻击的方法，合围敌人。

上海是中国第一大城市和经济中心，为了保全这座城市，不能采取找烂的办法。粟裕分析敌我态势和全国战局，认为解放上海之战有三种可供选择的打法：一是围困战法；二是选择敌人防御薄弱的苏州河以南实施突击；三是把攻击的重点放在吴淞，钳击吴淞，暂不攻击市区。

粟裕认为，第三种方案比较有利，这样可以封锁敌人海上退路，并迅速切断敌人抢运上海物资的通道。如果敌人要坚守下去，必将为保护其唯一的海上退路而集中兵力在吴淞周围与我军决战。如果出现这一情况，就可避免在市区进行大规模的战斗，使城市少受破坏，达到完整接管的目的。吴淞周围是敌人防御的强点。因此，这种战法，将是一场硬碰硬的艰巨的攻坚战，一场激烈的反复争夺战，我军要付出较大的代价。但是，我们是人民的军队，一切为了人民。为了保存城市的完整，保护上海人民的生命财产，付出一定的代价是必要的、值得的。

于是，粟裕决定从两翼迂回，钳击吴淞，切断敌人海上通路。5月12日，第9、10兵团向上海外围守敌发起进攻，主要矛头指向吴淞。蒋军依托坚固的防御工事负隅顽抗，在舰炮和飞机支援下频繁反扑。三野部队每攻克一个地堡群，都要经过激烈争夺，付出重大代价。战至5月15日，没有大的进展。

粟裕分析战场情况，认为要加快战斗进程，就必须改进战术，采用锥形队形，力求打开几个缺口，乘势插入敌之纵深。

粟裕的这一合围方法对新中国成立后我军在各次重大战役中采用的合围战法产生了重要的影响。如抗美援朝战争中的横城反击战、金城反击战，中印边境自卫反击战中的西山口—邦迪拉战役，中越边境自卫反击战中的老街战役等都采用了双层或多层钳击的方法合围敌人。

其二，分进合击式合围。

从多个方向作向心攻击，用分进合击的方法，对敌达成合围。这种样式要求进击部队处于适当位置，能从不同方向奔袭预歼目标。分进合击是一种很有利的合围方法，但在我军作战中较为少见，因为它要求进击部队处于适当位置，能够从不同方向奔袭预歼目标。这通常是敌人已陷入内线作战，战略或战局上已处于被包围、被割裂状态时的合围方法。但粟裕也有成功运用此方法的战例。他在宿北战役和豫东战役第二阶段，都采用了这一战法。

宿北战役中，1947 年 12 月 14 日，国民党军按照预定的计划，由宿迁向沭阳、新安镇攻击前进，整编第 69 师和整编第 11 师主力呈扇形展开，出现了我军予以穿插分割、各个歼灭的大好战机。陈，粟指挥部队隐蔽接敌，向整编第 69 师发起突然攻击。

战役于 15 日黄昏发起。华东野战军出其不意的攻击，打了蒋军一个措手不及。第 1 纵队经过一小时战斗，歼灭整编第 11 师工兵营和骑兵营大部，攻占了距离整编第 11 师师部仅 300 米的曹家集，接着又切断了整编第 11 师与整编第 69 师的联系。第 8 师经过彻夜激战，先后四次向据守峰山之敌发动猛烈冲击，在 16 日拂晓占领峰山，并且打退了敌人的多次猛烈反扑，控制了关系战役全局的制高点。第 7 师、第 5 旅和第 9 纵队则控制了峰山以北以东阵地，进一步切断了整编第 69 师师部与所属 41 旅的联系。整编第 69 师陷入重重包围之中。

豫东战役第二阶段围歼区寿年兵团，粟裕指挥 1 纵和中野 11 纵南北对进，封闭敌东逃退路并向西卷击，指挥第 4、6、8 纵由西向东攻击，合围了区兵团。宿北战役则以正面反击，两翼突击，1 纵向井儿头、曹家集穿插割裂的方法达成合围。

其三，侧正合击式合围。

以一部兵力正面阻击，主力从进攻之敌的翼侧向其后方卷击，用侧正合击的方法合围敌人。这种样式通常以主力突击敌后，把突击方向指向敌人薄弱部位，切断进攻之敌退路，能打乱敌人布势，迅速改变战场态势。

侧正合击通常以主力突击敌后，把突击方向指向敌人的薄弱环节，切断进攻之敌的退路，是一种着眼要害、弱处开刀的方法，能打敌敌人布势，迅速改变战场形势。我军此种合围方法的应用首见于黄桥战役。侧正合击方法的要点是将主力或强有力之一部置于敌进攻方向的侧后，造成一翼卷击的有利态势；或诱敌深入，使敌主力突入我一定纵深，而暴露其侧后。

在黄桥决战中，粟裕首创了这一合围样式。以防御部队节节抗击，将敌诱至黄桥镇前，形成严徐庄方向我军主力突出敌后的态势，造成防守兵团和突击兵团侧正合击的有利战机。

其四，对进突击式合围。

从两个方向相向攻击，以对进突击的方法合围敌人。这种样式是从相反的两个方向向敌运动，并在接敌之前或同时向两翼迂回兵力，实现四面包围。在沙土集战役中，粟裕通过长途奔袭，对敌整编第 57 师进行南北夹击，同时向黄镇集、龙固集机动兵力，合围了敌人。

其五，伏击式合围。

预设口袋，诱敌入瓮，用伏击的方法，对敌达成合围。这是我军合围敌人的又一基本方法，也是最有利的围歼方法。我军历次反"围剿"作战即屡屡采用这一方法。

粟裕指挥的天目山第三次反顽战役歼灭敌第 79 师等部，就成功地运用了这一合围样式。

当时，顽军左右两个集团远距离分头开进，前进速度不一致。第 52 师好大喜功，行动积极；东路右集团却按部就班、步步为营，加上我苏浙军区以小部队进行麻雀战迟滞其行动，前进缓慢。粟裕决定采取先阻东打西、后阻西打东的战法，连续作战各个击破两路顽军，并把作战分成两个阶段：第一阶段，先歼西边的顽左翼骨干第 52 师，相机求歼独立第 33 旅；第二阶段，视情况发展移兵东向，再歼顽右翼集团。

粟裕以两个支队和独立第 2 团组成阻击集团，任务是在孝丰周围既顶住顽军的进攻，又拖住它不使脱离。以六个支队组成突击集团，位于孝丰西北地区伺机出击。已进入敌后的第 12 支队仍隐伏在莫干山以东待机。

1945 年 6 月 18 日，顽第 33 旅为了抢头功，谎报军情，宣称已夺取孝丰城。顽第 52 师不再步步为营，而是孤军深入了。此时东路顽军仍然按部就班前进，先头部队与第 52 师距离达 20 公里。粟裕估算，我以六个支队围歼第 52

师两个主力团，有把握在两天之内解决战斗。

6月19日夜晚，粟裕果断下达了反击命令，第1纵队第1、2、3支队对付顽第154团，第3纵队第7、9支队和第4纵队第10支队对付顽第155团，分别进行包围歼击。

双方刚一接触，顽第52师还以为这是新四军小部队的夜间骚扰。紧接着枪声四起，战斗越来越激烈。顽52师发现情况不妙，各个方位的退路已被截断。第1纵队一部楔入顽52师与33旅接合部，直插杭岭头第154团团部。顽第154团指挥中断，一片慌乱。第1纵队顺势将独立第33旅的一个营歼灭，独立第33旅害怕被围，仓皇溜走。

天亮时第52师的两个团已陷入新四军重围之中。

围歼第52师是整个战役的关键。粟裕与钟期光站在山头上观察战场，及时处置瞬息多变的情况，调整部署，指挥战斗。

20日下午，歼灭第52师已成定局。比原计划少用了一天。粟裕决定加快战役进程。此时，中路的"忠义救国军"、第28军奉令驰救第52师，但他们害怕被歼未敢轻动。这正符合粟裕的预料。粟裕把指挥重点从西线转向东线。他命令守备集团调整任务抽出第8支队乘夜潜入顽右兵团阵地，切断顽军东南退路，命令突击集团除留第9支队收拾残顽并负责西线警戒外，其余全部东移；命令守备部队放开道路让顽右兵团进入孝丰空城；命令预伏在莫干山以东的第12支队21日晨赶到白水湾、港口地区，抄袭顽右兵团后路，堵住顽被包围后的唯一缺口。

粟裕的回马枪杀得如此迅速有力，连第52师一夜间就被歼灭李觉尚不知情，仍错误地认为新四军主力还在孝丰以西与第52师激战，电令右兵团连夜向孝丰、鹤鹿溪挺进，协同左兵团夹击。

顽突击第1队一部进入孝丰空城，见势不对急忙退出，但已来不及了。顽第79师与新四军在孝丰城东北制高点五峰山展开了激烈争夺。新四军抢先五分钟占领山顶，把第79师打了下去。

决战时刻临近了。粟裕命令第4纵队第10支队从孝丰正面向东出击，打乱了顽敌部署；命令第 8 支队由正面阻击转为乘夜间挥兵东进，插向东线顽军第 79 师和突击第 2 队的腹心地带。

粟裕及时从围歼第 52 师的战场调回了第 7 支队，向顽军第 79 师防地发起攻击。

敌我双方出现了互相分割、互相包围的混战局面。最后，第 8 支队在第 7 支队有力支援下，打得敌人四处逃窜，乱作一团。

作为粟裕一着"伏子"的第 12 支队，这时按粟裕命令从莫干山地区迅速奔赴孝丰战场，投入到最需要兵力的地方，突然出现在顽军溃退路上，犹如一把利剑横挡在南逃顽军胸前。

顽军被新四军压缩于孝丰东南之草明山、白水湾、港口的狭小山谷地区，狼奔豕突，拼死突围。新四军各路部队咬紧牙关，在顽军"肚子"里大胆穿插分割，加速歼敌。

23 日，总攻开始了。粟裕一改夜间发起攻击的常规为白天攻击。粟裕称这叫让"敌人想不到"。顽敌完全没有料到新四军会在白天发起总攻，仓促应战，乱了阵脚。粟裕指挥部队利用白天观察的便利，充分发挥迫击炮、小炮的优势，大量杀伤猬集的顽敌，壮大声威，压倒敌人。经过两昼夜激战，顽军突击第 1 队除留守临安一个营外全部被歼灭，第 79 师、突击第 2 队大部被歼，残顽夺路南逃。

其六，对进攻击和钳形突击相结合的合围方法。

正面反击，分割两翼，断敌退路，并坚决阻击各路援敌，以对进攻击和钳形突击相结合的方法合围敌人。孟良崮战役是这一战法的典型战例。粟裕将华野分为两线，在正面以五个纵队即以十多万兵力对国民党军第 74 师实施围攻，以四个纵队分别从左、右隔开其与国民党军第 83 师、25 师的接合，再以一个纵队从后面堵住其退路。

其七，跟踪尾击，迎头堵击，迂回兜击，以追击的方法合围退逃之敌。

此战法最好有堵击部队配合，以便与尾追部队协力围歼。若不能构成堵击态势时，则迂回应有足够的纵深，以保证向内兜击时能拦住敌人。粟裕在淮海战役第一阶段追歼黄百韬兵团时就是以四个纵队尾追，两个纵队迂回兜击，三个纵队迎头堵击。在渡江战役中，粟裕指挥 9 兵团、10 兵团主力分别从宣城、宜兴向吴兴进行迂回合击，断敌逃路，同时以一部兵力向内钳击，将 10 万敌军合围于郎溪、广德地区。

粟裕认为，成功的合围，必须有有力的阻援相配合。战役合围是一种具有决战性质的作战行动。我方每次志在必得，敌往往重兵救援，这常常使一些中小规模的合围作战演变成大规模的会战。所以粟裕把阻援看作是合围的一部分，没有成功的阻援，就不能真正围住敌人。他在指挥合围作战时，经常使阻援兵力多于围歼兵力。

宿北战役，他以 24 个团的兵力围歼整 69 师，以 28 个团的兵力监视、阻击其他三路敌人；孟良崮战役则是以 11 个师的兵力围歼整 74 师，而以 18 个师的兵力进行阻援作战；豫东战役第一阶段，粟裕以两个纵队围攻开封，以七个纵队阻击邱清泉、孙元良兵团，第二阶段则是以四个纵队围歼区兵团，以五个纵队阻援；济南战役和淮海战役围歼黄百韬兵团也是以超过围歼部队的兵力准备打援。在我军战史上，如此重视合围中的阻援打援，从而经常形成重点歼敌、重兵阻援的战役布势的，仅见于粟裕。

探究其原因，一方面在解放战争时期，华东地区一直是敌我双方的主战场，战局成败关系重大，当我军围歼敌一部时，如不以重兵甚至主力阻援打援，则不能保证歼敌。另一方面是因为粟裕一贯用兵谨慎，深知阻援成败直接关系到战场主动权，如不能有效阻止敌增援解围，不但围歼敌军集团的目的不能达到，而且不能顺利地撤离战场，将陷入全面被动。而要做到重点歼敌、重兵阻援这一点，则必须最大限度地集中兵力，这也是粟裕用兵的一个特点。

强调量敌用兵，既讲求战役合围"重重叠叠"，又注重战役合围与战术分割同时进行。

粟裕强调：战役发起后，战役合围与战术分割要同时进行。在实施战役合围，构成对外正面的同时，要向敌纵深猛烈突击，迅速将敌各旅、团分割包围，各个歼灭，务使敌人无法组织协同和互相支援作战。

粟裕指挥大兵团作战的特点是大胆、机动、果断，尤其善于使用迂回包围，大胆使用部队向敌人纵深进行穿插，实施分割包围战术。

战役合围追求成建制歼灭敌军集团的目标，被围之敌就常常建制完整或比较完整，能够组织有效的防御。因此，为了一举歼灭敌人，不使其猬集成一团，并破坏其协同动作和互相支援，一般应在战役合围的同时进行战术分割。

在实施战役合围、构成对外正面的同时，要向敌纵深猛烈突击，迅速将敌各旅、团分割包围，各个歼灭，务使敌人无法组织协同和互相支援作战。特别是在解放战争时期，粟裕指挥的多数合围作战，往往有两个鲜明特点：一是规模较大，常常一次合围敌人数万；二是常围歼强敌，被围之敌往往有较强的抵抗能力。这就使合围过程中的战术分割显得更为重要。

宿北战役中，粟裕命令第 6 纵队于夜间，从峰山以南、晓店子以北楔入敌人纵深，在敌心脏夺取十余庄子，控制了一条长约 6.7 公里、宽约 1.2 公里的狭长走廊，构成向北、向西、向东南的三面防御，割裂敌整编 69 师与整编 11 师的联系，达成战役上的合围。其时，嶂山镇未攻克，峰山争夺激烈，整编 11 师由宿迁北援，企图接应被我军包围之敌整编 69 师突围，我军处在敌纵深，时时有被敌人封死口子、遭敌围攻的危险。我军浴血苦战，击溃第 11 师北援，扭转危局，与友邻部队一起，全歼了整编 69 师和预 3 旅。

孟良崮战役更是以五个纵队的兵力，从敌人中路兵团中将第 74 师强行分割开来，加以围歼，宛如虎腹掏心。

对敌人的围歼，粟裕有时运用先围后歼，有时运用边围边歼的战法，根据不同的情况灵活处置。孟良崮战役，为迅速将敌整编第 74 师从完整的态势中割裂出来，运用了先围后歼；鲁南战役，则由于敌人相对比较孤立，运用了边围边分割。但他强调，为了一举歼灭敌人，不使其猬集成一团，并破坏其协同动作和互相支援，一般应在战役合围的同时，进行战术分割，以期逐个歼敌。

在战役合围时，强调勇猛穿插，迅速迂回。合围作战发起后，迂回包围部队的机动速度对能否分割敌人、合围预歼目标，具有至关重要的作用。所以，粟裕认为，我军"必须打得、饿得、跑得，能够连续打仗、行军、打仗"。

淮海战役第一阶段，国民党第三绥靖区一部起义后，出现了 30 公里的部署缺口。为利用这一战机合围黄百韬兵团，粟裕要求所部：不怕牺牲，不怕饥饿，不怕伤亡，不怕打乱建制，不为河流所阻，不为小股敌人所吸引，勇猛穿插，大胆迂回，追击与堵击截击相结合，终于先敌占领了曹八集、大许家，割断了徐州与碾庄之敌的联系，奠定了淮海战役第一仗胜利的基础，并对尔后的战役发展产生了巨大的影响。

四、适时转用和连续使用兵力

围绕作战重心适时转用和连续使用兵力，是粟裕集中兵力打歼灭战思想的一大特色。

在敌强我弱、兵力不充裕的情况下，围绕作战重心适时转用和连续使用兵力，这是粟裕发挥现有力量的最大潜力，形成战场局部优势的有效手段。

在战役进行过程中，由于敌我双方的种种原因，常常会出现一些紧急情况，此时，战役指挥员必须沉着坚定，注意造成敌军的不利局面和我军的有利态势，关照好战役的各个方面，根据各部队的特点和战场情况的发展变化，适时调整部署和转换各部队的作战任务，组织好我军各个集团的协同作战，以争取主动，歼灭敌人。

粟裕说："在战役指挥中，组织转移是一个值得深思熟虑的问题，它不仅关系到下一步作战任务的衔接，而且直接影响战役本身的成果。""转移的时机和方向的选择以及转移后的战略布局，则是带有全局性的问题。"（《粟裕战争回忆录》，第 568 页、第 396 页）

粟裕说，在敌我兵力悬殊的情况下，在一次战役中，轮番使用兵力，连续作战，就能收到战斗上以多胜少、战役上以少胜多的效果。他根据我军所特有的不怕困难、不怕疲劳、英勇奋战的特点，在一次战役中，往往重复使用一个部队，一兵多用，进行连续作战，以少胜多。

突然转换主力的作战方向，打乱敌人的全盘计划。莱芜战役前，在华东战场上，敌我双方都把作战重心放在南线。双方统帅部和战区指挥员都对战役作了精心筹划，并且投入了各自的最大兵力。在南线敌重兵密集，我难寻战机，而北线敌孤军深入，威胁我后方的情况下，我军突然改变原定计划，置南线之敌于不顾，主力兼程北上，一举抓住并歼灭了北线之敌。

粟裕在运筹战区作战时，往往同时计划几个相互联系的战役，作出一至数月的安排部署，以便连续使用作战力量。他善于在两个战役或两个作战方向之间，适时转用兵力，以掌握主动。在他看来，及时转用兵力和连续作战，不仅可以及时捕捉到有利战机，扩大战果，而且往往能够达到出敌不意。

指挥苏中战役时，由于粟裕手头兵力不多，更没有预备队，只能从战场上及时转用兵力。

1946 年 7 月苏中战役第一仗，当宣泰作战还在进行的时候，粟裕就严密注视着各路敌人的动向，筹划下一步作战方案。

7 月 15 日，敌李默庵得知华中野战军主力仍在泰兴、宣家堡地区，立即调整作战部署，命令位于江南的整编第 65 师火速北渡，会同靖江的第 99 旅，增援泰兴，进攻黄桥；又令整编第 49 师昼夜疾进，乘虚攻占黄桥，截断华中野战军东去之路；命令整编第 83 师由泰州东进，企图三路夹击华中野战军主力于如皋、黄桥之间。

李默庵的作战部署很快就被华中野战军侦察得知。粟裕当即决定转兵东进，长途奔袭，歼灭正在运动中的第 49 师。同时布置疑兵，要第 6 师留下部分兵力继续围歼泰兴城内残敌，造成华中野战军主力仍在宣泰地区的假象，诱使东面敌人放心大胆地向如皋进犯。

华中野战军 1、6 两师和 7 纵主力，发扬"打得、跑得、饿得"和连续作战的作风，经过两昼夜激战以后，又急行军一百几十里，在沿途人民群众的热情支援和掩护下，隐蔽和及时地到达预定作战地域如皋东南地区，并于 7 月 18 日发起战斗。

　　海安战斗后，粟裕又指挥部队连续进行了如南战斗和李堡战斗，特别是如南战斗，我军从西向东机动一百余里寻歼敌人，完全出敌意外，结果都取得了胜利。七战如黄路时，粟裕及时将第 1 师的第 1 旅由加力方向西调，转用分界，配合第 6 师等部，以 10 个团的兵力，迅速围歼了敌两个团。随即又将第 6 师和第 1 旅东调，会同第 3 旅、第 5 旅，以 15 个团的兵力，围歼加力、谢家甸之敌三个团，打了一个干净利落的歼灭战。

　　华野西兵团转到外线作战进入鲁西南后，敌人对我军围追堵截，我军被迫打掩护战、撤退战、遭遇战，一度陷入被动。粟裕抓住了走和打相互关联的这一对矛盾，认为要扭转被动，关键是要打好一仗。于是，以第 1、3 纵队诱敌北犯，纵敌骄狂失慎，分兵轻进，造成了新的战机。趁势发起沙土集战役，集中八个师的兵力，攻歼整编第 57 师，形成了四倍于敌的优势，歼敌万余。战役后，我军人员、武器、弹药等都得到了补充。敌一路被歼，其他各路就不敢那样轻进了，华野夺回了鲁西南战场上的主动权。

　　豫东战役我军攻克开封后，部队已连续行军作战一个多月，相当疲劳，且有的部队已伤亡近万人。究竟是稍事休整，还是连续作战？粟裕毅然决定抓住有利战机，连续作战，再歼援敌。

　　在歼灭区寿年兵团后，我军准备组织部队胜利撤出战斗，转入休整。这时，敌三个兵团继续向我进攻，特别是黄百韬兵团对我军从战场东部撤出威胁较大，粟裕决定继续战斗，给黄兵团以歼灭性打击。

　　华野部队因连续作战，伤亡消耗逐渐增大，加之战区久旱无雨，井河干涸，又值炎热的夏季，部队饮水奇缺，将士们吃不下饭，昼夜苦战，体力渐弱。但广大指战员咬紧牙关，坚持下去，投入新的战斗，又歼灭敌五个团。

　　在黄桥战役中，粟裕的一兵多用、连续作战、以少胜多的战法，获得了惊人的成就。在苏中战役中，他进一步发挥了这种战法的威力。

　　粟裕不仅善于组织部队连续作战，而且善于指挥部队不失时机地迅猛追歼残敌，扩大胜利成果，彻底打垮敌人。

　　天目山战役中，第一次战役从 1945 年 2 月 14 日至 18 日，持续了五天，其中就有两天是追击作战。第二次战役，虽延续了 21 天，但主要战斗发生在前三天。随后，我军便兵分三路，勇猛追击敌人。第三次战役，部队在 6 月 21 日午后刚刚结束围歼敌左兵团两个团的战斗，未及休息甚至来不及打扫战场，掩埋好牺牲的战友，就立即东向急进，围歼敌庞大的右兵团。

22 日晨，粟裕组织三个纵队完成对右兵团的分割包围。此时，部队虽已多次断炊，有的已两天未吃饭，但指战员咬紧牙关，忍饥耐渴，发扬连续作战和英勇顽强的战斗作风，经一天两夜恶战，至 23 日夜，终将顽军第 79 师和两个突击大队大部歼灭，残顽夺路南逃，我军又追至南湖。彻底打败了顽军气势汹汹的第三次进攻。

适时组织实施部队的转移和休整，是粟裕灵活转用兵力和连续使用兵力的一项重要内容。

粟裕认为，作为战役指挥员，要十分重视抓紧和利用休整时间，在一定意义上说，要像对待创造和捕捉战机那样，重视部队休整，这是部队得以连续胜利作战的重要保证。在具体做法上，他一贯坚持作战与休整统筹考虑，充分利用作战间隙进行战场休整。

在粟裕看来，战役间隙的休整，不只是一般的休息，而是包含着为了以利再战的很繁重且又很复杂的工作内容。况且，面对敌人的大举进攻，战役之间的空隙，通常是很短暂的，因此必须十分重视和抓紧休整时机。

粟裕还经常根据任务和战场情况，预计战区力量可能的伤亡、损耗和需要补充的数量，抓住主要环节进行各方面的充分准备，随战随补。淮海战役开始时，华东野战军兵力 36 万余人，战役中伤亡 10.5 万人，为了保证部队有持续的作战能力，粟裕抓住战役空隙，及时补充地方部队和解放战士，到战役结束时，华野兵力达到 55 万余人，为尔后连续作战打下了良好的兵员基础。

通过成功的转移行动实现部队的休整，是粟裕转用和连续使用兵力思想的又一特点。他认为，在作战指挥中，组织转移是一个值得深思熟虑的问题，它不仅关系到与下一步作战任务的衔接，而且直接影响战役本身的成果。战役打得好，如果转移不当，也会转胜为败；反之，战役进行得不顺利，但转移组织得当，就可以减少损失，改变不利态势。

成功组织部队转移的主要方法包括：充分利用良好的群众条件，隐蔽我军行动，这在组织长距离转移时尤其重要；挟战役胜利的余威，乘敌惊恐不安、各处败缩之际，迅速脱离战场；在援敌多跟紧逼的情况下，先声夺人，给对我威胁最大之敌以歼灭性打击，震慑敌人，乘势转移。

我军实施开封战役的目的，除攻占城市全歼守敌外，更重要的是引诱敌人来援，以便在运动中各个歼灭敌人。现在敌军分两路向开封扑来，正好中了粟裕的"动敌"之计。但部队已连续行军作战一个月，第3和第8纵队在开封战役及在这之前的宛东战役中，已伤亡近万人。其他各纵队虽然伤亡不大，也相当疲劳。究竟是连续作战，还是稍事休整，必须迅速地作出决断。

鉴于这次战役关系全局，粟裕决心不怕疲劳，不怕牺牲，抓住有利战机连续作战，再歼援敌。于是，在攻占开封后的第三天，便毅然决定主动放弃该城。敌人既然想要开封，便将计就计，把开封暂时回让给它。这样既能使敌人背上包袱，分散兵力，又能使我军集中力量寻歼援敌于运动之中。

豫东战役后，部队经过连续作战，减员较大，十分疲劳，而四周还布有敌人的重兵。在这种情况下，如何组织部队胜利撤出战斗，转入休整，成为一个直接影响战役成果的问题。

为此，粟裕对当面敌情和组织部队转移的问题，作了深入的分析研究：被包围的敌整编第72师战斗力不强，且已构筑较坚固的工事转入防御，我只用少数部队予以监视，该敌就不敢出动，对我军转移影响不大。而在向我进攻的敌黄百韬、邱清泉和胡琏兵团中，黄兵团增援积极，对我军从战场东部撤出威胁较大，如不对该敌以有力打击，我军携带大批伤员，将难以顺利撤出战斗；即便撤出，各路敌人也会尾追而来，使我军陷于被动。

粟裕认为，我军攻克开封，又在睢杞地区歼灭大量援敌，基本上达到了预期的战役目的。部队经过连续作战，减员较大，十分疲劳，急需转入休整。为使我军顺利地撤出战斗，他决定采取先声夺人的战法，给运动中的黄百韬兵团以歼灭性打击，同时迅速歼灭区寿年兵团残部。这一仗，不仅把黄百韬兵团打得焦头烂额，而且使邱清泉不寒而栗，起了一箭双雕的作用。在华野与蒋军脱离接触时，黄百韬惊魂未定，一动也不敢动。邱清泉、孙元良两兵团遭到还击后，也未敢再进。华野部队在多路援敌进逼下，一下子跳了出来，进入鲁西南预定地区休整。等到蒋军查明华野部队集结位置，华野部队已经休整一周了。打了硬仗、恶仗、胜仗之后，顺利地撤离战场，是全战役中一个十分重要的环节。粟裕果断巧妙的指挥使这个环节为全战役画上了一个圆满的句号。

与此同时，粟裕又指挥在津浦线上配合作战的许世友、谭震林兵团，利用黄百韬兵团回援豫东战场之机，举行了兖州战役，一举攻克兖州，共歼敌6.3万多人，为华野下一步集中兵力举行济南战役创造了有利条件。

有的人不理解：为什么打了胜仗，还要主动撤离战场？粟裕解释说：在战役指挥中，组织转移是一个值得深思熟虑的问题，它不仅关系到与下一步作战任务的衔接，而且直接影响战役本身的成果。战役打得好，如果转移不当，也会转胜为败；反之，战役进行得不顺利，但转移得当，就可以减少损失，改变不利态势。豫东之战歼敌近10万，我军也有一定数量的伤亡。部队恶战近月，十分疲劳，需要休整。打了胜仗以后，主动撤出战场，这是胜利转移，而不是被动转移。胜利转移，是下一个大胜仗的基础。

粟裕非常重视连续作战。连续作战不仅可以及时捕捉有利战机，扩大战果，而且往往能够达到出敌意外。

苏中战役中的攻黄（桥）救邵（伯）战斗，我军在如黄路与敌进行预期遭遇战，将敌分别包围于分界和加力。由于敌实有兵力远比我原先侦察的要多，经一夜激战，均未解决战斗。此时，敌军在西面邵伯、乔墅一线已突破我乔墅阵地，如我军主力在如黄路拖延时日，而邵伯被敌攻占，则战局将变得不利于我军。

在这种紧急情况下，粟裕立即调整部署，将围攻加力的我军一部转用于分界，集中5：1的绝对优势兵力，将较弱的分界敌军先行歼灭，然后再集中兵力攻歼加力之敌。结果两部敌人均被迅速歼灭，邵伯之围得解，我军并乘胜攻克黄桥。

鲁南战役第二阶段，我军攻打枣庄，进展缓慢，而敌欧震集团三个整编师已推进到新安镇两侧，其中两个师距枣庄仅三四十华里。如不能迅速攻克枣庄，将造成我军两面作战两头皆失。粟裕当机立断，从攻占峄县的部队和阻援的部队中各抽调一部兵力参加攻打枣庄。结果仅用 20 个小时就顺利攻克枣庄，使我军掌握了主动权。

豫东战役第二阶段，多路援敌进逼，战场情况十分紧迫、复杂。我军首先采取行动调动和分离敌人，使敌邱清泉兵团和区寿年兵团拉开距离，我军两集团则乘机靠拢，迅速楔入邱、区两兵团之间，将其隔开，阻击一路，围歼一路，使敌再次陷于被动挨打的境地。同时，把在战役第一阶段只打了一些阻击战的阻援集团改为围歼区兵团的突击兵团，把因攻占开封减员较大的第 3、第 8 纵队及另两个纵队组成阻援集团，用以阻击邱兵团。

在歼击区兵团的战斗正在激烈进行时，敌邱兵团和新组成的黄伯韬兵团，从西、东两个方向一齐压来，进至距我仅十公里处，情况十分危急。粟裕经过分析，认为仍然具备歼灭区兵团的条件，乃当机立断，坚持原定战役决心，立即调整部署，增强阻击力量，加速攻歼被围之敌，同时组织好突击和阻援两个集团的协力作战，终于阻住了援敌，歼灭了区兵团。这样根据情况变化和作战需要，及时调整部署和转用兵力，充分发挥各部队的长处，照顾各部队的实际情况，对于战役指挥是非常重要的。

苏中战役的宣泰战斗和海安战斗以后，敌人都未料到我军会连续发起进攻，我军却乘机举行如南战斗和李堡战斗，特别是如南战斗，我军从西向东机动一百几十里寻歼敌人，更是出敌意外，结果都取得了胜利。豫东战役我攻克开封以后，部队已连续行军作战一个月，相当疲劳，特别是第 3 和第 8 纵队在开封战役及这之前的宛东战役中伤亡近万人。在这种情况下，究竟是稍事休整，还是连续作战？粟裕毅然决定，抓住有利战机连续作战，再歼援敌。而蒋介石的国防部却误认为我军经过开封战役已被打伤，"似无积极意图"，

"必向津浦路前进"，而令邱清泉、区寿年兵团全力追堵我军，给我军造成围歼区兵团的战机。

在歼灭区兵团以后，我军准备组织部队胜利撤出战斗，转入休整。此时，敌邱清泉和黄伯韬兵团继续从东、西两面向我进攻，胡琏兵团正由南向北攻击前进，特别是黄兵团对我军从战场东部撤出威胁较大，粟裕决心继续战斗，给黄兵团以歼灭性打击，为我军顺利撤出战斗和进行休整创造条件。

在淮海战役第二阶段，粟裕度过了他战役指挥上最紧张的时刻。华野一肩三副重担。作为华野代司令员兼代政委，粟裕深知肩上责任重大，不敢稍有松懈。战场情况复杂多变，上下左右对战局的估计和处置不同，要求他独立地作出判断，设计应付各种情况的对策，频繁调整部署，及时转用兵力。

特别是黄维兵团已被围住，杜聿明集团未被围死的时候，中央军委指令华野立即歼击李延年兵团，这使他感到极度紧张。他担心打上了李延年，而围歼黄维的战斗不能迅速结束，北线七个纵队又难以完成围歼杜聿明的任务。当时主攻战场与阻援战场相距只有五六十公里。如果让杜聿明与黄维打通联系，将给全局带来难以预料的后果，势必影响把蒋军主力歼灭在长江以北的战略意图的实现。

为此，粟裕日夜守候在指挥所里，密切注视战局的发展，设想临机处置的方案，度过了极度紧张的七天七夜。后来，李延年行动不积极，我军一动，他就后缩，没有打上。粟裕说："幸亏没有打上，当杜聿明突围时我们才得以从南线抽调三个纵队，与北线的七个纵队，加上刚刚南下的渤海纵队，共十一个纵队，一起参加兜围。在使用兵力上已经达到极限了。"

从以上战例可以看出，连续作战固然有利，但并不容易做到。它首先需要战役指挥员有坚定的决心和高超的指挥艺术，更需要部队有高度的政治觉悟，不怕疲劳，不怕伤亡，能以惊人的毅力克服和忍受各种困难，这当然不是一朝一夕所能造就的，要靠长期的培养和锻炼才能养成。

第八章
精勤慎重，指挥若定

同样的部队，同样的条件，对同样的敌人作战，能否取得胜利，指挥员的分析判断和决心起主导作用。如果指挥得当，就可以变被动为主动，取得胜利；反之，如果指挥失当，那就不能恢复主动地位，接下去可能是失败。

——粟裕

一、先胜后战，谋定而动

战争是"力量"的较量，这种"力量"是通过一定的数量（兵力、武器装备等）和一定的空间形式（组合、部署等）来体现的。例如，一支拥有1000名士兵、10门火炮的军队，其1000名士兵作为一个整体，10门火炮集中使用，是一种效果；1000名士兵和10门火炮分散在不同的10个地区使用，又是一种效果。

因此，战争的决策者一定要在战作周密的谋划，对战争中可能出现的种种情况作出不同的估计和安排，也就是说，要打有准备之仗。

但是，一个高明的统帅，并非都是在有百分之百把握的情况下才去决策的，如果都是有百分之百的把握，那么统帅的"高明"也就无从体现了。

"运筹"是从"算筹"演变而来的。我国古代早就有"算筹"的记载，它是一种用直径一分、长度六寸的竹棍制作的计算工具。把这种数学上的运筹术引向军事领域，是与战争在时间上、空间上呈现出明显的阶段性和战争过程的复杂化紧密联系的。孙子所说的"庙算"，即开战以前在庙堂计算出胜负条件的多寡，是关于战争决策方面的分析；孙子在《形篇》第四中又从战场内部的规律着眼，进行了类似于现代所谓战役容量等方面的分析。

古人认为："六十算以上为多算，六十算以下为少算。"因此，只要有百分之六十以上的把握，就要敢于去决策、去行动，条件不充分，努力创造条件去赢得胜利，这才是高明的统帅。粟裕总结自己的经验说："作为战区指挥员，应不断地研究、分析敌我力量的对比变化，发挥主观能动作用，敢于适时地把战局推向新水平，而不能坐待条件完全成熟。从孟良崮战役到豫东战役，再到淮海战役，都使我体会到这一点。"

"用兵之法，先谋为本"，善用兵者必会胜计。古人云："用兵之道，以计为首"，力求以计谋胜敌。"以巧成事"，是我国军事思想最优秀的传统之一。在众多的计谋中，孙子突出强调在战前进行周密的运筹，作出正确的战略决策和作战部署，做到未战先算，谋定举兵。通过周密的算战和运筹，先在决策上胜敌一筹，这样才能在作战中取胜。

粟裕在指挥战役战斗时，一方面，表现为勇敢、果断、坚决，藐视敌人，积极求战，不放松任何一个歼敌的有利战机；另一方面，又表现为沉着、慎重、缜密，重视敌人，精心计划，精心准备，精心组织，精心指挥，力求每一仗都有取胜把握，都过细地部署，避免率尔应战，打无把握之仗。

战争之所以是国家的大事，就在于它既是军队生死搏斗的手段，也是国家存亡攸关的途径。粟裕正是从这种高度来考察战略运筹问题的。粟裕在战略全局中眼光独具，先知先觉，及早布置，有备而打。他不打无准备、无把握之仗，慎重选择战场。

著名的孟良崮战役，面对敌人"加强纵深、密集靠拢、稳扎稳打、逐步推进"的战法，粟裕指挥部队采用欲擒故纵的办法，调动、迷惑敌人，但却始终使主力处于便于机动集结的位置上。挺进鲁南，就为尔后围歼敌整编第74师布下了一招好棋。

当敌人全线展开攻击，整编第74师进展略形突出时，陈毅、粟裕当机立断，来个虎口拔牙，打掉蒋介石这张王牌。决心下定之后，粟裕精心运筹，根据敌我双方各部队战斗力的情况，确定了主攻部队、穿插部队、阻击部队和牵制部队，制订了一个完整严密、万无一失的作战计划。

粟裕军事决策上的一个重要特点是：决策前深思熟虑，寻求最佳方案。

淮海战役的战略决策中，粟裕频出奇谋，连献三策，对于中央军委作出举行淮海战役并发展为南线决战的决策，对于顺利解决淮海战场的指挥问题，作出了独特的贡献。

淮海战役发起以后，粟裕观察分析全国战略态势，认为南线战略决战的条件已经成熟。那时，辽沈战役已于11月2日结束，国共双方力量对比发生了根本变化，人民解放军在数量上也取得了优势。粟裕说："现在东北全境已经解放，解放战争到了一个新的转折点。要从这个角度来考虑仗怎么打，怎样能更快地给蒋介石以决定性的打击。"

1948年11月8日，粟裕在给中央军委的电报中，分析全国战略态势，估计蒋介石可能采取两种方针："第一，以现在江北之部队，再加上由葫芦岛撤退之部队，继续在江北与我周旋，以争取时间，加强其沿江及江南及华南防御。第二，立即放弃徐、蚌、信阳、两淮等地，将江北部队撤守沿江，迅速巩固江防，防我南渡，并争取时间整理其部队，以图与我分江而治，俟机反攻。"

他认为，如果解放区对战争还能作较大支持，则以迫使敌人采取第一种方针更为有利。因此建议："我们在此次战役于歼灭黄（百韬）兵团之后，不必以主力向两淮进攻（新海敌主力已西撤），而以主力转向徐（州）固（镇）线进击，抑留敌人于徐州及其周围，尔后分别削弱与逐渐消灭之（或歼孙兵团，或歼黄维兵团）。同时以主力一部进入淮南，截断浦蚌铁道，错乱敌人部署与孤立徐、蚌各点敌人。为此，在战役第一阶段之同时，应即以一部破坏徐蚌铁路，以阻延敌人南撤。"

这就是著名的"齐辰电"。

第二天，粟裕又向中央军委报告，"刘峙有以徐州为中心与我决战模样"，正在调整部署，"实为歼敌之良机"。

中共中央军委采纳粟裕的建议，毅然作出将淮海战役发展为南线战略决战的决策。毛泽东为中共中央军委起草的复电指示："齐辰电悉。应极力争取在徐州附近歼灭敌人主力，勿使南窜。华东、华北、中原三方面应用全力保证我军的供应。"

后来的实践证明，这是一个能动地驾驭战局、力争主动、迫敌就范的战略方针。

粟裕认为：大兵团作战，是各种力量的比赛，等于一架机器一样，要全部开动，一个螺丝钉也不能有丝毫障碍，才能顺利地生产出好东西来。整个作战计划也像做一道算术题那样，一个数字错了，全盘都会错。

因此，他一贯谨慎从事，在深入调查研究的基础上，深思熟虑，多方筹划，预立多案，力求做到先胜而后战。

粟裕在定下每一次战役决心之前，都要经过调查，详细掌握敌我双方各方面的情况，进行全面的分析研究。敌人的态势和具体部署、企图、兵力，各个部队的士气、装备、战斗力、作战经历、派系、彼此之间的关系、指挥官的性格和特点、工事的坚固程度；我方的战略意图、兵力，各个部队的士气、装备、作战经历、作战特点及其位置、后勤保障状况；战区的地形、交通、天气、经济条件和民情等，他都一一筹算，设想各种打法，进行利弊条件对比，然后据以判定在什么地方打，打哪一部分敌人，先打谁，后打谁，能最好地贯彻中央军委的战略意图，最有利于战役全局，最能出敌意外，最有把握取胜，最能为尔后的作战创造有利条件。

二、积极而慎重用兵

慎重用兵，把胜利建立在稳妥可靠的基础之上，这是粟裕在作战指挥上的一个突出特点。

苏中战役如南作战接近尾声的时候，粟裕又开始筹谋下一步的作战行动。

这时，国民党军第二梯队开始渡江北进，东西两路向如皋集中靠拢。华中野战军部队经过十几天连续作战，已经相当疲劳，继续与敌人纠缠下去不利，作战过程中暴露出来的与大兵团作战不相适应的问题也急需加以解决。

7月21日，粟裕发出向中共中央、新四军军部、华中分局的请示电，建议乘胜收兵，休整待机，准备再战。电报说："我们为保卫与巩固已得胜利和争取部队休息，争取主动，暴露敌人弱点，制造敌人错误，拟即乘胜收兵，将主力1、6两师撤到海安东北地区休整，并以海安为防御中心（已筑有较强工事），南面尽可能控制如皋，西面尽可能控制曲塘，使敌人不能合击海安，使部队能争取休息，并以大力加强敌后游击战争，并争取时间解决土地问题，以便更有效巩固解放区。"（《苏中七战七捷》，江苏人民出版社，1986年9月，第1版，第124—125页）

毛泽东为中央军委起草复电："同意粟电乘胜收兵，休整两星期后再战。"

宣泰、如南两仗，使蒋介石和他的参谋总长陈诚大为震惊。陈诚急忙到南通召开党政军联席会议，下令第二梯队六个旅十余万人渡江北进，集中兵力向海安进攻。

海安，东临黄海，西通扬（州）泰（州），南达长江，北接盐（城）阜（宁），贯穿南北、沟通东西的三路两河（通榆公路，通扬公路，海安至黄海公路，串场河，运粮河在此处交会），历来为兵家必争的咽喉要地、"南北跳板"。

国民党军此次进攻苏北，也把攻占海安作为第一步作战的重要目标，企图构成西至扬泰、东达海边的封锁线，以巩固苏中南部占领区，打通苏中通向淮北的门户。然后，实现其第二步作战计划，与徐州南下部队会攻两淮，实现其"解决苏北"的战略目标。他们认为，海安战略地位重要，华中野战军势在必争。因此，依恃其优势兵力，采取分进合击的战法，企图一举攻占海安，歼灭华中野战军主力。为了防止被各个击破，采取锥形攻势，正面不足30华里，纵深10余华里，各旅靠拢前进。

强敌迎面压来，粟裕沉着应战。要不要固守海安，是他反复思考的中心问题。

粟裕分析敌我态势，权衡利弊得失，认为在适当时机撤出海安是必要的。因为当时还处在战争初期，中共中央早已明确指示，一切作长期打算，以歼灭敌人有生力量为主要目标，要求我们不要轻易放弃战略要地，更要求我们保存有生力量，掌握战争的主动权。如果固守海安，那就正中敌人毒计。因为敌人集中六个旅的优势兵力向海安进攻，并且有强大的第二梯队作为后援，我军即使能够暂时守住海安，也要付出很大代价，消耗有生力量，最后仍然要被动地撤出来。如果我们先以小部队实行运动防御作战，歼灭敌人的有生力量，同时掩护主力部队休整待机，然后主动撤出海安，不仅可以使敌人背上包袱，分散兵力，便于我军各个击破，而且可以造成敌人的错觉，以为我军被迫撤退而骄傲麻痹起来，从而造成有利于我的战机，夺取战争的主动权。

根据这样的分析判断，粟裕提出了初步的作战方案：第1、第6师集结于海安东北地区休整待机，7纵在海安外围打运动防御战。

这个方案一提出来，许多同志想不通，认为撤出海安可惜。他们说："党中央不是要求我们不要轻易放弃要地吗？打了两个胜仗还要放弃海安，前两仗岂不是白打了？"有的同志说："敌人没有什么了不起，我军已经打了两个胜仗，为什么不敢在海安同敌人决战？"

粟裕感觉到，战争的胜负决定于有生力量的消长而不在于一城一地的得失，这个重要思想还没有为大多数干部所掌握。要重视他们的意见，做深入细致的思想工作，把领导的意图变成广大干部的自觉行动。

粟裕还想到，主动撤出海安，这是关系华中全局的重大决策，必须采取慎重态度。他虽然自信自己的决策是正确的，但是不敢独自作出决定。当时华中分局和华中军区的其他领导同志都在淮安，只有粟裕一人在300里外的海安前线。强敌压境，时间紧迫。粟裕决定立即返回淮安，请华中分局和华中军区领导同志集体讨论决定。

7月28日下午4时，粟裕带上一名警卫员，开始了一日一夜300余里的急行军。

当时，粟裕的夫人楚青在淮安华中分局工作，身边还有一个大病初愈的孩子。粟裕路过家门，只进去喝了一点水，就匆匆赶到华中分局和华中军区驻地，提议召开华中分局常委会议。

华中分局常委会议，在淮安城东南角巽关水门洞里举行，到会的有张鼎丞、邓子恢、粟裕、谭震林、曾山诸同志。

会议对粟裕提出的主动撤出海安、在运动中歼敌的作战方案进行了慎重的讨论，决定在海安实施运动防御，尔后主动撤离，创造新的战机。会议认为，对于同志们的疑虑，除进行必要的思想工作以外，主要靠打胜仗的实践来解决。

华中分局把会议的决定上报中共中央、华东局和新四军军部，很快就被批准实施。

毛泽东为中央军委起草的致张鼎丞、邓子恢、粟裕的电报指出："在我军主力未获充分补充休息消除疲劳以前，及敌未进至有利于我之地形条件以前，宁可丧失一些地方，不可举行勉强的无把握的作战。此次粟部歼敌，打得很好，今后作战亦不要过于性急，总以打胜仗为原则。敌以十万大军向我进攻，我损失若干地方是不可免的。你们应有对付恶劣环境之精神与组织准备。"（《毛泽东军事文集》第三卷，军事科学出版社，中央文献出版社，1993 年 12 月，第 1 版，第 369 页）

华中分局常委会议结束后第二天，8 月 1 日上午，粟裕就返回海安前线。

作为战区指挥员，为了一次战役的决策，日夜兼程跋涉 300 余里，去请求华中分局集体讨论决定，这种事例在古今中外战史上是罕见的。它表现了粟裕对重大战役决策的特别慎重。

1946 年 7 月至 8 月的苏中战役是初战，它在解放战争初期起着战略侦察的任务，因而实际上具有解放战争战略初战的性质。粟裕遵照中央军委"先打几个胜仗，看出敌人弱点"的指示，在作战指挥中慎之又慎，反复权衡，分析敌人的行动规律，找出我军行动的最佳方案，力求打一仗胜一仗。

粟裕后来回忆说：苏中战役的七次战斗，并不是事先规划好的，但每次都是根据先在内线打几个胜仗的战役指导思想，着眼于战争初期的作战要求，从当面的实际情况出发，灵活用兵，哪里好消灭敌人就在哪里打仗，什么时候好消灭敌人就在什么时候打仗，什么敌人好消灭就打什么敌人。

同时，经过慎重分析思考，粟裕选择与我军在敌强我弱形势下通常实行的诱敌深入的传统战法相悖的根据地前部地区作为初战的作战地域，同时出敌不意地选择敌人进攻的出发地作为首战的打击目标，为苏中战役的七战七捷奠定了基础。

慎重用兵，包括慎重地发起战役和慎重初战。

慎重初战，是毛泽东军事思想的一个理论观点。粟裕在指挥千军万马与敌对决中，不但从思想上深刻领悟毛泽东"慎重初战"的思想，而且在实践上丰富了这一思想。他深有体会地说："慎重初战，这对战役指挥员来说是一条具有丰富内容的原则。从下定战役决心到组织战役实施的全过程，甚至在某些指挥细节上，都必须贯彻慎重的原则，以确保关键性战役的胜利。慎重初战和初战必胜，可以说实质上是一回事。"（《粟裕战争回忆录》，第 430 页）

不仅如此，粟裕还认为，战争是不断发展的，每个战争阶段、每一次作战都有新的特点和新的情况，慎重原则不仅适用于初战，而且适用于新的作战阶段，适用于对付新的敌人、组织新的部队在新的地区作战。正如他自己所揭示的，"从定下战役决心到组织战役实施的全过程，甚至在某些指挥细节上，都必须贯彻慎重的原则"。

在整个革命战争时期，粟裕一直处在军事斗争第一线。战场上血与火的洗礼，使他认识到，两军对阵，不仅是兵力、火力、士气的较量，也是双方指挥员指挥艺术的较量。指挥上的稍稍疏忽，一时莽撞，都会造成作战上的"为山九仞，功亏一篑"。指挥员切不可因为自己指挥上的失误，造成士兵的无谓牺牲。

粟裕所指挥的初战，包括两个层次：一是战略上的初战，其表现是初战的战役，如苏中战役、宿北战役等。二是战役上的初战，其表现则是战役上初战的战斗或初始战役阶段。

粟裕指挥作战，不但重视打好战役第一仗，而且重视打好具有初战性质的每个战役。他把第一次与之交手的敌人、第一次指挥的部队，以及作战阶段转换之后凡是客观条件起了质的变化的战役，都作为一种初战而慎重对待，精心谋划，慎重决策，务求必胜。

粟裕要求各级做到不草率行事，不主观蛮干，不侥幸取胜，全面地掌握敌情我情，不断分析战场形势，在此基础上，发挥主观能动作用，力争在周密计划、慎重准备后，把初战必胜放在坚实的基础之上。

慎重初战，要一举打开战局，稳操战役主动权，顺利推进战役进程。粟裕的慎重初战是积极的、主动的，是基于全战役过程乃至未来作战的全盘考虑的。

初战是局部性的，但有的初战对整个战役的胜利具有决定性意义，对战争全局也有重大影响。宿北战役是华中、山东两个野战军会合后打的第一仗，苏中战役是解放战争初期华北战场的第一次战役。因此，从中央到战区领导人都密切注视着，从制定战役方针、作战指导思想到作战地区、打击目标和反击时机，都十分慎重。

济南战役，是战略决战阶段的序战，攻济能否成功，与战略决战关系很大，必须谨慎从事，以最坏的情况作根本的出发点。粟裕对"攻济打援"的方针、目的与手段、兵力部署以及可能出现的各种情况和结果，都进行了反复研究，并做了充分的准备。

宿北战役和鲁南战役，是另一种意义上的初战，即华中、山东两个战区合起打的初战。粟裕说过，宿北战役和鲁南战役指挥的特点，都是慎重，而就我个人的心情来说，宿北战役时更为紧张一些。

宿北战役，是山东、华中两支野战军合并后联合作战的第一仗，因而粟裕协助陈毅指挥此战，深感责任重大。

就敌军来说，国民党军已对我军形成半包围的态势，我处于敌四个方向的进攻之中。这一仗是我军摆脱被动夺取战场主动权的关键一仗，只能打胜，不能打败。

就华东野战军来说，由于前一段战事进展不算顺利，部分同志产生了一些埋怨和怀疑情绪，虽然作了许多工作，思想认识有所提高，但是真正解决问题还是要靠打胜仗。

但是，从战役指挥来说，粟裕认为自己对情况却比较生疏。这次直接参战的部队基本上都是山东野战军。对叶飞指挥的第1纵队，在抗日战争时期，粟裕是了解的，但日本投降后他们北上山东，已一年多了。对其他部队就更不了解。同时，两个野战军合并后，指挥机关尚未统一，自己只身前来，对在司令部工作的同志也是生疏的。另外，他对淮海地区的民情、地形诸情况也远不如对苏中地区熟悉。至于作战对象，许多部队都是新交手，这些都使他感到心中无底。

有鉴于此，他在战役指挥中极为慎重，无论是定下战役决心，还是组织实施战役，都经过反复考虑，反复权衡。仅宿北战役决心，就经过四次协商。他在认真研究陈毅提出的五个作战方案的基础上，选定先打宿迁、沭阳一路之敌。尔后，又制订了两个作战方案。

当敌整编第 69 师全部及整编第 11 师主力呈冒进态势时，他及时调整作战部署，进一步明确各部队的任务，指挥部队秘密接敌，突然攻击，乘敌第 69 师在运动中和立足未稳之际予以歼灭。

有人问粟裕："作为战役指挥员，你认为在鲁南战役的指挥上，最特殊之处是什么？"

粟裕答道："是慎重。"

为什么这么说呢？粟裕解释说，一是敌人阵势摆得很长，成掎角之势，易于相互策应，我军处于几路敌人紧逼之中；二是作战对象生疏，不仅有美械装备的蒋介石嫡系主力部队，还有多兵种组成的快速纵队，过去未曾打过；三是山东、华中两个野战军会合作战，与半数参战部队初次接触，互不熟悉，不大摸底。

因此，粟裕在这次战役指挥中，更加兢兢业业，格外慎重。定下战役决心，经过了一个反复慎重考虑和酝酿的过程。

当全歼敌整编第 26 师及第 1 快速纵队，战役第一阶段结束以后，敌情发生变化，冯治安的整编第 33 军退缩到运河以南，寻歼整编第 33 军的战机已失。粟裕当即向陈毅提出战役第二阶段同时攻取峄县、枣庄的建议。

为了及时、准确地掌握战场情况和便于指挥部队作战，粟裕率部分人员组成的轻便指挥所来到峄县、枣庄前线指挥作战。峄县战役一结束，他就进城自学研究攻城爆破技术，并组织推广第 8 师攻坚、爆破经验，从而为打下枣庄城创造了重要条件。

在孟良崮战役中，粟裕作出歼灭敌第 74 师的决策，也是十分慎重的。

1947 年 5 月 11 日晚上，华野技术侦察部门截获汤恩伯限整编第 74 师于 5 月 12 日攻占坦埠的电令。

粟裕得知这个关系全局的重要情报，沉思大约半个小时。虽然他早就把整编第 74 师作为预定歼击对象，为此反复构思作战方案，但是此时作出歼灭整编第 74 师的决策，还是采取了十分慎重的态度。

他要情报处核查情报的准确性，并进一步搜集有关情报。根据从各个渠道得到的情报，查明了汤恩伯兵团的作战部署：以整编第 74 师为中心，整编第 25 师、整编第 83 师为左右翼；又以整编第 65 师保障整编第 25 师翼侧，第 7 军和整编第 48 师保障整编第 83 师翼侧，限于 12 日（后改为 14 日）攻占坦埠。同时查明，王敬久兵团之第 5 军、欧震兵团之整编第 11 师等部已由莱芜、新泰出动向东进犯。整编第 74 师与左右两翼国民党军相距只有一至二日行程。

在查明敌情，并对敌我双方的作战态势进行深思熟虑的分析后，粟裕这才定下歼敌决心。

在粟裕指挥下，华野主力在兖州、邹县地区严阵以待，准备打援。邱清泉等得知华野主力集结的消息，深知北上凶多吉少，有意拖延，济南战役结束时，邱清泉兵团才到达城武、曹县一带，未与解放军接触即迅速后撤。

济南战役中，有人认为粟裕把敌情估计得过于严重，预定的阻援计划实际上没有实施，济南就解放了。粟裕认为：虽然，在豫东战役中，我军一度攻克当时河南省会开封，但是，济南守城的兵力和构筑的工事，都比开封为强，打这样坚固设防的省会，我们还是第一次。毛泽东以攻打临汾费去 72 天的事实，告诫我们谨慎从事，这是正确的、必要的。尤其是战略决战即将到来的关键时刻，攻济能否成功，与战略决战关系很大。

从一定意义上来说，这次战役是战略决战阶段的序幕，必须谨慎从事。在以往攻城失败战例中，有些是正当守敌已经精疲力竭，再经受不住最后一击之际，可是各路援敌已蜂拥而至，我军背后受敌，以致只得被迫撤围，这种"为山九仞，功亏一篑"的事情，决不允许在战略决战即将到来的时刻重演。必须谨慎从事，以最坏情况作根本的出发点。徐州地区的敌人正是慑于我军打援集团兵力强大，才不敢贸然进犯。敌人增援部队不敢前来，正说明军委、毛泽东攻济打援方针的正确。

粟裕指挥解放舟山群岛之战，一个重要特点也是慎重。

这次作战，是与上海防空战和"解放台湾"的准备结合进行的，作战任务由第 7 兵团三个军和第 9 兵团三个军承担。

舟山群岛位于东海杭州湾外，由 400 余个大小岛屿组成，主岛定海形似舟船，故名舟山。其中有佛教圣地普陀山和远东三大渔市之一的沈家门，号称"东海明珠"。舟山群岛为沪（上海）杭（州）甬（宁波）天然屏障，战略地位十分重要。在 19 世纪两次鸦片战争中，英国侵略军以定海为跳板，入侵浙江沿海。蒋介石也看中了这个地方。他在宣告"引退"的时候，交给儿子蒋经国办理的第一件事，就是要空军总部把定海机场迅速修建起来。上海解放以后，他又下令组建"舟山防卫司令部"，以四个军六万余人驻守舟山，企图使舟山成为封锁长江入海口、袭扰京沪杭地区的基地。

攻占定海的作战，早在上海战役过程中，粟裕就开始筹划了。5 月 25 日，粟裕得知第 7 兵团部队已经占领宁波，即将占领镇海，国民党第 87 军有向定海撤退企图，判断蒋介石企图将定海作为他残余力量的海空军基地，认为如果让他的企图实现，对沪杭甬及沿海地区的安全危害甚大。因此指令第 7 兵团："你们应乘沪敌主力尚未撤退之前，迅速以足够力量占领定海及其各重 [要] 岛屿。如此，不仅可以 [起] 阻碍沪敌撤退作用，尤其重要者是予今后沪杭甬沿线防务更臻巩固。"

后来，由于上海蒋军五万余人逃到定海，舟山蒋军力量加强，粟裕改令第 7 兵团暂缓攻击，但仍须积极准备，"于绝对有把握时再行攻占定海"。

第 7 兵团把解放舟山的任务交给第 22 军，决定首先逐次攻占外围岛屿，然后攻占舟山本岛。从 7 月 8 日到 10 月 7 日，先后攻克大陆与定海之间的大榭岛、金塘岛和桃花岛，把攻击矛头指向定海的最后屏障登步岛。

舟山岛战事吃紧，蒋介石"御驾"出征。10 月 11 日，蒋介石带领他的东南军政长官陈诚、空军司令周至柔、海军司令桂永清在定海召开陆海空三军将领会议，决定成立东南军政长官公署舟山指挥部，将定海机场扩建为可保障重型轰炸机起落的机场，将海军第 1、第 5 两个舰队和胡琏兵团的第 67 军调到舟山，至少调一个团加强登步岛防守。这样，舟山守敌达到九万人，并有海空军配合作战。

针对这种情况，粟裕等于 10 月 28 日电示第 7 兵团：登步岛战斗，必须充分准备（特别是船只），集中优势兵力，有把握有重点地实行逐岛攻占，确实掌握敌情、水情、风向、气候的变化，严格检查参战部队的作战部署和各项准备工作，防止领导上的官僚主义和指挥上的粗枝大叶。在 11 月 1 日上报军委的《定海作战方案》中，再次强调"力戒轻敌骄傲，弱敌当作强敌打。充分的战前准备工作，要打有准备有把握之仗"，"集中兵力、火力，求得一举成功。用足够先头突击部队，打乱敌人防御体系"。中央军委复电："同意你们戌东（11 月 1 日）电所述定海作战方案。我们认为，你们采取慎重态度，集中优势兵力，事先做充分准备，力戒骄傲轻敌的方针是正确的。"

第 7 兵团指挥员决定，以一个师发起攻占登步岛之战。11 月 3 日，第一梯队发起攻击，风向突然逆转，船队在风浪中散乱，九个连中只有七个半连1000 多人登上登步岛。开始打得很好，以锐不可当的攻势歼灭敌军八个连，控制全岛四分之三的地区。但是，由于风向、潮汐变化，我后续梯队不能及时起渡增援；而敌人却有四个团上岛增援，并有海军、空军支援。经过两天两夜激战，第 7 兵团部队杀伤蒋军 3200 多人，自己也伤亡失踪 1488 人。蒋军增援源源不断，形势对三野部队不利，师指挥员果断决定撤出战斗。

登步岛战斗失利，毛泽东甚为重视。他于 11 月 14 日发电报给粟裕并告陈毅、饶漱石，指示："鉴于金门岛及最近定海附近某岛作战的失利，你们须严重注视对定海作战的兵力部署、准备情况及攻击时机等项问题。如果准备未周，宁可推迟时间。"（《毛泽东军事文集》第六卷，军事科学出版社，中央文献出版社，1993 年 12 月，第 1 版，第 42 页）

此后，粟裕用一个多星期时间，进一步总结金门、登步两战经验教训，分析敌我态势，研究新的战法，11 月 22 日，将他的看法和建议上报毛泽东主席和中央军委。

粟裕认为，蒋介石集团"主力虽将在大陆上最后被歼灭，但似不致轻易放弃沿海诸岛。尤其在金门、登步两战之后，更鼓励了匪军固守的企图，甚至于有继续将台湾兵力增强舟山、金门诸岛之企图。这样，虽然增加了我们攻占舟山、金门诸岛的困难，但如能在这些岛上尽歼匪军，则对将来攻台行动在政治及军事方面均属有利，可以促成台匪之更加动摇与兵力的薄弱。因此，我们提出尽歼沿海诸岛的匪军，以造成攻台的更有利条件"。

粟裕分析敌我双方情况，认为当时尚不具备解放舟山群岛的必要条件。他说："由于匪军海空军尚占优势，且能直接配合其作战，加以敌匪防线缩短，凭岛屿固守，故适当地增强了他的守备能力。而我们高级干部除犯了轻敌骄傲与急躁的毛病外，还不懂得怎样对有海陆空直接配合而凭岛固守的敌人作战，更不懂得计算海上之潮汐、风雨、气候以及暗礁、沙滩、陷泥、悬崖、峭壁和淡水、咸水等有利条件之选择与配合，仍凭一股大陆作战之勇气，致使自己无用武之地，而陷被动；对敌匪海空军之优势亦欠给以适当力量之压制，因此使我方所准备之船只在敌空军和海军有效的攻击下遭受损失。由于我们没有海空军，尤其是空军的配合，目前渡海作战确有困难。"

根据上述分析判断，粟裕建议："将对定海作战之时间推迟至明年（1950年）1月或2月，以便充分准备足够之船只"，并集中海军的17艘至20艘舰艇、空军的数十架飞机和五个高射炮团参加舟山作战，"使攻台部队得到一次最实际的演习"。粟裕还提出，他将于12月初到江浙前线召开一次参战部队高级干部会议，解决对海陆空军直接配合下守备岛屿之敌作战的战术思想等问题。

毛泽东于12月5日电复粟裕，同意将攻击舟山的时间推迟到1950年1月或2月，并要他在开完高干会议后到北京面商攻击舟山群岛的时间和战法。后来，中央军委又决定将解放舟山的时间推迟到1950年春夏，从新建的海军、空军中抽调部分部队配合陆军作战。

根据中央军委的决定，粟裕立即组织进行陆海空协同渡海作战的各项准备。除了第7兵团的三个军以外，又增加用于攻台作战的第9兵团三个军，陆军总兵力达到两个兵团六个军约20万人。海军有华东海军第4舰队的登陆舰19艘。空军有华东空军第4混成旅的战斗机、轰炸机50多架。在华东党政机关的大力支持下，征集到木船2000余艘，并将其中一部分改装成机帆船，可以有把握地一次运载10万人渡海作战。解放舟山之战，已是胜券在握。

果如粟裕所料，蒋介石在金门、登步两战之后错误地估计形势，梦想把舟山经营为日后卷土重来的前进基地，把战斗力最强的第52军从台湾调到舟山，又从金门调来第19军。到1949年底，舟山守军增加到五个军16个师，连同海军、空军和特种兵部队，总兵力达到12万人。

解放舟山的战前准备，不仅迫使蒋介石放弃舟山，消除了国民党军队对长江口的封锁和对沪杭地区的空中威胁，粉碎了蒋介石把舟山经营为反攻基地的阴谋，而且使参战部队经受了一次渡海作战的实战训练，为"解放台湾"创造了有利条件。

1950年5月1日，第四野战军部队在南海渡海作战胜利，全部解放海南岛。海南岛的解放，舟山群岛对面解放军声势浩大的战前准备，迫使蒋介石重新考虑舟山群岛的命运。蒋介石部署在舟山的军队有12万，相当于他残余陆军兵力的三分之一，一旦被歼灭，守备台湾就成了问题。为了集中力量固守台湾，蒋介石不得不作出痛苦的也不失为明智的抉择：从舟山撤军。

第三野战军不战而胜，于5月19日解放舟山全岛。百战百胜，非善之善者也；不战而屈人之兵，善之善者也。

可见，不鲁蛮硬拼，不轻举妄动，同敌人斗智斗谋，把胜利建立在稳妥可靠的基础上，是粟裕用兵的一大特点。

粟裕为什么特别强调慎重用兵？一个重要原因是避免一切无谓的牺牲。他常说，指挥员的心目中，一定时刻想着战士，在战斗中指挥部队既很好地保护自己，减少伤亡，又充分发挥火力，消灭敌人，那么就是最大最好的爱兵！他认为，作为指挥员，为了夺取革命的胜利，既要不惜牺牲，又要避免一切不应该的牺牲。同志们参加革命，老乡们送子女上前方，不是为了死，而是为了活，活得更好。因此，指挥员不能仅仅冲锋在前就行了，而要选择适当位置，运用战术，指挥部队，尽可能地减少伤亡，一句话，就是慎重用兵。

粟裕认为，战争是不断发展的，每一个战争阶段、每一次作战都有新的特点和新的情况，慎重原则不仅适用于初战，而且适用于新的作战阶段，适用于对付新的敌人、组织新的部队在新的地区作战；不仅适用于作战的谋划过程，而且从定下战役决心到战役组织实施的整个过程，包括某些指挥细节上，都必须贯彻这一原则。在计划实施中，当情况发生重大变化时，应当果断改变或放弃原定计划，定下新的决心，决不轻躁作战。

粟裕还认为，不能片面理解慎重原则。战争情况千变万化，知己知彼也是相对的。因此，每战既要力争有把握，又要敢于在既有一定把握又有一定风险的情况下作战。豫东战役第二阶段，区寿年兵团因摸不清我军企图，在进抵睢杞地区后举棋不定。为了抓住这一有利战机，粟裕不待查明区兵团的具体部署情况，即下达了围歼该敌的作战命令，一举歼灭该敌。

三、调查研究，知彼知己

粟裕强调，用兵打仗，一定要充分掌握情况，始终把掌握情况放在作战指挥的首位。他认为，指导战争，一丝一毫也不能靠主观臆想办事，越是聪明的指挥员，越应当懂得从敌我双方情况找出规律，运用这些规律来指导作战行动。

粟裕的头脑中，经常转动着两个问题：一是中央军委的指示精神，一是本战区的实际情况。对于上级的文电，哪怕是一个具体的指示，他也要细心思考，深刻领会。他长期转战，什么个人物品都可以丢掉，唯独一直保管着几个抄着中央军委指示的电报本子。

他注意对敌情进行全面、细致、深入的研究分析，要求部队注意搜集敌军的有关资料，对收缴的敌军文书、信件、报纸杂志认真研究，连细枝末节也不放过。不仅要及时准确地掌握敌军的数量、兵种、装备、部署、企图等"硬件"的东西，还要透彻地分析敌军士气、军官个性、嫡庶关系等"软件"的东西。从中寻找强敌的弱点，以便制定相应战术，战而胜之。

不仅如此，粟裕还非常重视对敌我情况的长期积累，坚持不间断地搜集各种有关情况。因为，他懂得，战争情况是不断发展变化的，因此对情况的了解不能一劳永逸，也不能时断时续。一旦中断了解情况，不仅会造成对新情况的失察，而且会破坏对战争整体情况的把握，使分析判断出现漏洞。他说，作为指挥员，应密切注视敌人的动态，掌握敌情的变化。

粟裕不仅在搜集情报方面有过人之处，而且还善于综合分析，具有透过现象抓住本质的非凡洞察力。他对侦察得来的材料，特别是敌人情况，总是认真地加以综合分析，研究找出敌人的特点、弱点和要害，战而胜之。

他常年不懈地研究地形、地貌，所指挥的大规模运动战，虽然跨越数个省区，但在拟定作战电文时，一般都不需要核查地图。抗战期间，他曾率部在敌伪据点林立的苏中地区转战三年，在敌无数次"扫荡"和清乡中往返穿插，辗转周旋，从未遭敌袭击和发生意外。正是由于粟裕在调查、思考上花费了超乎常人的工夫，所以，他才能够在指导作战中获得超乎常人的自由权。

粟裕对敌情的了解也非常细致，他对中央军委的敌情通报，各部队来的敌情报告，有关部门从空中侦察得来的情况，都看得非常仔细认真，对于从敌高层中得来的重要情报更是如获至宝。他往往是情况加地图联系起来一边看一边考虑，尤其注重"对敌人的各种情况作全面的、周密的调查研究。例如部队沿革、兵员籍贯、装备给养、内外关系、上下关系、军政素质、生活习惯、技术战术及其特点以及占据的地形、工事条件等"。对于从各方面得来的情况，有不清楚的地方及时查问，不搞清楚决不罢休，做到了迅速、及时、准确地掌握敌情。

战争年代，他总是于战前深入前沿阵地了解情况，找熟悉情况的人座谈，抵近侦察敌情。战斗结束，他往往又马上赶到现场，实地察看战斗效果，取得第一手资料，并针对敌人的战术改进我方的战术。

粟裕做到慎重用兵，一个重要原因就是坚持调查研究，切实做到知彼知己。

孙子曰：知彼知己，百战不殆。全面掌握敌情我情，是制胜的前提条件。为了做到知彼知己，粟裕非常重视调查研究。

他注重实际，注重调查研究，注重第一手材料，力求心中有数，有分析，有判断，不使敌人有空子可钻。

对敌情调查研究，坚持及时、全面、准确、不间断地掌握敌人的特点和行动规律。

他一贯重视运用各种侦察手段，实行自上而下与自下而上相结合的综合侦察。

早在土地革命战争时期和抗日战争期间，在极其困难的条件下，他就养成习惯，千方百计搜集敌人的报刊资料，从蛛丝马迹中获取有用的情报；指示各部队建立侦察分队，广泛组织和运用民兵与群众，窃听敌人电话，冒充敌人套取、骗取情报；捕捉俘虏获取口供；组织指挥员或亲自率领干部进行敌前临战侦察；亲手创建了关系重大的技术侦察分队，保证及时掌握敌人的动向；亲自布置重要侦察任务，并听取汇报，阅读、研判第一手材料等。所以，粟裕始终保持不间断地掌握着最新、最全、最准的敌情。如对当面敌军高级指挥员的情况，从简历、军事素养、战斗作风、年龄、性格、特长到嗜好等，都一清二楚，一旦同他们交手时，总是"料敌如神"。

粟裕指挥作战，一向主张知彼知己，把决策和指挥建立在对敌我双方情况调查研究的基础上。在定下决心之前，他都要经过调查，详细掌握敌我双方各方面的情况，进行全面的分析研究。他一向重视深入战斗第一线，亲自调查了解情况。抗日战争时期，每次重要战斗，他都坚持到第一线观察和指挥。解放战争中，他的职务更高了，但这种作风却始终保持着。

长期艰苦复杂的战争环境，使他养成了重调查、勤思考的良好习惯。他每到一地，第一件事就是了解敌情，察看地图，对敌军的番号、作战特点、指挥官的才能，以及地名、地形和重要目标都记得很熟。他经常是一个人坐在地图前沉思默想，把每一次战役战斗的决心都建立在知彼知己的基础之上，对战役发展的过程作出科学的预测，胸有各种方案。

部队每到一地，粟裕都规定必须认真调查地形、道路，而且规定得很细，例如，从驻地出发，往前走多少距离有岔路，往右走通到哪里，往左地形怎样；从某地到某地，大路如何走，抄小道有几条，都掌握得清清楚楚。这样，即使在路上遭遇敌人，三转两转便能摆脱。

　　为了做到知己知彼，粟裕非常重视向敌人调查，千方百计收集敌占区报纸，细细分析，从字里行间、正面反面判断情况。浙江通讯事业比较发达，乡镇都通电话。粟裕经常派游击队从电话线偷听来往通话，从中了解情况。有时，粟裕还采取"火力侦察"办法掌握敌情，先出其不意袭击某个乡公所或镇公所，把乡长或镇长抓起来，让他给县长打电话，报告这里情势紧急，要求县里赶快派兵来。县长的答复就是最权威的军事情报。

　　抗日战争时期，苏中抗日斗争形势的转折，是从 1944 年 3 月的车桥战役开始的，而对这一战役，粟裕有一个长达大半年的酝酿和形成过程，其中包括 1943 年 6 月开始的为期数个月的实地调查。

　　1943 年 6 月，粟裕奉命去新四军军部驻地江苏省盱眙县黄花塘参加整风会议和汇报工作。他借此次军部之行，对沿途地形、敌情作了实地调查，进一步充实完善车桥作战构想。

　　此行于 6 月 23 日开始。粟裕带了师部侦察科负责人严振衡、测绘参谋秦叔瑾，外加押运上缴军部物资和经费的一个连的武装，踏上了西去军部之路。

　　在从苏中到淮南往返 500 公里的路上，粟裕有意识地选择行走路线。他们在东台县以北穿过通榆公路、串场河，经兴化地区南下到江都真武庙以西，从昭关坝伪军据点中通过扬淮公路，偷渡运河，泛舟邵伯湖，在扬州城北 15 公里邵伯湖南岸的黄珏桥上岸，越过扬（州）天（长）公路，历时近一个月，对沿途地形、道路、敌情、民情等作了充分的调查，找干部、群众交谈，并与下属指挥员一起进行探讨，于 7 月 12 日到达淮南黄花塘新四军军部。

　　粟裕在军部汇报工作，参加整风会议，治疗疾病，前后逗留两个月。返回苏中前，粟裕把严振衡找去，当面布置回苏中的准备工作。他说："这次来淮南，我们走的是南线，兴化、江都、高邮地区和淮南路东的南部、中部都去了一下，情况比较了解了。现在要回苏中了，我不想再走老路，想从北面绕回去，从龙岗坐帆船经闵家桥到黎城镇（今金湖县）的淮河口，再视情况乘船或步行到淮安、宝应以西地区看看，争取在平桥以南、泾河附近过运河,再向南、向东南回三仓地区去。"

负责侦察、保卫工作的严振衡深知,淮安、宝应以西地区和平桥以南、泾河附近地区敌情较为严重。回苏中可走的路很多,为什么首长要绕得这么远,而且专拣我们从来没到过、敌情和地形较复杂,而我们的地方工作较薄弱,甚至完全没有地方工作的地区走呢?严振衡想得很多,疑问很多,但不便多问,也不好提意见,深感重任在肩,为首长的安全捏着一把汗。后来才恍然大悟,原来粟裕司令员此时已在为将来选择在这个"遥远的地方"进行一个大战役作战场实地勘察!

9月19日,粟裕一行启程返苏中。粟裕率随行人员穿行于车桥、曹甸据点附近以及许多边沿区、接敌区和敌占区,一路察看地形,广泛了解敌情,同干部群众交谈,与第18旅旅长兼第一军分区司令刘先胜商讨军机。

9月24日下午,天忽然下起雨来,粟裕和大家的衣服全被淋湿了。第二天,雨下了一天,大家只好在距敌人据点车桥很近的顾家庄住下来。粟裕趁此机会找村内的贫雇农、保甲长谈话,还找地主、跑生意做买卖的人了解情况。

他从周围水荡、田地和老百姓生活谈起,问到捕鱼、割苇子、跑生意的行情,再问到四面八方的水路、旱路怎么走,鬼子伪军下不下乡,周围据点有多少鬼子、伪军,车桥、泾口、曹甸一带买卖好不好做等,问得很随便,答的人也没有什么拘束,许多重要情况就在这样的聊天中弄清楚了,从而形成了在淮宝地区发起以夺取车桥、泾口为目标的攻势作战的设想。

在从淮南地区东返时,粟裕一行先是乘船行进,然后步行在淮安以南的平桥和泾河两个日伪据点之间,横穿运河和公路封锁线,直接向曹甸方向伪化区行进。在通过泾河到曹甸的公路时,粟裕还特地走近伪军据点张桥实地考察一番,伪军据点大碉堡里的灯光,隐约在望。后又在日伪据点曹甸东南不远地方,在射阳湖边一个几十户人家小村庄隐蔽下来,抓紧机会作调查研究,多方面向群众了解曹甸地区的敌情、地情和社情。

他的随行人员对粟裕此番用心也摸不透。然后一行继续水上行进,向南穿过广洋湖,经团庄再次回到兴化第7团团部。根据实地调查结果,粟裕明确指示第 7 团一方面要把秦南仓、古殿堡两处据点打掉，另一方面要协助地方政府从建阳以南的楼王，沿着射阳湖北侧浅水区直到西安丰修筑一条大堤。这条大堤筑成后，将与由第一军分区协助地方群众修筑穿越广洋湖和射阳湖的大堤相连接。这是一项重要的战场建设，是一项浩大的工程。

在以后的车桥战役中，这些大堤成为参战大军行进和运输的唯一大道。粟裕于 1943 年 10 月 8 日向新四军军部报告称：第一军分区特别加强曹甸、宝应地区的控制，解决其中对我妨碍最大的日伪据点，以进一步打开与巩固该地区，使之同第 3、第 4 师地区连成一片，便于将来我主力在该区的机动。这样，粟裕经过实地考察和调查研究，进一步明确了酝酿已久的敌进我进战略新的实施步骤。

为了准确掌握敌人的情况，粟裕非常重视对侦察队伍的培养。

在华中野战军司令部里，有一支代号"四中队"的技术侦察队伍，掌握当时条件下的"高科技"，受到粟裕的特别关注。早在 1945 年 10 月组建华中军区和华中野战军的时候，粟裕就指定情报处处长朱诚基负责，组建、培训一支技术侦察队伍。

在苏中战役过程中，他总是把"四中队"驻地安排在靠近指挥所的地方，随时进行具体指导。战前，向他们说明意图，交代任务。作战过程中，经常查问情况，解决困难，有时还和大家一起"攻关"。战斗结束，不是到驻地看望大家，就是打电话表示慰问。

这支队伍接连侦察、破译敌人的作战部署等重要密令，为华中野战军首长掌握敌情、作出决策提供了可靠的情报。粟裕对他们的工作很满意，称赞他们是"无名英雄"。

海安、李堡作战，时值盛夏，骄阳似火，天气闷热。"四中队"的指战员坚守岗位，挥汗工作，常常赤膊上阵。

一天下午，大家正在全神贯注地监视敌人动向，突然传来口令："起立，立正！"原来粟裕司令员来到了值班室。

技术侦察人员有的光着脊背，穿条短裤，满脸通红，自愧违反军风纪，对首长太不礼貌。

粟裕招手让大家坐下继续工作，摸着他们冒着热汗的头说："小鬼啊，天实在太热了，你们昼夜值班，确实辛苦。好在没有老乡，以后可要注意军风纪啊！"

粟裕对大家说："你们的工作非常重要，是我们的千里眼、顺风耳。我们打这么多大胜仗，也有你们一份功劳。多亏你们及时提供了许多真实可靠的情报，使我们能正确判断敌情，果断定下决心，指挥作战，歼灭敌人。我代表野指和各位领导同志感谢你们，希望大家更好地工作，坚守岗位，严密监听敌台，及时获取更多真实可靠的情报，让我们更多地消灭敌人，更快更彻底地打败老蒋。"

事后，粟裕要副官处给"四中队"配备骡马、挑夫、汽车，在行军时为"四中队"运送设备，保证他们顺利开展工作，还给"四中队"每人发了一件汗衫。

苏中战役中，粟裕时刻注视敌军动向，及时捕捉有利战机。他手下的侦察队伍和解放区党政军民各系统，源源不断地给他送来敌军动向情报，使他得以进行"去粗取精，去伪存真，由此及彼，由表及里"的分析研究，作出符合实际的决策。

中华人民共和国成立后，粟裕十分重视调查研究，不断从古今中外的战争经验中吸取有用的东西，通过不断的积累，着眼于变化了的情况，通过缜密的思索，得出对当前建军、作战和国防建设的新见解。粟裕对异域的战争遗迹也非常感兴趣。

1967年底，粟裕率中国军事代表团参加刚果庆典，返回时在巴黎作短暂逗留。这是粟裕第一次来到这座世界著名大都市。我国驻法大使曾涛去看望他，询问他："你在这里想看点什么？"

粟裕说："想去诺曼底看看。"

这一回答，大大出乎使馆人员的意料。巴黎是世界名城，第一次来巴黎的人，都要去参观市里的名胜古迹和世界著名的博物馆，而粟裕却选择了第二次世界大战的盟军登陆场——诺曼底。后来人们才明白，粟裕此次取道法国，主要目的就是实地参观诺曼底战役遗址。

诺曼底位于法国西北部，从巴黎到诺曼底塞纳湾登陆一线近 300 公里。粟裕经过近四个小时的路程，顺利地到达阿洛芒什镇。

这里是诺曼底登陆地域，从维湾至奥恩河口近 100 公里是登陆正面的中间偏西地段，向东看去，是一望无际的海滩，向南 50 公里为登陆场纵深。

1944 年 6 月 6 日开始，盟军共在这里投入四个集团军，陆海空总兵力 280 万人，1.3 万多架作战飞机，各类舰只 9000 余艘，作战坦克和各种运输车辆 17 万辆。整个登陆行动持续了 49 天。

粟裕高兴地站在镇旁诺曼底登陆纪念馆前，双手插在腰间举目远眺，像当年在战场上观察地形一样。他是在重温旧日沙场情景，还是勾勒未来海上作战的图画？他对使馆陪同人员说：美英军队在诺曼底登陆，夺取并扩大登陆场，使之成为第二次世界大战中最大的一次登陆战役。它标志着欧洲第二战场的开辟，从而具有重大军事、政治意义，值得认真加以研究。

粟裕特别强调指出，美英统帅部之所以选择塞纳湾作为登陆地域，是因为有种种迹象表明，德军以为盟军最有可能在加来海峡沿岸登陆，故而将之列为防御重点，放松了对塞纳湾地域的防御，以致在盟军发起登陆进攻之后，德军指挥部依然迟迟不对塞纳湾增援。这就是避实就虚。

塞纳湾登陆地段处在英国南部各类飞机的作战半径以内，海军也能从东西两面对之进行可靠防御。这就是说，选择塞纳湾登陆，虽然有无供应港口、海面不平静等不利因素，但是具有海、空军支援的依托。相比之下，有利因素还是大于不利因素。

至于登陆时间，粟裕以为选在 1944 年 6 月 6 日清晨，乃是经过各种因素测定后选择的登陆最佳时间。一是这时能见度最好，二是潮水最大，便于登陆舰船靠岸和清除障碍物。而由于各地段涨潮时间不一，登陆时间也有异，即从西侧的 6 时 30 分到东侧的 7 时 45 分，相差一小时十五分钟。

在参观过程中，粟裕还十分重视登陆战役使用过的登陆工具和运输工具。美英军队除使用了大量运载步兵和坦克的登陆驳船和自动驳船外，还有可供坦克、汽车自行上岸的平底和活动舷板运输船。正由于有这么多运输、登陆工具，才足以将兵员送到岸上，可以说这些是保证登陆成功的物质条件。

为了保证供给部队各种必需物资，在战役的最初几天，盟军还在塞纳湾构筑了两个人工港，并在英吉利海峡铺设了海底油管。粟裕对人工港抱有极大的兴趣，仔细地询问各种问题：人工港为什么能够浮动？水泥墩的体积多大？大小是否都一样？是怎样浮动的？又是如何固定的？等等。

由于当地的解说员也无法提供满意的答案，粟裕便实地去考察。他们一行来到海边，硬是在滩头深处一步一个泥水脚印，足足走了两三里路，找到了当年人工港的一些水泥墩残骸。经过一一丈量和仔细计算，这才算解决了粟裕心中的问题。

一位名扬四海的将军对一个异域的战地进行如此仔细的考察，查询得这般翔实，这种钻研精神和研究方法令在场的使馆人员非常佩服。战争是一门科学，指挥战争的人应该具有科学精神。

粟裕几十年来，总是以极大精力，努力掌握敌我的军事、政治、经济、文化和气候、地理等与作战直接有关的最新、最全、最准的情况及其发展变化，始终作到知己知彼，独到地掌握了运筹帷幄、百战百胜的高难度的基本功。

四、知敌料敌，知己将能

孙子认为，在战争中，了解敌情比了解我情更加困难，也更加重要，因此把"知彼"置于优先位置，并指出："不知敌之情者，不仁之至也，非人之将也，非主之佐也，非胜之主也。"

在指导战争过程中，敌情往往扑朔迷离，笼罩在种种欺骗、佯动的迷雾之中，"知彼"较之"知己"难度更大，对将领的要求更高；而将领只有做到"知彼"，才能避免主观盲动，才能"践墨随敌，以决战事"，才能在敌我对抗和互动中"因敌而制胜"。

所以，粟裕非常重视了解和研究敌人。据当年的华野参谋回忆，粟裕每打完一仗，总是首先抓三件事：一是要参战部队搜集敌方的电报密码，以供研究、破译之用；二是派参谋人员下部队了解作战情况、作战经验以及各级指挥员在作战中的表现；三是找俘虏的敌军高级将领谈话，请他们谈我军战斗动作的优缺点，谈他们所认识的敌军将领的指挥特点。在他随身携带的资料中，除了有附有照片的我军团以上干部名册以外，还有记载敌军师以上指挥官情况的卡片。

对于敌军，粟裕总是利用各种侦察手段，充分搜集资料，对敌人的态势和具体部署、企图、兵力，各个部队的士气、装备、战斗力、作战经历、派系斗争、彼此之间的关系，指挥员的指挥能力和作战个性、工事的坚固程度等，都做到了如指掌。

粟裕坚持用记卡片的方法，详细掌握了敌人师旅以上指挥员的情况，对敌情的了解往往超过参谋人员。正因为如此，凡是与他交过手的敌人，不论是国民党军队，还是日本军队，无不连吃败仗。解放战争时期，国民党在华东战场上指挥作战的高级将领，接二连三地被撤换，最后是全军覆没，其将领不是被俘虏，就是被击毙。粟裕高超的指挥艺术是人人有口皆碑的，就连一些对手也口服心服。

粟裕特别重视掌握敌军主要指挥官的个性及其相互间的矛盾，并在战场上巧妙利用。对此，他解释说：所谓作战个性，就是在作战时猛打猛冲，敢于打硬仗的，还是巧于智谋，能够临机应变的，或者是懦弱胆怯的，犹豫多疑的，等等。粟裕在谈到莱芜战役的教训时指出："我们对敌情的了解还不够，特别是对王耀武的指挥特性了解很差。如果我们了解到王的性格大胆果断，能命令其部队一天一晚后撤数百里，那我们即可大胆地将部队插到济南附近。这样，敌十二军（其当时部署于胶济路张店、明水一线）也就无法逃跑了。这说明我们不仅要了解敌人的番号、兵力、装备、战斗力及部署等，还应了解敌指挥官之性格特点。如对方是多疑的，我可多设疑兵；如对方是猛将，我们则来一套软的。"

粟裕说："我是通过战争感受、揣摸、验证对手心理和脾气的。一仗打下来，对手的秉性自然显现。"

　　解放战争中，他对先后在徐州坐镇指挥的薛岳、顾祝同、刘峙、杜聿明等国民党高级将领心理上和指挥上的特点，都有很深很细的研究。有的多次交过手，有的是他的手下败将，有的只能在有利条件下打仗，不能在不利条件下打仗。

　　莱芜战役后，蒋介石撤销徐州绥署，薛岳另候任用，由顾祝同驻进徐州，统一指挥原徐州和郑州两绥署国民党军。对此，粟裕评论说：薛岳用兵尚机敏果断，而顾祝同则历来是我军手下败将，这无异以庸才代替干才。在高级军事指挥人员的更迭上，象征着国民党的日暮途穷，最后必然走向崩溃。

　　粟裕曾形象地描述蒋介石在淮海战役中的心理状态，从敌人的失败，我们可以看出蒋介石这个人很"小气"，他有一个怪脾气，你要他一点，他连半点也不给你，如果你拿下了他的大的呢？他连小的也不要了。这次淮海战役，他又很小气。开始舍不得丢第 44 军，黄百韬在新安镇等待从连云港撤来的第 44 军，结果，黄百韬陷入重围。黄百韬陷入重围以后，他又舍不得丢黄百韬，不但派邱清泉、李弥来救，还派黄维来救，结果，黄百韬没有得救，黄维又被包围了。他又让杜聿明来救黄维。结果黄维没有得救，又丢了杜聿明的三个兵团。

　　粟裕的话传到南京，蒋介石听了大发脾气："这仗怎么打？粟裕会算命。"

　　关于杜聿明，粟裕评价说：杜聿明只能打胜仗，不能打败仗；只能在有利条件下打仗，不能在不利条件下打仗。他在印缅作战时，有美国的供应，出过风头。在东北时，有火车、轮船、飞机源源供应。但这次被我们包围在永城地区，突不出，守不住，被我们全部歼灭。

　　关于第 5 军邱清泉，粟裕说：他一直是华野寻歼的对象。5 军战斗力比74 师稍差，与 18 军不相上下，各有所长。邱清泉好打滑头仗，跟友邻关系不好。这次解决他没有遇到多大的困难。

　　在战争中认识敌手。王耀武是粟裕的老对手了。在莱芜战役中，陈、粟指挥的华东野战军"示形于鲁南，决胜于鲁中"，决心歼灭李仙洲集团于莱芜地区。与蒋介石、陈诚的错误判断相反，王耀武判断华野有北上企图，立即下令李仙洲向北撤退。

这件事给粟裕留下了深刻印象。粟裕在总结莱芜战役的经验教训时指出："这次战役值得今后学习的是，制造了敌人的错误，错乱了敌人的部署，并掌握与利用了敌人内部的矛盾，争取了我们的胜利。"同时指出："我们对敌情的了解还不够，特别是对王耀武的指挥特性了解很差。如果我们了解到王的性格大胆果断，能命令其部队一天一夜后撤数百里，那我们即可大胆地将部队插到济南附近，这样，敌十二军也就无法逃跑了。"（《粟裕军事文集》，解放军出版社，1989 年 7 月，第 1 版，第 307 页）

所以，粟裕认为，"王耀武之指挥，经一年多了解，是蒋军中指挥较有才干者"，（《粟裕军事文集》，解放军出版社，1989 年 7 月，第 1 版，第 377 页）在部署攻济作战时，必须把这个因素考虑在内。对付济南守敌，既要斗力，更要斗智，依靠正确的谋略和巧妙的指挥，造成敌人的失误，错乱敌人的部署。

对于敌情的调查研究，粟裕指出，应当包括敌军的历史沿革、编制装备、内部关系、作战能力、特长和弱点、行动企图、兵力部署以及指挥官的个性等等。在侦察工作中，他强调只有战略侦察才能操得先算。在侦察手段上，他强调利用一切可能利用的渠道，而又特别重视技术侦察。技术侦察，这在当时可以称之为"高科技"。他把技术侦察队伍带在身边，及时掌握敌人的动向。在解放战争中，这支队伍截获了许多重要情报，对争取战争胜利作出了重要贡献。

对于我情的调查研究，粟裕指出，应当包括各个部队的历史沿革、组织状况、思想状况、军政素质、战斗作风、特长和弱点以及指挥员的思想特点和指挥能力等。特别强调，在计算我军力量时，不能只计算正规部队，还应当包括地方军、民兵和广大人民群众，人民战争是我们的最大的实际。他说，作为军事指挥员，不但要懂得军事，而且要懂得社会、政治、经济、文化等各种力量的动员、配合、调节。在选择战场时，不仅要注意社会政治、经济和地理条件，还要特别注意群众条件。

　　相反，敌人对我方的情况了解就差强人意。正如粟裕所说，淮海战役开始前，敌人对我军的战略意图并无所知，对我军主力的攻击矛头指向何方，模糊一片，曾一度想撤离徐州。战役开始后，敌人没有估计到我们会同他们决战，仍然以旧眼光看我们，以为打一仗就会停一停。敌人并不是一开始就有同我军进行战略决战的打算的。战役开始后，敌人着着被动，部署错乱，终至完全失败。

　　粟裕说，如果真正做到了既了解敌人，又了解自己，从实际出发制定作战计划，就能充分发挥我们的长处，攻击敌人的弱点，保证战斗的胜利。在他随身携带的资料中，不仅有附有照片的我军团以上干部名册，而且有敌军师以上军官按人分列的资料卡片。他对敌情我情社情和战场态势了如指掌，因而能够及时作出符合实际又往往出奇制胜的决策，确有把握地争取战争胜利。

　　对于我军、友军，粟裕总是深刻领会中央军委和上级的战略意图，全面了解兵力部署，各部队的士气、装备、作战经历、作战特点及其位置，后勤保障状况等等。

　　粟裕特别强调：要做到了解自己的部队，必须深入连队，接近战士，调查研究下属的实际情况。一个指挥员，对我军自己的各方面情况，包括指挥员的不同特长，下级指挥员和战士对他们所在部队的指挥员是否信赖等，也都应该有透彻的了解，以便正确地使用干部和部队。

　　作为战区指挥员的粟裕，经常深入部队，了解掌握各种情况，从部队素质到战斗力现状，从部队伤亡到补充数字，从指挥员的脾气秉性，到部队作战特点，哪个部队能攻，哪个部队善守等，他都能如数家珍。因此，指挥作战，摆兵布阵，他在使用部队上，能扬长避短，因才施用。

　　粟裕认为，熟悉部队，并在战斗中充分发挥他们的特长，既是打胜仗的重要条件，又是指挥艺术高明的表现。粟裕善于根据不同作战对象、作战形式和各部队的特长赋予作战任务，以取得最佳作战效果。他还十分重视战略上的配合和战役上的协同，要求各兵团、各兵种、地方武装和民兵，要像一架机器一样，全部开动，形成整体打击力量。还要组织好后勤保障和地方上的支前工作，充分发挥人民战争的优势。

粟裕熟透我军全面情况，亲自抓部队的建设和作战。他善于通过平时深入实际和在战役战争中了解部队情况，尤其注意从中了解、考核、锻炼和培养干部。他利用战时行军，练就一身倒骑马的本领，夜间行军，有计划地与一些领导同志面对面地了解和交流干部情况，商谈工作。他对团以上干部情况、特点，了如指掌，调配班子、分配任务，都知人善任，既用其所长，又注意有计划地全面锻炼和培养，他每次战前、战中和战后，都十分重视部队多方面的实际状况，对重大问题抓得很细。

他善于发挥各部队各不相同的长处，强攻的用于突击和穿插任务，善防的用于守备和阻击任务，并能抓住出击有利时机，又稳又准地使用拳头部队，大胆分割包围，运用挖心战术，打击与力求彻底消灭敌人。

指挥员的睿智、锐气，要真正转变成一个个胜仗，关键还要靠部队的拼杀来实现。解放战争刚开始时，粟裕麾下只有三万余部队，数量并不多，但指战员跟随粟裕征战多年，久经沙场。粟裕运筹帷幄，最大限度地发挥了部队的战斗力。

苏中战役中，主力第1师、第6师，都创建于红军时期，参加过南方三年游击战争，抗日战争时，参加过黄桥决战，在天目山反顽战役中，曾给予皖南事变的刽子手、国民党军第62师以毁灭性打击。其他几支部队，战斗力也比较强。

首战宣家堡、泰兴，粟裕用的就是主力第1师、第6师、第7纵队，攻城迅速猛烈，打援沉稳有序，只两天多时间便干净利落解决战斗。

首战的硝烟还未散尽，粟裕便指挥打击国民党第49师，这次是远程奔袭，对部队是个严峻的考验。第1师和第6师一边行军，一边开会，层层动员。140多里急行军，准时到位。敌49师师长王铁汉原以为新四军远着呢，谁知在一个叫鬼头街的小镇，厄运突然来临，被打得落花流水，师长王铁汉脱掉中将军服，化装成伙夫才得以逃脱。他哀叫："鬼头街，鬼头街，我们真的碰到鬼了！共军的主力不是在宣家堡、泰兴吗？怎么一下子长翅膀飞到这里啦！"

在海安战斗中，根据毛泽东以歼敌有生力量为主要目标，不以保守或夺取城市和地方为主要目标的军事思想，粟裕决定以第7纵队在海安外围实施运动防御，以迟滞、杀伤和消耗敌人。

第7纵队虽然从地方武装上升为主力不久，但作风顽强，机动灵活，仅以3000多人的兵力，连续四天抗击了五万敌人的轮番猛攻，杀伤3000多敌人，自己伤亡200多人，创造了敌我伤亡15∶1的纪录！

孟良崮战役，如何将敌整编第74师这个"上将"从"百万军中"剜割出来，是战役的关键。

粟裕经过分析，决定将原作为总预备队的第1纵队紧急调来担负这项艰巨任务。他认为，1纵善于野战，经常担负穿插分割任务，具有英勇顽强的战斗作风，可以放心。果然，1纵在作战中不负众望，迅速勇猛地从敌间隙楔入，割断了整编第74师与敌其他两个师的联系，在友邻部队协同下，胜利完成了全歼整编第74师的任务。

豫东战役中，粟裕认真分析了我军各参战部队的情况，认为华东野战军外线兵团的几个主力部队，总的来说，都是能攻善守的部队，但各纵队在攻坚、野战、阻击打援等方面，又各有所长。

据此，战役第一阶段，他把擅长攻坚的第3和第8纵队组成攻城集团，由陈士榘、唐亮指挥。把长于野战的华野第1、第4和第6纵队，中野第9纵队、第11纵队并指挥冀鲁豫军区独立第1旅，组成阻援集团。以冀鲁豫军区和豫皖苏军区一部兵力相机攻占东明、兰封（今兰考县），并破袭陇海路兰封至野鸡岗段铁路。结果，我军仅用五昼夜，就攻占了开封。

战役第二阶段，攻打睢杞是野战。粟裕分析认为，第3纵和第8纵在开封战役及在这之前的宛东战役中，已伤亡近万人，但因打了胜仗，士气旺盛，只要利用作战间隙把机关勤杂人员和解放战士补充进去，部队的战斗力会很快增强。第10纵虽经长途跋涉，比较疲劳，但建制完整，实力坚强。第1、第 4 和第 6 纵队，自渡黄河以后，只打了些阻击战，齐装满员，士气正旺。因此，他把擅长野战的第 1、第 4、第 6 纵队和中野第 11 纵队由阻援集团，改为突击集团，用以围歼立足未稳的区寿年兵团；将长于防御和攻城但伤亡较大的第 3、第 8 纵队，以及第 10 纵队、两广纵队，组成阻援集团，用以阻击敌邱清泉兵团。

这样部署，既能充分发挥各部队的长处，又照顾了各部队的实际，取得全歼区兵团部和第 75 师，阻住并大量杀伤消耗敌人援兵的辉煌战果。

济南战役，他又根据济南守敌和徐州援敌的情况，以富有攻坚作战经验的部队为主组成攻城集团，以善于野战的部队为主组成强大的打援集团和阻援集团，仅八天激战，即攻克济南，全歼守敌。

由于粟裕知人善任，不仅使各部队的"拿手戏"都得到了充分发挥，而且上下一致，互相信任，指向哪里就打到哪里。

五、知天知地

所谓"天"和"地"，包括了整个战场区域内的财力、物力以及地理、气候等自然条件。所谓"知"，是指掌握、运用和创造。也只有摸透了战区的全部地形、交通道路、城乡布局及季节、气候等自然情况和敌我双方的利弊条件，才有胜利的保障。

在坚持浙南三年游击战争时期，在与中央失去联系的情况下，粟裕通过长时间的深入调查研究，全面地分析了浙江的地理位置和各区的交通情况、群众条件与敌情，选定了以浙西南仙霞岭为中心的地区，作为第一个开展游击战争的战场。经过大小数十次战斗，游击队迅速发展到近千人，地方武装和地方人员也发展到各近千人。在遭到敌人 40 多个团正规兵力"进剿"后，又以少数力量坚持原地斗争，主力按预定计划跳出浙西南，挺进到以遂（昌）平（阳）为中心的浙南以及浙东南广大地区开辟新的游击战场，边打边建边巩固边发展，在大块中心根据地的周围创建的中小根据地，在各中小根据地周围又创建游击据点。浙南根据地发展到纵横 250 公里之大，部队再次发展到 1500 人以上，地方武装发展到数万，开辟了良好的游击战争战场。

在战场的自然地理条件方面，粟裕进行了深入细致的调查研究。他带领部队每到一地，必须调查附近的地形道路，从驻地出发，所有的道路，通向哪里，距离多少，都必须摸得清清楚楚，从不间断。因此，在任何时候、任何地点遇上敌人，都能有备无患。如部队宿营，一般不住大村庄，多选小村庄，最好是独立的砖瓦房，不住没有后门的房子。还总结了一套与敌人"兜圈子"、"杀回马枪"、东去西返、早出晚归等行动方式，做到飘忽不定，出没无常，使敌人无法捉摸。结合实际斗争情况，提出了敌后游击战争的六条原则。这一切都是基于对战场自然地理条件的熟知。

粟裕在三年敌后游击战的斗争中，差不多走遍了浙赣路以南、天台山以西、浙闽边以北的大小山头。在极其艰险的环境中，粟裕和他的指挥机关，始终是敌人恨之入骨、长期追捕的首要目标。他依靠自己"知天知地"的过硬功夫，不但不被敌人发现，而且即使被敌人发现了，也总是能化险为夷，巧妙地实现了"消灭敌人，保存自己"的目的。

在苏中战场，粟裕通过地图，结合实地，苦练摸透战场地理的过硬功夫。粟裕每到一个宿营地，第一件事就是要测绘员在他住房内将战区地图挂起，有时还要挂上友邻战区的地图。他看图认真细致，不放过任何一个疑点，而且计算非常认真。因此，他对许多村庄、河流、桥梁、水田、旱地、高山、森林都摸得非常之熟。所以在审查作战命令、计划、方案时，在行军和驻屯时，对所经过和所在地的地形、地貌、村落布局、方位距离等都进行认真的核对。他的那份地图，始终是最准确的。在军事指挥员中，像他那样精通地图而又熟记战区地形是不多见的。

在中国革命历史上，我军主要依托山地作战，称之为"上山主义"。抗战时期实行独立自主的"山地游击战"。当然，也有平原和水网地区的游击战。例如冀东创造了地道战，粟裕领导的苏中军区开展了水网地区的游击战。

在苏中作战之初，由于敌人使用的汽轮速度快，我军使用的木船速度慢，"敌进我退"时，难以摆脱敌人；在"敌退我追"时，又追不上敌人。粟裕领导苏中军民以打坝方法改造水网地区地形，即在各道河流上打几层明坝、暗坝，木船吃水浅，容易从坝上拖过去，敌人汽船吃水深，被坝挡住，弃轮登岸，又为河道所阻，我军可以选择一路予以歼灭，其他各路之敌难以来援。

由于改造了地形，终于取得苏中水网地区游击战争的胜利。但是，在豫皖苏大平原能不能改变对我们不利的地形条件呢？

粟裕首先从破坏三条铁路线做起，叫敌人运兵的火车轮子转不动。从 1947 年 11 月 8 日起，至 17 日，以七个纵队组成三个集团，向津浦线徐州南段和陇海路兰封至郝寨段发起破击战，破坏铁路 150 余公里，歼敌一万余人，攻克萧县等城九座。敌匆忙以 15 个旅应援，其中包括准备用于大别山的八个旅，推迟了敌人围攻大别山的时间。

12 月 13 日起，至 27 日止，粟裕和陈赓两军发起平汉、陇海路破击战，破坏铁路 400 余公里，攻克西平等县城 23 座，歼敌第 5 兵团部和整编第 3 师，从新郑、漯河、驻马店打到确山城下，严重威胁敌人重要补给基地信阳，迫使敌人从大别山抽调"王牌军"整编第 11 师，以及整编第 9 师、第 10 师等部共 13 个旅回援平汉线。敌人对大别山的围攻，在中原三军协同下终于遭到失败。

粟裕非常注意并善于利用战场上的地形地貌。

1947 年，粟裕指挥了著名的莱芜战役，将李仙洲集团六万余国民党军包围在莱芜城和吐丝口（镇）地区。李仙洲部第 72 军两万余人驻守泰安，以便军事失利后撤回济南。为了切断敌人的退路，粟裕命令王建安部和陶勇部包围了泰安城中第 72 军主力。在发动总攻前，粟裕专程来到泰安，和王司令员研究攻城的战术。

粟裕问王建安："梳洗河上有座桥，还在吗？"（作者注：梳洗河发源于泰山中路，由北向南流过城东，是泰安城天然的护城河。）

王建安回答说："地图上没标，侦察员还没有回来。"

就在这时，侦察员领着程老来到指挥部，把我地下党绘制的敌军火力图送给王司令员。图中清楚地标明城东的护城河上有座桥，名叫"赵家桥"。

粟裕就问程老，它是不是又叫状元桥？

在场的人都很吃惊，特别是王建安司令员更加奇怪，说："粟总从来没有来过泰安，您是如何知道的？"

粟裕笑了笑："我来泰安的路上，找了一本县志，上面记载着，明朝泰安城东关有户姓赵的读书人考中状元后，募资在梳洗河上修了一座桥，叫作状元桥。"

他语重心长地叮嘱王建安：发动进攻的时候，有桥和没桥是完全不同的。

六、深思熟虑，预立多案

粟裕讲："在战争中，一个战役指挥员当作战方案初步确定后，仍要继续反复思考，设想可能出现的新情况和需要采取的相应处置方案，以便在情况突变时可以不失时机地进行新的选择。"（《粟裕战争回忆录》，第445 页）

如何制订作战方案？粟裕指出："作战方案大致应包括下列内容：敌情的分析判断；我们总的意图和任务；各部队的任务和动作；指挥机关的位置；伤员、给养、行李担子以及俘虏兵的处置；本级指挥员代理人的指定，等等。"（《粟裕军事文集》，第 39 页，1940 年 4 月）

粟裕强调：制订作战方案，要用心在敌我兵力对比、地形条件、解决战斗所需时间等因素方面，加以精确的计算、权衡，提出两个以上的方案，加以比较，最终确定一个最优的作战方案。不管最后采取哪一方案，都要考虑到，万一情况变化，出现不利局面，还要有具体的处置计划。

粟裕有一句名言：打仗就是算数学。他强调，在制订作战方案时，必须进行精确的计算。要用心在敌我兵力对比、地形条件、解决战斗所需时间等因素方面，加以精确的计算、权衡。在计算我方有生力量时，不能单纯地计算主力部队，而应包括地方武装。不仅计算到兵器，而且要计算到火力，就是说不但计算武器多少，而且要计算弹药多少，能支持多少时间。特别是大兵团作战，尤其要重视定量分析。

在黄桥战役中，对首战歼敌目标和我军出击时机的选择，就是定性分析与定量分析相结合的范例。选择翁达旅作为首战歼击对象，是因为这样做可以抓住敌人的要害，各个击破敌军主力；可以利用敌人派系之间的矛盾，促使"二李一陈"（李明扬、李长江、陈泰运）与韩德勤拉开距离；变先打弱敌的传统战法为先打强敌，又是敌人料想不到的一着奇兵，可以收到出其不意的效果。在出击时机的选择上，粟裕进行了精确的计算：翁达旅采取一路纵队行进，两人之间的距离平均为一米半，全旅3000多人的队形是长达四五公里的一字长蛇阵；从高桥到黄桥约有七公里半，当敌军先头部队到达黄桥以北两公里半处时，其后尾部队也就过了高桥，完全进入我军伏击地段。我军此时出击，正好将翁达旅拦腰斩断。战局的发展果如粟裕所料，我军将翁达旅一举歼灭，取得了黄桥战役的决定性胜利。

智者之虑，必杂以利害。由于战争的流动性，战场情况不断发生变化，粟裕在最后定下战役决心之前，往往预定数个在不同情况下不同打法的方案，然后根据情况的实际发展最后定下决心。他说："要用心在敌我兵力对比、地形条件、解决战斗所需时间等因素方面，加以精确的计算、权衡，提出两个以上的方案加以比较，最后确定出一个比较完善的方案来。"

纵观他所指挥的重大战役，一般都反复研究战场形势的可能变化，敌人行动将会出现的各种可能性，准备好各种应变计划与措施。无一例外地都拟定了两个以上的作战方案，以便措置裕如，使自己在作战指挥上有预见，始终处于主动的地位。

1947年的莱芜战役，是在陈毅领导下，由粟裕具体部署的一次战役。战役之前，原打算在临沂以南对敌作战。为此，曾设想过三个方案：

其一，于敌占我郯（城）马（头）后，首歼敌右路兵团第25师及第65师一部于郯城以东、东海以西地区。

其二，如左路之敌前进较快，则首歼敌左路兵团第11师于沂河以西苍山地区。

其三，如敌两翼均迟滞前进，而中路突出时，则首歼敌中路兵团第74

师于沂河以东、沭河以西地区。该敌战斗力较强，但当其与两翼距离较远时，可能为我歼灭。

战斗打响后，虽经我于正面加强压力，坚决抗击中路之敌，敌仍采取稳扎稳打、步步为营战法，缓步齐头前进，未能形成我预想的歼敌有利战机。

这时，又提出三个作战方案：

其一，以一部兵力向东南挺进，歼击郝鹏举部，虚张声势，威胁海州，迫敌主力东援，然后集中主力于运动中歼灭东援之敌。

其二，如执行第一方案，敌主力未来增援，或仅以小部来援，而以左、中两路迅速北进，我则集中全力，歼敌第11师于沂河以西地区。

其三，如敌仍不北进，或北进时不便歼灭，则除以一个纵队留临沂地区与敌纠缠外，其余主力急行北上，彻底解决北线敌人。

及至我军按预定方案歼灭郝鹏举部以后，左、中两路敌人仍不前进，右路之敌反向后退缩，而北线敌人却已从胶济线出动占我莱芜、新泰，遂决心实行第三方案，以主力北上，歼灭北线该敌，取得了莱芜战役的重大胜利。

一案多变。制订作战方案不是一劳永逸的事。只要战役没有真正打响，只要下一步行动还没有实施，都要考虑可能出现的各种情况，对预案进行不断的充实、修正，以求得一个最佳方案。粟裕指出："当作战方案初步确定后，仍要继续反复思考，设想可能出现的新情况和需要采取的相应处置方案，以便在情况突变时可以不失时机地进行新的选择。"

粟裕在设想各种作战方案时，有时还包括一种"腹案"。

所谓"腹案"，就是战役指挥员根据上级决定部署作战时，因把握不大，而根据战场的实际情况，设想的另一个更有把握取胜的作战方案。这个方案只是战役指挥员的考虑，并不上报下达。

豫东战役时，原作战部署是在鲁西南歼敌整编第5军。但是，粟裕对这个部署也有另一些考虑，即：寻歼敌整编第5军虽具有一定的条件，同时也有较多不利因素，主要是我军兵力尚未集中，打援兵力不足，地形对我不利。整编第5军是蒋介石的主力之一，常猬集一团，不贸然行动。我如打它，蒋介石必极力救援。

根据当时情况，我军手中可能掌握的全部兵力不足六个纵队，如突击集团用四至五个纵队，就只剩下一两个纵队担任阻援。在平原地区无险可守的情况下，用一两个纵队是难以阻止敌人大量增援的。如敌人援兵在我突击集团歼灭整编第5军之前赶到，我军就可能陷于被动。同时，鲁西南地区的主要点线在敌人控制之下，我作战地域比较狭窄，不便于大兵团机动作战，而且战场距黄河较近，我军处于背水作战的不利态势。

基于这些考虑，粟裕认为，在当时的情况下寻歼整编第5军，不是很有把握，搞得不好还会给自己造成不利局面。经过反复比较，他设想了一个更有把握取胜的作战方案，这就是"先打开封，后歼援敌"的作战腹案。

粟裕虽未将这一腹案上报下达，但在部署作战时，力求能适于打整编第5军和打开封两个作战方案，而且侧重于后一方案。

随后，战场情况的发展表明，打整编第5军的条件尚未具备，而实现先攻开封、后歼援敌的条件却已成熟，遂当机立断，改变在鲁西南作战的计划，定下决心转向豫东作战，先夺开封，尔后再集中兵力于运动中寻歼来援之敌的一路。由于对这一作战方案预先有准备，所以定下决心的当天就能上报中央军委，同时给部队下达了作战命令。中央军委迅即回电表示同意。战役的结果证明，这一"腹案"是正确的。

粟裕认为，战役指挥员不仅在战役之前要设想多种作战方案，而且在作战方案初步确定之后，仍要继续反复思考，设想可能出现的新情况和需要采取的相应最佳处置方案，以便在情况突变时可以不失时机地进行新的选择。因此，战役指挥中，他总是胸有成竹，临危不乱，棋高一筹，保持主动。

鲁南战役中，第一阶段作战，粟裕曾反复思考怎样才能更好地实现中央关于巩固鲁南的指示，认为枣庄是敌在鲁南的重要据点之一，有较强的工事，在我军出击方向的翼侧，如果不打下来，我军一出击，敌人就会依托那个据点从侧后打我们，对我很不利。为了打开鲁南的局面，创造较好的战场条件，只打下峄县不行，还须攻克枣庄。攻打枣庄，尽管付出的代价会更大些，但对打开鲁南局面极为重要。

战役第一阶段结束，发现寻歼敌第 33 军之战机已失，粟裕便向陈毅提出在战役第二阶段同时攻取峄县、枣庄的建议。

陈毅立即同意这个建议。

正是由于粟裕在组织指挥战役的整个过程中，自始至终贯彻慎重的原则，周全缜密地掌握和研究分析敌我双方各方面的情况，设想各种可能发生的变化，预筹相应的处置方案，并在出现有利战机时，当机立断，因而能够胸有成竹，处变不惊，掌握主动，克敌制胜。

当然，战争情况千变万化，所谓知己知彼只是相对的，不可能做到全知。战役指挥员在出现有利战机时，往往不得不在敌情并未完全明了的情况下定下决心，冒几分风险。

豫东战役第二阶段，我军主动放弃开封向通许方向转移，敌邱清泉兵团被诱以主力直扑通许，而另一路敌人区寿年兵团，因摸不清我军行动的企图，在进抵睢杞地区后举棋不定，两路敌人形成了四十公里的间隙。

为了抓住这一有利战机歼灭敌人，粟裕不待查明区兵团的具体部署情况，即下达围歼区兵团的作战命令。突击集团各纵队按预定作战方案，乘敌犹豫徘徊、立足未稳之际，向敌发起猛烈进攻，边打边查明敌情，顺利地歼灭了区兵团。这是粟裕贯彻慎重原则的一个重要方面。

淮海战役第一阶段围歼黄百韬兵团的作战，粟裕提出了三个作战方案，并分析其利害，认为以第三方案为最佳方案。这第三个方案是：分割全歼黄百韬兵力，因敌情已明，易收突然制敌之效。但距离敌总指挥部徐州较近，运河以西我不易控制，敌可利用铁道及海（州）郑（州）公路快速增援。执行这一方案，粟裕又估计到五种可能性。最后的结论是：第一种可能较小，应尽一切可能争取。第二种可能较大，亦应尽一切可能争取。如第一、第二种可能不易争取，至少争取第三种可能，而避免第四种可能，防止并破坏第五种可能。

粟裕多谋善断，算无遗策，与他这种审慎周密的思想作风是分不开的。

在作战方案形成和制定过程中，粟裕十分重视发扬军事民主，广泛听取多种意见，从不同角度进行分析。他所作的许多重大决策，都凝聚着下属指挥员、参战人员、战士、地方干部和群众的集体智慧。

粟裕在制定作战方案时，只要情况和时间允许，都要召开野战军党委会或作战会议，与各兵团指挥员共商作战大计。这是他的一个习惯，也是他所坚持的一个原则。他后来在总结鲁南战役的历史经验时，曾动情地说："在解放战争期间，几乎每次大的战役之前都要召开这样的战前会议。会上，分析战争形势和敌我态势，研究战役决心，探讨作战方法，部署后勤保障等，充分发扬军事民主，统一思想和行动。实践证明，这样做确实好处很大。后来的南麻、临朐一仗没有打好，固然有多方面的原因，战前没有来得及开会研究是重要原因之一。"（《粟裕战争回忆录》，第438—439页）

七、机断专行，处变不惊（多谋善断，当机立断）

粟裕善于在大局下行动，情况紧急时，敢于机断专行，独立地承担起作战成败的指挥责任。

粟裕指挥作战，慎重周密，深思熟虑，但又决不失之于多疑和寡断。机断专行，处变不惊，是他慎重用兵思想的重要内容。

在他看来，战争情况千变万化，知己知彼是相对的，每战既要力争有把握，又要敢于在既有一定把握又有一定风险的情况下作战。定下作战决心，需周密运筹，设想多种方案择其善者而从之。而在作战计划实施中，当情况发生重大变化或出现新的有利战机时，应当当机立断，改变或放弃原定计划，定下新的决心，决不轻躁出手。

机断专行与服从命令始终是既对立又统一的一对矛盾。自有军队以来，"军人以服从命令为天职"，就始终是所有军人的信条，但与其相对立又相一致的是"将在外，君命有所不受"。所谓"有所不受"，就是允许下级有一定的机断专行之权。但自古以来，这对矛盾处理得好的并不多见。

粟裕从自己多年戎马生涯的经历中深深懂得：服从命令与机断专行这两

件事是不冲突的。决不能把机断专行误认是违抗命令，也不能机械地执行命令，而抛弃机断专行。在战斗条令、野外条令上再三反复说明过：红军要绝对执行命令，同时要养成有机断专行的自动性。

上级指挥员应该让下级清楚地了解任务、上级企图和完成任务的方法，使下级不但坚决执行命令，而且发挥战场上临机机断的主动性。指挥官下达命令，以具有命令的机动性为原则，对下级不下死命令，处处给下级指挥员留活动余地。然后，各级指挥官依据指挥的机动性，详察上级指挥官的意旨与企图，随机应变，因时制宜。

相对于服从命令，粟裕强调更多的是"机断专行"。这是因为：第一，人民军队的指挥员一般都能自觉执行上级的命令和军队的纪律，而容易忽视作战中的机断专行。第二，人民军队的通讯联络装备一般比较落后，这就需要根据首长决心和实际情况机断专行。第三，人民军队的作战形式主要是游击战和运动战，需要高度的灵活机动。除了严格集中的统一指挥外，各级指挥员同样要根据上级总的战略意图发挥主观能动性，在来不及请示的情况下断然处置，机断专行。

正确的机断专行，是建立在既深刻领会上级意图和作战原则，又根据当前战场实际机断行事基础上的。粟裕一贯反对在作战指导上实行绝对集中的指挥。他经常谈起毛泽东作为军事统帅的优良作风："他总是既通观和掌握战争全局，又处处从战场实际情况出发。他十分重视战场指挥员的意见，给予应有的机动权和自主权，充分发挥战场指挥员的能动作用。"

粟裕告诫下级指挥员要善于把握战机，不放过任何可能打击敌人的机会。战机即有利于我作战歼敌的时机，它往往是稍纵即逝的，对赢得作战的胜利至关重要，只要出现这种时机，就要果断决策，勇敢出击，切忌犹豫不决。同时，善于根据变化了的情况，调整和改变自己原定或上级赋予的作战任务，当进则进，当退则退，从而避免不应有的损失。

为了不失时机，常常不待中央批复（中央曾指示各战区首长，作战指挥可以当机立断，中央不予遥制），粟裕即召请参谋长、政治部主任和机关参谋人员，传达既定的意图和决心，和参谋长一起制定战役部署，协同计划，下达作战命令，展开组织指挥。

粟裕机断专行的品格，在孟良崮战役的筹划和实施过程中得到充分的体现。

1947 年的孟良崮战役之前，我华东野战军用"耍龙灯"的办法，实施高度机动回旋，时南时北，或东或西，有进有退，既打又撤，削弱、调动、迷惑敌人，终于创造了有利的战机。

此时，险情丛生，变幻莫测，军情骤转，出人意料。

5 月 10 日，汤恩伯兵团的第 7 军和整编第 48 师进犯沂水。该敌位于敌之右翼，比较暴露。粟裕当即决定，以野战军主力歼灭之，并视机打援。但同时也考虑到，这路敌军是桂系部队，打仗既狡猾又顽强，不是理想的打击对象。因此，作战命令下达后，他继续密切关注着敌情的细微变化，寻找更合适的战机。

5 月 11 日，张灵甫的整编第 74 师从垛庄出发，经由孟良崮西麓，向坦埠以南华野第 9 纵队阵地进攻。

敌人的行动引起了粟裕的高度重视。粟裕判断敌人已经发现华野指挥部位置。蒋军这一行动究竟是局部行动，还是新的全线进攻？他特地通知情报部门严密监视敌军动向，尽快查明敌人的作战部署。

5 月 11 日晚上，华野技术侦察部门截获汤恩伯限整编第 74 师于 5 月 12 日攻占坦埠的电令。

粟裕在要求情报部门进一步查明敌情后，分析认为，尽管敌军行动尚未完全明朗，但可断定敌人决定发动全线进攻，其部署显然是以整编第 74 师为主要突击力量，在两翼和后续强大兵团掩护下实施中央突破，矛头直指华野指挥部驻地坦埠，企图一举击中我指挥中心，陷我军于混乱和四面包围之中，聚歼我军主力于沂蒙山区，或者将我军逼向胶东一隅，赶过黄河。

在此险情下，粟裕驻步沉思，临机应变，果断处置。

粟裕认为，这是一个难得的有利战机，立即提出了新的作战方案：不打第 7 军和整编第 48 师，改打中路强敌整编第 74 师。他迅速就近调集几个强有力的部队，以"猛虎掏心"的战法，以中央突破对付敌人的中央突破，从敌人战斗队形的中央楔入，切断对我军威胁最大的中路先锋整编第 74 师与其友邻的联系，将整编第 74 师全部干净消灭掉。

在如此短暂的时间内，果断改变已经付诸行动的计划，作出带有很大风险性的决策，从敌人重兵集团中分割歼灭强敌，不仅需要有压到强敌的英雄气概，而且要有驾驭战局发展变化的战略才能。

粟裕这一新的设想，是在辩证分析敌我态势及其发展趋势，权衡两种作战方案的利弊得失的基础上，得出的科学结论。

粟裕认为，整编第 74 师是蒋介石的"王牌军"，是这次重点进攻的骨干和急先锋，又是我军多次寻歼的死敌。歼灭整编第 74 师，将会给敌人以实力上精神上最沉重的打击，对我军指战员则是一个极大的鼓舞，可以立即挫败敌人的进攻，迅速改变战场态势，获得最有利的战役效果。如果打第 7 军和整编第 48 师，敌人很可能置该部于不顾，继续对我实行中央突破，从而使我军陷于两面作战的困境。这次敌人采取挟重兵以求中央突破的战法，估计我不是主动后撤就是被突破。我们针锋相对，一改先打薄弱之敌、孤立之敌的传统战法，以中央突破对付敌人的中央突破，打最强的整编第 74 师，出其不意，攻其无备，必将大奏奇效。

粟裕辩证地分析敌我兵力强弱和战场条件，认为强和弱是相对的，或强或弱，部队本身所具有的战斗力不是唯一的因素，而是诸多因素共同作用的结果：

从兵力对比上看，敌人对山东实施重点进攻的总兵力为 24 个整编师（军），其中在鲁中山区集中有 17 个整编师（军），我军在鲁中只有九个步兵纵队加一个特种兵纵队，敌人占有很大优势；但是，整编第 74 师已经进入我军主力集结的正面，我军部署不须作很大的调整，即可在局部地区对整编第 74 师形成 5：1 的绝对优势。

从武器装备和战斗力来看，我军经过 10 个月作战，特别是宿北和莱芜战役的锻炼，战术技术水平有很大提高，各级指挥员积累了大兵团作战经验，武器装备也有很大改善，特种兵纵队已有相当基础，火力大大加强，具备了围歼强敌的基本条件。整编第74师虽是强敌，但也有其弱点。它是重装备部队，进入山区，地形对其不利，机动受到限制，重装备不能发挥威力，甚至成为拖累，其强的一面就相对削弱了。

同时，该师十分骄横，与其他敌军矛盾很深，在我围歼该敌又坚决阻援的情况下，其他敌军不会奋力救援。我方可以利用山区地形，采取正面反击、两翼楔入、断敌退路、阻击援敌的战法，把整编第74师从敌人的重兵集团中分割出来，予以全部、干净、彻底歼灭。

粟裕认为，这是一个既有取胜把握又有一定风险的决策。能否取得胜利，关键在于正确的决策和巧妙的指挥。只要缜密部署，指挥上没有失误，就可以实现全歼整编第74师的意图。

这个设想获得陈毅同意后，粟裕立即改变原定决心，并定下新的战役决心：以五个纵队围歼第74师，另外四个纵队阻援。这次战役，以第74师3.2万余人全部被歼灭于孟良崮地区而告终。

粟裕后来回顾这次战役时指出："在战役指挥中，由于情况变化而临机改变决心并不少见。但是，这次临机改变决心时，不仅敌情严重，时间紧迫，而且作战对象的选择和作战方法的采用，都有其特殊之处。即使同上次莱芜战役相比，也不相同。"他认为，这种不同表现在：一是莱芜战役时敌军南北对进，南线与北线敌军相距150公里以上，我军活动地区仍较广阔。这次敌军采取一线式推进，已深入我鲁中腹地，并逐步形成了对我之弧形包围态势，战场回旋余地已很狭窄了。二是莱芜战役时我军舍南就北，寻歼李仙洲集团，示形于鲁南，决胜于鲁中，带有远距离奔袭的性质。这次是在优势之敌已开始全线进攻，有准备地要与我决战之时，我军突然从敌军的正面中央进行强攻硬取。三是莱芜战役时我军舍强取弱，这次是舍弱取强。所以我们充分预计到，这次战役将是一次硬仗、恶仗。

在历时一个多月的豫东战役中，粟裕依据战场形势和战况发展，连续多次定下决心。

当他率部在黄河以北休整时，根据中央军委的战略意图，定下在鲁西南歼灭敌整编第5军的决心。我军渡过黄河后，敌迅速向鲁西南集结，不易分割围歼。他当机立断，改变在鲁西南作战的计划，并迅速定下转向豫东作战，攻城阻的决心。

战役第二阶段，当邱清泉、区寿年兵团之间出现了40公里的间隙时，他又立即改变作战决心：以四个纵队围歼战斗力较弱又易分割的区兵团于睢杞地区，其余各纵分头阻击援军。

在围歼区兵团期间，西线敌军邱兵团被我军阻住，徐州"剿总"又急调黄百韬兵团由东线增援。

战场情况突然发生了重大变化，情况异常紧急。我军歼击区兵团的战斗正激烈进行，而东西两线援敌两个兵团又一齐压来。是坚持还是改变原定的战役决心，刻不容缓，需要立即作出决断。在对敌我情况重新进行全面分析后，粟裕当机立断，仍坚持原战役决心，同时增强阻击力量和加速攻歼被困之敌。

在我军实现先攻开封、后歼援敌的战役目的后，为保证部队顺利撤出战斗，粟裕又决心给立足未稳的黄兵团以歼灭性打击，并于四天后，果断定下撤出战斗的决心。这样，争取了时间，使各部队迅速撤离战场，摆脱了敌人，胜利结束战役。

粟裕在作战指挥中机断专行的事例，俯拾即是。鲁南战役中，正当我军要对敌快速纵队发起攻击时，天气突然由阴转雨，雨中夹雪，寒风刺骨。

这时，参谋人员跑来问，计划有无改变？

粟裕果断地说："不变！这是老天爷在帮我们的忙，雨雪交加，道路难行，会把重型装备陷在那里，敌人就更难逃脱了。"

果不出所料。由于我解放区军民对道路和桥梁的破坏，加之洼地泥泞，敌人突围时许多汽车和火炮都陷下去动弹不得。仅几个小时，这支美蒋合建、由美军装备训练、蒋纬国苦心经营的坦克部队，就被彻底消灭了。

豫东战役分为攻城和打援两个阶段。这是一个完整的作战方案。尽快攻克开封并及时掌握用于打援的足够兵力，是整个战役的转折点。

战役发起以后，粟裕就把注意的重心放在实现全战役的转折上，督促攻城部队迅速突破敌城垣主阵地，尽快攻克开封。1948 年 6 月 20 日夜间，开封守敌核心阵地龙亭尚未攻下，但城区之敌已基本肃清，第一阶段作战胜利在握。粟裕就同华野副参谋长张震、政治部副主任钟期光一起，赶到攻城部队指挥所。在这个战役转折点上，他要亲自到第一线指挥。

粟裕和张震、钟期光乘坐吉普车连夜驶向开封。

在开封前线指挥所，粟裕得知龙亭敌军阵地尚未攻下，蒋介石为了挽回败局，令邱清泉兵团继续向开封攻击前进，又令新组建的区寿年兵团经睢县、杞县迂回开封，企图在开封地区与华野决战。粟裕对攻城部队说："龙亭是要打下来的，但不要急，迟一点不要紧。有点残敌，可以作为钓邱兵团这条大鱼的钩子。你马上打下龙亭，他来援就不积极了。"

豫东战役第一阶段的作战，从战役开始到第 3、8 两纵主力撤出开封，只用五昼夜就完成了全战役的转折，掌握了战场的主动权。这时，粟裕才感到心里踏实下来，因为手中已经控制了足够多的机动兵力，为下一步歼击援敌创造了有利条件，可以随时投入第二阶段的作战了。

在第一阶段作战即将结束的时候，要不要按照预定计划打第二仗，发生了不同意见的讨论。

在开封作战远程中，中原野战军指挥机关酝酿着一个进攻郑州的计划，准备在攻克开封以后，集中陈赓、谢富治、陈锡联、粟裕等主力部队，以攻击郑州的国民党第 47 军为主要作战目标。但很快又提出放弃攻郑。

中央军委和毛泽东认为，同意"放弃攻郑计划"，并指示："目前打很大规模的歼灭战，主客观条件都不成熟，故须避免。"（《毛泽东军事文集》第四卷，军事科学出版社，中央文献出版社，1993 年 12 月，第 1 版，第 489 页）

在华东野战军前指内部，也有人认为部队打得太疲劳了，应当转入休整，不宜再打第二仗。显然，如果就此罢手，上下左右都会满意。

粟裕认为，这一仗不仅是扭转中原战局的关键一战，而且是对我们的战略决策的实践检验，必须争取全胜。时值盛夏，天气酷热，部队连续作战，确实很疲劳，下决心时必须充分考虑这种情况。但是，当时战机已经出现。为了战争全局的利益，必须发扬我军连续作战、敢打硬仗、不怕牺牲的革命英雄主义精神，坚持按照预定作战计划，集中优势兵力，寻歼援敌于运动之中。在多路援军进逼的形势下，首先以攻城部队挥师南下的行动调动和分离敌人。

粟裕起草好电报，首先签上自己的名字，然后请同意的同志签名。电报立即发出。时间是 6 月 24 日 19 时。

第二天，中央军委复电同意，认为"部署甚好"。26 日，中央军委针对"似嫌歼击企图太多太大"的意见，进一步指出："在此情形下粟（裕）陈（士榘）张（震）部署在睢杞通许之线（或此线以南）歼敌一路是很适当的。"（《毛泽东军事文集》第四卷，军事科学出版社，中央文献出版社，1993 年 12 月，第 1 版，第 492 页）

在强敌多路进逼的形势下，作出这样的决策，不仅需要智慧，而且需要胆略。对于这一点，中原野战军几位领导人有过评论。陈毅说："粟裕同志浑身是胆！"

蒋介石的统帅部一错再错，不仅没有想到华野会作出如此出奇制胜的决策，而且再次低估人民解放军连续作战的能力，判断华野"似无积极企图"，"必向津浦路前进"。于是，急令邱清泉兵团和区寿年兵团全力追堵，同时命令增援兖州的黄百韬兵团掉头南下豫东，西面的孙元良兵团积极东进，南面的胡琏兵团兼程北上，企图围歼华野主力于黄淮地区。华野部队于 6 月 22 日完全解放开封，6 月 26 日主动撤出开封。骄狂的邱清泉急于进占开封和尾击华野以捞取资本，多疑的区寿年则在睢杞地区犹豫徘徊，原本相距甚近的邱、区两兵团一夜之间拉开了 40 公里距离。

战机稍纵即逝。

粟裕及时抓住这一战机，不待查明敌军的具体部署，就指挥隐蔽集结于睢杞地区的华野主力部队，迅速楔入邱、区两兵团之间，围歼战斗力较弱的区寿年兵团，并在战斗中进一步查明敌军部署。经过六天激战，歼灭区寿年兵团兵团部、整编第 75 师师部和第 6 旅一个团，接着又给增援的黄百韬兵团以歼灭性打击，共歼敌 5 万余人。

7 月 6 日，豫东战役第二阶段的战斗进入关键时刻，既要迅速歼灭区寿年兵团残部，又要争取歼灭援敌黄百韬兵团，还要准备对付可能来援的邱清泉、胡琏、孙元良三个兵团。

根据中央军委指示，粟裕当即电令冀鲁豫独立旅向南急进，并要他们伪装主力番号，以阻止国民党第 18 军北援。

此时，黄百韬兵团和邱清泉兵团从东西两面向华野部队进攻，胡琏兵团从南面向北进攻。尤其是黄百韬兵团增援积极，已经进抵靠近睢杞的帝丘店地区。粟裕十分重视南面的情况，专派一个侦察营监视胡琏兵团的动向。

7 月 6 日 17 时，侦察营电话报告，胡琏兵团（第 18 军）的先头部队已突破豫皖苏军区两个团的阻击，到达距离睢杞战场只有几十华里的太康地区。

面对这种情况，粟裕当机立断，决定撤出战斗。

粟裕认为，我军攻克开封，又在睢杞地区歼灭大量援敌，基本上达到了预期的战役目的。部队经过连续作战，减员较大，十分疲劳，急需转入休整。为使我军顺利地撤出战斗，他决定采取先声夺人的战法，给运动中的黄百韬兵团以歼灭性打击，同时迅速歼灭区寿年兵团残部。这一仗，不仅把黄百韬兵团打得焦头烂额，而且使邱清泉不寒而栗，起了一箭双雕的作用。

在华野与蒋军脱离接触时，黄百韬惊魂未定，一动也不敢动。邱清泉、孙元良两兵团遭到还击后，也未敢再进。华野部队在多路援敌进逼下，一下子跳了出来，进入鲁西南预定地区休整。等到蒋军查明华野部队集结位置，华野部队已经休整一周了。打了硬仗、恶仗、胜仗之后，顺利地撤离战场，是全战役中一个十分重要的环节。

粟裕果断巧妙的指挥使这个环节为全战役画上了一个圆满的句号。

淮海战役中，何时发起战役进攻，粟裕再次展示了他科学决策、机断专行的品格。

1948 年 10 月 30 日，中央军委和陈毅、邓小平已复电华野，同意 11 月

8 日晚发起淮海战役。

蒋介石于 11 月 3 日和 4 日，分别派许朗轩、顾祝同到葫芦岛、徐州具体部署"徐蚌会战"，决定放弃海州、连云港，固守徐州，集结兵力于津浦路徐蚌段，作攻势防御，"以阻我南下攻势，掩护其加强江防及江南后方部署"。

11 月 6 日，发现驻守海州的敌第 44 军有西撤新安镇，并归黄百韬兵团指挥的动向；驻在徐州东北台儿庄、贾汪等地区的第三绥靖区冯治安部的共产党员何基沣、张克侠部，发动起义的要求也"更趋积极"。粟裕深切地感到，时不我待，淮海战役的发起时间宜早不宜迟。

当天晚上，粟裕当机立断，决定把淮海战役发起时间提前两日，决定在 11 月 6 日夜间打响。当天戌时（19—21 时），就把作战部署上报中央军委和陈毅、邓小平并饶漱石、康生、张云逸、舒同、刘伯承、邓子恢、李达，同时下令部队执行。

作出这样一个决定，不仅需要智慧，而且需要胆略。

粟裕心里明白，他刚刚受到毛泽东的严厉批评，这次机断专行虽然为争取战争胜利所必需，但也可能被视为无纪律行为而再次受到批评指责。可是，为了党和人民的利益，为了争取战争的胜利，他置个人得失于度外，毅然决定提前两天发起战役。粟裕后来说，提前两天发起淮海战役的"机断专行"，为争取战争的胜利所必需，个人得失，顾不得去想了。

11 月 7 日晚，中央军委复电："完全同意鱼（6 日）戌电所述攻击部署，望你们坚决执行，非有特别重大变化，不要改变计划，越坚决越能胜利。在此方针下，由你们机断专行，不要事事请示，但将战况及其意见每日或每三日报告一次。"

中央军委的来电，肯定了粟裕的做法，字里行间，充分体现了毛泽东指挥大规模战役的一贯作风和统帅气度。

将淮海战役提前两天打响，实践证明是非常正确、非常英明的。它打乱了蒋介石苦心经营的"徐蚌会战"部署，创造了分割包围黄百韬兵团的有利战机。

在这两天时间里，在敌人毫无觉察的情况下，何基沣、张克侠率一个军部三个半师 2.3 万余人起义，徐州东北大门洞开，华野右路大军三个纵队迅速通过起义部队防区，切断了黄百韬兵团西撤徐州的通道。

在这两天时间里，华野各部队不但歼灭黄百韬兵团一个军、两个师，而且将黄百韬的兵团部和其余的四个军 12 万多人，团团包围在以碾庄为中心的纵横只有 10 余公里的狭小地区，黄百韬兵团已"四面楚歌"。

谈起提前两天发起淮海战役的决策，粟裕着重强调兵贵神速，时间就是生命，时间就是胜利。他说："如果再晚四个小时，让黄百韬窜入徐州，那仗就不好打了。"

由此可见，在这种困难复杂的情况下，改变战役决心，需要有多么大的勇气和魄力。

1948 年 11 月 28 日，淮海战役最为紧张的时刻，中央军委来电指出："黄维解决后，须估计到徐州之敌有向两淮或向武汉逃跑可能。"（《毛泽东军事文集》第五卷，军事科学出版社，中央文献出版社，1993 年 12 月，第 1 版，第 289 页）

接到中央军委的电报，粟裕进一步分析敌我态势，认为徐州之敌有不待黄维被歼灭就放弃徐州的可能，并且判断敌人突围有三个可能的方向：

一是沿陇海路向东，经连云港海运南逃，优点是可以迅速摆脱被歼灭的命运，但要迅速解决装载三个兵团的船只和码头是困难的，如遭我尾击则会陷入背海作战的境地，有被全歼危险。

二是直奔东南走两淮，经苏中转向京沪，优点是可避开我军主力，但这一路河川纵横，要经过水网地区，不便于大兵团、重装备行动，而且都是我老根据地，将陷入我地方军和民兵包围之中。

三是沿津浦路西侧绕过山区南下，这一带地形开阔，道路平坦，便于大兵团、重装备行动，距黄维兵团又近，可以同李延年、刘汝明相呼应，南北对进，既可解黄维之围，又可集中兵力防守淮河，可谓一箭双雕，缺点是将遭到我两大野战军的强大打击。不过，敌人总是过高地估计自己的力量，走这一路的可能性最大。如果杜聿明与黄维会合，战场形势将发生不利于我的重大变化，所以是对我们威胁最大的一招。因此，在兵力部署上，要把重点放在敌人向西南逃窜这一种可能上。

粟裕的判断和部署于 11 月 29 日上报中央军委、刘陈邓和华东局。中央军委第二天复电指出："各项估计及意见均甚好。"（《毛泽东军事文集》第五卷，军事科学出版社，中央文献出版社，1993 年 12 月，第 1 版，第 295 页）

正当粟裕根据上述判断调整北线兵力部署的时候，中央军委发来电报，指出徐州蒋军"逃跑的方向以两淮或连云港两处为最大"，指令华野"必须马上有所准备"，"务使敌人不能向这两个方向逃跑"。

接到这个电报，粟裕感到左右为难。他虽然认为敌人不会由这两个方向逃窜，但是中央军委已有明确指示，万一敌人真的从这两个方向逃窜，而自己部署失当，个人贻误军机且不说，势将影响同敌人进行战略决战。相信这个判断吧，如果杜聿明向西南走，与黄维会合，后果更难设想。

经过再三分析比较，粟裕确认，徐州之敌走两淮和连云港的可能性不大。于是下定决心，把华野在北线的七个纵队部署于徐州以南津浦路东西两侧，把注意的重心放在西南方向。他认为，采取这样的部署，即使杜聿明集团向两淮或连云港方向逃窜，受地形条件的限制，逃跑的速度也不会快，我们也可以赶得上。

粟裕布下天罗地网，只待杜聿明集团来投。

11 月 28 日，蒋介石急令刘峙和杜聿明到南京密商，决定撤出徐州，经徐州西南的永城转到淮河以北的蒙城、阜阳地区，然后依托淮河向北攻击，以解黄维兵团之围。杜聿明返回徐州，决定在 11 月 30 日全面发动佯攻以迷惑解放军，当天晚上秘密撤出徐州。

在渡江战役前，总前委制定并经中央军委同意的《京沪杭作战纲要》规定，部队渡江后先站稳脚跟，再视情扩大战果。

可是，在渡江战役开始后，我军主力一突破江防，敌军便仓皇撤退。这时传来情报：国民党统帅部正在部署撤退，南京、镇江、芜湖的国民党军队开始向南逃跑。

粟裕判断，敌人可能集中一部力量与我军争夺京沪铁路常州东西地段，其余主力则可能沿京杭公路向杭州撤退，当务之急是迅速切断京杭公路，追歼南京、镇江、芜湖逃窜之敌。

粟裕认为，如果动作迟缓，将会失去歼敌良机。于是，他一面向中央军委和总前委报告，一面机断处置，立即电令第 9 兵团率第 25、第 27 两军以急行军向郎溪、溧阳之线挺进，不为小敌所阻惑；令第 7 兵团迅速将攻击箭头转向宣城方向，在第 9 兵团右侧后成梯次队形前进。并将这一方案上报中央军委、总前委。

果如粟裕所料，从 4 月 22 日夜开始，南京、镇江、芜湖之敌纷纷逃窜，除四个军分别撤向上海、浙赣线外，其余七个军则沿京杭公路及其两侧向杭州撤退。

粟裕立即下令东集团第 28 军兼程急进，抢占宜兴，第 31 军向太湖西岸挺进，第 23 军向金坛、溧阳挺进，截断沿京杭公路南逃之敌通路；同时命令中集团第 25 军、第 27 军全力兼程向郎溪、溧阳之线挺进，与东集团部队打通联系，完全切断敌人南逃退路。

粟裕预计围歼逃敌的战场将在郎溪、广德、长兴地区。敌我到达这个地区的距离和行程，他已经反复测算过了，认为双方的时间和空间条件相差不多，谁能在时间上抢在前面，提前到达郎溪、广德、长兴地区，谁就赢得了主动权。

为了抢在敌人的前面，使东、中两集团部队迅速会师合围，粟裕和张震于 23 日至 24 日晨连发几道电令，严令各部"迅速猛进，阻击、截击与尾追"，务须追上敌人主力，完全封锁敌人退路，围歼南逃之敌于太湖西岸长兴、广德、郎溪地区。命令的中心就是一个"快"字：快追，快堵，快截，快歼。

三野东西两线部队发扬"跑得、打得、饿得"的传统作风，冒着连绵不断的春雨，踏着泥泞的道路，昼夜兼程，猛追猛打，将战役纵深扩展到百余公里，即将到达长兴、广德、郎溪地区，实现东西对进围歼逃敌的战役企图。

在这个关键时刻，发生了要不要继续追歼逃敌的问题。4 月 24 日，总前委致粟裕、张震电，认为"此次渡江已取得了伟大胜利，但迄今为止敌人被歼不多。我军应派队追击敌人，一面应整顿态势，克服并停止渡江追击所形成的紊乱现象"。指令三野"东西追击部队到宜兴、长兴、吴兴、广德地区后，主力即应暂时停止"。

同一天，第 10 兵团指挥员在报告中提出："估计在宜兴、吴兴不会有大的战斗，不可能在该处包围敌人，因为敌人退得很快，请决定第二阶段作战计划，先围攻杭州，或上海、杭州同时围攻。"

如果按照上述指示和意见去做，这场对整个战役至关重要的追歼战就可能功亏一篑。

在对这个问题的处理上，粟裕再次表现出机断专行的指挥风格。他根据总前委指示调整部署，于 4 月 25 日 10 时 30 分发电报给三野各兵团首长并报总前委、中央军委，"决定首先歼灭以杭州为中心之敌，孤立上海，尔后再视机会攻上海"。同时指出："敌 4 军、51 军尚在溧阳地区。如我追击部队到达将其截住，则不受此令限制，应机动坚决分割歼灭之。如敌已集结，则先行包围待命总攻。但 9 兵团先头军应于感日（即 27 日）前后进至长兴、吴兴地区，截断敌之退路，与 10 兵团会师。"

为了及时掌握战场情况，指挥追歼逃敌以及解放上海、杭州之战，粟裕率领三野指挥机关前进到常州。

粟裕指令东西两线部队加速钳形攻势，力争将南逃之敌歼灭在郎溪、广德山区。

按照粟裕的部署，三野部队将蒋军五个军的大部分八万余人团团包围在郎溪、广德之间山区。蒋军如瓮中之鳖，狼奔豕突，四处碰壁，乱作一团。三野部队猛插猛打，向心突击，经一天多激战，全歼逃敌，生俘军长、副军长以下官兵五万余人。

张震在谈到渡江战役时，特别推崇粟裕机断专行的指挥风格。他说："他总是坚定不移地在上级战略意图下积极地机断行事，十分果敢地定下大兵团作战的战役决心。当敌情有了较大变化，原定方案难以保证上级意图更好实现的时候，他总是勇于负责，果断地改变原定决心，在情况紧急时一边报告、一边直接指挥部队行动，有时则独立处置，事后报告。""渡江战役突破敌江防后能迅速转入追击，达成对南逃之敌六个军的战役合围，也与粟裕同志机断行事的优秀指挥素质分不开。"

八、周全谨慎，心细如发

粟裕打仗，小处如刺苏绣，穿针引线，丝丝入扣，部署非常周密，各种可能出现的情况，以至万一失利时的措置，都有极严密的筹算，真是万无一失，深得广大指战员的信赖。他深知所属各部队的特点，善于扬长避短，充分发挥各部队的作战威力，或用之于野战、攻坚，或委之于阻击、防御，无不得心应手，马到功成。

他还常常身临火线，观察战场的实际情况，实施机动灵活的指挥。

1940 年 7 月，他率领新四军江南指挥部所属主力北渡长江，必须于一夜之间通过运河、沪宁铁路和渡过长江。先头部队通过铁路封锁线时，同日寇的铁道巡逻队发生遭遇战。他立即泅渡运河赶到前面，指挥部队抗击，掩护主力迅速前进，接着又赶回到运河边，督促后续部队渡河跟进，终于顺利地全部到达长江北岸。

苏北黄桥决战，当顽军攻击正猛的当口，他在敌人火力下出入黄桥，检查防御部队的坚守情况，组织野战部队适时出击。他六七天没有很好睡过觉，疲劳极了，在跟随追击部队前进的途中，禁不住白天打瞌睡，从马背上摔了下来。

1942 年底，为破坏敌伪对苏中的"清乡"准备，他指挥新四军第 1 师特务团，在苏中二、四分区的接合部上，攻击敌伪据点曹家埠。战斗进展不太顺利，他即趁黎明前的黑暗，进到敌人碉堡下观察地形和敌人的防御设施，帮助部队组织火力和越壕突击。结果被敌人发现，幸亏身旁同志极力掩护，才使他免遭不测。

1947 年 5 月的孟良崮战役中，16 日下午，战斗已接近尾声。参战部队纷纷向前线指挥所汇报战果，有的部队开始打扫战场、收拢部队。这时天气突变，山雨欲来，阴云密布，能见度低。各部报告的战果，只抓到几百名俘虏。华野情报处处长报告，通过技术侦察发现，敌人还有电台在联络求援。这些情况引起了粟裕的警觉。

作战科科长拿来向中央军委报捷的电报稿。粟裕摆手示意，报捷电报缓发，同时指示："命令各部队重新汇报战果，歼俘敌人的数字要力求准确无误。命令各部队继续搜查，不可放松警惕，特别是比较隐蔽的山沟更要仔细搜查。没有命令，不许停止。"

看到大家迷惑不解，粟裕解释说："兵法上有穷寇勿追，是说狗急了要跳墙，弄不好会被反咬一口。我们主张打歼灭战，硬是要追穷寇，不论这只狗发疯也好，跳墙也好，都必须把它确确实实地打死才行。我把各部队上报的歼敌数字与 74 师编制数字反复核对，还差 7000 人左右。7000 人不是个小数目，弄不好会给我们带来不必要的损失。"

参谋处根据各部队清查后的战果统计，并与整编第 74 师编制人数核对，发现各部队上报歼敌总数 2.5 万余人，与整编第 74 师应有人数 3.2 万余人相比，还少七八千人。

粟裕当机立断，命令各纵队组织轻装部队，严密搜索。果然在孟良崮、雕窝之间的山谷里发现集结有 7000 多敌军，正准备突围。粟裕命令第 7、第 8、第 9 三个纵队立即出动兜剿。各纵队指战员不顾疲劳，英勇奋战，全歼残敌，无一漏网。

捷报传来，全军振奋，欢声如雷。指战员们纷纷称赞粟裕料敌如神的谋略和高人一筹的指挥。陈毅紧紧握住粟裕的手说："老伙计，这个仗，你硬是越打越神了！"

渡江战役中，粟裕和参谋长张震分析，突破敌长江防线没有什么太大的问题，主要是如何分割敌人，不让敌人退至沪、杭与浙赣线。粟裕特别强调要第 9、第 10 兵团切断太湖南北走廊，使敌人不能有效地加强上海防御。

在我军成功突破敌江防之际，粟裕立即要张震与第 10 兵团叶飞取得联系，他命令第 10 兵团直插太湖以西宜兴、长兴地区，会同第 9 兵团部队围歼南逃之敌。第 8 兵团除以一部兵力担任南京守备外，主力参加太湖走廊会战。粟裕又令第 7 兵团不顾一切向纵深猛插，抢占钱塘江大桥，以便我军以后向福建进军。

他告诉张震：钱塘江大桥能过火车、汽车，非常重要，如果破坏了，严重影响我军下一步战略行动。

张震当时还是第一次听说一座桥梁既能通火车，又能通汽车。这座大桥后来被第 7 兵团第 21 军先头部队在敌人准备炸桥时迅速夺取了。粟裕的这些判断与部署，对战役的胜利起到了重要作用。

陈毅于 1947 年 11 月底接到中央电报，要他参加在陕北米脂县杨家沟召开的著名的"十二月会议"并汇报华东战场情况。陈毅赴会时，华野副司令员粟裕特地派了一辆十轮大卡车，装了 18 桶汽油，随陈毅带到陕北，作为华野全体官兵送给党中央的礼物。

陈毅后来对粟裕说，当时也有一些地方领导给中央带去礼物，但有的被退回，有的还挨了批评。唯独华野送去的汽油甚得毛泽东欢心，受到中央的赞扬。毛泽东说，粟裕送的不是汽油，而是"及时雨"。周恩来则感慨万千地说，这个粟裕真是心细如发啊！

九、从实际出发，实事求是

粟裕用兵打仗，坚持一切从战场的实际情况出发，根据不断变化的时间、地点与条件，实事求是地指挥作战。

粟裕认为，要打胜仗，首先必须坚持实事求是，正确认识和把握战争发展的内在规律。在长期的战争指挥实践中，粟裕养成了"不唯书，不唯上，只唯实"的刚毅性格。

实事求是一词，源出于汉书，代表着中华民族的思想模式和行事准则。粟裕不唯上，不唯书，只唯实。他善于从中国人民革命战争的实践中总结出真知灼见，提出自己的独特见解，并敢于坚持，勇于实践。苏中七战七捷，可以说是粟裕坚持实事求是精神的胜利。

对于中央军委的指挥，粟裕的一贯态度是坚决执行而不机械呆板，灵活机动而不随心所欲。他认为，在作战指导上实行绝对集中的指挥，必然容易脱离实际，使部队作战行动陷于被动，危害极大。不结合实际情况具体灵活地执行上级指示，即使是在正确路线的领导下也是应当加以反对的。

粟裕以辩证的观点认识军事原则和作战方法。他指出，一成不变的军事原则和作战方法是没有的，对一般军事原则，必须辩证地加以理解，不能机械地搬用。取得作战胜利的方法，不应重复老一套，而应是根据实际情况灵活多变的。粟裕还具体举例说明，由于主观能动性的影响，战场上对敌双方都力争主动，力避被动，揭露矛盾，利用矛盾，互相找岔子，变化多端。如果不能适应情况的变化，一味墨守成规，就要挨打或丧失有利战机。

例如，十大军事原则中有一条说：先打分散孤立之敌，后打集中强大之敌。这无疑是完全正确的，是解放战争全过程的指导思想。因为我们是从敌强我弱的情况下，逐步发展为我强敌弱的。但是，在解放战争后期，就不能机械地搬用这一原则，而必须灵活地运用这一原则。譬如渡江之后，由于我军已占绝对优势，因而就要想尽一切办法找寻敌人的主力决战。在总结苏中战役经验时，粟裕指出，在军事上首先是由于我们没有机械地教条主义地运用战略指导原则。

粟裕在总结红军抗日先遣队浒湾、八角亭作战时指出："这一仗给我留下了很深的印象，它说明随着战争规模的扩大和敌军武器装备的变化，我军的战术、技术也需要相应地发展。所以我历来主张要给部队讲真实情况，让部队了解敌人。由于受'左'的影响，有一种倾向，就是不敢实事求是地讲敌人的力量。"（《粟裕战争回忆录》，解放军出版社，1988年11月，第1版，第104页）

浒湾、八角亭靠近敌人的战略要点江西抚州的金溪县。守浒湾的是冷欣的一个师，下辖五个团。中共中央军委命令红7军团正面进攻，夺取浒湾，红 3 军团迂回侧后。红 7 军团发起攻击后，与固守八角亭的敌人形成对峙。粟裕率领的红 20 师是刚由地方部队改编成立的，全师只有 2000 多人，而攻击正面宽达 10 公里，还要派出两个营去掩护兄弟部队，用在主阵地的兵力实际上只有 1500 人左右。敌人发现红 3 军团进攻其侧后，立即倾全力猛攻正面。

粟裕指挥红 20 师和红 19 师一起奋力反击，第一天把敌人打垮了，还缴了几百条枪，天黑后各自收兵。从枪声判断，红 3 军团和敌人打得很激烈，但红 3 军团一次也没有和红 7 军团联络，彼此不知道对方情况，没有协同配合，各自打成了消耗战。

第二天早晨，敌人继续从正面猛攻，还出动了飞机、装甲车。红军战士没有见过装甲车，面对这样的铁家伙，不知该怎样对付，红 19 师的阵地被敌人两辆装甲车冲垮了。

擅长游击战的红军指战员，从来没有见到过飞机轰炸场面，望着集中投下的炸弹，有人大声叫喊："不得了啦，不得了啦！"他们不是胆小怕死，而是不知该怎样对付敌人的空中袭击。

粟裕指挥的红 20 师阵地战斗也很激烈，敌人以密集队形冲杀，红 20 师师部阵地最后只有机枪排的一挺重机枪，仅剩 70 多发子弹。机枪排长舍不得把子弹打光，粟裕抢步上前，夺过机枪，猛扣扳机，"哒，哒，哒"，70 多发子弹一齐射向敌阵，遏制了敌人的攻势。子弹、手榴弹全打光了，粟裕和战士们就用枪托和石头砸，一直坚持到天黑。敌人进攻的枪声渐渐停止了，粟裕率领幸存的战士们沿着抚河撤退，第二天早晨才找到红 7 军团指挥部。

浒湾战斗失利，粟裕总结出了很多教训。其中一条，就是吃了不了解敌人新式装备的大亏。粟裕认为，实事求是看到敌人的优势，绝不是"倾左"领导人所说的"恐敌病"。了解敌人才能最终战胜敌人。与其战斗打响了由于缺乏思想准备而"恐慌"，不如交锋前"恐慌"。战前"恐慌"还有时间做好工作，研究对策；战时"恐慌"想补救已经晚了，等待的只能是打败仗。

粟裕对于不顾实际情况，机械地执行上级指示的恶果有亲身的感受。红军北上抗日先遣队北上过程中，正值王明"左"倾冒险主义统治时期，军事指挥实行绝对集中主义，抗日先遣队的全部战略行动甚至战术行动，均由中央和中革军委直接指挥，而军团内部又有一些主要领导干部只知机械地执行上级指示。结果，越是机械执行，越是被动，越是打不好仗，终遭失败。粟裕在回忆这一段历史时痛切地说："你越是机械地执行，就越是被动，越被动就越打不好仗，也就越挨批评。不结合实际情况具体灵活地执行上级指示，即使是在正确路线的领导下，也是应当加以反对的。"（《粟裕战争回忆录》，第 139 页）

从实际情况出发，首先是不断了解敌我双方情况，做到知己知彼。粟裕每战都要求查明敌人的番号、兵种、数量、武器装备、组织状况、兵力部署、阵地编成、火力配置、行动企图等情况，还要了解敌人部队的战斗历史、作战特长，指挥官的能力、个性，指挥机关设在何处，兵站、仓库和交通要点在哪里。要详细查明敌我双方地区的地形。敌人方面的地形怎样？他来进攻，哪些地方我们可以设伏？哪里地形对我不利？我们应在何处构筑工事，如何防御？我们进攻敌人时，有无隐蔽道路便于接敌运动？各主要河流的宽度、深度、河底状况如何？哪里可以徒涉，哪里可以架桥？等等，都要侦察调查清楚。摸清这一切，才有考虑作战计划的主要根据。

真正做到既了解敌人，又了解自己，从实际出发制订作战计划，就能充分发扬我们的长处，攻击敌人的弱点，保证战斗的胜利。从实际出发，对上级指示，要根据具体情况灵活运用，不能机械地照搬。越是机械地执行，就越是被动，越被动就越打不好仗，也就越挨批评。不结合实际情况具体灵活地执行上级指示，即使是在正确路线的领导下也是应当加以反对的。这些认识，充分反映出粟裕坚持辩证法的彻底唯物主义精神。

十、着眼发展，把握规律

粟裕特别注意探索战争规律，预测战争发展趋势，用以指导当前的斗争。因此，他的决策和指挥具有很强的创造性和预见性，在认识上常常居于领先地位，在实践上则常常走在前列，及时主动地实行战略转变，运筹自如地进行战役指挥。

两军对阵，不仅是兵力、火器、士气的较量，也是双方指挥员指挥艺术的较量。然而，指挥员指挥艺术的高低，来源于对战争规律的认识程度。

战争的发展，是有其内在规律的。在作战指挥中坚持实事求是，就是要从客观存在着的战争实际出发，揭示其内部固有的而不脱造的规律性，并应用这种规律性的认识于自己的作战指导之中，从而使主动指导与不断发展变化着的战争实际相符合。这是战争指挥员在战争这个汪洋大海之中从容自如地游向胜利彼岸的关键。

要戎马一生中，始终以彻底的唯物主义的立场、观点和方法，实事求是地研究与把握战争规律和战争指导规律。他特别注重从战争的时间、地域和性质的差别等情况出发，研究不同时期战争和战争不同阶段的特殊规律，因而在作战指导上能够做到主观和客观相符合，牢牢把握作战的主动权。

粟裕总是根据中央的战略决策按照战争规律决定作战行动。

谈到早年在井冈山和中央苏区跟随毛泽东、朱德转战的日子，粟裕曾满怀深情地说："我跟随毛泽东、朱德同志学习打仗所得到的最深刻的体会，是战争有它自己的规律，克敌制胜的办法必须依据敌我双方的实际情况和战争内在规律去寻找。我学到的这条道理，使我终身受益。"

在浙南三年游击战争中，他独立地解决战略和策略问题，实行了由正规军到游击队、由国内革命战争到抗日民族战争两次战略转变。在军事上，丰富和发展了"十六字诀"的游击战术，采取"敌进我进"的作战方针。在政治上经济上，适当调整政策，扩大团结面，缩小打击面，建立了游击根据地，在全国革命的低潮中创造了局部地区的高潮。

粟裕在总结苏中战役的历史经验时，讲过这样一段耐人寻味的话："也许今天有的同志会问：双方是老对手了，不但在十年内战中，就在八年抗战的反摩擦斗争中，也一直打交道的。'不打不相识'，双方都是老相识了，而且苏中的地理人情，你们又是熟悉的，为什么还要思索这个问题呢？我们的回答是，日本投降后，蒋介石和我们都有了重要变化，我们必须着眼于战争的新的特点及其发展。""尽管仍然是敌强我弱，但是，敌我力量的重大变化，已使国内战争的主要形式——'围剿'与反'围剿'的反复永远结束了，产生着新的规律。"（《粟裕战争回忆录》，第394-395页）

他处处从实际出发，着眼于斗争全局和当时当地的作战特点和发展，准确地把握战争发展变化的规律。

抗日战争结束国共交战前夕，新四军军部指示留在海安的粟裕，速率主力西进淮南准备打仗。粟裕并不唯命是从，从对苏中解放区天时、地利、人和的综合优势深思熟虑，条分缕析后，他果敢地提出了充分利用苏中的有利条件，先打几个大胜仗，再西进淮南的建议，这在实际上就是请求中央更改部署，请求新四军军部收回成命。

粟裕向中央军委致电，并驱车赶往淮安，向淮中分局领导当面直陈自己的意见，得到了领导的支持，并进一步说服了中央军委，这才有了苏中战役的七战七捷，以华中野战军3万多人，面对蒋介石50万大军，直接作战部队12万余人，却以少胜多，大获全胜，创造了大兵团作战敌我伤亡15：1的纪录。

粟裕提出自己的建议，不是鲁莽的、随意的，而是经过深思熟虑、有理有据的，因而能够经得起战争实践的检验。他提出三个纵队不去长江以南，集中兵力在中原作战的建议，就经过一个多月的反复思考。同时，作为战役指挥员，对中央军委的重大战略决策提出不同的看法，也不是那么容易的。

粟裕在提出建议以前，就曾有过顾虑，主要是担心自己看问题有局限性，怕干扰统帅部的决心。但是，他认为，作为一个战役指挥员，在即将执行上级赋予的任务时，应当结合战争的全局进行思考，从全局上考虑得失利弊，把局部和全局很好地联系起来；全局是由许多局部组成的，从局部看到的问题，也许会对中央观察全局、作出决策有参考价值。因而，他排除顾虑，毅然把自己的看法和建议报告中央军委，表现了坚强的党性和对革命事业极端负责的精神。

在抗日战争时期，他依据全国形势和苏中实际，决定在战略相持阶段，争取有利时机，推进局部的战略反攻，发起了黄桥战役。1941年皖南事变后，粟裕在一次谈话中纵论国际形势，预言德国可能东进向苏联开刀，日本将要在太平洋发动一场大战。后来的历史发展，一一证实了粟裕的科学预见。粟裕既是一位脚踏实地的战区指挥员，又是一位具有远见卓识的战略家。

国共内战全面爆发后，粟裕从战争初期的作战任务出发，根据敌我双方的实际情况，坚持集中兵力各个歼敌的作战原则，在作战地域、首歼目标和出击时机上进行比较选择，迅速定下决心：在苏中前部地区作战；以整编第83师（即原第100军）为首歼目标；到敌人进攻的出发地宣家堡和泰兴去打。

粟裕从敌我双方的战略意图和地形特点、群众基础等条件出发，果断决定不采用我军传统的诱敌深入战法，而把战场选在苏中解放区的前部地区；根据敌我态势和尔后连续作战的需要，不采用后发制人的手段，而大胆歼敌于其进攻出发地；对于打击目标的选择，又没有拘泥于先拣弱的打这一普遍原则，而把矛头指向装备最好、战斗力最强也最骄傲的敌嫡系整编第83师。没有全局在胸，没有透过现象抓住本质的洞察力，没有实事求是、从实际出发的科学态度，不经过周密思虑和分析综合的创造过程，就绝不可能在这样三个关键环节上逐一作出在机械论者看来不合常理的正确决策。

后来的事实证明，粟裕的决策完全符合实际，指挥高敌一筹。几十年后，粟裕的对手李默庵回顾往事，说对于宣泰之战事前确实没有想到。

第九章
筹谋现代化国防和军队

　　粟裕不仅是战争年代叱咤风云的常胜将军，而且也是和平时期指导国防建设的战略家。针对现代战争的特点和中国国情，深谋远虑、实事求是而富有创造性地提出了加强国防建设的战略对策，对我国国防建设理论和实践产生了重大的影响。

要建设一支现代化的革命军队，必须减少军队数量，提高军队质量；要根据国民经济的发展，把自行研究和适当引进结合起来，把引进新技术作为加速我军武器装备现代化的起点，逐步形成自己的装备体系。

一、建立现代化国防

粟裕主张：必须首先确定国家的战略方针，并以此制订国防建设计划，把国防建设作为国家建设的重要组成部分，使整个建军计划与整个国家建设计划密切地配合起来，走军民结合、平战结合建设国防的路子。

新中国成立初期，粟裕就指出：不加强国防，就不可能巩固革命胜利成果，就不可能保卫祖国的社会主义建设，也就不可能保卫我们每一个人的劳动成果和幸福美好的未来。他强调，现代战争将在政治、经济、军事、外交、科学技术等诸领域同时展开，将是国家之间在人力、物力、财力和武力上的总竞赛。对付现代化战争，非搞好国防现代化建设不可。他进而明确提出国防建设必须以现代化为总任务的观点。

实现国防现代化，一是要建设一支现代化的革命军队。他在 1954 年提请军委研究的《在原子时代关于陆海空军军事建设方针的建议》中提出，把我军由单一军兵种建设成具有强大的海军、空军和陆军特种兵齐全的合成军队，是当务之急。二是要建立配套的现代化的国防科技工业体系。可以从西方发达资本主义国家引进新技术，也可以引进一些武器装备，作为加速国防现代化的新起点；但最根本的还是靠我国自己国防工业的现代化。三是要建立现代化的国防理论体系，总题目应当是研究解决如何打现代条件下的人民战争问题。在我国现有经济条件下，武器装备不可能很快更新，但军事科研工作要走在前面，不能满足过去的老一套，要敢于创新，敢于发展，做好以劣势装备对付高度现代化的敌人的理论准备。四是要确立现代化的国防观念。只有确立全民国防观和健全国防法规，奋发民族爱国护国的凝聚力，国防现代化建设才有坚实的社会根基。他希望全国人民加强国防观念，大力支援国防建设，并建议科学家们热烈参加国防科学技术的研究，为保卫祖国贡献自己的力量。

依据军事战略方针，统筹国防建设的规划。1952 年 4 月，粟裕向中央军委建议：必须首先确定我们国家的整个战略方针，以制定我们的作战腹案（应该有几个方案），尔后根据我们国家的整个战略方针与几个作战方案，来制定我们的国防建设计划，以便根据这个计划来布置战场并具体确定我们的国防警戒线，同时将整个建军计划、整个国防建设计划和整个国家建设计划密切配合起来，实现军民兼容。这个建议得到了周恩来总理的重视。

粟裕依据我国积极防御的战略方针，从三个方面对统筹规划国防建设提出了战略性指导意见：一是在国家财政计划上，以国家经济建设为重，坚持走富国强兵之路。他说：我们要以有限的军费，用于最迫切需要的、对提高战斗力最有直接影响的方面，以便集中更多的人力、物力、财力用于国家工业化建设。只有发展了重工业和国防工业，才能为我军现代化建设打下牢固的物质基础。否则，军队即使有了现代化的武器装备，如无强大的工业基础和现代化供应以及顺畅的交通、通讯，也是枉然。二是在军队建设计划上，以海军、空军和陆军特种兵建设为重点。在军队系统中的各军兵种，不能各强调各的重要，争经费、争员额，必须按三年或五年的军队建设计划统一部署，统一组织实施。三是在国防工程建设计划上，必须突出重点战区和主要战略方向。设防阵地的编成、工事构筑、火力配属都要适应现代化战争的要求；各军种的基地建设、各战区的工事构筑，都要按统一的战略方针、统一的战备要求、统一的作战思想，实施地域上的统一部署，建筑上的统一配系，防止换一个司令就报废一部分、新建一部分，造成大量的人力、物力和时间的浪费。

依据形势发展需求，调整国防建设的重点。粟裕注重把握时代发展的脉搏，根据形势的发展变化，率先提出了我国和平时期国防建设要以增强城市防卫能力和近海防卫能力为重点。他认为，现在我们是国家的主人，必须保护好国家的经济实力和战争潜力。城市掩护不好，就会造成人员的大量伤亡，物资的大量损失，战斗力的过早消耗，交通中断，经济瘫痪，以致整个国家陷入混乱状态。他主张，对一些重要城市不但要守住，长期死守，而且要利用城市打斯大林格勒保卫战那样的仗，把城市作为大量消耗和消灭敌人的战场。他还进一步就提高城市防卫能力提出了许多具体设想，如分散工业布局，制定人口疏散措施，建立城市地下交通网，制造适合城市打巷战、打地道战的导弹等武器，探讨开展城市现代游击战的战法等。

粟裕认为，只有巩固海防才能巩固国防，没有海防就没有国防，巩固海防是国防建设的重要一环。他指出：我国海岸线漫长，海区辽阔，敌人对我进攻主要将来自海上，故建设一定数量的适合于我国具体情况和适宜于今后作战的海军是完全必要的。我们的国防力量如何，就要看能不能不让敌人登陆。基于这种考虑，他大胆提出了变革海防、把海岸防卫转到近海防卫的作战指导思想。他说，海军出不了海，就打破不了敌人封锁，就被动挨打，也不能叫海军。只有将防线推到海防前线去，才能保卫我们的领海与领土，保卫我们的大城市和工业区。

粟裕自始至终以国家利益为最高战略，辩证地看待国防建设与国家其他各项建设互寓互存、相辅相成的关系，高屋建瓴地提出了一些在国防建设中需要把握的基本原则。

平战结合、寓国防建设于经济建设之中

新中国一成立，粟裕就认识到党和国家的中心任务已不再是一切为了战争，一切为了前线，而是要集中力量搞社会主义建设。国防建设是国家建设的一部分，必须融于经济建设之中，实行平战结合的原则。

粟裕在1952年4月给中央军委的报告中提出：大规模工业建设行将开始，为了应付敌人入侵，更有力地保卫国防与国家建设的安全，国家工业基地和经济区的布局要与军事建设相配合，既要考虑更好地获得军事保卫，又要考虑一旦战争爆发使军事方面得到更有力的支援。在民用工业建设中，应适当照顾到将来军事上的需要，如铁路、公路的修筑，运河的开凿……民用海船的建造，最好也能照顾到将来必要时作为军用，担负越海航行；在城市建设方面，亦应照顾到一旦发生战争时防空、防火以及地面防御等方面的便利。

即或是农林建设最好也能照顾到将来作战之需。当我国第一个农业发展计划纲要公布后，他马上指示军队有关部门：必须将我们的国防方面有关交通道路、通信联络、水陆运输以及防护林带的培植和坦克手预备人员（拖拉机手）等与农业发展计划有关问题衔接起来，并且要求即行着手研究，提出计划，并求得与地方计划相衔接。

粟裕建议将军队建设计划纳入整个国家建设计划。为此，必须首先确定我们国家的整个战略方针，以制定我们的作战腹案（应该有几个），尔后据此来制订我们的国防建设计划，以便根据这个计划来布置战场并具体确定我国的国防警戒线，前哨阵地以及要塞、基地、机场、码头、港湾（军港、商港的分设）等应该建筑在哪些地方？交通道路（军用公路、铁路、运河等）、通信联络、后方补给、营房仓库应该怎样部署以及屯兵场的确定等。他认为：一旦战争爆发，能使军事方面得到更多更有力的支持，在民用工业建设中，亦应适当照顾到将来军事上的需要。粟裕把这个想法向中央军委和毛泽东主席作了书面报告。

1977 年，粟裕仍然念念不忘把国防建设寓于经济建设之中的问题，他根据当时我军的主要作战对象大量装备坦克、全军把打坦克放在第一位的情况，提出了在重点地区和预定战场农田基本建设中要注意平战结合，挖沟渠，造林带，修梯田，以适应反坦克作战的需要。

军民结合，军队要尽力支援国家经济建设

粟裕认为，国防建设是全党全军和全国人民的共同事业，要在党的领导下，政府统一筹划，全民大力支持，军民结合，建立起我国的积极防御的国防体系。

国防建设在总体上说是消耗型的，重点设防、国防交通、预设战场、人民防空、物资储备、战争动员等，国家必须拿出大笔资金。在国防建设与国民经济建设的天平上，粟裕主张军队要服从国家经济建设大局，提倡节约一切可能节约的军费用于支援国民经济建设。这在当时大战迫在眉睫的战略判断情形下，是非常难能可贵的。他还极力主张裁减常备军的数量，削减军

费开支。他认为，只有国民经济发展了，军队的现代化才有物质基础，军队干部考虑现代化建设问题，不能离开国民经济的实际可能。1958 年 2 月，毛泽东约他谈话时，他递交书面报告，强调应该节约军费支援国家建设，如果上面批钱的人抓得紧，则下面的浪费也就有限了。这样，军队中是可以再挤出大批钱来进行国家的基本建设的。毛泽东高兴地在报告上亲笔批示："很好。"

打藏结合，最大限度地保存战争能力和潜力

在国防建设中，不仅要考虑如何确保战时有力地抵御侵略之敌，而且也要考虑如何确保战时最大限度地减少人民生命财产的损失。打藏结合，最大限度地保存战争能力和潜力，这是粟裕对国防建设反复强调的又一重要原则。

粟裕认为，从根本上说，国防现代化建设就是解决在现代条件下如何实现"保存自己，消灭敌人"的问题。他主张和平时期国防建设必须把"保存自己"放在第一位，要尽可能地减轻敌人实施战略突袭时对我指挥系统、通信设施、交通枢纽、战略要地和人员、物资以及预先建立的防御体系的破坏。要注重打藏结合，要能顶住战争初期敌人的"三板斧"，保存自己的有生力量，最大限度地保持战争能力，保存战争潜力，实现战略展开，掩护战争动员，迫使敌人打持久战，打消耗战。只要顿挫了敌人速战速决的企图，使战局出现相持局面，我们保存的有生力量就能从被动中夺取主动，为尔后的反击和最终取得战争的胜利创造条件。

为贯彻打藏结合原则，粟裕还有针对性地提出了许多战略举措。如重要基础工业要适当分散配置，大城市人口要制订疏散计划，要加强情报系统、通信系统、警报系统、交通系统和人民防空建设，战略物资和技术兵器以及一些军工生产要能转入地下，国防工程建设要注意疏散配置、能藏能打能生活、坚固耐用能防原子袭击等。并强调要把战场建设提高到战略高度，要形成山上山下、地面地下、市内郊区、敌前敌后能相互配合、相互支援，建筑战斗工程、屯兵场、待机阵地相配套的战场立体防御体系，以增强阵地的生存力和战斗力。

二、重视新军兵种建设，优先发展空军

我军的现代化建设，应突出加强海、空军，而尤其以加强空军为主，要大力发展技术兵种，重视军队和院校的教育训练，把学习和掌握军事技术当作重大的战略任务来完成。

粟裕对军事技术发展对现代战争的影响有深刻的理解，密切关注现代军事技术发展的动向，科学地预见现代军事技术对战争形态和作战方法引起的新变化。他指出：自从有战争以来，作战方法的运用和发展，总是因生产力包括科学技术的发展和社会关系的变动密切联系在一起的。

1950 年年初，蒋介石在台湾草山召开高级军事会议，决定加紧对上海及沿海城市、港口的空中轰炸，破坏新中国的经济恢复和建设，阻挠解放军解放沿海岛屿，并将轰炸的重点置于上海。他们自恃占有海空军优势，扬言："共产党能攻占上海，但保卫不了上海。"蒋介石穷凶极恶地叫嚣："要毁掉上海，臭掉上海，叫上海瘫痪！"

当时蒋军还盘踞在舟山群岛。舟山距离上海 140 公里，只有 20 分钟空中航程。蒋介石的轰炸机利用定海基地向沿海城市狂轰滥炸。从 1949 年 10 月到 1950 年 2 月，对上海市区轰炸 26 次。其中 2 月 6 日一天出动几十架次的轰炸机和战斗机，轮番轰炸、扫射上海电力公司、水电公司等重要目标，造成大范围停电，人民群众 1400 多人伤亡，导致不少工厂企业停工，市场物价波动，群众恐慌不安。迅速建立上海及华东沿海的空中防务，保证上海的安全和建设以及解放沿海岛屿战备工作的顺利进行，成为一项急迫的战略任务。

中共中央、中央军委决定，成立上海防空司令部，组建上海防空军，紧急抽调原拟用于首都防空的两个高射炮团到上海，又聘请苏联一个混合空军防空集团协助，进行上海防空战。上海防空军司令员由陈毅兼任。中共中央决定，粟裕暂时放下南京方面的工作，到上海协助陈毅指挥作战。陈毅担任上海市市长，政府工作很忙，军事方面的事务主要由粟裕处理。

有些干部存在着盲目轻敌情绪，对中共中央的决定不理解。有人说："上海有个陈老总还不够，还要把粟司令请来？究竟有多大的事，大惊小怪，制造紧张空气啊！老子小米加步枪打出了天下，一个上海有什么了不起！"

针对这些思想，粟裕首先对干部进行新形势新任务的教育。在上海防空军干部会议上，他作了一个论述"五个新"的报告。

第一，面对新的情况，采取新的对策。过去我们打了几十年地面战争，现在要同敌人在空中进行轰炸反轰炸的军事斗争，必须使用新的防空手段。

第二，新的思想。我们必须改变墨守成规的老皇历，纠正保守思想，具备新的现代化作战思想，才能适应新的情况，走向现代化。

第三，新的武器。上海防空战使用的是苏联援助的最新防空设备，必须提高科学知识水平，努力学习，熟练掌握，才能发挥它的有效功能。

第四，新的作战方法和新的技术。诸兵种协同对空作战，每一个动作都要经过战术设计、精确计算，因而要求我们研究、学习新的作战方法、新的合同战术。

第五，在新的地点上海，打一场新的防空战争。上海不同于野外战场，目前只解放了领土，没有解放领空，只能说解放了一半。没有制空权的大上海，如果遭到敌人空袭是不能生存的。因此，我们要同美蒋争夺制空权，必须打赢这场新的战争。一切和平麻痹思想都是错误的。

他的报告，高屋建瓴，深入浅出，摆事实，讲道理，对于解决部队中的思想问题起了重要作用。

粟裕把上海防空战同华东空军建设、国防建设有机地结合起来，大处运筹帷幄，小处周密计划，重点具体指导，而且走一步看几步。

上海防空军创建初期，他就预见到空军将有更大发展，提出上海防空指挥所和训练大队要同时培养三套指挥人员，为以后的发展作准备。在上海防空战期间，中央军委指示，由第三野战军和华东军区负责组建华东军区空军。粟裕到北京请示周恩来副主席，并与军委协商，计划第一批建立五个空军师，第二批组建四个空军师。组建上海防空军和华东空军，进展比较顺利，特别是没有发生干部缺少的困难，这与他早有预见和准备是分不开的。

与此同时，粟裕又抽调160个连的部队参加防空基地建设，在上海、南京、杭州、徐州、济南、青岛建成一级机场九个、简易机场一个，还有五个飞行基地、六个场站、一个飞机修理场。其中上海虹桥机场一个月完成一年半的工作量，建成为一级机场，创造了机场建设史上的奇迹。苏联空军中将巴基斯基到现场参观以后感叹："陈毅就是力量，粟裕就是力量的支柱。"

的确是这样，每一个机场都留下了粟裕的足迹，关键的机场建设他亲自指挥，哪里遇到了困难他就出现在哪里。有一天，他一夜未睡，天亮才回到住处。陈毅问："不是分工你睡觉吗？你到哪里去了？"原来他到江边码头去了，那里为机场运输砂石的船只堵塞，他到那里组织指挥，疏通船只。

从 1950 年 2 月到 5 月，历时三个多月的上海防空战，由于新中国空军夺得了部分制空权，又由于舟山的解放端掉了蒋介石的空军基地，而胜利结束。在此期间，我空军共击落了美制蒋机 16 架，锻炼出了我军第一支空军战斗部队以及王海、张积慧、刘玉堤等一批著名的优秀飞行员，同时完成了华东空军和基地的建设任务，再次展示了粟裕驾驭全局、掌握未来的战略远见和战略才能。

粟裕重视技术军兵种建设，强调建设一支诸军兵种合成的现代化军队。他提出陆军要裁减步兵，发展炮兵、装甲兵、工兵、通信兵、雷达兵、防化兵等。他刚到总参谋部，就陪同朱德总司令视察坦克部队和学校，参观演习。他强调在新的条件下要优先发展空军，在有了一支强大陆军的同时，还要有一支强大的空军作后盾，以便在主要方向和关键时刻掌握局部制空权。同样，没有制空权，也就没有制海权。他建议从空军拨出部队，组建海军航空兵。为了解部队，加强海防建设，他还率领总参谋部同志走遍了祖国的国防前线，深入调查研究，提出了许多富有战略意义的创见和措施。

粟裕对成立不久的海军如何到大海中去锻炼，向中共中央提出了一系列重要建议。

人民海军诞生在粟裕领导的华东战区，1949 年 4 月 23 日在江苏省泰州白马庙成立，当时叫华东海军。粟裕随即要他们出海去锻炼。华东海军的舰船大部分由原国民党江防舰队的舰船组成，多数是平底，刚刚从陆军改装为海军的指战员不敢出海，或者出去不久就回来。粟裕反复给他们做思想工作，指出海军出海对保卫海防和提高技能的意义，动员他们下决心出海锻炼，不要动辄上岸。

海军正式建立后，少数人员中也存在着只愿蹲在大城市不愿出海的思想。已经担任副总长的粟裕，从各方面做工作纠正这种倾向。

1952年8月2日，他与海军领导同志谈话说："过去国民党防守上海主要设防黄浦江口。我们设防与其相反，依靠自己，依靠大陆，面向海洋，设防尽量往前伸。要克服海军不愿下海、不愿上岛的思想。"9月，粟裕在海军军事、文化教育会议上讲话指出："海军是应该出海还是应该在岸上呢？海军当然应该出海，否则就不能叫海军。有一部分同志不愿出海，是不对的。海军不出海就得不到锻炼，就不能完成保卫海防的任务。""只有将防线推到海防前线去，才能保卫我们的领海与领土，保卫我们的大城市和工业区。蹲在大城市里只是被动挨打的。"

粟裕从保卫海防前线与发挥海军现有作战能力着眼，报请中央军委批准，对海军基地与指挥位置作了较大调整，将吴淞基地移至定海，黄埔基地移至湛江。这样既可以避免被敌封锁，又便于支援和指挥海上作战。

1953年6月15日，粟裕利用在苏、浙、闽休养的时间，对海军情况作了一次实地调查。他参观华东海军军舰、海军基地、岸炮阵地、造船厂，乘军舰出吴淞口到舟山，看了沿海岛屿并视察海军部队。他把调查情况上报毛泽东主席并中共中央，对目前海军建设提出了有针对性的意见。

粟裕认为，三年多来的海军建设，从无到有，已初具雏形。目前尚存在着或多或少的保守思想，认为把现有力量保存起来，待进一步建设后才能与国民党海军作战。这种想法，与我军历来的建设方针不相符。为改善这种状况，求得海军实战锻炼，打击敌人的窜扰和支援浙、闽沿海渔民，粟裕建议：华东海军应轮番派遣小队舰、艇至浙闽沿海作游击活动，打击蒋海匪之扰乱，保护沿海治安。华东海军主力应尽早向穿山港推进，以求坐镇与领导建设该港。南海及北海舰队亦应不时派小舰队进出海面，以求得实战锻炼。

他强调："只要我们海军在活动上有周密的部署计划，适时地协同动作和坚强的政治保证，某些意外的损失能够减少和避免，而所获得的实际经验，对于提高海军战斗力来说，其收获将是很大的。"

粟裕的这个报告和他多次陈述的看法和建议，引起了中共中央和中央军委的重视。1954 年 3 月 12 日，中央军委召开第五十四次例会，作出了同意海军"关于组成练习舰队的建议"的决策，以加强海军的海上锻炼。并明确规定，"各种舰艇人员每周均应下海活动几天，以便逐渐使所有人员都能在五六级风的海上执行任务"。

实践证明，粟裕的意见和建议是正确的。

从 1954 年 3 月 18 日起至 5 月 20 日，华东海军在浙东沿海猫头洋进行了一场护渔战，先后出动六艘护卫舰、十艘炮艇和一个团的航空兵，在海防部队密切配合下，击伤蒋军舰艇九艘，击沉与截获帆船各一艘，击落飞机九架，击伤三架，并解放了东矶列岛。部队经历了实战锻炼，提高了战斗能力。首次出击的胜利，大大鼓舞了海军官兵出海作战取胜的信心。

1954 年 5 月 18 日，粟裕又向毛泽东提出了《加强海军训练与实战结合》的报告，建议"华东海军主力推进到定海石浦地区"，将一批防空部队和"水陆坦克教导团拨给海军"，并"从空军抽调一个歼击机师和十架杜 -2 轰炸机加强宁波、岱山的海空战斗力量"。5 月 19 日毛泽东批示："照办。"

1954 年 6 月 22 日，粟裕向毛泽东主席和刘少奇、朱德副主席写报告，提出为加强浙江沿海空军警戒活动，求得实战锻炼，建议调一两个空军师到浙东，并在路桥修临时机场，以加强海、空军配合，适应当前斗争。

这个报告同样得到了毛泽东的批准。

从通过抗美援朝、援越抗法，不失时机地吸取现代化作战的经验，到海军要出海锻炼和加强沿海攻势作战，粟裕提出一系列被中共中央及时采纳的重要建议，充分显示他在人民军队建设新阶段积极活跃的国防战略思想。

优先发展海军，是粟裕的一个重要思想。

粟裕还从现代条件下的战争和我国我军的实际情况出发，认为在影响我军作战主动权的诸多因素中，制空权是首要的。从一定意义上说，制空权就是我军行动的自由权。他指出：今后一旦战争爆发，交战双方将以超音速的喷气式飞机用于战略轰炸，且将使用于战术轰炸。我国幅员辽阔，开战之初，敌人必定集中力量来轰炸我们的工业城市、政治中心和交通枢纽，防空任务是很繁重的。因此，在战争初期要避免被动挨打的局面，有赖于防空空军力量的大大加强。

粟裕不仅认为在未来反侵略战争初期对付敌人的空中袭击，保卫重要的政治、经济、军事目标需要制空权，而且认为在掩护我军实施战略展开和机动作战时，也需要首先夺取制空权。他指出：即使我们有了比较多的汽车，如果没有制空权呢，恐怕还是靠两条腿走路。并强调：在未取得制空权的情况下，我军应避免主力作战，因为这个时候没有空中掩护，在能够夺取短暂的局部制空权的情况下，就可以在某些重要方向和地区，创造和捕捉战机。战斗结束后，敌人必然从空中来报复，这是毫无疑问的，所以我们在转移的时候，撤退的时候，要防止空中报复。可以说，粟裕根据现代战争立体化的突出特点，认为在未来战争中，无论是防御还是进攻，力争夺取局部的或作战关键时刻的制空权，将是我军掌握战争主动权最重要的前提。

粟裕敏锐地认识到在立体化战争中，空军不仅与陆军、海军一样都是战争力量的重要组成部分，在战争中的作用都不可忽视，而且对陆、海军作用的发挥，有着极为紧密的联系。他在肯定夺取制空权对掌握战争主动权的重要性的同时，特别阐明了空军在三军作战中的突出地位，提出在未来反侵略战争中，夺取制空权是充分发挥陆、海军威力的关键。

他指出，从海军方面来看，由于我国海岸线漫长，海区辽阔，敌人对我进攻主要将来自海上，但我们必须考虑到，海上既不像城市一样可以建筑地下防空室，海军舰艇也不像陆军一样便于隐蔽和伪装，而某些比较大的舰艇，还必须停泊在毫无隐蔽的为基地防空炮火所掩护不到的深水区和海上，如无空军掩护，不仅不能发挥其应有作用，且造成海军作战中的很多困难和拖累。如果要建立较强大的海军舰队和较完善的海军基地，并使舰队能顺利地进行作战和发挥其应有作用，亦须有足够的空军配合，才能掩护舰队活动及其基地的安全。从陆军方面来看，只有加强空军和防空力量，也才能发挥陆军强大的作用。空军应在主要方向上积极夺取局部制空权，支援地面作战。总之，为了掩护我国的强大陆军有效地进行防御和顺利地开展进攻，以发挥其应有作用，以及为了掩护海军的作战和活动，均须有足够的空军参加作战。这表明，粟裕将空军夺取制空权视为我军在未来战争中发挥陆、海军作用的基本保障。

军事力量结构必须适应战争形态的演化。粟裕认为：战争形态的演变，给战争准备和军队建设提出了一系列新问题，这就要求我们很好地认识这个新情况，研究新对策。20 世纪 50 年代，他就根据抗美援朝的经验，结合我军力量结构的现状和当时军事斗争的需要，指出：我们的空军建设尚远落后于今后战争的要求。明确地提出要加强空军建设，认为这是贯彻积极防御战略方针的最为有效的措施。

1952 年 6 月，正是朝鲜战场激烈争战之际，粟裕向军委报告朝鲜战场空战问题，认为敌在飞机与飞行员的补充上比我们来得快。7 月，粟裕亲笔给毛泽东主席写信，再次提出增加航校的建议，毛泽东批示：我意可以照办。之后，他又向毛泽东主席呈送了《建设航空工业与增强空军后备力量问题》的报告，认为：一旦战争爆发，敌机随时可以从其基地及海上航空母舰起飞，轰炸我主要城市、工业区及交通线。我空军之首要任务将为确保首都及东北主要工业区之安全。他形象而幽默地比喻说，飞行员不能像飞机一样日夜三班用机器大量制造，故飞行员之培养更为重要。因此，建议在全国各大城市建立航空俱乐部，展开群众性航空滑翔与跳伞运动，集资帮助空军培养后备力量。他力主发展我们自己国家的航空工业，制造飞机，尤其是军用飞机，以减少进口，节约资金，不受他国制约。1954 年 12 月，粟裕在向军委的报告中又着重提出：必须加强空军和防空力量。没有制空权或无一定的空中掩护，虽有强大的陆军也难以发挥其应有的作用。为此，建设一支比较强大的空军和国土防空力量，应成为全军建设的中心环节和建设重点。他在一次主持年度经费分配的会议上，晓之以理，动之以情，主张将经费向空军倾斜，得到与会同志的赞同。

重点发展空军，优化我军作战力量结构，适应武器装备的发展所引起的战争形态的变化，这是粟裕为加快我军现代化建设提出的具体要求。新中国成立初期，党中央曾十分重视空军的建设与发展，在财力有限的情况下，在短时间内，建立了一支能够与世界上最强大的空军作战并取得胜利的人民空军。然而随着战争形态的演变和装备技术的发展，保持适当的军兵种比例，合理调整作战结构，已经成为我军建设中重要的课题。空军在我军原有作战力量结构中所占的比重，已不能很好地适应未来战争的需要。粟裕认为：我国是具有强大后备力量的世界最大的陆军国，只有加强空军和防空的力量，才能利用我国特有的这一长处，发挥陆军强大的作用。只有加强空军建设，才能最为有效地贯彻积极防御的战略思想。为此他强调指出：决不能因为经济上的暂时困难而不建设或少建设空军。这反映了粟裕对空军建设重要性的认识。其着眼点，是从我军作战力量的整体构成必须适应现代战争立体化这一特点出发的。

四、建立积极防御体系

粟裕在担任总参谋长后，在抓军队建设的同时，还重点抓了国家防务建设，用他的话说就是建设积极防御体系。

粟裕反复强调，国家防务建设要在以下几个方面统一认识，加强工作：第一，思想上要有准备，要未雨绸缪。第二，组织上要有充分准备，抓好干部训练，高级干部要学会指挥大兵团作战。第三，提高部队的科学文化水平。我军如果不能掌握新科学、新技术，就要被动挨打。第四，要搞国防工程，重点设防。第五，要改善装备，不能只搞人员不搞装备，兵不在多而在精，把节省下来的钱，用于发展装备。第六，在强调人的因素为前提的条件下，加强后勤保障，现代战争是打后勤，打钢铁。第七，军队建设服从大局，服从国家建设，如工农业不发达军队养得再多也不行，军队建设不能削弱国家建设，要结合国家建设，搞平战结合。第八，加强人民武装建设，要寓兵于民，搞人民战争。

为了落实国家防务的各项工作，粟裕亲自下去调查研究和具体指导，提出了许多重要建议。

关于国防工程建设

粟裕常说，根据毛泽东主席积极防御的思想和我国的国情，设防要有重点和纵深，不能分兵把口，搞一线式防御，摆出一副"教师爷挨打"的架势。设防要有统盘规划，不能这个司令来要挖这里，那个司令来又要挖那里，一个司令一个令。

当时某些地方由于缺乏通盘规划和调查研究，盲目施工，造成人力、物力的浪费。1955年2月25日，粟裕参加全国第五次国防工程会议，他在讲话中说，我们的国防工程要做到："既要防御周到，又不是到处分兵把口。我们的防御不能像万里长城连成一片，也不能像做游戏手拉着手，必须有重点。""必须根据国家经济力量、国防力量、炮火生产情况等进行。"后来军委正式确定了国防工程要"全面筹划，重点建设"的原则。粟裕又亲率工作组对沿海设防地区进行考察，会同沿海军区确定设防部署。他向边防海岛守备部队指挥员讲解国防工程必须"重点设防，重点守备"的道理，消除一些干部"工事修得越多越好"的错误心理，增强了重点设防的自觉性。

粟裕认为：今后的战争不仅有威力很大的原子弹和超音速的喷气式飞机，而且进一步出现了氢弹，这就增加了我们的任务，怎样在原子时代加强我们的国防力量，成为一个极重要的问题。1954年12月8日，粟裕在一个文件上批示："明年之工事构筑……必须加入原子防御诸问题。"1955年2月他又强调指出："国防工程建设应以防原子着眼，适当加强和改善工事。"接着他指示工程兵进行防爆波试验，在取得基本数据资料的基础上，于4月11日向军委写报告提出了防原子工程的设计标准和隐蔽伪装问题，得到了军委的批准。从此，在国防工程中增加了防原子设施，并有了统一的标准。

关于守备和机动

1955 年 12 月 31 日，粟裕在向军委的建议中提出："为使我军主力的绝大部分能够机动作战，在战时成为强大的突击兵团，不致陷于处处设防、分兵把口而造成被动，平时必须将国防第一线的守备部队编组起来，其守备兵力一般地不应超过各该地区总兵力的 × 分之一。"他强调守备人员不宜过多，"主要是加强火炮和工事构筑，既能节约兵力又有坚强的守备力量"。同时他还强调要明确守备区与当地海军、陆军野战部队及友邻守备区、要塞的关系及任务区分。要实现战区的统一指挥。

关于机动兵团的组建，粟裕主要强调了机械化部队的建设。他提出："将国防前线第一线守备部队编成后，则我军主力绝大部分可以摆脱平时的守备任务，成为各该军区的机动兵团。但在原子条件下，如单靠徒步的陆军步兵、炮兵部队，是不能适应战时的紧张情况，特别是堵塞原子突破口的需要。为此，我们应考虑在全军现有的坦克部队中抽出一定的数量，组成 × 至 × 个坦克师，作为快速部队的基础，到一定时候，附以汽车载运之步兵部队和牵引的炮兵，即可成为机械化部队。"

粟裕在 1956 年 3 月军委扩大会议的发言中又强调了这个观点。他说："我要对组建机动兵团提出一点建议。在使用原子武器条件下，坦克机械化军队在战争中的地位将更加重要，不论进攻或防御，都要求军队具有高速度的强大的机动突击力量。如敌于实施原子突击后，以大量坦克机械化军队和空降部队同时登陆与着陆发展进攻，我仅靠徒步步兵及其配属的少量坦克，将无法迅速堵住由原子爆炸而形成的缺口。为了应付可能的突然事变，建议将现有坦克部队作适当调整，再组建一些坦克师团，作为统帅部的机动突击力量。"他最后说："我们采取这样的编组，可使统帅部握有拳头，也增强了方面军的机动突击力量，这样也符合毛主席集中主要力量使用于主要方向的战略指导原则。"

1956 年 11 月 4 日，粟裕给中共中央、中央军委呈送了关于军队建设的报告，再次提出"应在全国主要战略方向，组建一定数量具有防原子辐射和冲击波杀伤能力而机动性较大的装甲兵团，以便在敌实施登陆作战时进行反击，并迅速堵住由原子爆炸而形成的缺口"。

1957 年 7 月 11 日，粟裕在研究老铁山水道设防的会议上又一次提出："原子战争的防御方向是如何堵住原子突破口，原子突破口要以机械化部队去堵。因此炮兵也要机械化。"

1955 年春，中央军委曾把增建机械化师列为陆军建设的重点之一。粟裕在任总参谋长期间多次提出过落实的方案。并在 1955 年 8 月 5 日提出了机械化部队的装备"原则上不向外订购，在国内统一调剂解决"的具体建议。

关于后备力量建设

在建立积极防御体系中，粟裕始终把后备力量建设放在重要的地位。

1955 年春天，中国共产党举行全国代表会议，粟裕在会上发言，全面阐述积蓄后备力量问题。他说：两三年后，将有几百万经过长期战争考验的复员军人分布全国各地。加强对他们的领导，使他们成为组训民兵、巩固治安和训练预备役的骨干。战时即可以他们为骨干，迅速动员组织若干个有战斗力的师。粟裕还说：为了增进人民体质为国防服务，建议大力开展国防体育运动，在全国各大城市普遍成立国防航空协会或航空俱乐部，开展跳伞、滑翔运动，使我军飞行员的培养有足够的后备力量。建议民航部门注意培养后备空军人员，船运、水产部门注意培养后备海军人员，交通、邮电部门注意培养后备司机和无线电通信人员，国营农场和拖拉机部门注意培养后备坦克人员，同时希望各部门注意在干部中培养战时为军队所需要的各种人才，更好地为积蓄后备力量打下基础。

1955 年 9 月 19 日，总参谋部召开队列、动员工作会议，粟裕到会讲话，把积蓄后备力量提到了更高的高度。他指出："总参谋部的基本工作和任务，在平时是积蓄武力，在战时是使用武力。在平时，我们要在各方面积蓄和培养武装力量，即积蓄在额的常备军和不在额的预备役，以及其他对战争有决定意义的各种力量和因素。"他进一步指出：只要我们积蓄了强大的后备力量，一旦发生战争，就能在很短的时间内，在现有基础上，把部队扩大好几倍。这样不仅能应付突然事变，而且在突然事变中能争取主动，争取战争的最后胜利。

粟裕提出，必须在农村、国营农场、机关、学校以及其他各个方面来进行预备役的训练。这个工作如果做得好，就可以花钱少，甚至可以不花国家的钱，而培养出强大的后备力量。这是现代战争中最重要的工作。必须对已经复员和将要复员的军人编组训练。他还指出，新中国成立后民兵工作较前松懈，内地某些地区有的取消民兵的组织，今后必须重视该项工作。

1957 年 6 月，中央军委发出了《关于改进兵役工作的指示》，决定将民兵和预备役合二为一。为了贯彻军委的决定，粟裕根据不同地区的对敌斗争形势提出了不同的要求。1958 年 3 月 12 日至 4 月 22 日又亲赴华东对兵役工作进行调查研究，先后到了南京、上海、杭州、苏州等地，召开座谈会，了解情况，指导工作的落实。

关于经济建设结合国防建设

1955 年 3 月，中国共产党全国代表会议讨论第一个五年建设计划，粟裕在会上发言全面阐述了国家经济建设如何结合国防建设的问题，并提出了具体建议。

他认为，城市建设中应注意加强城市防空设施的建设，建议在全国大、中城市建筑地下防空室。新建的多层建筑物应有计划地建筑地下室的设备，首都和某些主要城市逐渐建筑地下电车道，在城市近郊山区开采石子时，应预先计划将开凿部分作为将来防空之用。城市规划上宜多留广场、空地，适当加宽马路，以便战时起降直升机和防止一旦遭受敌人袭击水源断绝，而使火势无限制蔓延。同时建议研究城市发展规模，并在全国人民中进行原子防护常识的教育等。

他建议在规划建设铁路、公路、港湾、码头和开凿运河时，既照顾经济需要，又照顾国防需要，修建水库堤坝除用于水利外，应考虑战时便于利用；修建防护林除用于防风、防沙、调节气候和水土保持外，应考虑战时隐蔽集结军队，并便于就地取材构筑工事。

1956 年 2 月 5 日，正在广州的粟裕看到中央公布的《1956—1967 年全国农业发展纲要修正草案》后，立即联想到纲要与国防建设有关的问题，便给副总长陈赓和军委秘书长黄克诚写信。信中说："农业发展计划纲要草案颁布后，其中有许多问题与国防有密切关系，譬如：交通道路的修建，通信线路的架设，水利的建筑，绿化运动的开展，以及拖拉机手的选择和训练，都与我们国防有密切的关系。我们必须将我们的国防方面有关交通道路、通信联络、水陆运输和水障以及防护林带的培植，和坦克手预备人员（拖拉机手）的培养等，与农业发展计划有关问题衔接起来。因此，建议军事系统有关部门即行着手研究，提出计划，并求得与地方计划相衔接。"

1956 年 11 月 4 日，粟裕给中共中央、中央军委写报告，再次提出"在国家进行大规模经济建设的同时，必须注意与国防建设相结合"。他建议国家建设的布局、工业基地的选择，政府有关部门应多与军事机关商量。他的这些意见和建议，即使在多年后的今天仍然很有指导意义和价值。

五、对未来战争类型和模式的科学预测

20 世纪 50 年代，粟裕身居要职，密切注视着国际形势的发展变化，注视着世界先进国家军队武器装备的发展变化，潜心研究由这些变化所产生的新的作战样式和战争指导规律。

1954 年中央军委明确了军事建设的总方针、总任务，这就是：建设一支优良的现代化革命军队，以保卫中国社会主义建设，防御帝国主义侵略。并且从当年起全面开展了军队的现代化、正规化建设。

1954 年底，粟裕刚任总参谋长后不久，便向中央军委呈送了一个《在原子时代关于陆海空军军事建设方针的建议》报告，提出了核战争的可能性与准备问题。他说，帝国主义不断叫嚣核子战争，妄图采取先发制人，以核子战争摧毁我们。因此，在今后战争中，敌人可能广泛使用原子武器，不仅实施战略轰炸，而且实施战术轰炸和炮击，一旦战争爆发，不分前方后方，均有遭受敌人原子袭击的危险。对此，我们必须有所准备。

1955 年 2 月，粟裕在《第五次国防工程会议》上的讲话中指出："我们并不怕原子战争，但应积极准备，加强国防力量，才能粉碎敌人的进攻，做到有备无患。"

同年 3 月，粟裕在中国共产党全国代表会议上的发言中又指出："今后战争不同于以往任何战争的特点之一，战争已从线或面的形式发展为原子时代的立体战争。""帝国主义正在疯狂地准备原子战争，应引起我们的应有警惕。全世界人民包括帝国主义国家的人民在内，要求和平，反对战争和反对使用原子武器的运动正日益开展，但我们的国防建设决不能寄托在这些客观的辅助因素上。""这就迫切要求我们对防御原子战争有所准备，以防患于未然。"

粟裕反复地向中共中央和全党全军提出这样的问题，不是耸人听闻，作为一位负责人任的军事家，作为总参谋长，有必要将现代化战争一旦发生，将可能是什么规模样式的战争，给国家会造成什么样的局面，带来什么样的灾难和后果，如实地、负责地向党和国家、军队领导机关提出自己的看法，使全党全军对此应有所认识和准备。这个看法是粟裕观察研究当时国际形势和探索现代战争所得出的科学论断，而绝不是战争恐慌，这是唯物主义。

若干年后，粟裕针对林彪、"四人帮"封锁国外先进军事技术和现代化武器威力消息的做法，旗帜鲜明地指出：与其将来打响了再恐慌，不如现在"恐慌"，现在"恐慌"可以做工作，研究对策，战时恐慌就晚了，来不及了，就会打败仗。

从这个论断出发，粟裕进行了周密思考，思考的重心是，如何在国内有限的财力、物力条件下，尽快建立起必要的防御反击力量。

粟裕《在原子时代关于陆海空军军事建设方针的建议》的报告，论述了未来战争中在敌人使用原子武器的情况下，国家和军队应采取的对策和防护办法；论述了各军兵种在原子条件下如何发挥作用，进而提出了全军建设的中心和各军兵种建设的重点。

他说，对付敌人原子袭击的最好办法是以原子对原子，这样可能促使敌人不敢使用原子武器；在我们还没有原子武器时，我们有必要而且有可能以防护的方法来对付敌人的原子袭击，以大大减轻原子袭击对于我们的损害。他提出："为了比较有效地对付敌人的原子袭击，保卫我国的社会主义建设，使我国工业在战时仍能发展生产和再生产，为了掩护我国的强大陆军有效地进行防御和顺利地开展进攻，以发挥其应有作用，以及为了掩护海军的作战和活动，均须有足够空军参加作战，为此建设一支比较强大的空军和国土防空力量，应成为全军建设的中心环节。"

报告根据我国国情和军队实际情况，对海军建设提出了看法和建议。报告说："我国海岸线漫长，海区辽阔，敌人对我进攻主要将来自海上，故建设一定数量的适合于我国具体情况和适宜于今后作战的海军力量是完全必要的。"

但由于我国空军数量有限，不可能派大量飞机给海军。而我国工业和技术还比较落后并受经济和物质条件限制，短期内不可能建设起一支很强大的海军。所以目前"海军建设应以鱼雷快艇、潜艇和水鱼雷轰炸机为重点"，使我海军在"无足够空军掩护情况下"亦可"大大发挥其袭击作用"。

对于陆军建设，粟裕认为在使用原子武器条件下，坦克机械化军队在战争中的地位将更加重要，不论进攻或防御，都要求军队具有高速度的强大的机动突击力量。如敌于实施原子突击后，以大量坦克机械化军队和空降部队同时登陆与着陆发展进攻，我仅靠徒步步兵及其配属的少量坦克，将无法迅速堵住由原子爆炸而形成的缺口。为了应付可能的突然事变，现有坦克部队应作适当调整，再组建一些坦克师团，作为统帅部的机动突击力量。他在报告中还提出："为使统帅部握有拳头，能在全国主要战略战役方向上保持强大的突击力量，必须首先发展统帅部预备队炮兵"，"炮兵必须装备有快速运动力的火炮"，以在战时能"迅速堵住由于原子弹而形成的裂口，并对付敌人的空降部队"。

粟裕报告的基本思想很明确，就是在原子条件下，从国家和军队现实状况出发，军队建设要突出重点，首先发展那些在反侵略作战中至关紧要而国家经济力量又能支持的军兵种；在军兵种建设中又要突出各自的重点，以迅速建立起必要的防御反击力量。

1955 年 2 月 17 日，中央军委向中共中央呈送了《1954 年的军事工作》书面报告，把粟裕建议的内容写入了报告："根据最近期内我国工业建设发展的情况和我军战略的要求，我国军事建设的重点，主要的应是发展空军和国土防空部队""陆军的建设，则应以发展炮兵、装甲兵和建设若干个机械化师为重点""海军建设以发展潜水艇和鱼雷快艇为重点，并相应地发展水鱼雷轰炸机"。

以上报告得到了毛泽东的批准。尽管这个军事建设重点在落实过程中遇到种种阻力，但这个报告确定的军事建设重点，成为了当时和以后相当长一段时间指导军队建设的重要依据。

粟裕多次论述原子条件下现代战争的特点，并将其概括为突然性、残酷性、快速性、广泛性。从这些特点出发，他对部队训练提出了严格的要求。1955 年 1 月 15 日，他向中央军委建议："军事训练应增加对原子、化学的防御问题。" 1 月 18 日军委批复"同意"。以后在全军增加了防原子、防化学的训练。

粟裕同时指示空军：1955 年空军除防空任务外，要全力以复杂气象条件下和干部训练为主。不久，他给海军航空兵下达了同样的指示："以复杂气象作为一个重要课目。" 1955 年 3 月，总参谋部下达了组织战役训练的指示，要求高级干部学习在核、化学武器条件下的集团军进攻战役和滨海地区防御战役。各军区先后组织了军、师首长司令部野外演习以及师、团规模实兵战术示范演习。

为加强全军防化学战的能力，1955 年 4 月中央军委批准成立防化学部，指定粟裕负责组建。粟裕积极筹办，防化学部于 1956 年 1 月正式成立，1957 年改称防化学兵部。同年 10 月 8 日，粟裕给《防化杂志》创刊号题词指出："防化兵的建立，标志着我军在现代化建设中，又将获得新成就，因为在原子化学战争条件下，如果没有这样一个兵种，我军就很难，甚至不可能完满地完成作战任务。"为使部队能适应艰苦的战争环境，他多次提出"部队每年应搞一次 2—3 个月的野营生活，列为训练项目"。他的这个很有见地的意见，虽然当时由于种种原因未能付诸实施，但也引起了一些部队领导的注意。60 年代初中期，有些部队搞了野营拉练演习，毛泽东给予充分肯定，后来遂在全军普遍推开了这一训练项目。

解放战争时期，粟裕密切注视战争的发展趋势，探索战争发展的客观规律。他认为，经过战争初期的较量，主战场由解放区前部转入纵深，战线进一步缩短，敌我双方兵力进一步集中，作战规模进一步扩大，战略战术也将发生新的变化，这是战争发展的必然趋势。在战争指导上，必须适应战争的新发展，进一步提高大兵团作战能力，加速技术兵种的建设，准备对付敌人更大规模的进攻，打更大规模的运动战、歼灭战。

在作战指导思想上，粟裕特别强调树立大踏步进退的运动战思想和以歼灭敌人有生力量为主要目标的歼灭战思想。他说："本来，大踏步进退是运动战的特点之一。一切的走都是为了打，都是为了歼灭敌人，夺取战争主动权。大踏步后退，实际上也是大踏步前进，是进到另一个方向去歼灭敌人。"

粟裕指出："一切的调度都要着眼于歼灭敌人有生力量这个基本的作战指导思想，善于多方位观察判断情况，尽可能地灵活用兵，充分发挥主观能动作用，而不一厢情愿。"

中华人民共和国成立后，他创造性地提出了我国未来反侵略战争，特别是战争初期的作战指导原则和作战方法。

在战略指导上，他强调要贯彻积极防御的战略方针，在战争初期首要的是抗住敌人的战略重点突袭，挡住敌人"三板斧"；在作战指导上，他强调战争初期既要避免战略决战和大的战役决战，又要以积极的作战行动，挫败敌人速战速决的企图，稳住战局，为尔后大量歼敌创造条件。

在作战方法上，强调战争初期不仅要战略上坚持内线的持久的防御战，同时使用相当数量的兵力，进行战役、战斗上的外线速决的进攻战。

在作战形式上，强调未来战争初期依托阵地和不远离阵地的运动战是歼灭敌人有生力量的主要作战形式，运动战、阵地战、游击战三种作战形式要紧密结合，相互渗透，提高到新的水平。

他强调把战场建设提高到战略高度来对待，认为在现代条件下作战，尤其是在武器装备敌强我弱的情况下作战，战场建设也是战斗力。

他主张，必须随着军事技术的发展，加强陆海空军的协同作战，要力争掌握局部的或作战时刻的制空权，在战区之间也要有战略上的策应和战役上的协同，甚至联合作战。

粟裕认为，不能再把"诱敌深入"作为全局性的战略指导思想。

"诱敌深入"，是保存军力，后发制人，逐步改变敌强我弱和内外线作战形势的一个有计划的战略步骤，在历次革命战争中得到了广泛的应用，取得了极大的成功，成为我军以弱胜强的重要法宝之一。新中国成立后很长一段时间内，我军仍然把"诱敌深入，积极防御"作为未来反侵略战争的总的指导方针。在新的历史时期，粟裕全面地分析了国际战略形势和未来战争的客观规律，认为在现代条件下，"诱敌深入"不是积极防御的必然战略步骤，不能把它作为全局性的战略指导思想。

未来作战对象，在战争初期必将采取突然袭击、长驱直入的方式大举进攻，企图速决取胜。我们不"诱"，它也要高速度、大纵深地向我进攻。战争初期，在战略上，我们需要有一个反应过程，实行战略展开，争取尽早从被动中解脱出来。如果放开口子让敌人长驱直入，势必加重我被动的程度。我国是拥有稳固的统一政权的主权国家，决不能让敌人轻易地深入我战略腹地，横冲直撞，威胁破坏我重要的政治、经济、军事战略目标。一旦我支撑战争的物质基础过早地遭受巨大损失，势必加大反侵略战争潜力转化为现实力量的难度。此外，放纵敌人的突破，还会对国内民心士气造成影响，在国际上也有损于我大国的形象。

1980年的军委扩大会议，决定将"积极防御，诱敌深入"战略方针改为"积极防御"的战略方针，肯定了诱敌深入不再是指导未来反侵略战争全局的方针，也不是新时期我军积极防御战略方针必须的战略措施和主要特征。在完成这一战略指导思想的历史转变过程中，无疑凝聚着粟裕的智慧和心血。

第十章
大将风范

　　智勇双全是高级指挥员最重要的素质和品格，二者是敢打必胜的英雄胆魄和善用韬略的指挥艺术的巧妙结合。有了前者，才能知难而进，勇往直前，临危不惧，处变不惊；才能敢斗各种各样的顽敌、强敌，敢打各种各样的恶仗、险仗、硬仗。有了后者，才能在与各种各样敌人作战的险情困境中巧施计谋，妙用奇兵，出奇制胜。所以，作为带领千军万马驰骋疆场的将领，既要敢于犯艰克险，又要善于排危解难。粟裕大将就是这样一个以敢于打硬仗又善于打硬仗而著称的有勇有谋、智勇双全的军事大家。

一、痴迷于军事

粟裕是一个痴迷于军事的将军。他一生奋战在军事战线上，为了中国人民的解放事业，为了争取每一个战役和战斗的胜利，坚持不懈、全心全意地艰辛操劳。他的兴趣和全部精力，都贯注在研究战争问题上。他对党的战略方针、全国各战场的战局；对本战场当面敌军的态势、企图、番号、序列，敌军各主官的姓名、个性特点，以及他们的沿革和矛盾、利害关系；对战区范围内的山川道路，兵要地志；对我军各部队、各指挥员的素质、战斗作风和特长，都了如指掌。

在第一次大革命失败后，反动派的屠杀和镇压，使年轻的粟裕认识到，不拿起枪杆子，夺取革命胜利就是一句空话。因此，他于1927年投笔从戎，加入革命军队，从此献身革命军队，一辈子初心不变。他对军队对军事有着特殊感情，自觉地去追求、探索军事的奥秘，并持之以恒地努力实践。

在粟裕一生中，军事几乎成了他的唯一兴趣，在日常生活中，处处都明显地表现出来。他无论到什么地方，都要到这个地方的最高点看看那里的地形。他出国路经巴黎，别人都是参观城市的风光和名胜古迹，他却驱车去诺曼底参观，察看二次大战中盟军登陆的现场。他平时走路、过桥、上山，都习惯地计算距离，了解桥梁载重、高程等。

粟裕看问题尖锐，爱动脑筋，勤奋思考，坚忍不拔，不达目的决不罢休。他经常陷入沉思之中，不言不语地想问题，和他一块散步时他也是很少说话。这种情况，在每次重大战役发起之前，或者在考虑向中央提建议时，表现得更为明显。他不仅在指挥作战时废寝忘食，而且在考虑问题时也是废寝忘食，聚精会神。他脑子没有一点休息的时候，往往是超常、超前地想问题，因此，他的智慧、才华、打仗的本领、科学预见的思想就源源从这而来。

粟裕脑子里储存了大量与军事有关的数据。他认为一旦需要，便能随心所欲。他在战争年代指挥打仗，都是经过精确的谋划、计算，先胜而后求战。他取胜的秘诀，除了准确地运筹、谋划之外，更重要的就是善于认识和运用战争规律来指导战争。战争年代，他身处局部，胸有全局；立足现实，眼望未来；着眼特点，注重发展，经过苦苦探索，提出的各种见解具有较强的前瞻性、创造性和战略性。因此，不仅对本战区、本部门有现实指导意义，对全局也具有重要的战略指导意义。

粟裕有四宝：枪、地图、指北针、望远镜。均为军事指挥员须臾不可离身之物。

在指挥战争过程中，粟裕对军事及作战执着甚至痴迷，对着作战地图做功课，曾经几天几夜不睡觉，始终待在作战室里。

在战争年代，粟裕几乎无时无刻不在考虑准备打仗。每到新的宿营地，一进屋子，他的第一件事，就是让参谋人员把战区的地图挂起来，然后就站着仔细地观看、思索，听汇报，研究方案，甚至连吃饭也顾不上。他不分昼夜地随时阅读来自各方的紧急电报，对照地图研究战场情况和敌我态势，计算敌我双方各部之间的距离和地形，审时度势，精心谋划调动敌人就我范围，寻找和创造战机，考虑作战腹案。有时候枪声已经打响了，战斗进入紧张状态，他仍然坚持留在作战室里，一遇到战斗出现险情，他连马也不骑，便直奔到火线去。经过通宵甚至几个不眠之夜，战斗胜利结束，他虽然疲倦，却还要一再查问战斗中指战人员的伤亡情况和安排对俘虏官兵的收容工作。

他每天半夜必定起来收听延安广播，了解国际国内形势。一旦抓住战机，腹案成熟，粟裕就立即向陈毅面报自己的设想和决心。通常是他自己先写成上报下达的电报，送请陈毅和谭震林审查。而陈、谭首长则通常是立即和他当面商量，或稍加补充，或完全同意。

特别是解放战争时期，他总是打着这仗想下仗，大规模歼灭战一个接着一个。在每个战役中，他从不放弃任何一个歼敌机会，积极扩大战果，苏中战役连续打了七仗，鲁南战役连续打了三仗，豫东战役连续打了两仗。对此，陈毅曾称赞说："在自卫战争中，粟司令领导的战略区表现最好。"

粟裕指挥打仗，全神贯注，全身心投入。

粟裕多次谈起，他在解放战争的战役指挥中有三个最紧张的战役：宿北、豫东和淮海。宿北战役是第一次。

他说：我协助陈毅同志指挥宿北战役，深感责任重大，心情紧张。这一仗是山野和华野会合后第一次协同作战，也是华东战场上化被动为主动的关键一仗。直接参战的部队大部分属于山东野战军，指挥机关也是山东野战军司令部，我对指挥机关和参战部队不熟悉，感到心中无底。中央军委早有要求，"两军会合第一仗必须打胜"。如何完成中央军委交给的战役指挥任务，又处理好上下左右的关系，是一个棘手的不得不认真考虑的问题。但是，考虑到战争全局的利益，考虑到中央军委的重托，决心打消一切顾虑，把这一仗打好。

粟裕的雄才大略、用兵如神，绝非来自冥冥之中的什么天启，而是来自于全身心的投入，来自于对战场各种情况的周密分析，来自于对作战方案的深思熟虑。

粟裕指挥作战，不论是大的战役，还是小的战斗，都是经过一段时间的反复思考和权衡的。这种思考，几乎占据了他的全部休息时间。

在华野，曾流传过这样一个故事：

孟良崮战役前夕，从 1947 年 2 月底到 3 月初，粟裕和陈毅率领华野指挥机关和五个纵队集结于淄博地区和胶济路沿线，决定利用战役间隙进行为期半个月的休整，召开华野前委扩大会议以及参谋工作、政治工作、后勤工作会议，学习中共中央关于时局和任务的指示，总结莱芜战役经验，策划和准备即将进行的大战。

粟裕密切注视敌军动向，为筹划下一步作战而深思熟虑。在那些日子里，部队纷纷召开庆功会，举行联欢、会餐活动。粟裕却手持中央发来的电报和各种情报资料，在地图前踱步沉思，全神贯注地筹划作战方案。

此情此景，周围的人看在眼里，急在心头："502"的身体日见消瘦，长此下去，身体如何吃得消！大家多么希望他能好好休息一下，但是又不敢前去劝止。因为陈毅司令员有规定：粟总在地图前构思歼敌方案时，任何人不准打扰。

正当大家焦急的时候，陈毅闯了进来。"好啊！大家都在饮庆功酒，你一个人关在屋里念什么经啊！走，一起打猎去。"

"我有点累了，想休息一会儿。"粟裕说。

"莫来这一套。你要会休息，我还不来呢。走吧，今天一定要好好耍一下子，痛痛快快玩一场。"

陈毅拉上粟裕，同司令部工作人员一起去打猎，一路上说说笑笑。突然，一只又肥又大的兔子跑过。陈毅眼疾手快，一枪命中，兴高采烈地对粟裕说："502，你看这只兔子该怎么个吃法？"

粟裕身在猎场，心在战场，脱口而出："这是蒋介石五大主力中的王牌，硬吃是不行的，必须智取，而且一定要全歼。"

粟裕的回答，使在场的同志莫名其妙。陈毅哈哈大笑："好嘛，好嘛！这只兔子身价不低，成了张灵甫。看样子，这个张灵甫命里注定要成为我们庆功宴上的下酒菜喽！"

古今中外的战史说明，如此全神贯注的深思熟虑，乃是将帅正确决策所必需的心理素质，然而确能具备者为数不多。拿破仑说："军事领袖必须能够关注一组目标，并作锲而不舍的全面考虑。"戴高乐说："战争中的伟人经常是冷静思考的人。"与中外名将比较，粟裕有过之而无不及。决策前深思熟虑，寻求最佳方案；看准了则坚定不移，敢对历史负责。这是他决策和指挥的突出特点之一。

济南战役结束后的头一天，作为这场战役的最高指挥官也是最大的胜利者，他还没顾上品尝胜利的喜悦，军事家的大脑又马不停蹄地转动起来了，他又向毛泽东提出了打淮海战役的建议和设想。

毛泽东曾经说过："这个人，你不让蒋委员长喘口气，还不给我们抽根烟的时间吗？"

周恩来则说："此人打仗像短跑，有惯性，不往前再踢几脚，他停不下来。打就打吧，我看他是准备好了。"

淮海战役最后阶段，粟裕在指挥所运筹谋划，调兵遣将。其时，指挥所墙壁上挂着淮海作战形势图，图上插满了红蓝旗子，红旗代表我军，蓝旗代表国民党军。参谋们根据各部队战况拔蓝旗、插红旗，或拔红旗、插蓝旗。粟裕注目地图，口授命令，日以继夜，七天七夜未眠，虽疲惫已极，仍一刻也不敢松懈。

1949 年 1 月 10 日，张震副参谋长报告，我军攻克敌最后一个据点刘庄。粟裕仰天长舒："好啊！"即昏睡过去。三天后，方醒，众将领急前往慰问。粟裕面容憔悴，轻声问："有没有鸡汤啊？"

从"八一"南昌起义到全国解放，一直活跃在军事斗争第一线的粟裕，平生的爱好就是收集四样东西：枪、地图、指北针和望远镜。这四样东西，都与战争和军事有关。

粟裕事后总结："作为战区指挥员，应不断地研究、分析敌我力量的对比、变化，发挥主观能动作用，敢于适时地把战局推向新的水平，而不能坐待条件完全成熟。到了战争推向一个新的高峰时，指挥员看不出来，不敢下决心，就不可能推进胜利的进程，从孟良崮战役到淮海战役，都使我体会到这一点。"

1983 年，粟裕重病住院期间，郭化若将军带了一盆家乡的水仙到医院去看他。粟裕很高兴，见物生情，关切地问起福建的情况。恰巧这时，工作人员送来一份《解放军报》。报上登了一条关于部队训练的消息，还附有照片，照片上有七八个战士抱着炸药包，在围炸坦克。粟裕看了很生气，说："这种训练方法和水平，低于淮海战役，这是拿子孙的生命开玩笑啊！我们应尽快拿出最新的反坦克炮来。这种反坦克炮要轻便灵活，符合我国国情和部队情况，但威力要大，一般坦克一炮解决，重型坦克两炮，最多三炮也彻底解决……"

粟裕大将，在生命的最后时刻，仍心系国防！他把战争看成一门无止境的学问。对于这门学问，他既寄希望于后人，又从不松懈自己作为一个老兵应尽的历史责任。他说："未来的战争我可能看不到了。但我是一个革命几十，打了一辈子仗的老兵，如果面对新的形势看不出问题，或者不敢把看出来的问题讲出来，一旦打起仗来，就会多死多少人，多付多少代价。而我们这些

老兵就会成为历史的罪人。"（《粟裕军事指挥艺术与现代战争理论研究》，
第 19 页）

二、钻研地图，奥妙无穷

在解放军高级指挥员中，有两个人酷爱研究地图，一个是林彪，一个是
粟裕，每逢作决定之前，想尽种种可能与腹案，然后逐一排除，最后挑选出
最佳方案。他们的思考方式可以用算无遗策来形容，虽然慢而辛苦，但缜密
严谨。

粟裕的最大爱好是看地图。地图就是微缩了的战场，地图上静态的山水、
村庄、道路、方向、距离，如把敌我友各种动态的现实情况摆进去，就是指
挥员进行研究谋略的场所。

这是他在严酷的战争环境中久已养成的习惯。他每到新的宿营地，第一
件事，就是要参谋人员把军用地图挂起来。他结合作战，利用一切可以利用
的时间，熟悉战区的地理情况。

如果说，一个人总会有某种特殊爱好的话，粟裕的特殊爱好就是——地
图。他之于地图，真可谓视若珍宝，一往情深。他的确是处处"找"地图，
时时"钻"地图。粟裕身经百战，战勋显赫，与爱好地图、熟悉地图不无关系。

人们常常看到，他或者倒骑椅子，或者踱来踱去，面对地图思考测算。
粟裕用图有一个特点，就是不仅看当面五万分之一的地图，而且要看友邻地
区的二十万分之一的地图，还要看全国范围的一百万分之一的地图。他不仅
要考虑当面的战役、战斗，还要从战略全局考虑问题。

对粟裕来说，地图上奥妙无穷！他认为，熟悉地图，熟悉地形，是军事
指挥员的基本功。地图在军事指挥员的脑子里，应该是立体的，不是平面的，
是活的，不是死的。在战场情况的调查研究方面，粟裕实际上把大比例尺的
战区地图和翔实的战场环境情况，准确深刻地印在脑子里，纯熟应用。通过
面对地图的思考和计算，他把抽象思维和形象思维结合起来，把定性分析和
定量分析结合起来，把动态分析和静态分析结合起来，对事实材料进行由此

及彼、由表及里、去粗取精、去伪存真的综合分析，对战争的可能发展趋势进行预测，对可供采用的作战方案进行比较，针对战场上可能出现的情况设计各种对策。各种作战方案，千军万马的行动，都像放映电影一样，在他头脑里一一演示出来。因此，他的战前部署总是那么细致、周密、准确，临机决策又是那么迅速、果断、大胆。

粟裕经常一个人或是站，或是坐，或是随着地图上山川河流的走向而移动自己的位置；他就像是真的置身于山川河流之间那样，尽情地欣赏山光水色，专注地勘察地物地貌，缜密地思考用兵之道……

粟裕看地图认真细致，从不放过疑点，遇到有不明白的符号，都要问得一清二楚。他对地图是非常精通的，而且计算得极为认真，考虑作战计划、方案均在地图上反复测算。因此，他对战区内的许多村庄、河流、桥梁、水田、旱地、高山、森林等，都摸得非常之熟。

他还注意在行军、作战中实地校正地图。对一些地形改变较大和空白的地块，组织实测。在坚持浙南三年游击战争期间，他有意识地走遍了浙赣路以南、天台山以西、闽浙边以北之间的几乎所有大小山头。

他看地图，是分析研究着看，带着敌情我情看，带着一个地区自然和经济的发展看，看完了就能牢牢记住。对华东地区，他甚至记下了相当多的小村庄。

抗日战争期间，他曾率部在敌伪据点林立的苏中地区转战三年，他对不少地区的地形、交通、城镇分布及其距离等，都能惊人地背诵如流。在他的脑子里，形成了一幅幅详细、精确的苏中地图和战场环境情况，所以他能够在敌人长期的无数次"扫荡"和清乡中，率领轻便指挥所，紧跟着敌人往返穿插，辗转周旋，"捉迷藏"，从未发生过意外。

解放战争时期，大规模的运动作战，往往需要跨越几个省区，他在审定作战命令、计划、方案时，从不需要去查看地图，因为他对作战地域里的地形，早已了如指掌。一次战斗前夕，粟裕听取侦察参谋汇报情况时插问："那个村庄南边的石桥还在吗？"侦察员大吃一惊："首长没有去，怎么知道？"

原来粟裕早已反反复复察看过当地地图，照他的说法，叫做"背地图"。这份由爱好延伸出来的精细，为他精于运筹善于用兵提供了保障。

人们都知道粟裕爱看地图，但是许多人不知道其中的奥妙。有人问他："您天天看地图，这上面究竟有什么奥妙啊？"

粟裕回答："奥妙无穷啊！熟悉地图，熟悉地形，是军事指挥员的基本功。不谙地图，勿以为宿将。"

面对地图计算和思考，是粟裕决策思维的一种特有方式。通过这种方式，他把定性分析和定量分析结合起来，把抽象思维和形象思维结合起来，把静态分析和动态分析结合起来，对敌我双方的实际情况以及可能的发展趋势进行分析、预测，对可供采用的方案进行比较、选择，从而作出准确的判断和正确的决策。在他的头脑里，地图不是平面的，而是立体的；不是抽象的，而是具体的；不是静止的，而是运动的。各种作战方案，千军万马的行动，都像放电影一样，在他头脑里一一演示出来。

天目第三次反顽作战前夕，面对敌重兵压境，粟裕看似平静，实则脑海里思潮翻滚。他的日常生活和平时一样，处理完工作便拿起农具到屋前的菜地劳动，同老农讨论怎样才能收成多一些。每天仍和往常一样喜欢看地图，所不同的是看地图的时间更长，神情更专注了。他常常仰起头，伸出手掌，丈量着几乎覆盖了整个墙壁的作战地图，左看右看，静静沉思，良久不语。地图所展示的地方历史上有过多次鏖战，当年红军北上抗日先遣队遭受袭击和方志敏蒙难的怀玉山区就在附近。历史在告诫粟裕：一招不慎，满盘皆输，更何况当面顽军又是蒋介石的精锐，是由美式装备和训练的现代化部队。

1945 年天目山反顽作战期间，一天，粟裕在看五万分之一的军用地图时，发现皖浙交界处有大片空白，便将测绘参谋秦叔瑾找来，一起研究如何补测。秦叔瑾按粟裕指示组织六个人，用一个半月时间将空白处补测完毕。为了保证测绘工作进行，粟裕亲自写信要陶勇派部队掩护。地图整理拼接好马上印发部队，正好赶上天目山第三次反顽作战使用。在这个地区指挥作战的第 7 支队支队长谭知耕、第 9 支队支队长俞炳辉兴奋地说："粟司令想得周到，有远见。”

在中华人民共和国成立后的和平建设时期，粟裕对地图仍情有独钟。在他的办公室和家里，最主要的装饰品，就是各式各样的地图。世界上哪个地区发生了动荡，粟裕就把哪个地区的地图挂起来，随时掌握事态的发展。外出时，每到一地，他都让工作人员把当地的军事地图拿来，细致地进行观察，一看就是很长时间。一次，他偶然得到一张精心制作的华北地区交通图，如获至宝，高兴地看了又看，然后小心翼翼地收进书柜。

粟裕的这种“嗜好”，一直保留到晚年。他说，看地图、看地形是军事指挥员的必修课，地图不仅要看，而且要背。他不仅把地图记在脑子里，一切重要的地域，只要有可能，他都要到现场去看。他当总参谋长期间，条件比较方便，除了在地面逐一观察外，有时坐上飞机从天上再看一下，形成立体的印象。他说，地图在军事指挥员的脑子里应该是立体的，不是平面的。（《一代名将——回忆粟裕》，第 565—566 页）

粟裕还十分重视利用天候、气象和战区环境特点以及民俗民情等条件，为战争胜利服务。

三、以蛇吞象，敢碰强敌

粟裕久经战火历练，是毛泽东主席赞赏的那种“勇敢而明智的英雄”。面对凶恶的敌人和危艰的战局，他从不畏惧，总是知难而进，一往无前，以军事家的大智大勇，克敌制胜。粟裕很欣赏宋人苏洵的名言，为将者“泰山崩于前而色不变，麋鹿兴于左而目不瞬”。他也真正做到了这一点。在战略上敢于藐视敌人，敢于以弱胜强，以少胜多；敢于斗争，善于斗争；敢同大敌、强敌作战；敢于打大仗、恶仗和硬仗。

粟裕指挥作战，想他人之不敢想，打他人之不敢打。他把积极求战视为指挥员最重要的素质，经常告诫下属指挥员，不论在什么时候，特别是在敌强我弱，形势对我不利的情况下，都要无所畏惧，要随时准备迎击强敌，敢于打硬仗、打恶仗，黄桥战役、天目山战役、孟良崮战役、豫东战役，无不如此。不仅出敌人之不意，有时候甚至毛泽东都想不到。

陈毅元帅说过，粟裕打仗浑身是胆。他具有临危不惧、坚韧不拔、百折不回的顽强意志，当处于敌人战略包围的情况下，不因敌众而馁，不因挫折而灰心，敢于斗争，敢于胜利。

1934 年，粟裕作为抗日先遣支队的参谋长，在极端艰难困苦的条件下，参与指挥部队转战闽、浙、赣边区，历时六个多月，行程 5600 余公里，历尽种种艰难险阻，进行了 30 多次重要战斗，既策应了红军主力的战略转移，又扩大了我党我军的影响。

当红军抗日先遣队北上遭到挫折，只有几百人突围出来，在失去党中央和上级党组织领导的情况下，经受了国民党浙江省保安部队的一次"进剿"和罗卓英、刘建绪两次几十个团的"围剿"，领导之间又产生过严重分歧。在这种险恶的形势下，粟裕率领 500 余人组成的弱小挺进师，在敌人的心腹地区，在浙南和浙西展开了轰轰烈烈的游击战争。

1935 年 3 月到 1937 年上半年，在战争环境十分险恶，生活极端艰苦，特别是与党中央和上级党组织失去联系的情况下，粟裕率部多次粉碎敌人的大规模围攻，其中有两次敌兵力超过七个师，为迎接抗日高潮的到来作了准备。

抗日战争初期，驻守在江南的国民党军队，畏敌如虎，未战即逃。日寇横行无忌，恐日病像瘟疫一样蔓延。面对如此险恶环境，粟裕勇挑重担，毅然率领刚刚组建起来的新四军先遣支队，挺进苏北敌后，设伏韦岗，首战告捷，极大地鼓舞了苏南军民抗日斗争，揭开了我军在江南敌后开展抗日游击战的序幕。他指挥新四军第 2 支队挺进敌后，在江南连打十余仗，并袭击了南京麒麟门和雨花台的敌人，威震江南。

皖南事变后，粟裕率新四军第 1 师和苏中军民，讨伐顽军李长江，粉碎日伪军的"扫荡"和清乡，建立革命根据地，度过了抗日战争最艰难的阶段。

解放战争初期，国民党把进攻解放区的主力和重点放在华东和山东，大有乌云压顶之势。粟裕在陈毅领导下，指挥华东野战军转战南北，所向披靡，把数量优势、装备精良的敌人打得损兵折将，焦头烂额。仗仗都是大仗、恶仗，仗越打越大，越打越硬。国民党的五大主力，就有三个败在粟裕的手下，其中两个被他指挥的华野所歼灭。仅用一年时间，即碎粉了敌人的全面进攻和重点进攻，歼敌 40 余万，被军委和毛泽东誉为"我华东野战军在第一年作战中已表现为全国各地战绩最大的军队"。

在战役战斗打得艰苦和不顺利的关键时刻，粟裕的坚定性表现更为突出，如鲁南战役的枣庄之战，淮海战役第一阶段歼灭黄百韬兵团，都打得相当艰苦，都曾一度出现过相持或进展不快的情况，但他总是那样坚定不移，在研究了敌我双方的情况之后，立即调整部署，变换打法，最后都获得了彻底胜利。

1946 年 7 月的苏中战役，李默庵指挥五个整编师 12 万大军，分四路向苏中解放区大举进攻。粟裕率领的部队只有两个师和地方武装上升的两个纵队，共 3 万余人。敌大我四倍。且敌人全部美械装备，我军只有小米加步枪，敢不敢应战，为全国和全世界所瞩目。

坚定的革命信念和长期革命战争的锻炼，使粟裕形成了这样的性格，对手越是强悍，越能激起他战胜对方的决心。

统辖五个整编师 12 万大军的李默庵，是个很强的对手！在黄埔系军官中曾广泛流传这样的说法：文有贺衷寒，武有胡宗南，又文又武李默庵。

粟裕获悉李默庵的四路大军，将于 7 月 15 日对我动手，便于 13 日发动战斗，打他个冷不防。粟裕不但先下手，而且出敌预料，进击敌方进攻出发地，打的是整编第 83 师，这支部队是蒋介石嫡系部队，美械装备，美国教官训练，抗日战争后期曾作为远征军到过缅甸作战，战斗力很强。

7 月 13 日，华中野战军集中主力对据守在宣家堡、泰兴地区的整编第 83 师第 19 旅第 56 团、57 团发起攻击，15 日战斗胜利结束。

首战告捷，粟裕丝毫没有停顿，克敌的锐气更加强盛，指挥部队一连打了七仗，七战皆捷，歼敌 5 万余人，起了振奋军心民心、扭转战局的作用。粟裕这种撑持危局的魄力和驾驭战争的才能，为全党全军所共识。

这就是粟裕的锐气。连挫强敌锷愈锋，打得淋漓尽致！他坚定沉着，明察秋毫，不为战场瞬息万变、扑朔迷离的复杂情况所迷惑，不为基于局部情况变化的各种似是而非的建议所左右，顽强地贯彻实现自己的决心，从容自如地实施不间断的战场指挥。他抓住战役发展的各主要环节，集中主要兵力于主要突击方向，始终掌握战场的主动权和处于优势地位，并随时注意于解决当面之敌的同时，为下次战役造成有利态势，使部队减少疲劳，保持锐气。

孟良崮战役，华野部队 10 多万兵力围住了张灵甫第 74 师，此时，周边几十万国民党军，近的只有十来公里，远的也不过 100 多公里，开到这孟良崮，最多不过是半天、一天的时间。张灵甫的如意算盘是，只要四面的国民党军一围过来，他的第 74 师不但能解围，更能实行"中心开花"的效果，使国民党军创造出在孟良崮围歼陈毅、粟裕华东解放军的大捷奇迹。

确实，张灵甫将部队一拉上孟良崮，国共双方的主帅主将便一下子明白了此时战役性质的重大变化及其意义。

蒋介石似乎知道了张灵甫的用意，看清了这个歼灭陈毅、粟裕统率的华东解放军的机会，连忙飞到徐州，亲自敦促顾祝同赶紧指挥各路国民党军开往孟良崮，对解放军实施反包围。

危险与战机同时产生。

摆在华东解放军面前便一下子只有两种结局了：不是赶紧消灭第 74 师，就是被第 74 师粘住，反遭周边围过来的 40 多万国民党军的重创。

战况到了这个阶段，在孟良崮，虽说华东解放军对张灵甫第 74 师握有了绝对兵力优势，但从整个山东战局来看，40 多万国民党军却正在获得一个战机优势。

进攻张灵甫的战斗是在 5 月 13 日下午 7 时开始打响的。经过 14 日、15日两天的生死激战，虽攻下了孟良崮一旁的几个小山头，但张灵甫的主力尚在固守主峰，战斗仍进行得异常惨烈，方圆仅 1.5 平方公里的孟良崮，已躺下了数以万计血肉模糊的尸体。而攻山的解放军各纵队的伤亡也相当大，并且弹药补充都出现了困难。加之，周边国民党军向孟良崮进发的情况，也令军心很有些紧张。

因此，华东解放军总部与下属纵队有些指挥员提出：久攻不下，又是如此境况，是否忍痛从孟良崮撤退，以保大军不落入周边国民党军的包围圈？

亲处前线指挥所进行指挥的粟裕，自然透彻明白当前战势的严峻：获胜与战败这两种可能，都已接近了胜负概率的临界线，此时，唯一能让战局偏向胜利或失败的因素，就是对战双方的军心了，而其中最重要的却又是指挥官们的决战信心与指挥效率。

于是，粟裕下令：任何人不得言撤退！陈毅也宣布了追究失职者责任的"撤职、查办、杀头"三大战场纪律，并严令各纵队务必不顾一切牺牲，限在 24 小时内攻上孟良崮，歼灭 74 师；各纵队伤亡多少人，战役结束后，保证给予补足建制；司时，打破解放军历来只在夜里打大仗的传统，16 日白天也继续进攻，直至于 16 日下午 3 时完全攻占孟良崮主峰，击毙张灵甫。

孟良崮战役之所以称为奇迹，是因为这是一次腹背受敌的歼灭战。敌 25 师和 83 师一部相距 74 师不过几公里，在战斗打响后很快就能加入战斗。其他各路援军包括第 5 军第 11 师到达战场的时间，最近一两天，最远不过几天的路程。当时的情形是华野大军在里面围歼 74 师，外围国民党军各部包围着华野大军，其险恶程度无法用语言来形容。腹背受敌的围歼战孟良崮战役，创造了现代战争中"百万军中取上将首级"奇迹，足以列名世界歼灭战教科书。

华东解放军将领，虽然都身经百战各具特长，但是能像粟裕那样做到面对泰山崩裂压顶而仍能沉着行事者，却不多有。连陈毅在战役结束后，都坦白地说："打张灵甫这三天，我的脑子简直要被压碎了！以后儿子长大了，不能让他带兵，这不是人干的。"

豫东战役发起后，蒋介石慌忙调兵遣将，组织多路增援，争夺异常激烈。在第二阶段作战中，东西两线援敌两个兵团一齐压来，蒋介石还亲自乘飞机到杞县上空督战，并以杀头威逼邱清泉迅速攻击前进，与区寿年兵团会合。

在异常紧急的情况下，粟裕以大无畏的精神，当机立断，立即调整部署，在中原野战军的直接保障下，我军基本达成战役目的。接着，又发扬连续作战的精神，以先声夺人之势，给运动中的援敌黄百韬兵团以歼灭性打击。这样，既打了黄兵团，又镇了邱兵团，一箭双雕。

1948 年夏，在中原敌人尚有战役进攻能力、握有战场主动权的形势下，粟裕精心运筹，组织指挥了豫东战役，以"灭此朝食"之概。

粟裕每临大战有静气。黄桥战役前夕，他驻溧阳水西村，处理完公务后，仍荷锄下地，或挑水，或锄地，或拔草，或与当地农民闲话桑麻。殊不知一场大战将至也。

粟裕指挥打仗险中有奇，奇中有险，想一般人之不敢想，有胆有识。分析起来，这与粟裕所处的山东战场有关，山东战场战略回旋余地小，在敌人的重点"围剿"下，在战略上讲退路不多，随时可能会被赶出山东或者赶入大海，所以迫使粟裕很多时候不得不险中求胜。正是这种环境，让粟裕很多时候不得不险中求胜，恶仗、硬仗比较多，打败仗的可能性也就要高一些。

粟裕指挥作战，目的明确，勇于坚持到底。

在战役过程中，要做到打破相持不下的局面，指挥员的坚强决心和顽强毅力，往往成为最后战胜敌人的重要因素。粟裕不仅敢于下决心与强敌决战，而且定下决心后，非情况发生重大变化，胜利确无把握，是从不轻易改变决心的。特别是战役战斗打得艰苦和不顺利的关键时刻，他的坚定性表现得更为突出。

粟裕之所以善走险棋，险中求胜，是因为他把冒险建立在对敌情的正确判断上，建立在周密的计划、充分的准备和灵活的指挥上。用奇与冒险往往是分不开的。苏中战役中，进犯华中解放区之敌，遭受一系列打击，于李堡之战后，重新调整了部署，决心扼守要害，加强防御和"清剿"，形成了一个东西百余里，南北仅数十里的战线，一面依长江天险，另三面以密布的据点组成封锁圈，并企图向北推进，威胁我两淮根据地，破坏我军整个战略布局。粟裕放正面直接威胁之敌不打，运用三万作战部队，从丁堰、林梓打开缺口，冒着被夹击和合围的危险，直播敌封锁圈的中心黄桥，钻到敌之腹地，完全出敌意外，险中求胜，不仅解决了正面的压力，而且还在运动中消灭了大量的敌人。

四、斗胆直陈，无私无畏

认识真理需要智慧，坚持真理需要勇气，不仅要具备卓越的军事谋略才能和高超的战争指挥艺术，而且还要具备实事求是、坚持真理的勇气和胆识，具备顾全大局、不计个人得失的思想品德和全局意识。粟裕就具有这样的大智大勇，他所面临的战争危险，否定最高领导决策的千钧重压等，绝不是一般人能够承受的。但他看准了则坚定不移，敢对历史负责。粟裕做人处事风格及性格低调、朴实、厚道。但骨子里，又有一种坚定和自信。

粟裕在指挥战争的实践中体会到，由于战争指导者与战区指挥员所处的环境、位置和观察问题的角度不同，对同一事物的认识往往存在着一定差异，"全局是由许多局部组成的，从局部看到的问题，也许会对中央观察全局、作出决策有参考价值"。

因此，他本着对战争负责、对中央负责、对部队负责的高度责任感，以求实的精神和敢于直谏的勇气，在审慎思考的基础上，多次对中央军委的战略意图提出补充和修改意见。这在中共将领中是独树一帜、独一无二的。

1946 年 6 月中旬，中共中央判断："观察近日形势，蒋介石准备大打，恐难挽回。"中央军委主席毛泽东等人于 6 月 22 日设想一个南线作战的战略计划：刘伯承、邓小平率主力出击陇海、豫东，相机占领开封；陈毅率主力以徐州地区为主要作战方向，相机占领徐州；粟裕、谭震林率主力出击淮南，配合陈毅占领蚌浦铁路线，歼灭该地之敌。还限粟裕率华中野战军主力于 7 月 10 日前完成所有准备，待命到淮南作战。

这个战略计划的主旨是：敌人向我进攻，我也向敌进攻，到外线作战，气魄相当大！

正在苏中前线的粟裕，他认真分析研究战争的实际情况，提出了与中央相反的意见，认为华中野战军主力应留在苏中根据地内作战，不能立即西移淮南，向外线出击。

粟裕从不机械地执行上级指示。华中野战军是在内战作战还是到外线出击，是在苏中歼敌还是到淮南歼敌，他对可能出现的各种情况进行了全面分析。

粟裕认为苏中地富粮丰，人口众多，又是老根据地，支援战争潜力巨大；如在淮南作战，不仅粮草需苏中供给，支前民工也需苏中补给。综观全局，还是在苏中内线作战最为有利。而且，苏中是新四军最后的一块根据地，不能不战而退。

6 月 27 日，粟裕致电中央军委和陈毅，建议华中野战军主力暂缓兵出淮南，留在苏中作战。

这是一个不寻常的建议，因为中央军委方针已定。中央军委让他去淮南打，他却要在苏中打；中央军委让他向外线出击，他却要在内线歼敌。提出这种建议，是需要超人的睿智和勇气的！

电报发出后，中央军委没有立即答复。因自己是冒着“抗命”中央的危险，粟裕发出此电后，感到事关重大，立即长途跋涉到淮安，与华中分局、华中军区领导人张鼎丞、邓子恢、谭震林等共商，详细陈述了自己所以提出这一建议的基本考虑。得到他们同意后，四人联名致电中央和陈毅，再次表达华中野战军留在苏中作战的决心。

中央军委和毛泽东认真研究粟裕的建议，认为这个建议很有道理，同意粟裕所部主力先在内线打。得到中央批准后，粟裕精心指挥，取得了一个又一个胜利，直至七战皆捷。

粟裕的打了再走，带有立军令状性质，这叫作“敢于胜利”。

不仅如此，粟裕此后还使用了“斗胆直陈”，是在 1946 年 8 月。

宣泰、如南两战以后，进攻华中解放区的国民党军队虽然受到一定打击，但在数量上仍然占有很大优势。他们在东面继续进攻海安，西面突破了淮南，北面则向淮北进犯，华中形势日趋紧张。

粟裕分析敌我双方态势，总结前一段作战经验，认为要粉碎敌人的进攻，更多地歼灭敌人的有生力量，必须在主要作战方向上集中更大的兵力。因此于 7 月 25 日致电华中军区、陈毅军长、中共中央,建议在淮北战役尚未大打时,仍将第 5 旅调至苏中参战,比留淮南更为有效。

这时,陈毅为执行外线出击的作战计划,已率领山东野战军主力从鲁南到达淮北。陈毅于 7 月 27 日、28 日复电强调,"5 旅不宜东调,因津浦线是主战线已苦兵力不足",并要粟裕西移。

粟裕接到陈毅的复示,认为有必要向中共中央、陈毅军长、华中军区陈述自己的意见,再次提出第 5 旅东调、集中兵力歼敌的建议,同时对"只有全面大打才能制服蒋分区蚕食的狡计"的论断表明自己的看法。他说:"我各战略区除在战略上应互相配合外,在战役上似不应要求一定之配合(事实上也很难做到),而在单独作战,以自己力量解决当面敌人,否则会影响到另一战略区之机动。依目前华中兵力,实无法组成两个野战军。现天长、盱眙既失,5 旅等部留在淮南已无大作用。因此建议将淮南主力大部东移苏中参战。只要苏中局面打开,则淮南形势亦可能逐渐改善,而后我再以主力西移,则淮南局面亦可能打开。"(《粟裕军事文集》,解放军出版社,1989 年 7 月,第 1 版,第 245—246 页)

1946 年 8 月 5 日,为了集中兵力在苏中大量歼敌,粟裕致电中央军委,第三次建议新四军第 5 旅到苏中参战。

粟裕认为,华中野战军主力的使用方向关系战争全局,必须慎重处理。他从三个方面权衡利弊得失:

第一,蒋介石在美帝支持下向我发动进攻,在力量对比上暂时具有很大的优势,这场战争势必是长期的,根本的问题在于消灭敌人的有生力量。经过八年抗日战争和日本投降后保卫抗战胜利果实的斗争,我党已建立大块的巩固的根据地,在内线同敌人作战有很大的回旋余地,这与第二次国内革命战争时期有很大的不同。中央军委 7 月 30 日曾有电报指示:"总以打胜仗为原则。"从这个原则出发,我军在战略防御阶段以执行内线歼敌方针,推迟外线出击时间为有利。充分利用内线作战的有利条件,多打些胜仗,以大量歼灭敌人。

第二，战争初期，各主要作战方向，应充分利用内线歼敌的有利条件，哪里好消灭敌人就在那里打仗，各战区之间有战略性的配合，不宜过早作战役性的配合；如果急于作战役性的配合，我军兵力作更大的集中，则敌人兵力也将随之作更大的集中，对我各个歼敌不利。在战争初期，我军兵力应该随着敌我力量的消长，我军指挥艺术的提高，和战局向我解放区纵深发展，而逐步集中，由一次歼敌一个旅，逐步集中兵力发展到一次歼敌几个旅，这样比较有利。

第三，从当面实际情况看，在苏中打歼灭战的条件较淮南为有利：1. 苏中敌军已遭我几次打击，与淮南之敌比较是弱军，有利于我继续歼击。2. 由于淮南解放区已被敌人突破，如主力向西，必须首先打下盱眙、天长，以开辟战场，需付出一定的代价；如舍盱眙、天长不打而直趋铁路线，则战场狭小，不利于我军机动，后方亦不安全。3. 淮南正值雨季，大雨滂沱，平地积水甚深，部队运动及粮弹运输供应比苏中困难。（《粟裕战争回忆录》，解放军出版社，1988 年 11 月，第 1 版，第 382—383 页）

根据以上分析，粟裕在电报中提出："在 5 旅增到苏中条件下，于 8 月内再歼敌人两个旅是有把握的。如 5 旅不来，而仅以现有兵力作战则感到吃力，对九月战斗亦将有影响，且对苏中局面不能得较快的好转。"因此，"要求 5 旅及特务团仍东调参战，以期早改变苏中战局，以便主力西移。否则淮南、苏中均成僵局，于整个战局亦不利。斗胆直陈，尚祈明示"。（《苏中七战七捷》，江苏人民出版社，1986 年 9 月，第 1 版，第 164—165 页）

在战争年代，有一条不成文的规矩：下级向上级提建议，同样的内容，只允许提出三次。这是第三次，也是最后一次了。因此，粟裕采取十分郑重的态度，使用了"斗胆直陈"的措辞。现有资料表明，在解放战争期间的电报中，这是他第一次使用这样的措辞。

此时，苏中出现有利战机，粟裕急电报告"歼敌良机已到"，"如以 5 旅加入苏中作战，则苏中战局很可能于最近有新的开展"。中央军委指示："尽可能满足粟之要求，集中最大兵力于主要方向。"

这个指示表明，中央军委已经确认苏中为主要作战方向，并接受了粟裕的建议。陈毅也于8月8日复电同意以第1、6师，7纵及5旅集中东（台）海（安）间待机歼敌。（《苏中七战七捷》，江苏人民出版社，1986年9月，第1版，第173页）

失败是要承担责任的。将军受命之时，则忘其家，临阵，则忘其身。如果一个将领，在作决策时，更多地考虑的是自己的荣辱得失，是不会成为优秀将领的。粟裕的苏中请战，体现了另外一种坚强。

粟裕的第二次"斗胆直陈"，是在1948年春。

1947年5月孟良崮战役以后，粟裕总结正反两方面的经验，他认为，随着敌我双方力量的消长和战略战术的变化，解放军打歼灭战将向更大规模发展，是一个客观规律。在解放军转入战略进攻以后，在原有政治优势的基础上，又取得了战略优势地位，但是在数量上和技术上仍然处于劣势。国民党军队仍然可以依恃其数量、技术上的优势，在局部地区组织战役进攻，因而中原战场出现反复拉锯的僵持局面。改变中原战局、发展战略进攻的关键，是集中更大兵力打更大规模的歼灭战。

1947年12月上旬，粟裕准备把这一战略构想以及相应的建议上报中共中央军委，建议在作战和建军两方面采取措施，以争取数量上和技术上的优势，在中原战场上采取忽集忽分的战法，集中兵力打大仗。

由于他的构想和建议不仅关系战略全局，而且与中共中央一再强调的避免打大仗的意图不同，所以在电报起草好以后，又经过40余天的慎重考虑，并通过平汉战役的实践证明集中兵力打大仗是可行的，粟裕方才于1948年1月22日发出电报，并使用了"斗胆直陈"的措辞。

粟裕这个战略构想，不是一时心血来潮的产物，而是在总结正反两方面实践经验基础上长期深思熟虑的结果。然而，正式提出这个建议，粟裕还是采取了不同寻常的慎重态度。粟裕保存的抄件说明，他的建议不仅关系战争全局及其未来发展，而且与中央军委已有的战略决策大不相同。

当时他虽然不知道中共中央已经作出分兵渡江南进的战略决策，但是他主张依托根据地集中兵力打大歼灭战的思考，与中央军委一再强调的不要后方的战略跃进和在中原地区打中小规模的仗的指示，显然是不同的。12 月 9日，即预定发出此电的前一天，粟裕收到中共中央军委电示："目前时期，华野仍以打中等规模之仗为有利。"（《毛泽东军事文集》第四卷，军事科学出版社，中央文献出版社，1993 年 12 月，第 1 版，第 343 页）面对这种情况，粟裕虽然坚信自己的意见是正确的，但是唯恐考虑不周，干扰中央军委的决策，因此采取了格外谨慎的态度。

权衡两种方案的利弊得失，粟裕认为，集中兵力在中原黄淮地区打大歼灭战，更有利于迅速改变中原战局，进一步发展战略进攻。

要不要向中央军委再次提出自己的意见，粟裕开始时是有顾虑的，主要是担心自己看问题有局限性，对如此重大的战略决策提出不同看法，会不会干扰统帅部的决心，而且部队的准备工作已经达到"万事俱备，只待渡江"的程度。为了做到确有把握，他两次向陈毅详细汇报了自己的想法和建议。

对"稳渡长江遣粟郎"充满信心的陈毅大感意外，迟疑地问了一句："中央要你过江，你不过江？"但他同意粟裕把自己的意见报告中央。

在上报中央之前，粟裕又将他的建议报告刘伯承、邓小平，征求他们的意见。

当时有一种意见，认为中原无大仗可打。这些情况，也促使粟裕采取谨慎态度。但是，粟裕又想到，作为一个战区指挥员，在执行中央军委赋予的作战任务的时候，理应结合战争的全局来思考，从战略全局考虑利弊得失，把局部和全局很好地联系起来。全局是由许多局部组成的。从局部看到的问题，也可能对全局的战略决策有参考价值。既然自己已经深思熟虑看准了，就要敢于承担历史责任。

要知道，毛泽东并不是一个轻易被人说服的人，战争时期，能向主席建议并被采纳的并不多见。

在解放战争过程中，粟裕提出的关系战略全局的重要建议在 10 次以上，但是像这样直接地全面地对全国战局和全军建设提出建议还是第一次。在这份电报里，粟裕根据他对中原以至全国战局的科学分析，提出了发展战略进攻、改变中原战局的战略构想，以及与此相应的关于作战和建军的重要建议。

在这份电报里，他既积极研究执行中央军委的指令，提出了渡江时机、路线和方法的具体方案，又再次"斗胆直陈"，重申了以往给中央军委的意见和建议。

他在电报中说"斗胆直陈"，但他又很讲究提建议的方式。电报中没有用反对分兵渡江的词句，实际上集中三军兵力就包含了取消分兵渡江的意思。电报中也没有用在中原打大仗的词句，实际上三军集中兵力打仗就包含了打大仗的意思。

粟裕在该电中不仅就战法问题提出真知灼见，还就"攻坚""攻略中小城市""统一建军思想"等问题，提出了一个系统的、极具战略远见的建议。显然，这些建议是他长期以来特别是孟良崮战役之后一直思考的结晶。

粟裕的建议电引起了毛泽东的高度重视。

毛泽东在阅读时逐句圈点，送给周恩来、任弼时、陈毅传阅时特别注明："再送毛"。

周恩来阅后批注："请陈考虑，粟所提各项问题，是否需再议一下？"

复议的结果是坚持既定决策。

1948年1月27日，中央军委正式给粟裕下达电报命令，命令的主要内容：为迫使敌人改变战略部署，吸引敌人20个至30个旅回防江南，现确定华东野战军外线兵团的第1、第4和第6纵队（这三个纵队随即组成第1兵团），由粟裕率领渡江南进，在江南数省执行宽大机动作战任务。计划在湖北的宜昌至监州之间的几个地段渡江进入江西，或从洪湖、沔阳地区进入鄂南，先在湖南和江西两省周旋半年至一年，沿途兜圈子，以跃进方式分几个阶段到闽浙赣边，使敌人防不胜防，完全处于被动应付的地位。渡江时间，可在2月，或5月。要粟裕"熟筹见复"。

毛泽东在这个电报中，虽也要粟裕就这一重大战略方针和行动问题"熟筹见复"，但不是征询粟裕是否分兵渡江问题。分兵渡江此电已经确定，此电要粟裕"熟筹见复"的是何时何地渡江，粟裕只可以在这个范围内熟筹答复问题。

接到中央军委的电报，粟裕感到，中央的决策与他的建议大相径庭。他认真研究领会中央军委的战略意图，认为中央军委采取这一重大战略决策，显然是为了进一步把战争引向敌人的深远后方，以配合正面战场主要是中原战场作战，扭转中原战局，发展战略进攻。这一战略行动能否达到预期目的，不仅对中原战场和华东战场有重大影响，而且对解放战争全局都会发生重大影响。

如何实现这一战略意图？存在着两种战略设想，一个是分兵渡江南进，一个是集中兵力在中原地区打大歼灭战。究竟采取何种战略行动，才能确有把握地实现我们的战略目标？粟裕对此进行反复深入的思考。

这一次，他一如既往，一面积极研究执行中央军委的指令，提出了渡江时机、路线和方法的具体方案，并且立即着手进行渡江南进的各项准备。同时，进一步研究改变中原战局、发展战略进攻的方略。

根据军委指示精神，粟裕于 1 月 31 日（子世）以 1700 字电文分三部分向中央军委作了报告。其中第一部分和第三部分就渡江时间、部队状况、渡江地点等提出了详尽的建议。而第二部分则以 300 字电文再次重申他在"子养电"中的观点和建议：

"职对于中原战局认识，除已于 1 月 22 日电呈外，认为我军以原有之政治优势，于反攻中又取得了战略优势，但在数量上及技术上并非优势。加以土改又为反攻中最主要政治内容，故进展较慢。在军事上，如能于最近打几个歼灭战，敌情当有变化。因此于最近时期，将三个野战军由刘邓统一指挥，采取忽集忽分（要有突然性）的战法，于三个地区辗转寻机歼敌（华野除叶王陶外可以三至四个纵队参战），是可能于短期内取得较大胜利的。如是则使敌人机动兵力大为减少，而我军在机动兵力的数量上则将逐渐走向优势，同时也可因战役的胜利，取得较多的休整与提高技术的时间。如果我军在数量上及技术上取得优势，则战局的发展可能急转直下，也将推进政治局势的

迅速变化。"（《粟裕军事文集》，解放军出版社，1989 年 7 月，第 1 版，第 351 页）

这段话插在讲渡江时机的第一部分和讲渡江地点及方法的第三部分之间，表面看来不合逻辑，其实含有深刻用意。他用这种方法，提请中央军委注意他在"子养电"中的观点和建议，足以体现粟裕坚持真理和对革命事业高度负责的精神，他渴望能及早改变中原战局，并相信自己的看法是经过深思熟虑的，是能够改善南线战局的。然而，他又深知这三百字电文是"熟筹见复"。

接到粟裕的电报，毛泽东特地把原定 2 月 1 日返回部队的陈毅留下来研究，但研究的结果仍然是坚持由粟裕率领三个纵队渡江南进的决策。在这种情况下，粟裕率领华野指挥机关和第 1、第 4、第 6、两广和特种兵纵队北渡黄河，于 2 月下旬进入黄河濮阳地区休整，全面展开了渡江南进的各项准备工作。

然而，一贯创造性地开展工作的粟裕，并没有因此而停止他的研究与思索。他思索的中心是，从战争的全局出发，是分兵渡江南进有利，还是集中兵力在中原歼敌有利？粟裕认为，为了改变中原战局，进而协同全国其他战场彻底打败蒋介石，中原和华东我军就必须同国民党军进行几次带有决战意义的大较量，打几个大的歼灭战。应该尽可能地争取把敌人的主力消灭在长江以北。

要打大歼灭战，三个纵队南进是做不到的。在山东战场，由于敌人坚固设防地域较多，我作战地区比较狭窄，暂时也难以打大的歼灭战。而中原黄淮地区，打大歼灭战的条件正在成熟。

在中原战场上，我军有 10 个主力纵队，加上两广纵队、特种兵纵队和地方武装，只要统一指挥，集中兵力，是有力量打大歼灭战的。中原黄淮地区地势平坦，交通发达，固然便于敌人互相支援，但也利于我军机动作战。敌人虽然在中原地区集结重兵，但是重要点线防守的包袱背得很重，机动兵力相对减少，我军可用积极行动调动敌人，创造歼敌战机。特别重要的是，我中原新解放区已有初步基础，又背靠山东和晋冀鲁豫老解放区，可以及时得到人力、物力的支援，充分发挥人民战争的优势。这些都是我军在中原黄淮地区打大歼灭战的有利条件。

相反，如果华野三个主力纵队渡江南进，固然会给敌人以相当大的威胁和牵制，但难以实现预定的战略意图。首先经敌人的围追堵截，我军预计有大量减员，剩下的部队很难对敌人构成大的威胁。再有我军南进可能牵动敌人一部分兵力，但蒋介石再蠢也不会把机械化程度很高的嫡系部队调到江南水网地区，更不会让桂系部队"放虎归山"。退一步讲，即使我军实现了战略意图，而一些带有决战性质的大决战就要在经济发达、人口稠密的江南进行，其伤亡和代价可想而知。

权衡两种方案的利弊得失，粟裕越想越觉得就全国战局而言，最佳方案应该是：将敌歼灭在长江以北，而不是用巨大代价，将敌吸引回江南。既然自己看到了这一点，就应再一次向中央说明情况，作为一个党员，要敢于对历史负责。

但作为一个战区指挥员，粟裕当然知道，对中央军委如此重大的已正式下达让他具体实施的战略决策提出异议，干扰、动摇了统帅部的决心，贻误了战机，有损全局，会招致什么样的后果？但转念一想，作为一名共产党员，作为一个每天都在进行战争实践的战役指挥员，在坚决执行中央军委命令的前提下，将自己的一些想法，及时地如实地向中央军委汇报，供军委在决策时参考，应该说，这是对革命负责任的表现。

经过两个多月从全局的权衡利弊，反复认真的思考、酝酿，粟裕肯定地认为，南进方案，不一定能达到预期目的。可是，当他将自己的这一想法拿到华野前委会议上研究时，不但未能得到大多数同志的理解和支持，反而引起一番激烈的争论。

这段时间里，粟裕常常拿着中央军委的电报，仔细琢磨，陷入沉思，又常常一个人站在地图前，用铅笔和手指在图上比比画画，一看就是半天。

正当粟裕为要不要向中央再次报告为难之际，陈毅回到了华野总部濮阳，宣布了毛泽东亲笔书写的东南野战军和东南分局负责人名单。东南野战军领导组成是：陈毅任司令员兼政治委员，粟裕任副司令员，邓子恢任副政治委员。华东野战军第1、第4、第6纵队组成东南野战军第1兵团，粟裕兼司令员及政委，叶飞任副司令员，张震任参谋长，钟期光任政治部主任。并准备于1949年初由华东野战军第3、第8、第10纵队组成东南野战军第2兵团，人选出发时决定。党的东南分局由粟裕任书记，叶飞、金明任副书记。

这无疑是一个重大战略决策。陈粟大军将改为"东南野战军"。先头过江的是粟裕的第1兵团三个纵队，后续的还有第2兵团三个纵队。我党将像进军中原创建大别山根据地一样再创建一个新的东南大区，通过这种跃进将战争进一步引向长江以南蒋管区。

然而，粟裕的思考已更加深入。他在通过几个月来对中原敌我兵力状况，根据地的开辟和建立，以及敌我战略、战术等方面问题多次进行运筹思维后认为：敌军在遭我多次打击后，兵力大为集中，除以相当兵力担任重要点线的守备外，尚能集中较大的机动兵力，在各要点之间往返驰援。因此，我必须高度集中兵力，把歼灭战发展到更大规模，才能歼灭敌人。而打大规模的歼灭战，大兵团运动及现代技术装备，又离不开强大的后勤支援，那就必须依托或半依托后方，以取得支援和供应。

华野第1、第4、第6纵队渡江南下，在敌人统治区，作千里之跃进，既丧失了集中更大兵力和依托后方之利，又无法避免"缺乏群众支持""缺乏友邻支援配合""缺乏休整地区"之不利。如以兜圈子中付出的巨大减员，作为有后方依托打歼灭战的伤亡，则每一万人的减员，至少可歼灭敌人一个主力师。三个纵队渡江南进后，虽可以调动江北部分敌军回防江南，但估计调动不了敌人在中原战场的四个主力军（师）。敌整编第5军和整编第11师是蒋介石嫡系主力，是半机械化部队，敌人不会把它们调到江南同我们打游击的。

桂系的第7军和整编第48师，蒋介石担心放虎归山，当然不会把他们调到江南。如果我军不能把敌人在中原战场的这几个主力军（师）调到江南，就达不到预期的行动目的。

几番思索、比较、判断之后，粟裕思想上对"分兵渡江"与"集中兵力，在江北打大仗"这两种战略方针孰优孰劣的考虑，已经趋于成熟了。

粟裕坦荡地讲了自己的想法。当时正逢李先念经濮阳回中央工作，陈毅与粟裕同去拜访李先念，三位战友坦诚交换了意见，粟裕的建议最终得到李先念和陈毅的赞同。

然而，对中央如此重大战略决策提出不同看法，粟裕最大的顾虑是担心干扰统帅部的决心。更何况当时情形，"万事俱备，只待渡江"。而这种不同看法归根结底又是对中央南线战略方针存有截然不同认识上的大问题。报告这种不同看法，必须富有极大的勇气及敢于对革命事业高度负责的精神。粟裕认为，"不结合实际情况具体灵活地执行上级指示，即使是在正确路线的领导下也是应当加以反对的"。

于是，他只得以他个人的名义，于 4 月 18 日，再次"斗胆直陈"，向中央军委建议，华东野战军三个纵队暂不渡江南进，而集中兵力在中原黄淮地区打几个大规模的歼灭战。同时建议，向淮河以南到长江以北地区派出几个以旅或团为单位的游击部队，配合正面战场作战；向长江以南的敌人深远后方派出多路游击队，与当地人民武装结合，在广大范围内辗转游击，以求大量调动敌人，策应中原地区作战。这样，三线密切配合，推动战局较快与较大发展。

粟裕在电报最后特别声明："我们对南渡准备仍积极进行，决不松懈。"（《粟裕军事文集》，解放军出版社，1989 年 7 月，第 1 版，第 353—356 页）

这份电报，可谓大胆。从某种意义上讲，是否定党中央和毛泽东关于华野组建第 1 兵团渡江南进的决定。

接到粟裕的这份电报，毛泽东陷入了沉思，中央书记处其他领导同志也为之震动，立即讨论研究。第二天，毛泽东即令陈毅和粟裕到中央驻地河北省平山县西柏坡当面汇报。

中共中央书记处扩大会议于 1948 年 4 月 30 日至 5 月 7 日在城南庄举行。

参加会议的，除了"五大书记"毛泽东、刘少奇、周恩来、朱德、任弼时以外，还有陈毅、粟裕、彭真、薄一波、聂荣臻、李先念等人。

5月5日，毛泽东在城南庄召开专门会议，听取粟裕汇报。中央五大书记毛泽东、刘少奇、周恩来、朱德、任弼时全部出席，毛泽东还让正在中央的陈毅、李先念、薄一波等人也参加了会议。

如果说前面粟裕向毛泽东的建议还只是通过电报的话，那么这一次，是粟裕面对面向最高统帅提不同意见。

粟裕着重汇报了三个纵队暂不过江南进、集中兵力在中原黄淮地区大量歼敌的方案，详细说明了提出这个方案的根据。

粟裕说，眼下国民党政府在军队数量、武器装备、经济实力等方面仍占有一定的优势。那么要推翻蒋家王朝首先必须在军事上有几次大的较量。这种大的带决战性质的较量，时机与战地的选择对胜负影响甚大。敌人在中原的防御体系已绽开裂痕，我军在中原大量歼敌的可能性已有所增长。

在中原战场上，中原野战军有四个主力纵队、华东野战军有六个主力纵队，共十个主力纵队，再加上两广纵队及地方武装，是有力量打大规模歼灭战的。依托后方（陇海以北）作战，可以得到足够数量的炮弹、炸弹、手榴弹之补给（新区不能生产），发挥现装备之作用，以便大量消灭敌人。而现在敌人处于交通便利的中原，如无相当炮火是难予歼灭的。

我三个纵队到敌人战略后方进行宽大机动作战，无疑会给敌人以相当的震惊、威胁和牵制。但是也存在一些难以克服的不利因素。

第一，我三个纵队加上随军的地方干部约10万人，渡江后要在敌占区转战数省，行程几千里甚至上万里，敌人必然会利用其大后方各种有利条件，对我军实施围、追、堵、截；而我军，在无后方依托的条件下连续作战，兵员的补充，粮食、弹药和其他物资的供应，伤病员的安置和治疗都将会遇到很大困难，估计减员也不会少于二分之一，剩下的部队就难以对敌人形成威胁，在这种情况下，我军不仅无力攻击中心城市，即使出现有利战机和可能打胜的仗，有时也不敢下决心打。

第二，我三个纵队渡江南进后，可以调动江北部分敌军回防江南，但估计调动不了敌人在中原战场上的四个主力军。整编第5军和整编第11师，都是蒋的嫡系部队，是美式装备的半机械化部队，又是敌在中原战场上的骨干，敌人是不会把他们调到江南跟我们打游击的。桂系第7军和整编第48师，由于政治上派系之争，蒋担心放虎归山，也不会把他们调到江南。如果我军不能把敌人在中原战场上的这几个主力军（师）中的一两支牵到江南，就不易达到减轻对中原我军压力之目的。相反，我们却从中原战场抽走了三个主力纵队，势必削弱中原战场我军集中兵力打大仗的力量。如果不能调走敌人在中原的主力，而只调走一般的力量，那么，我以较小的兵力南下也可以达到同样的目的。

此外，我渡江部队又将面临一次大的思想转变。这几个纵队从苏北撤到山东和由内线转到外线有过两次大的思想转弯，思想转弯要有一个过程。由于存在这些不利因素，我三个纵队渡江南进，估计难以实现预定的战略意图。

再从战略角度看，兵力运用问题，要在广阔的中原战场打大规模的歼灭战，我必须组成强大的野战兵团，在一个战役中，既要有足够数量的兵力担负突击任务，各个歼灭敌人，又要有相当数量的兵力负担阻援和牵制敌人的任务。

粟裕认为三个纵队暂不渡江南进，集中兵力在中原黄淮地区大量残敌，打几个大的歼灭战，尽可能把敌人主力消灭在长江以北，这不仅更有利于实现"打倒蒋介石，解放全中国"这个战略目标，而且能使我军今后渡江南进，在苏、浙、赣、闽各省不致有大的战斗，也不致使上述各省遭受战争的更大破坏，在我军解放后容易得到恢复……

中央领导都饶有兴味地听着粟裕的汇报，不时地插话询问一些细节。也有领导同志发问，中原黄淮地区地形开阔，交通比较发达，你包围敌人一个军，敌人会利用公路、铁路、水路甚至飞机，迅速调动五个军、六个军进行反包围，所以，在中原地区大量歼敌也不是一件容易的事。

粟裕答道：说在中原黄淮地区大量歼敌，不是指一次歼敌一个军或两个军，而是以华北、西北两大解放区为依靠，中原、华东两大野战军协同作战，一次歼敌 10 万、20 万，甚至于更多。这样，敌人欲进行反包围，就必须要在短期内迅速调集 50 万、60 万，甚至更多的军队。如果蒋介石把五六十万精锐部队集中在中原黄淮地区，那么我们不但可以把敌人主力歼灭在长江以北，而且还可以把敌人的大部分武装力量歼灭在长江以北。

粟裕气势磅礴，语出惊人，句句风雷，又奇峰突起，会议室内陡的一片寂静，显然与会者都沉浸在思索、咀嚼粟裕刚才讲的"一次歼敌 10 万、20 万，甚至更多的"那一番"豪言壮语"中去了。

还是毛泽东一声爽朗的大笑打破了寂静。只见他站起来，绕桌走了一圈，然后妙语连珠，连称："好！好！好！！！"

毛泽东和中央书记处当即进行研究，一致赞同粟裕的意见，并作出决定：华野应继续依托中原、华东两解放区，会同中野作战，同意第 1 兵团在整训结束以后，四至八个月内，暂不向江南作战略机动，先加入中原作战，以便集中力量，歼灭敌人，粉碎敌人在中原的防御体系。

中共中央书记处虽然采纳了粟裕关于三个纵队暂不过江的建议，但是认为有必要强调坚持渡江南进的既定方针。

在 5 月 3 日的会议上，提出了"南进战略是否对"的问题，反复强调渡江南进是"坚定不移的方针"。毛泽东没有参加这次会议，刘少奇传达了他的指示。毛泽东说：将战争引向国民党地区无疑会有很大困难，打出去的主力会减弱，打不了很多胜仗，但无此一条不能战胜国民党。刘少奇和周恩来在发言中指出，要从过去的经验认识渡江南进的正确性，从解决上百万人的吃饭问题认识渡江南进的必要性。刘少奇说：去年大军出中原，河北（指黄河以北）大胜利，而大军在中原很困难，主力削弱了，胜仗打少了。但是，义无反顾，总要南下，不能北返。现在江北至多支持一年。如果搞不好，江北支持不住，主要问题是吃饭。渡江很困难也要前进。周恩来说：军队向外线转，不断开辟新的外线，是坚定不移的方针。现在暂不跃进，暂采波浪式前进，先迫江边。朱德说：战略方针向南，必须向南才有胜利。任弼时说：打向国民党区域，是决定战争胜利快慢之一条。

中共中央领导人如此尖锐地提出渡江南进的战略方针是否正确的问题，使粟裕更加深刻地认识到，即将采取的战略行动实际上体现了两种不同的战略方针，因而更加强烈地感觉到自己承担的历史责任的分量。

5月5日，中共中央书记处会议还在进行，毛泽东就为中央军委起草致刘伯承、邓小平并华东局的电报，指出："将战争引向长江以南，使江淮河汉地区之敌容易被我军逐一解决，正如去年秋季以后将战争引向江淮河汉，使山东、苏北、豫北、晋南、陕北地区之敌容易被我军解决一样，这是正确的坚定不移的方针。惟目前渡江尚有困难。目前粟裕兵团（1、4、6纵）的任务，尚不是立即渡江，而是开辟渡江的道路，即在少则四个月多则八个月内，该兵团，加上其他三个纵队，在沪徐线南北地区，以歼灭五军等部五六个至十一二个正规旅为目标，完成准备渡江之任务。"（《毛泽东军事文集》第四卷，军事科学出版社，中央文献出版社，1993年12月，第1版，第459页）

这样，华东野战军三个纵队暂不渡江南进和在中原战场的作战任务，就以中央军委命令的形式确定下来了。这是对重大战略决策所作的关键性的变动。它对此后南线作战的整个过程，包括豫东战役、济南战役、淮海战役、渡江战役等，产生了深远的影响。1950年，粟裕到中南海向中央军委副主席周恩来汇报工作，由中央军委作战部部长李涛陪同吃饭，席间谈起粟裕当年的建议。李涛说：你那次建议是对的。如果不是这样，派几万人到敌人后方去，要站不住脚。所以，中央同意了。粟裕说：当时有两种意见。我考虑，与其带几万人去江南，不如在中原打。

此时，粟裕经过深思熟绿后"斗胆直陈"，提出华野不过江，依托根据地两大野战军联手在中原打大仗的思想。这一思想为毛泽东和中央军委采纳，不但决定了中原战局的结果，还可能开拓了毛泽东的思路——以后的三大战役都是在这一思路下展开的。

没有粟裕在关键的时候提出这一思想，解放战争可能要多打几年。此后不久，粟裕发动豫东战役取得完胜，彻底打开中原战局，并最先向中央军委提出淮海战役的思路。所以，中原逐鹿，首功粟裕，不单在于他超出其他将领的战功，还在于他超前的思想。

有人说，粟裕是走在时间前面的人。在战争指导上，他常常在认识上居于领先地位，在实践上又走在前列。他的战略远见，不带有任何主观随意性，而是实事求是的科学预见。

在战略转折的关键时刻，在涉及战争全局的战略决策上，粟裕一再"斗胆直陈"，提出不同于中央既定方针的建议，再次表现了他无私无畏、实事求是的特有风格。显然，没有对党的事业高度负责的革命精神，没有实事求是的科学态度，没有战略家的远见卓识，没有置个人得失于度外的坚强党性，是不可能作出这种在一般人看来是超越常规的决断的。

有人说：在我党历史上，只有极个别的人，才是敢于和善于提出不同意见，并且能为毛泽东主席接受的。在解放战争历史上，粟裕就是一个突出的人。

不过，要做到这一点是很不容易的，毛泽东并不是一个轻易被说服的人，要看提出建议者是否具有令人信服的真知灼见，并且他自己在实践中体会到确有改变既定方针的必要。解放战争以来，粟裕的历次建议，称得上言必有中、算无遗策，是经得起实践检验的。毛泽东对此已有深刻印象。但是，这一次作出暂缓渡江南进的决定，仍然经过了三个多月的观察考虑，才确定下来。

在解放战争的一些关键时刻，粟裕几次对中央军委和毛泽东主席的战略决策提出不同看法和建议，并且最终被中央采纳，对推动战局发展和缩短解放战争进程起了重要作用。

作为第一线高级指挥员的粟裕，在经过深思熟虑后，敢于实事求是地大胆地对中央重大战略行动部署提出不同意见，是难能可贵的。作为最高统帅的毛泽东，能实事求是地重视并采纳部属的不同意见，根据实际情况果断地调整重大战略部署，也表现了高度的智慧和勇气。对需要高度集中的军事指挥来说，这可以说是决策民主化和科学化的典范。（《毛泽东传》，中央文

献出版社，1996 年 8 月，第 1 版，第 847—848 页）

粟裕自觉从战略全局出发，敢于坚持实事求是、无私无畏"斗胆直陈"的高度党性原则；中共中央、中央军委和毛泽东主席从善如流，听取不同意见，重新确定战略决策，体现了实事求是的好作风。

当时粟裕仅仅是身处第一线的战区指挥员，但他心怀全局，对于如何夺取解放战争和全国胜利提出了自己的战略构想，建议暂不渡江，集中兵力在中原打大歼灭战，把敌人主力歼灭在大江以北，进而渡江一举挺进江南，解放全中国。粟裕以大智大勇坚持己见，指出：按照中央的办法行事，意味着我们将失去消灭敌人有生力量的时机，甚至推迟夺取全国胜利的时间。

粟裕在毛泽东面前立下军令状，由于粟裕的坚持，才有了一次歼敌 50 万以上的淮海战役，也才有了 1949 年 10 月全中国的解放。否则，中国的解放也许还会推迟若干年。

认识真理需要智慧，坚持真理需要勇气，粟裕就具有这样的大智大勇，他所面临的战争人生危险，承担的否定最高领导决策的千钧重压等，绝不是一般人能够承受的。

1948 年 10 月下旬，陈毅、邓小平指挥的中原野战军先后攻克郑州、开封，进至徐州、蚌埠地区，配合华东野战军作战。粟裕分析战场态势，预见到华东、中原两大野战军将由战略上配合作战发展为战役上协同作战，战役的规模也比原来设想的要大。形势要求，必须建立统一的指挥体制，才能统一作战指导思想，协调作战行动，最大限度地发挥两大野战军的整体威力。

于是粟裕于 10 月 31 日报告中央军委、陈邓、华东局、中原局，建议由已经到达郑州前线的陈毅、邓小平（刘伯承尚在豫西）统一指挥淮海战役。

粟裕的电报传到西柏坡的时候，毛泽东、周恩来、朱德等人正在为辽沈战役进行紧张的运筹指挥，同时关注着淮海战役的战前准备。他们面临的重要问题之一，就是华东、中原两大野战军会合以后的指挥问题。

毛泽东、中央军委完全同意粟裕这一建议，于次日（11 月 1 日）即电告中野、华野"整个战役统一受陈、邓指挥"，并且强调，中野在徐州以南的行动由"陈、邓临时决定"。11月2日，陈毅、邓小平复电："本作战我们当负责指挥，唯因通讯工具太弱，故请军委对粟谭方面多直接指挥。"（《淮海战役》第一册，中共党史资料出版社，1986年10月，第1版，第111页）

有口皆碑的"斗胆直陈"和"二让司令"表现了粟裕无私无畏、坚持真理、实事求是的特有风格。

敢于反映意见，勇于和善于提出建议，这些战略性的建议，可以说是粟裕为中国革命战争的胜利作出的一个重大贡献。

粟裕提出战略建议，具有敢冒风险勇于负责的精神。当一个建议提出并为上级接受后，就要在实践中检验是否正确，这是一个严峻的考验。当粟裕提出华野三个纵队暂不渡江南进，留在中原作战的建议时，他是要承担很大的风险的，不仅要承担"会不会干扰统帅部的决心"的责任，而且还要在建议为中央接受后，以实际行动完成中央赋予的艰巨任务，即：在中原战场"力争在四至八个月内歼敌五六个到十一二个旅"的艰巨任务。所以，粟裕把接下来的豫东战役称为他亲身经历的"最复杂、最剧烈、最艰苦的战役之一"。

粟裕的这种精神，一直保持到晚年。

"十年文革"期间，粟裕受中央委托，深入海防边防进行实地调查考察，结合对国际形势和外军情况的研究，多次把调查所得与自己的意见如实向中央报告。1970年的一个调查报告，涉及当时的作战指导思想和国防工程方面存在的某些严重问题，有的同志便提醒他说，这个方向的国防工程部署是经过毛主席批准的。粟裕说，虽然是毛主席批准的，也要看汇报情况的人当时是怎样说的。我不能因为毛主席批了，就不如实反映情况。

1972年，粟裕开始准备写关于未来反侵略战争的报告，报告包括积极防御的战略方针、积极防御体系以及作战方法等问题。但是，粟裕的不少观点同当时占统治地位的观点不一致，甚至是对立的。一些同志出于好意，多次提醒他不要反映。对此，粟裕严肃而激动地说，未来的反侵略战争，我不一定能看到，但是"战争是要死人的！我是一个革命几十年，打了一辈子仗的老兵，如果面对新的形势，看不出问题，或者不敢把看出来的问题讲出来，一旦打起仗来，就会多死多少人，多付多少代价。而我们这些老兵就会成为历史的罪人"。

五、注重大节，品德高尚

粟裕具有重国家民族利益、轻个人荣辱进退的高风亮节。他常自谓"沧海一粟"。一天，粟裕拜访叶剑英元帅。临别，叶帅扶杖相送。粟裕急阻之说："老帅相送，不敢当。"

叶帅曰："百战之老将，岂能不送！"

粟裕对曰："沧海一粟，不足挂齿。"

叶帅送出大门，望其背影赞曰："战功高不居功，贡献大不自大。不简单啦！"

在几十年的战斗生涯中，粟裕用中华民族道德的精髓来养育自己，规范自己，在他身上集中体现了中华民族的美德：在国难当头、民族危亡之际挺身而出，为中国人民的尊严赴汤蹈火，亮剑厮杀；面对个人名利，荣辱进退，他波澜不惊，与世无争；他不重权势，不轻民意，对上对下，一视同仁，真正是"居庙堂之高，则忧其民，居江湖之远，则忧其君，先天下之忧而忧，后天下之乐而乐"！

在部队多次整编中，尤其是核心领导的人事安排方面，粟裕总是从党的事业需要出发，一贯坚持以革命的全局利益为重，以团结为重，以他人为重的原则，正确地处理本部与友邻、下级与上级的关系。他让自己所属部队的正职干部担任改编后的副职，把正职让给改编后的兄弟部队，即使有的暂时不能到职，也要将正职暂时空着留给他们。他对部属要求这样，自己更是率先垂范，多次让贤。

粟裕有"二让司令一让元帅"的故事。毛泽东称赞他：难得粟裕，壮哉粟裕！竟两次辞让——1945 年让了华中军区司令员，1948 年让了华东军区司令员。

1946 年全国解放战争爆发后，随着战局的发展和打大仗的需要，粟裕建议山东、华中两个野战军统一指挥。1946 年 10 月 15 日，毛泽东、中央军委批准了两野战军合并成华东野战军。陈毅任司令兼政委，粟裕任副司令，谭震林任副政委。毛泽东两度明确电示：两军会合后，"在陈毅领导下，大政方针共同商定，战役指挥交粟负责"。

在正司令在位的情况下，赋予副司令战役指挥权，不仅在我党我军历史上是唯一的，在古今中外的军史、战史上也是罕见的。然而，在华东这个特殊的战场上，在华野这支特殊的队伍中，这种特殊的班子搭配，奇迹般地成了我党我军最为成功的样板。

于是，出现了"司令员在位的情况下赋予副司令员军事指挥权"的反常现象，这在中外军事史上也是少见的。

抗日战争胜利后，苏浙军区的部队奉命北撤苏北同新四军其他部队联合组成华中军区。为适应战争形势的需要，中共华中局提名，经中共中央批准，决定粟裕担任苏皖军区（后改称华中军区）司令员，刚从延安返回华中的张鼎丞任副司令员。

此时，粟裕由江南到达淮安以后，在华中局看到了中共中央任命电报，当即向华中局负责同志提出建议，请求任命张鼎丞为司令，自己改任副职。

张鼎丞是一位德高望重的老同志，比粟裕大九岁，曾经参加领导福建西部的农民暴动，担任闽西南军政委员会主席。新四军组建初期，他和粟裕同在第 2 支队，张为司令，粟为副司令。后来，张鼎丞去延安参加整风，担任中央党校第二部主任。粟裕一向视张鼎丞为兄长，对他十分尊重。粟裕认为，由张鼎丞担任司令，更有利于工作，有利于团结。

粟裕的建议没有得到华中局负责同志同意。回到住地，天色已晚，机要科送来向部队转发中共中央决定的电报。粟裕接过来一看，叹了口气，对机要科的同志说："我已经提过意见了，张鼎丞同志是我的老上级，让他当我的副手，不利于工作，不利于团结。这份电报先不要发出去，我还要向中央提出我的意见。"立即坐下来起草电报稿，陈述自己的建议和理由，第二天发给中共中央。

中央：

昨在华中局阅悉中央以职及张鼎丞同志分任正副司令之电示，不胜惶恐。以职之能力，实不能负其重任。而鼎丞同志不论在才德资各方面均远较职为高超：抗战以前，均为长辈；抗战初期，则曾为职之上级；近数年来，又复在中央直接领导之下，功绩卓著，且对于执行党的政策与掌握全局均远非职所能及。为此，曾再三请求华中局，以鼎丞同志任司令，职副之，未蒙允许。为孚众望以利今后工作起见，特再电呈，请求中央以鼎丞同志为司令。职当尽力协助，以完成党中央所给予之光荣任务。

粟裕

十月十五日

短短两百余字的电报，凝聚着共产党人对党的事业的赤胆忠心，展示了无产阶级革命家的博大胸怀和高尚情操。

粟裕这一建议，中共中央当时没有采纳，仍然坚持由粟裕任司令。

中共中央作出这样的决定，是经过慎重考虑的，是建立在对粟裕的深刻了解基础之上的。中共中央和华中局都认为，由粟裕担任华中军区司令员是适当的。

1945 年 10 月 24 日，中共中央批复华中局上报的华中分局和苏皖军区新的组织方案时，仍然坚持原来的决定，"同意以邓（子恢）、谭（震林）、粟（裕）、张鼎丞、刘晓五人组织华中 [分] 局常委，以邓为书记兼政委，粟为司令，张为副司令，谭为副书记兼副政委。组织华中军区，粟、谭到前方工作，指挥野战军，邓、张留后方工作"。

10 月 27 日，华中局发出关于华中分局和苏皖军区组成的通知，根据中共中央的批复，再次宣布苏皖军区"以粟裕为司令，张鼎丞为副司令"。

当天深夜，粟裕发出了请求改任副职的第二次建议电，重申 15 日电报的理由，最后恳切地说："为慎重并更有利今后工作起见，特再电呈，请求中央以鼎丞为司令，职当尽力协助，以完成中央所给予之光荣任务。"

粟裕一再提出由张鼎丞任司令、自己改任副职的建议，也是经过深思熟虑的，不能简单地理解为谦虚，而是出于对革命全局利益的考虑，是他大公无私高尚品德的集中表现。

中共中央收到并译出粟裕的电报，已是 10 月 28 日 7 时 30 分，当天就进行了慎重的研究，最后决定采纳粟裕的建议。10 月 29 日，刘少奇为中共中央起草致华中局并告陈毅、黎玉的电报，认为粟裕的提议"是有理由的"，"中央同意以张鼎丞为华中军区（不称苏皖军区）司令，粟裕为副司令并兼华中野战军司令"。（《新四军——文献（5）》，解放军出版社，1995 年 3 月，第 1 版，第 378 页）

当时，华中军区的干部来自四面八方，新四军第 1 师、4 师的干部较多，还有第 2 师、3 师、7 师北上后留下的干部。在组建华中军区和华中野战军领导机关过程中，如何安排各方面的干部，把领导班子配备好，是面临的一大难题。由于粟裕坚持"搞五湖四海"的用人原则，并以自己的实际行动带头，这个难题就迎刃而解了。

长期与粟裕在一起工作的钟期光说，这是粟裕的一贯作风。过去几次部队整编、合编，他总是坚持以革命利益为重、以团结为重、以他人为重的原则，正确处理与兄弟部队的关系，让自己部队的正职干部改任副职，把正职让给兄弟部队的干部。他了解自己的部属，干部也理解他的意图，大家习以为常，没有怨言。

1948 年 5 月，粟裕随同陈毅到西柏坡向党中央、毛泽东主席汇报第 1、4、63 个纵队暂不下江南的问题。汇报结束后，毛泽东主席对粟裕说，以后华野就由你来搞，陈毅要到中原去。中央已决定调华东野战军司令员兼政治委员陈毅到中原军区、中原野战军工作。

对于中共中央这个决定，粟裕毫无思想准备，大感意外，非常着急，立即请求说，陈毅无论如何不能离开华野，华野不能没有他。

从抗日战争到解放战争，他和陈毅结成了"陈不离粟，粟不离陈"的深厚友谊。他深深体会到，华野的全盘工作责任实在重大，有陈毅主持全局，他才能集中精力搞好战役指挥。

毛泽东说："中央已经决定了，陈毅同志和邓子恢同志到中原局、中原军区工作，华野还是你来搞。"

粟裕知道这是中央已经作出的决定，于是又请求说：如果陈毅同志必须去中原，华野也依然要由陈毅兼司令和政委的职务。

毛泽东沉思片刻，表示同意粟裕的意见："那好吧，陈毅同志仍任华野司令员兼政委，但是中原那边工作很需要他，现在必须马上去。"

粟裕心想，既然中央已经作出决定，陈毅去中原局和中原军区工作责任重大，自己必须服从全局利益，不能也不好再坚持自己的要求了。

不久，中共中央和中央军委作出正式决定。5月9日，中共中央军委任命陈毅为中原军区和中原野战军第一副司令员，仍兼华东野战军司令员及政治委员。（《毛泽东年谱》下卷，人民出版社，中央文献出版社，1993年12月，第1版，第309页）

5月14日，陈毅、粟裕在致华东局、中原局和陈士榘、唐亮的电报中，传达中共中央的决定："陈（毅）邓（子恢）粟（裕）参加中原局根据地的建设工作，陈在华野党政军职务由粟代理。"

5月30日，中共中央军委发出致中原局、华东局、华北局的电报，"任命粟裕同志兼华野副政委，负担副政委各项工作责任，并于陈毅同志不在华野总部工作时代理政委职权"。

6月24日，中共中央军委又任命粟裕兼豫皖苏军区司令员。

从此以后，粟裕就以代司令员兼代政治委员职务，担负起领导和指挥华东野战军的重任。

这就是有口皆碑的粟裕"二让司令"。

粟裕曾对他的夫人楚青说过，我让司令不是为了谦虚谨慎，是为了作战指挥上的便利。

华中野战军和山东野战军合并的时候，粟裕对山东部队的情况不熟悉，对山东干部的情况不熟悉，山东的老资格干部又多，战役指挥中会不会遇到一些阻力，他是有想法的。

在粟裕的战役指挥中，也遇到了类似上述的情况。

孟良崮战役前，粟裕下令调整部队的部署时，某纵队司令员就显得不耐烦，在电话里同粟裕讲价钱，说什么你们在上面只会动嘴皮子，不知道下面的苦楚。

这时，陈毅和谭震林在旁边下围棋，陈毅边下围棋，边关注粟裕同下面的通话，电话里听到对方说话声音很大，他感到情况不妙，马上就从粟裕手中接过电话机，同对方说："怎么？粟司令的意见就是我的意见，我们是经过研究决定的，你们就不要再讲什么价钱了。"

经过陈毅电话上这么几句话一说，对方马上就不吭声了，发生的问题也就解决了。这就说明，华野不能没有陈老总，有陈老总在，事情就好办，都规规矩矩，老老实实，粟裕的战役指挥就会畅通无阻。

随着一个一个战役的不断胜利，粟裕的威望也就越来越高了，尽管如此，面对上述两种情况的出现，粟裕的思想顾虑还是有的。他不是怕谁不听他的指挥，有碍他面子上过不去，他是考虑到，战役指挥中要是经常发生卡壳的事情，对战役胜利不利啊！他可没有丝毫个人打算啊！所以粟裕一而再，再而三地让司令完全是为了战役指挥上的便利。在粟裕看来，有陈老总为他坐镇、压阵、撑腰，他什么顾虑也没有了。正因为如此，粟裕不愿意和陈毅分开。

1955年授军衔时粟裕又让元帅衔。当时党内外有人为粟裕打抱不平，粟裕的纪要秘书将这些材料整理成册呈交粟裕，粟裕看了把脸一沉，很不高兴地说："评我大将，就是够高的了，要什么元帅呢？我只嫌高，不嫌低，这些都是低级趣味，今后不要议论这方面的问题了。"

粟裕在1958年受到了不公正待遇，在彭德怀主持的军委扩大会议上被批判为右倾机会主义，在长达两个月的会议期间日批夜斗，加上了种种莫须有的罪名，会议人数从400余人增加到1200余人，从室内扩展到室外。接着，中共中央政治局通过了"解除粟裕总参谋长职务"的决定，并通知粟裕调去军事科学院任职，搞科研，但不接触部队。1959 年庐山会议批判彭德怀，当时有些领导人要粟裕把彭德怀主持的军委扩大会议让他蒙受冤屈的事说出来。粟裕明确表示："我不愿意在彭德怀受批评时提我自己的问题。"

纵览粟裕一生，他曾经多次挨整，但从来没有整过人。

粟裕以革命全局利益为重的高尚美德，为全党全军树立了光辉榜样，得到许多同志的称赞，叶剑英曾用古人名言"谦受益，满招损"，赞誉粟裕是谦受益的模范。

粟裕在锻炼成长过程中，始终以朱德、陈毅为榜样，从他们的信念、魄力和智慧中吸取营养、接受教育。他对朱德的宽宏大度、慈祥和蔼、英勇善战和指挥才能无取钦佩和信赖；他对陈毅的机智果敢、耿直无私、学识渊博和党性原则给予很高的评价。

历史上，有刘邓、陈粟之称，陈粟，即陈毅和粟裕，人们称赞说陈毅和粟裕是分不开的。粟裕和陈毅结下了浓厚的革命战斗友谊。

1947 年 9 月 11 日，粟裕在海安接到毛泽东的告急电："敌六个师攻势正急，粟率主力立即开两淮，准备配合陈宋主力彻底歼灭该敌。"

当时，海安正在下大雨，从海安到两淮尚有 500 余里，沿途均为水网地带。粟裕屈指计数，先头部队轻装前进，日夜兼程，也需七八天，大部队到达两淮最早也要到 25 日，那时，恐怕也难解老首长之围。但军令如山，粟裕立即催军急行。此后一连几日，毛泽东连续追问粟裕的位置，直到 9 月 25 日接到陈毅关于两军会师的电报，他才松了一口气。

华野与山野在涟水县西北陈师庵会合。

陈毅身着一件皮夹克。腰带上挂着一支手枪，洒脱而英气逼人。粟裕身着半旧军装，打着绑带，脚穿白粗布袜子和土布鞋，淳朴中透出一股儒雅之气。

"粟裕啊，让我等得好苦啊！"老远，陈毅亮开大嗓门嚷道。

粟裕快步向前，敬一个军礼，握着陈毅的手，歉疚地说："军长，我来迟了！"

战斗之余，两人常常在一起下围棋。新四军于是用"陈不离粟，粟不离陈"来形容他们的亲密关系。

粟裕给陈毅留下深刻印象，不仅是因为他具备杰出的军事才能，还因为他人品高洁。在饶漱石围攻陈毅时，粟裕拒不同流合污，决不做落井下石的事情。1943 年 11 月 25 日，陈毅被排挤出黄花塘新四军军部前往延安，送行的人寥若晨星，但其中就有粟裕。

"军长，送你两句话，权作送行：早去快回，管好嘴巴。"粟裕话不多，但流淌着真情。陈毅将自己临行前写的《赴延安留别华中诸同志》送给粟裕，表示感激之情：

> 战斗相依久，初别意怆然。
> 长记叮咛语，早去复早还。
> 知我二三子，情亲转无言。
> 去去莫复道，松柏耐岁寒。

陈毅把粟裕视为知己，粟裕一直把陈毅当作首长。在分别三年之后，历史给了他们谱写华章的机会。也许陈毅与耐寒的松柏有缘，他在扬眉吐气之前还要经受一段凄风苦雨。陈毅在山东遭遇两淮之挫，中央改"以徐代陈"为"以粟辅陈"。

粟裕给陈毅深刻印象，不仅是因为他具备杰出的军事才能，还因为他人品高洁。在饶漱石围攻他时，粟裕拒不同流合污，决不做落井下石的事情。1943 年 11 月 25 日，陈毅被排挤出黄花塘前往延安，送行的人寥若晨星，但其中就有粟裕。

陈毅说："党内公认，陈毅最善于打败仗。"陈粟联手实现大逆转，只要陈毅提出战役诗意化的设想，粟裕就能组织完成辉煌的篇章。

本是丹桂飘香的季节，但淮北大地已见衰草银霜，芦花飞白，一副肃杀之气。在陈师庵简易的农舍里，陈毅与粟裕彻夜长谈，互吐心曲。

陈毅介绍了目前的困难处境后，说："陈毅的为人，你是知道的。在艰难困苦的日子里，我从来不抱怨部属，不抱怨同事，不推卸责任，不丧失信心。我仍然相信自己能搞好。"

粟裕说话总是细言慢语，但不乏感染力。他说："20年前，在南昌起义部队向湘南转移途中，你说过一段话我至今还记得。你说，沧海横流，方显英雄本色，只有经得起失败的英雄，才是真正的英雄。我认为军长正是这样的人。"

陈毅的情绪被调动起来："过去党内同志曾有公认，认为我这个人最善于打败仗，这话很对。我愿这次从不利转为有利，再度证实这个评价。"

粟裕表态："我们还是像过去那样，你出题目定盘子，我做作业当助手。"

陈毅与粟裕的搭档，可以说是战略与战术的结合。

陈毅指挥作战如大马金刀，纵横驰骋；粟裕行军布阵，如山涧清溪，鱼石可数。陈粟合作，巨细相补，奇正相倚，大处像海立云横，电闪雷鸣，小处似柔云和风，严丝合缝。

陈毅长于从大局上着眼，独辟蹊径地提出主攻方向，粟裕善于从战役上组织落实，将构想变成现实，将陈毅充满灵性的诗境化为神奇的实景。他们的结合能将残酷的战争升华成充满诗意的创作。这是两位书写战争史诗的巨匠。

知人者智，自知者明，陈毅就是明智之人。他致电中央，临阵荐贤，提出山东野战军、华中野战军统一指挥，在军事上由粟裕多下决心。

中央十分欣赏陈毅的大将风度，采纳他的建议，命令山野、华野两军集中行动，两个指挥部合二为一，组成华东野战兵团，由陈毅任司令兼政委，粟裕为副司令，"在陈(毅)领导下，大政方针共同决定，战役指挥由粟负责"。

粟裕收到电报后，十分感动，给中央复电，再次强调当好助手的意思："我长期在陈毅领导下工作，对他十分尊敬和敬佩，在他领导下心情很舒畅。现在中央、陈毅要我担负这个重责，我决心竭尽全力地挑起这副担子，当好陈毅的助手，使陈毅用更多的精力抓全局。"

六、将兵驭将，率先垂范

粟裕不但具有精湛纯熟、出神入化的高超指挥艺术，也善于把千军万马紧紧团结在自己周围，同心同德，共赴艰险。在他的麾下，既有一大批文武兼备、德才兼优的各级指挥员，又有成千上万以生死相托、敢于赴汤蹈火的人民子弟兵。

战争年代，粟裕从基层指挥员一级一级，直到野战军指挥员，参加和指挥了无数的战役与战斗。在担任基层指挥员时，每次战斗总是身先士卒，不畏艰险，冲锋在前。成为我军高级指挥员后，更显出大智大勇，沉着坚定。

粟裕运筹帷幄指挥千军万马，还常常身临火线，他观察战场的实际情况，实施机动灵活的指挥。战斗打响以后，粟裕就深入参战部队具体指导。这是他的一贯作风，每当作战部署完毕，就带上少数参谋来到第一线，就近指导主攻部队作战。哪里的战斗任务最重，哪里遇到了困难，他就出现在哪里。

粟裕戎马一生，从枪林弹雨中走过来。战争年代，他作战很勇敢，从不贪生怕死。战斗时，总是冲锋在前，所以，他负伤的次数就比较多，共负伤六次：脚踝一次，臀部一次，左右臂各一次，头部两次，其中重伤三次，都昏死了过去，几乎危及生命。他一生吃尽苦头，坚强隐忍，有一种不怕死的献身精神。

1940 年 7 月，他率领新四军江南指挥部所属主力北渡长江，必须于一夜之间通过运河、沪宁铁路和渡过长江。先头部队通过铁路封锁线时，同日军的铁道巡逻队发生遭遇战。粟裕立即泅渡运河赶到前面，指挥部队抗击，掩护主力迅速前进，接着又赶回到运河边，督促后续部队渡河跟近，终于顺利地全部到达长江北岸。

1940 年 10 月的苏北黄桥决战，当顽军攻击正猛的当口，他在敌人火力下出入黄桥，检查防御部队的坚守情况，组织野战部队适时出击。他六七天没有很好睡过觉，疲劳极了，在跟随追击部队前进的途中，禁不住白天打瞌睡，从马背上摔了下来。

1942 年底，为破坏敌伪对苏中的"清乡"准备，他指挥新四军第 1 师特务团，在苏中第二、四分区的接合部上，攻击敌伪据点曹家埠。战斗进展不太顺利，他即趁黎明前的黑暗，进到敌人碉堡下观察地形和敌人的防御设施，帮助部队组织火力和越壕突击。结果被敌人发现，幸亏身旁同志极力掩护，才使他免遭不测。

黄桥战役，当敌第 33 师一部突进东门，情况危急时，他镇定自若，以有我无敌的精神组织反击，大大鼓舞了将士们的士气，一鼓作气，封闭了突破口。

鲁南战役，枣庄突围之敌一部向粟裕所在的指挥所冲来，数架敌机也不断狂轰滥炸，粟裕一面扑打身上的尘土，一面组织部队合击突围之敌。

淮海战役，粟裕率领华野司令部随突击兵团前进，1948 年 11 月 9 日就到达运河车站，住在运河车站以南的花庄。他的注意力集中在运河车站及其以南的窑湾截击黄百韬兵团的战斗上。

运河车站，位于新安镇以西约 50 公里处，南北向的运河与东西向的陇海路在此处交叉，是黄百韬兵团西撤的主要通道。黄百韬的兵团部和主力部队 10 余万人，加上从海州、连云港撤出的地方官员和眷属，靠仅有的一座铁桥抢渡运河，人马拥挤，乱作一团。他赖以起家的第 25 军，尚未到达运河，就被消灭了一个师。担任左翼掩护的第 63 军，预定由运河车站以南的窑湾渡河，刚刚从新安镇走出 20 公里，就被华野部队追上，被歼灭一个师，其余部队又被华野第 1 纵队紧紧包围在窑湾地区。

粟裕刚刚放下行装，就与第 1 纵队副司令员张翼翔通话（1 纵司令员叶飞因病留后方治疗），了解他们歼灭第 63 军的决心和部署。他告诉张翼翔，东北野战军已将卫立煌的 47 万人就地歼灭，傅作义的 60 万人处于华北、东北我军夹击之中，刘峙集团这个庞然大物也是一夕数惊，惶惶不可终日，整个形势对我们非常有利。

粟裕问："你们一个纵队消灭敌人一个军，有把握吗？"

张翼翔坚定地回答："有！"

"好，预祝你们胜利！"粟裕提醒他："第63军虽然士气低落，军心动摇，但受反动宣传较深，不了解我军俘虏政策，可能负隅顽抗。因此要注意把军事打击和政治争取结合起来。"

1纵的歼灭战打得很艰苦，也很漂亮。经过两天两夜的激烈战斗，歼灭第63军两个师五个团1.3万余人，军长陈章在泗水逃窜时身亡。

粟裕与张翼翔通过电话后，紧接着赶到运河铁桥。第8纵队刚在这里歼灭了敌人守卫桥头堡的一个团，战场尚未来得及清理，到处都是敌人遗弃的尸体、枪械，还有敌人的伤兵、散兵。部队和支前民工拥挤在一起，秩序很乱，影响大部队通过。时间就是胜利。如何组织部队顺利通过铁桥，加快向运河以西前进的速度，成为亟待解决的问题。

粟裕在桥头召开紧急会议。会议开得别开生面，各纵队首长先后到达，分批开会。他站在桥头大声说："同志们！我们是毛主席的部队，是有纪律的军队。大家想尽快通过，早消灭敌人，是好的；但是必须有先有后，有秩序地通过。"

听到粟司令的声音，部队立刻平静下来。

粟裕指示：组织部队扑灭桥上的火焰，铺好枕木、桥板，清理敌人遗弃的尸体、杂物，保证坦克、汽车、炮兵、民工顺利通过；设置桥头指挥岗，统一安排过桥顺序，使部队有秩序地迅速通过；各纵队根据所处地段的条件和水情，架设浮桥，利用民船，抢渡运河，水浅的地方则组织步兵徒涉或泅渡。总之，要利用一切可以利用的条件，迅速渡过运河，完成对黄百韬兵团的包围。

在粟裕的组织指挥下，华野各个纵队迅速渡过运河。指战员们说："我们的粟司令不仅在战役全局上英明指挥，而且在重要关节上亲临一线果断处理，保证作战胜利。"

他告诫广大指战员，一定要服从命令，听从指挥。苏中战役中，一次召开作战会议，粟裕宣布科、团以上领导干部上台同大家见面，首先由华中野战军政治部主任钟期光逐一介绍华中野战军指挥机关科以上干部，然后由各师、各纵队首长逐一介绍所属各团领导干部。对于这个崭新的做法，许多干部感到迷惑不解。这时粟裕讲话解释说："为什么要团以上干部上台同大家见面呢？这是作战的需要，打大仗的需要。由于今后是大规模的运动战，情况复杂多变，战斗紧张激烈，部队建制有时难免会被打乱，甚至可能被打散。如果出现了这种情况，你们就应当主动请求并接受友邻部队首长指挥。即使不是直接领导，你们也要听从指挥，也要坚决服从命令，指到哪里就打到哪里。今天让团以上干部与大家见面，就是直接授予你们这种命令。"

他很注意培养部队的优良战斗作风，着力提高和加强部队的战术、技术素养。他要求部队必须养成勇往直前、猛打猛冲的作风，同时要讲究战术，避免无谓的伤亡。他说："叫花子打狗，背靠墙。打狗还讲战术，打仗更要讲战术。"

他率领的部队，是一支说走就走，叫停就停，拉得动打不散的完全听从统帅部调遣的铁军。

粟裕熟知部队和下级指挥员的情况，在使用部队时能扬长避短，因才施用。

他不但对各纵队、各师及其主要指挥员的"短""长"了如指掌，而且也熟知一些主力团的"短""长"。所以，在组织战役、战斗时，能因部队、指挥员之所长而用之，特别是在战役战斗的关键时刻，能依据敌人防御情况，毅然使用能解决问题的部队，一锤定音。

打起仗来，粟裕几天几夜不睡觉是常有的事。

从莱芜战役到孟良崮战役，粟裕脑力、体力消耗很大，身体日见消瘦，由高血压引起的头痛症时常发作，不得不戴着一种铝制的健脑器坚持工作，在与敌人进行激烈搏斗的同时，还要同疾病进行顽强的斗争。在孟良崮战役中，连续几天几夜不休息，脸涨得通红。战后测量血压，血压竟然达到220度。

战伤的后遗症和过度的劳累损伤了他原本健壮的身体，刚到中年就患有高血压、肠胃病和美尼尔氏综合症，经常头晕头痛，靠戴着健脑器工作。高血压、美尼尔氏综合症发作时，血压高达 180—200 毫米水银柱，戴上健脑器也不起作用，他就冒着大雪纷飞的严寒，一次又一次地用冷水浇头。

身边工作人员问他："首长，你头痛起来是什么感觉？"

他说："啊呀，不好受。头昏目眩，恶心呕吐，每根头发都像针扎一样，手都不敢碰。"

在追击杜聿明的时候，有几天实在支持不住了，他不得不躺在担架上指挥。身边工作人员说："粟司令就这样靠坚强的毅力坚持思考和指挥，这是常人难以想象的，是医学上的奇迹。要知道什么是无私奉献、忘我工作吗？粟司令就是活的榜样！"

不怕死的粟裕，却万分珍惜每位战士的宝贵生命，从不愿拿战士的生命去冒险。他从不轻兵黩武，更不主张打拼消耗的"硬仗"，一贯要求部队力争用较小的代价夺取较大的胜利。

粟裕强调任何时候都要注意减少伤亡，以最小的代价取胜。抗日战争时期，他将伤亡问题纳入战术中去，规定部队每战之后，不仅要追究非战斗减员，也要追究战斗减员。在战斗总结时，发动群众对战斗减员进行具体分析：敌人在什么位置，我们指挥员处于什么地位，我军的战斗队形、战斗动作如何，指挥员的战斗处置怎样，应不应该伤亡，如何避免伤亡。这样一总结分析，就从实践中得出了战斗的经验，把部队的勇猛顽强与战斗技术结合起来了，大大减少了不必要的伤亡，有利于保存有生力量，保存骨干，保存战斗力。

在解放战争时期，仗越打越大，每逢大战，他都强调尽可能减少伤亡。孟良崮大战中，他要求阻击部队要群策群力，设法改善工事，增强防卫能力，减少部队伤亡。后来，部队把工事挖成猫耳洞的形式，以挡住榴弹炮，打退了敌人多次猛攻，打死打伤敌人 2000 多名，而自己仅伤亡 300 人。粟裕知道后非常高兴，说：一个指挥员在阻击战中，指挥得当，不断改进工事，既很好地保存自己，减少伤亡，又充分发挥了火力，消灭敌人，那就是最大、最好的爱兵。粟裕对待士兵、对待部下那种手足之情般的关怀，凡是在粟裕身边工作过的同志，都有切身的感受。

七、多才多艺，服务战争

粟裕不仅是一位善于用兵打仗的大将军，而且是一位多才多艺的人。他从战争中学习、总结的军事科学知识和技能，大大超过了"洋学堂"里培养出来的对手，率领我军打败过日本正规学校培养出来的高才生，打败过留美、黄埔、保定学校培养出来的高才生。他掌握的一些技能在战争的重要时刻也发挥了作用。

在"三战海安"战役中，粟裕设计了"欲擒故纵"的作战方案，准备暂时放弃苏中战略重镇海安。因事关重大，军情紧急，他决定亲自从海安赶赴淮安，同华中局商讨这一诱歼敌人的计划。根据道路情况和能找到的交通工具，他骑摩托车，坐黄包车，蹬自行车，乘渔船，日夜兼程，急行军150多公里赶到了目的地。从而争取了时间，抓住了战机，取得了这一仗的重大胜利。

华东野战军司令部的大部分同志都知道粟副司令喜欢开车，而且十分钦佩他那熟练的驾驶技术。无论在战火连天的华东大地，还是在炮声轰鸣的中原战场，驾驶本领更为这位"常胜将军"增添了许多神奇的色彩。

1948年4月25日晚，粟裕坐着一辆美式吉普车风驰电掣般地疾驶在河南濮阳至河北西柏坡的公路上。

走着走着，他对司机说："小鬼，停一下车。你很疲劳了，到后排座上打个盹儿，我来开一会儿，咱俩来个歇人不歇车。"

每次长途行军，粟裕与司机轮流驾驶已成惯例。司机把车停住，跳上后排座，身子向后一靠，很快就睡着了。粟裕驾驶着汽车又飞奔在公路上。

这是一次不寻常的急行军。中央军委毛主席电令，要求粟裕务必于27日赶到中共中央驻地西柏坡。毛主席要当面听取他关于华野三个纵队留在江北，集中兵力在中原战场打大歼灭战的具体设想。行程 800 多公里，一路上粟裕和司机轮流驾驶吉普车，顺利到达中央驻地。

粟裕不仅自己会开车，而且对于干部，尤其是各级指挥员掌握驾驶技术给予关注。他深有感触地说："自己学会驾驶，指挥作战就方便多了。"驾驶车辆的本领，使也如虎添翼，为指挥作战赢得了时间。

1948 年 6 月 20 日，关系中国革命胜利进程的豫东战役已激战三昼夜，开封的敌人已被基本肃清。

这天夜里，粟裕和参谋长张震、政治部主任钟期光一起乘车去开封南郊的前线指挥所，具体指导战斗部署。当时天气炎热干燥，又是连续作战，大家已经几天几夜没有睡觉了，特别疲劳。吉普车由粟裕的警卫员驾驶。走了一会儿，警卫员实在是太困了，不由得打起瞌睡来。突然，前轮一歪，车翻了。首长的安全事关重大啊，警卫员这下清醒了。这时，只听粟裕平静地说："请各位做一下自我检查，伤了没有？"

"没有，蒋介石没被打倒，全国没有解放，马克思是不会接收我们的。"张震拉了拉钟期光后，诙谐地回答。

于是，四个人赶紧把车翻了过来，检查一下车子，主要部件完好无损。粟裕抢先跳到驾驶员的座位，脚踩油门，吉普车飞也似的奔驰起来。粟裕赶到指挥所的门前，警卫员连忙跳下车跑到三位首长面前说："请首长处分我吧！"

粟裕笑着说："好吧，就处分你把车子开到那棵枣树下，在车子里躺上一个小时。"

警卫员不由心头一热，眼泪连珠般地涌了出来。

淮海战役期间，指战员们也常见到粟裕驾车往来于各个前沿指挥所，与前线指挥员一起及时商讨解决战斗中的难题。

新中国成立后，随着军队现代化装备程度的不断提高，我军由单一兵种发展为多军种、多兵种的合成军队。对此，粟裕不止一次地强调，干部应多掌握一些现代科学技术知识和本领。摩托化部队的干部一定要学会开汽车，不懂、不会是不行的。他举例说，50 年代，苏联红军的一个机械化师从我国撤走，将全部装备移交给我们。他们一个师 8000 人，我们要 12000 人才能接下来。因为他们没有配专职驾驶员。咱们多出来的人尽是战勤保障人员。这个关系军队质量建设的问题要研究，要改进。

粟裕这样提倡，也带头这样实践。凡是部队装备武器、机械，他全都带头去学习、掌握。为此，他曾付出过血的代价，骑摩托车时曾摔断了一个手指头，但为了夺取整个战争的胜利，在他看来这点代价是微不足道的。

粟裕善骑，且能倒骑马背，如张果老之倒骑毛驴。行军途中，他常召开"马背会议"，背朝前，面朝后，与马上诸将徐行徐议事。

这些看起来与战区指挥员无关的技能，被他掌握以后都发挥了作用。他用自己的模范行动，证明了指挥员掌握新技术、新技能的意义。

粟裕喜音乐，会月琴、口琴、洞箫、钢琴，尤喜演奏《新四军军歌》。歌曲、汉剧、京剧亦为他的拿手好戏，战斗间隙常雅兴突发，一展歌喉。

1936 年初冬的一个深夜，粟裕率领部队来到深山的一座古庙前。山区的夜寒气袭人，战士们轻轻叩门，想进庙里避风休息。庙里是所小学，教师从门缝张望，借着月光，看见门外站着一批衣衫不整的带枪的人，以为来了强盗，吓得不敢开门，任凭粟裕和战士怎样解释也没有用。

粟裕命令大家靠在墙脚下避风。夜风习习，寒彻肌骨，战士们谁也没有一点睡意。有人提议："请师长来一段口琴吧！"

粟裕从口袋里掏出多年来一直随身携带的口琴吹奏起来。粟裕吹的是许多人熟悉的《苏武牧羊》乐曲，深沉的琴声，吹奏出了西汉使臣苏武被羁漠北坚贞不屈的爱国主义情怀。战士们先是静静地听着，继而和着琴声低吟，最后放开嗓门高歌。琴声歌声，抒发了红军战士誓以血肉之躯筑起抗日长城的豪情壮志。

乐声歌声刚停，庙里响起喝彩声，接着庙门"吱"的一声打开，一名青年教师神情激昂、手提灯笼走了出来，后面跟着两鬓斑白的老校长。校长连声说"请"，把大家招呼进门，不住称赞："我在山里教书多年，从来没有见过纪律这么好的军队，这位老兵的口琴吹得太好了！"

粟裕和老校长、青年教师彻夜长谈，向他们宣传共产党的抗日民族统一战线主张。老校长和青年教师频频点头拥护。后来这所小学校成了挺进师的联络点和情报站。